Roland M. Weissbarth

Enzyklopädie des Sports
FUSSBALL

Klub-Weltmeisterschaft und Weltpokal
1960 – 2020

7. Auflage

ROLAND M. WEISSBARTH

Enzyklopädie des Sports
FUSSBALL

Klub-Weltmeisterschaft und Weltpokal 1960 – 2020

Geschichten und Fakten
Ergebnisse und Aufstellungen
Vereine und Logos

Unter besonderer Berücksichtigung der Spieler, Trainer, Schiedsrichter und Vereine aus Deutschland, Österreich und der Schweiz

Siebente Auflage
– überarbeitet, ergänzt und aktualisiert,
inklusive der FIFA-Klub-Weltmeisterschaft vom Februar 2021

infotainment 2021
WEISSBARTH

Die Serie Enzyklopädie des Sports erscheint seit 2015.
Bisher sind erschienen:

Teil 1 ★ Enzyklopädie des Sports – FUSSBALL
Klub-Weltmeisterschaft und Weltpokal *[7. Auflage]* 2021
Teil 2 ★ Enzyklopädie des Sports – FRAUENFUSSBALL
Weltmeisterschaften *[2. Auflage]* 2019
Teil 3 ★ Enzyklopädie des Sports – MOTORSPORT
Formel 1 *[5. Auflage]* 2019
Teil 4 ★ Enzyklopädie des Sports – FUSSBALL
Fußballer des Jahres *[1. Auflage]* 2017
Teil 5 ★ Enzyklopädie des Sports – FUSSBALL
Konföderationen-Pokal *[1. Auflage]* 2017
Teil 6 ★ Enzyklopädie des Sports – FRAUENFUSSBALL
Fußballerinnen des Jahres *[1. Auflage]* 2017

FRAUENFUSSBALL – Vereinslexikon
Europa *[1. Auflage]* 2020

Bibliografische Information der Deutschen Nationalbibliothek:
Die Deutsche Nationalbibliothek verzeichnet diese Publikation in der
Deutschen Nationalbibliografie; detaillierte bibliografische Daten
sind im Internet über https://portal.dnb.de abrufbar.

Roland M. Weissbarth
Enzyklopädie des Sports – FUSSBALL
Klub-Weltmeisterschaft und Weltpokal
1960 – 2020

7. Auflage (1. Auflage 2015)
Redaktionsschluss: 15.02.2021

(cc) Titelfotos
(Sie gehörten zu den Protagonisten der FIFA-Klub-Weltmeisterschaft 2020: Der Franzose André-Pierre Gignac (links) von Tigres UANL, der mit drei Treffern Torschützenkönig wurde und mit dem Adidas Silbernen Ball ausgezeichnet wurde, sowie der Pole Robert Lewandowski von Bayern München, der Spieler des Turniers wurde und mit dem Adidas Goldenen Ball und dem Alibaba Cloud Award geehrt wurde.
Wikimedia Commons;
links: Autor: Los ruidos del deporte; CC BY-SA 2.0
rechts: Autor: Sven Mandel; CC BY-SA 4.0

© 2020 by WEISSBARTH Infotainment,
Lautentaler Str. 22 C, 13129 Berlin
Alle Rechte vorbehalten

www.wib one / office@wib.one

Printed by Kindle Direct Publishing
An Amazon.com Company
[siehe letzte Seite]

ISBN-13: 978-8712550647

I. Die „Vorläufer" in Europa

Die historische Entwicklungslinie des Fußballsports hatte ihren Ausgangspunkt auf den britischen Inseln. Ob Spielregeln oder Ausrüstung, Vereins- und Verbandsgründungen oder der Aufbau von Wettkampfformen, immer waren Engländer oder Schotten involviert oder die Inspiratoren.

Dementsprechend verwunderte es nicht, dass der erste Klubwettbewerb im verbandsübergreifenden Fußball auf der Insel stattgefunden hatte. Genau genommen waren es zwei Spiele, die als weitläufiger Vorläufer für die späteren Europapokal-Wettbewerbe galten. Beide Spiele fanden **1887** statt, als es noch keine Ligen gab. So verwunderte es nicht, dass die erste Partie als **Great International Match** angekündigt wurde. Zumindest war es so in *The Birmingham Daily Mail* vom 7. April 1887 zu lesen.

Im Norden von Birmingham standen sich als Gastgeber Aston Villa (gegr. 1874), seines Zeichens Gewinner des englischen Pokalwettbewerbs (FA Cup) und der Sieger des schottischen Pokals, Hibernian Edinburgh (gegr. 1875), auf dem Perry Barr Ground gegenüber. Am Ende siegten am 9. April 1887 die Engländer mit 3:0 gegen die Hibs.

Im August des gleichen Jahres gab es das nächste Herausforderungsspiel. Diesmal ging es um nicht weniger als das **Association Football Championship of the World decider** (Entscheidungsspiel um die Fußballmeisterschaft der Welt). Diesmal hatte sich Hibernian Edinburgh den FA Cup-Halbfinalisten Preston North End (gegr. 1881) eingeladen. Jenes Team das „The Invincibles", die Unbesiegbaren, genannt wurde. Am 13. August 1887 verließen sie jedoch nach einer 1:2-Niederlage den Rasen des Hibernian Park und die Schotten durften sich als „Weltmeister" bezeichnen.

Hibernian Edinburgh [Logo 1875]

Ein Jahr später wurde um die **Championship of the United Kingdom and the World** (Meisterschaft des Vereinigten Königreichs und der Welt) gespielt. Diesmal standen sich wieder die beiden Pokalsieger Schottlands und Englands gegenüber. Der schottische Dorfverein Renton FC (gegr. 1872) besiegte am 19. Mai **1888** West Bromwich Albion (gegr. 1879) im Cathkin Park von Glasgow deutlich mit 4:1.

Renton FC [Logo 1872]

Heute kann man im Schottischen Fußballmuseum jenen „Weltpokal" bestaunen.

*Sunderland AFC
[Logo 1887]*

John Campbell

Die Vorlage für das Vereinslogo der Hearts bildete ein Straßenmosaik, an der Stelle an der einst das Stadtgefängnis stand. Der Legende nach muss man beim Vorbeigehen auf das Herz spucken.

*Grasshopper Club Zürich
Erstmals beteiligte sich eine Mannschaft aus dem deutschsprachigen Raum an einem Internationalen Turnier.*

Erstmals trafen am 27. April **1895** zwei Landesmeister aufeinander. Im Tynecastle Park von Edinburgh verfolgten 15.000 Zuschauer die Begegnung zwischen der Heimmannschaft vom Heart of Midlothian FC *(gegr. 1874)* und dem englischen Ligameister Sunderland AFC *(gegr. 1879 als Sunderland and District Teachers AFC, ab 1880 Sunderland AFC)*. In einer torreichen Partie siegte Sunderland mit 5:3. Bemerkenswert war die Tatsache, dass auf dem Spielfeld 22 Schotten standen und mit John Campbell *(*1869 †1906)* bei Sunderland ein Mann mitwirkte, der nicht nur zwei Treffer beisteuerte, sondern schon 1888 mit Renton die "Weltmeisterschaft" gewann.

*Fußball Anno 1895: Sunderland AFC (gestreifte Trikots) gegen Aston Villa Gemälde von Thomas M. M. Hemy (*1852 †1931) mit dem Titel "Eckball". Die Begegnung endete 4:4.*

Die auf der Insel als **World Championship** bezeichneten fußballerischen Auseinandersetzungen fanden 1901/02 ihr Ende. Nochmals trafen die Pokalsieger, aus England Tottenham Hotspur *(gegr. 1882)* und aus Schottland Heart of Midlothian, aufeinander. Erstmals wurde der Sieger mit Hin- und Rückspiel ermittelt. Am 2. September **1901** trennen sich die Teams auf dem High Road Ground, der späteren White Hart Lane, torlos. Im Rückspiel behaupten sich die Schotten am 2. Januar **1902** im Tynecastle Park mit 3:1. Damit wurde die Akte "Weltmeisterschaft" geschlossen. Die Rivalität zwischen den schottischen und englischen Vereinen blieb erhalten und wird bis heute auf verschiedensten Ebenen ausgetragen.

Im Jahr **1900** wurde im belgischen Brüssel ein Fußballturnier für Mannschaften der drei bis dato existierenden kontinentalen Fußballligen durchgeführt. Gestiftet wurde der Pokal vom Belgier Rudolf Graf van der Straten-Ponthoz *(*1877 †1961)*. Am ersten Turnier um den **Coupe van der Straten-Ponthoz** nahmen aus Belgien der FC Antwerpen *(gegr. 1880)*, Leopold Club Brüssel *(gegr. 1893)* und Racing Club Brüssel *(gegr. 1894 Fußball-Abteilung)* teil. Racing trat dabei mit zwei Mannschaften an. Aus den Niederlanden kamen HVV Den Haag *(gegr. 1883)* und RAP Amsterdam *(gegr. 1887)* sowie aus der Schweiz der Grasshopper Club Zürich *(gegr. 1886)*. In den Folgejahren wurde das Turnier im Wesentlichen von belgischen und niederländischen Vertretungen ausgetragen. Ab 1902 kamen auch zeitweilig englische und französische Mannschaften hinzu.

SUI: Grasshopper Zürich war der erste Verein aus dem deutschsprachigen Raum, der am Turnier teilnahm. Nach einem Freilos in der 1. Runde des Wettbewerbs von 1900 unterlagen die Schweizer im Halbfinale gegen den späteren Turniersieger RAP Amsterdam mit 2:3.

GER: 1907 beteiligte sich mit dem Dortmunder FC *(gegr. 1895)* auch eine deutsche Mannschaft am Turnier. Die Dortmunder unterlagen im Viertelfinale dem späteren Turniersieger Union Saint-Gilloise *(gegr. 1897)* aus Belgien mit 0:12.

Endspiele

16.04.1900	RAP Amsterdam *[NED]* – HVV Den Haag *[NED]*	2:1
10.04.1901	HBS Den Haag – Racing Club Brüssel *[BEL]*	1:0

Zu einem Skandal kam es im Halbfinalspiel zwischen Racing Club Brüssel und HVV Den Haag. Die Holländer verließen beim Stand von 1:1 den Platz, da sie sich vom Schiedsrichter benachteiligt fühlten, der ihrer Meinung nach nicht genügend gegen die überharte Spielweise der Belgier vorging.

01.04.1902	Pilgrims FC London *[ENG]* – DFC Dordrecht *[NED]*	4:2
14.04.1903	Racing Club Brüssel – Pilgrims FC London	6:5 nV
05.04.1904	Racing Club Brüssel – Union Saint-Gilloise *[BEL]*	3:2

Union Saint-Gilloise
Der Verein aus dem Brüsseler Vorort stand viermal im Finale und konnte dabei drei Siege einfahren. Auch im Nachfolgewettbewerb gehörten sie zu den Top-Vereinen: fünfmal Finale, vier Siege.

25.04.1905	Union Saint-Gilloise – Racing Club Brüssel	5:1
17.04.1906	Union Saint-Gilloise – Racing Club Brüssel	2:2 nV

Da das Spiel auch nach der Verlängerung keinen Sieger hatte, herrschte allenthalben Ratlosigkeit vor, was dazu führte, dass man mit dem Sekretariat des englischen Fußballverbandes Kontakt aufnahm, um die Situation zu klären. Im Ergebnis wurden dann beide Teams zum Sieger erklärt.

02.04.1907	Union Saint-Gilloise – Hampstead FC London [ENG]	1:0

Nachdem Union Saint-Gilloise den Pokal dreimal in Folge gewonnen hatte, durfte der Verein diesen behalten. Als Nachfolgepokal wurde um den **Coupe Jean Dupuich** gespielt. Gestiftet wurde die Trophäe von Adolphe Dupuich, der damit an seinen Sohn Jean (*1886 †1906), einen ehemaligen Stürmer vom Leopold Club erinnern wollte. Die Mannschaften kamen aus den Niederlanden, Belgien, England, Frankreich, der Tschechoslowakei und Deutschland.

GER: Duisburger SC Preußen (gegr. 1901), Berliner FC Preussen (gegr. 1894), Freiburger FC (gegr. 1897), 1. FC Nürnberg (gegr. 1900) und VfB Leipzig (gegr. 1893). Allerdings spielten die deutschen Teams keine besondere Rolle und konnten sich nicht für ein Endspiel qualifizieren. 1908 gewannen die Berliner Preussen gegen eine niederländische Auswahl mit 6:1, um dann im Halbfinale gegen Racing Club Brüssel mit 0:8 zu verlieren. Ihre Namensvetter aus Duisburg schieden schon im Viertelfinale gegen die Belgier mit 0:4 aus. 1912 unterlag der Freiburger FC im Halbfinale gegen Daring Club Brüssel (gegr. 1895) mit 1:2. Nicht viel besser erging es ein Jahr später dem 1. FC Nürnberg, der nach einer 2:3-Halbfinalniederlage gegen Union Saint-Gilloise im kleinen Finale gegen Daring Club Brüssel mit 1:4 unterlag. Eine ähnliche Bilanz hatte der VfB Leipzig 1914 aufzuweisen. Im Halbfinale mussten sich die Sachsen dem Daring Club Brüssel mit 1:6 beugen. Im Spiel um den dritten Platz erwies sich dann der South Bank AFC (gegr. 1868) als eine Nummer zu groß. Am Ende gewannen die Engländer aus Middlesbrough mit 5:0.

Endspiele

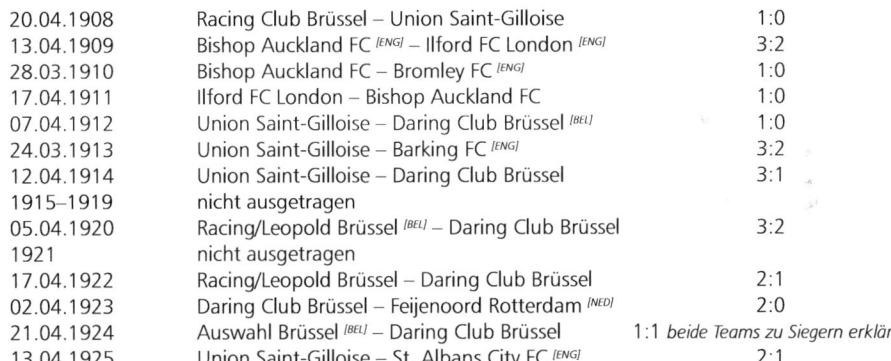

Bishop Auckland FC
Der 1886 gegründete Verein konnte 1910 seinen ein Jahr zuvor errungen Erfolg verteidigen.

20.04.1908	Racing Club Brüssel – Union Saint-Gilloise	1:0
13.04.1909	Bishop Auckland FC [ENG] – Ilford FC London [ENG]	3:2
28.03.1910	Bishop Auckland FC – Bromley FC [ENG]	1:0
17.04.1911	Ilford FC London – Bishop Auckland FC	1:0
07.04.1912	Union Saint-Gilloise – Daring Club Brüssel [BEL]	1:0
24.03.1913	Union Saint-Gilloise – Barking FC [ENG]	3:2
12.04.1914	Union Saint-Gilloise – Daring Club Brüssel	3:1
1915–1919	nicht ausgetragen	
05.04.1920	Racing/Leopold Brüssel [BEL] – Daring Club Brüssel	3:2
1921	nicht ausgetragen	
17.04.1922	Racing/Leopold Brüssel – Daring Club Brüssel	2:1
02.04.1923	Daring Club Brüssel – Feijenoord Rotterdam [NED]	2:0
21.04.1924	Auswahl Brüssel [BEL] – Daring Club Brüssel	1:1 *beide Teams zu Siegern erklärt*
13.04.1925	Union Saint-Gilloise – St. Albans City FC [ENG]	2:1

Als eines der ersten Turniere mit internationaler Ausrichtung galt das von der italienischen Sportzeitung *La Stampa Sportiva* ausgetragene **Torneo Internazionale Stampa Sportiva**, welches **1908** in Turin stattfand. Teilnehmer waren aus Italien Juventus Turin (gegr. 1897), Piemonte FC (gegr. 1907), Torino FC (gegr. 1906) und der Ardita Ausonia FC (gegr. 1905) aus Mailand. Diese Vereine mussten eine Qualifikation spielen, um die zwei italienischen Teilnehmer für das Endrundenturnier zu ermitteln. Die Turiner Vereine waren die Vizemeister der Jahre 1906 (Juve) und 1907 (FC). Alle Spiele wurden im Velodromo Umberto I. ausgetragen, der damaligen Heimspielstätte von Juventus (bis 1909) und FC Turin. Die Sportanlage bot rund 15.000 Besuchern Platz.

Qualifikation Italien
Halbfinale

22.03.1908	Juventus Turin [ITA] – Piemonte FC [ITA]	4:1 nV
29.03.1908	FC Turin [ITA] – Ardita Ausonia FC Mailand [ITA]	2:1

Freiburger FC – 1907 Deutscher Meister. [v. l.: Falschunger, Sydler, Glaser, Bodenweber, Haase, Mayer, Hunn, de Villers, von Goldberger, Hofherr, Burkart].

FC Servette Genf [Logo 1890]

Endspiel

05.04.1908	FC Turin – Juventus Turin	*in der 15.Minute beim Stand von 0:0 wegen starken Gewitters abgebrochen*
12.04.1908	FC Turin – Juventus Turin	2:1

GER/SUI: In der Endrunde musste sich der FC Turin mit Servette Genf *(gegr. 1890)*, dem Freiburger FC und der Mannschaft aus der französischen Hauptstadt, US Parisienne *(gegr. 1896)*, auseinandersetzen.

Halbfinale

19.04.1908	Servette Genf [SUI] – Freiburger FC [GER]	5:3
19.04.1908	FC Turin – US Parisienne [FRA]	4:0

Spiel um Platz 3

20.04.1908	Juventus Turin – US Parisienne	4:0

Juventus nahm den Platz von Freiburg ein, die sich vom Turnier zurück zogen

Endspiel

20.04.1908	Servette Genf – FC Turin	3:1

Schon **1909** und **1911** wurde ein zaghafter Versuch unternommen, um eine internationale Meisterschaft durchzuführen. Im italienischen Turin fand die **Sir Thomas Lipton Trophy** statt. Der Namensgeber Thomas Johnstone Lipton *(*1850 †1931)* war ein schottischer Unternehmer und Begründer der Teemarke Lipton. Darüber hinaus war er ein großer Sportenthusiast, der sich neben dem Segelsport auch im Fußball engagierte. Ab 1905 wurde ein alljährlicher Vergleich der Nationalmannschaften von Argentinien und Uruguay um die Copa Lipton ausgetragen. Mit dem Turnier in Turin sollte ein erster „Weltcup" geschaffen werden. An eine Fußball-Weltmeisterschaft nach unseren heutigen Vorstellungen war nicht zu denken. Spiele von Ländermannschaften hatten noch keine große Bedeutung und selbst die Anfänge des olympischen Fußballturniers war noch von Vereinsmannschaften geprägt. Natürlich hat der Begriff „Weltcup" nichts mit den Spielen um den „Weltpokal" oder der „Klub-Weltmeisterschaft" zu tun. Aber es waren Versuche, den Fußballsport auf ein höheres Wettbewerbsniveau zu heben und neben den heimischen Wettbewerben die Internationalisierung voranzutreiben. Es gehörte ein großer Enthusiasmus dazu, derartige Veranstaltungen zu organisieren. Viele Widerstände mussten gebrochen werden. Selbst der Fußballverband Englands lehnte eine Teilnahme an dem Turnier in Italien ab. So war es ein Schotte, der den Engländern zeigte, wie man es machen kann. Er nahm mit dem West Auckland AFC *(gegr. 1893)* persönlich Kontakt auf, lud das Team nach Turin ein und hatte somit seinen englischen Teilnehmer.

Neben dem englischen Team wurden auch Mannschaften aus Deutschland und der Schweiz eingeladen.
GER/SUI: Mit Stuttgarter Sportfreunde *(gegr. 1896 als FC Karlsvorstadt, ab 1900 Stuttgarter Sportfreunde)* vertrat ein eher regional spielender Verein den DFB, während die Schweiz ihre besten Teams entsandte: 1909 den Schweizer Meister von 1908 – FC Winterthur *(gegr. 1896)* und 1911 den Vizemeister aus dem gleichen Jahr FC Zürich *(gegr. 1896)*.

Die italienische Seite wurde bei der ersten Austragung von einer Auswahl Turins, die sich aus Spielern von Juventus und dem FC zusammensetzte, vertreten. Beim zweiten Turnier traten beide Turiner Vertretungen selbständig an, nachdem durch die Nichtteilnahme eines deutschen Vereins ein Platz frei geworden war.
1909 wurden alle Spiele im Velodromo Umberto I. ausgetragen. Zwei Jahre später wurde im Stadio di Corso Sebastopoli gespielt. Seit 1909 war hier Juventus zu Hause. Das Stadion hatte ein Fassungsvermögen für 10.000 Zuschauer.

1909
Halbfinale

11.04.1909	West Auckland AFC [ENG] – Stuttgarter Sportfreunde [GER]	2:0
11.04.1909	FC Winterthur [SUI] – Auswahl Turin [ITA]	2:1

Spiel um Platz 3

12.04.1909	Auswahl Turin – Stuttgarter Sportfreunde	2:1

Endspiel

12.04.1909	West Auckland AFC – FC Winterthur	2:0

West Auckland AFC [Logo 2009] Einhundert Jahre nach dem ersten Erfolg um den "Weltpokal" kam es am 2. August 2009 in Chiusa di Pesio (südlich von Turin) zu einem Jubiläumsspiel zwischen West Auckland Town FC (1914 Namensänderung) und der U20 von Juventus. Am Ende siegten die Gastgeber mit 7:1.

Die erfolgreiche Mannschaft des West Auckland AFC, nach dem Gewinn der Sir Thomas Lipton Trophy 1909.

FC Winterthur – 1908 Schweizer Meister. [H. v. l.: Müller, Arbenz, Hippenmeier; Mitte: Neuweiler, H. Walter, Bachmann; vorn E. Walter, Frenken, Reich, Lang, Keller.

Über die Teilnahme des West Auckland AFC am Lipton-Pokal wurde 1982 ein englischer TV-Film gedreht: The World Cup: A Captain's Tale, der 1986 vom ZDF ins deutsche Fernsehen gebracht wurde (Kicker, Kumpel, Knochenbrecher).

1911
Halbfinale

16.04.1911	Juventus Turin – FC Turin	2:1
16.04.1911	West Auckland AFC – FC Zürich [SUI]	2:0

Spiel um Platz 3

17.04.1911	FC Turin – FC Zürich	2:1

Endspiel

17.04.1911	West Auckland AFC – Juventus Turin	6:1

Durch den zweimaligen Gewinn des Pokals ging dieser als „Weltpokal" in den Besitz der Engländer über. 1994 wurde er aus dem Vereinsheim gestohlen. Bis heute ist er nicht wie

Zur gleichen Zeit, als auf der Insel insbesondere die schottischen und englischen Mannschaften die Kräfte miteinander maßen, kam es auch zu den ersten Turnieren Kontinentaleuropas. Als einer der ersten Wettbewerbe wurde der **Challenge-Cup** im Rahmen der Österreichisch-Ungarischen Monarchie ab **1897** ausgetragen. Anfangs nahmen nur Vereine aus Wien teil, bis dann 1900 Teams aus Prag und 1901 aus Budapest hinzukamen. Das letzte Turnier dieser Art fand 1911 statt. Einer der Hauptinitiatoren war der Engländer John Gramlick, einer der Mitbegründer des Vienna Cricket and Football Clubs.

Endspiele

21.05.1897	Vienna Cricket & FC – Wiener FC 98	7:0
05.03.1899	First Vienna FC 1894 – AC Victoria Wien	4:1
11.03.1900	First Vienna FC 1894 – Vienna Cricket & FC	2:0
21.04.1901	Wiener AC – SK Slvia Prag	1:0
18.05.1902	Vienna Cricket & FC – Budapest TC	2:1
24.05.1903	Wiener AC – CAFC Vinohrady	kampflos Wien
10.04.1904	Wiener AC – Vienna Cricket & FC	7:0
24.04.1905	Wiener Sportvereinigung – Magyar AC Budapest	2:1
13.06.1909	Ferensvaros TC Budapest – Wiener Sport-Club	2:1
23.09.1911	Wiener Sport-Club – Ferencvaros TC Budapest	3:0

Auf dem linken Foto präsentiert sich die Vertretung des Vienna Cricket and Football Club im Jahr 1897. Daneben rechts ist das Team der Wiener Spielvereinigung nach ihrem Challenge-Cup-Erfolg im Jahr 1905 zu sehen.

Mitropapokal 1930

Ein großer Schritt im mitteleuropäischen Fußball wurde am 17. Juli **1927** im italienischen Venedig gemacht, als hier der **Mitropapokal** gegründet wurde. Offiziell hieß er **La Coupe de l'Europe Central**, mit Ausnahme von **1951**, als er **Zentropapokal** hieß und **1958 Danube Cup**. Der Begriff Mitropa stand einerseits als Kurzform für Mitteleuropa und war andererseits die Huldigung an die MITROPA (Mitteleuropäische Schlafwagen- und Speisewagen-Aktien-Gesellschaft), in deren Waggons die Mannschaften regelmäßig fuhren. Initiator war vor allem der österreichische Generalsekretär des Fußballverbandes (ÖFB) Hugo Meisl [*1881 †1937]. Mitte der 1920er Jahre wurden die ersten professionellen Ligen eingeführt. So verwunderte es nicht, dass man versuchte wirtschaftliche Formen zu finden, um die Wettbewerbsfähigkeit des Berufsfußballs zu stärken. Mit dem Zweiten Weltkrieg kam auch der Wettbewerb zum erliegen. Ab 1955 (abgesehen vom Zentropapokal 1951) gab es dann wieder den klassischen MItropapokal. Mit der Einführung des Europapokals der Landesmeister durch die UEFA verflachte der Charakter des Wettbewerbs zunehmend. Kamen 1956 zweimal je 104.000 Zuschauer zu den Endspielen in Budapest, waren es 1992 gerade einmal tausend Besucher in Foggia. Damit endete auch die Geschichte des Mitropapokals.

SK Rapid Wien [Logo 1919]

Endspiele

1927	AC Sparta Prag [TCH] – SK Rapid Wien [AUT]	30.10.27 6:2 / 13.11.27 1:2
1928	Ferencvaros TC Budapest [HUN] – SK Rapid Wien	28.10.28 7:1 / 11.11.28 3:5
1929	Ujpest FC Budapest [HUN] – SK Slavia Prag	03.11.29 5:1 / 17.11.29 2:2
1930	AC Sparta Prag – SK Rapid Wien	02.11.30 0:2 / 12.11.30 3:2
1931	Wiener AC [AUT] – First Vienna FC [AUT]	08.11.31 2:3 in Zürich / 12.11.31 1:2
1932	AGC Bologna [ITA] – First Vienna FC	10.07.32 2:0 / 17.07.32 0:1
1933	Ambrosiana-Inter Mailand [ITA] – FK Austria Wien [AUT]	03.09.33 2:1 / 08.09.33 1:3
1934	SK Admira Wien [AUT] – AGC Bologna	05.09.34 3:2 / 09.09.34 1:5

In den ersten Beiden Mitroppokal-Endspielen 1927 und 1928 war Rapid Wien beteiligt, verließ aber als Verlierer den Rasen. 1930 konnten sie sich dann den Pokal sichern. Diesen Triumph konnten Rapid 1951 im damalig Zentropapokal genannten Wettbewerb wiederholen.

SV Austria Salzburg [Logo 1950]

Spielgemeinschaft Swarovski Wattens-Wacker Innsbruck [Logo 1975]

SC Eduscho Eisenstadt [Logo 1981]

1935	Ferencvaros TC Budapest – AC *Sparta Prag*	08.09.35 2:1 / 15.09.35 0:3
1936	FK Austria Wien – AC *Sparta Prag*	06.09.36 0:0 / 13.09.36 1:0
1937	Ferencvaros TC Budapest – SS Lazio Rom [ITA]	12.09.37 4:2 / 24.10.37 5:4
1938	SK Slavia Prag [TCH] – *Ferencvaros TC Budapest*	04.09.38 2:2 / 11.09.38 2:0
1939	Ferencvaros TC Budapest – *Ujpest FC Budapest*	23.07.39 1:4 / 30.07.39 2:2
1940	FC Rapid Bukarest [ROM] – Ferencvaros TC Budapest	nicht ausgetragen
1951	SK Rapid Wien – SC Wacker Wien [AUT]	05.07.1951 3:2
1955	Vörös Lobogo Budapest [HUN] – UDA Prag [TCH]	30.07.55 6:0 / 04.08.55 2:1
1956	SK Rapid Wien – *Vasas SK Budapest* [HUN]	21.07.56 3:3 / 28.07.56 1:1 / 04.08.56 2:9
1957	*Vasas SK Budapest* – FK Vojvodina Novi Sad [JUG]	28.07.57 4:0 / 04.08.57 1:2
1958	*Roter Stern Belgrad* [JUG] – DSO Roter Stern Brünn [TCH]	06.07.58 4:1 / 12.07.58 3:2
1959	*Honved SE Budapest* [HUN] – MTK Budapest [HUN]	19.08.59 4:3 / 09.09.59 2:2
1960	*Ungarn (Ferencvaros, Vasas, MTK, Dozsa SC Ujpest, Banyasz SC Tatabanya, VTK Diosgyör)* jeweils sechs Mannschaften aus HUN, JUG, CZE, ITA, AUT spielten einmal mit Hin- und Rückspiel gegen eine zugeloste Mannschaft; aus diesen Spielen wurde eine Gesamttabelle der Spiele der einzelnen Länder erstellt	
1961	TJ Slovan Nitra [TCH] – FC Bologna [ITA]	14.03.61 2:2 / 04.04.61 0:3
1962	*Vasas SC Budapest* – FC Bologna	26.09.62 5:1 / 17.10.62 1:2
1963	*MTK Budapest* – Vasas SK Budapest	26.06.63 2:1 / 03.07.63 1:1
1964	TJ Slovan CHZJD Bratislava – *Spartak Sokolovo Prag*	05.08.64 0:0 / 02.09.64 0:2
1965	*Vasas SC Budapest* – AC Florenz [ITA]	26.06.65 1:0 in Wien
1966	AC Florenz [ITA] – Jednota Trencin [TCH]	18.06.1966 1:0
1967	Dozsa SC Ujpest – TJ Spartak Trnava [TCH]	04.10.64 3:2 / 01.11.67 1:3
1968	TJ Spartak Trnava – FK Roter Stern Belgrad	15.10.68 1:0 / 23.10.68 1:4
1969	*TJ Internacional Slovnaft Bratislava* – TJ SKLO Union Teplice	22.06.69 4:1 / 03.07.69 1:0
1970	TJ Internacional Slovnaft Bratislava – *Vasas SC Budapest*	10.06.70 2:1 / 20.06.70 1:4
1971	NK Celik Zenica [JUG] – SV Austria Salzburg [AUT]	22.09.71 3:1 in Gorizia [ITA]
1972	AC Florenz – NK Celik Zenica	23.08.72 0:0 / 04.10.72 0:1
1973	NK Celik Zenica – Banyasz SC Tatabanya [HUN]	27.06.73 1:2 / 01.07.73 1:2
1974	TJ ZVL Zilina – *Banyasz SC Tatabanya*	08.05.74 2:3 / 15.05.74 0:2
1975	*SpG Swarovski Wattens-Wacker Innsbruck* [AUT] – Honved SE Budapest	28.05.75 3:1 / 11.06.75 2:1
1976	*SpG Swarovski Wattens-Wacker Innsbruck* – FK Velez Mostar [JUG]	30.06.76 3:1 / 07.07.76 3:1
1977	*FK Vojvodina Novi Sad*	Tabellenrunde
1978	FK Partizan Belgrad [JUG] – *Honved SE Buudapest*	13.12.78 1:0
1980	*Udine AC* [ITA]	Tabellenrunde
1981	*TJ Tatran Presov* [TCH]	Tabellenrunde
1982	*AC Mailand* [ITA]	Tabellenrunde
1983	*Vasas SC Budapest*	Tabellenrunde
1984	*SC Eduscho Eisenstadt* [AUT]	Tabellenrunde
1985	*NK Iskra Bugojno* [JUG]	Tabellenrunde
1986	AC Pisa [ITA] – MVSC Debrecen [HUN]	17.11.86 2:0
1987	Ascoli Calcio 1898 [ITA] – Bohemians CKD Prag [TCH]	16.11.87 1:0
1988	AC Pisa – Vac Izzo MTE [HUN]	30.05.88 3:0
1989	TJ Banik Ostrava OKD [TCH] – FC Bologna [ITA]	16.11.89 2:1 / 08.12.88 2:1
1990	AS Bari [ITA] – Genua 1893 [ITA]	21.05.90 1:0
1991	*Turin Calcio* [ITA] – AS Pisa	04.06.91 2:1
1992	FK Borac Banja Luka – BVSC Mavtransped Budapest	29.05.92 1:1 5:3 iE in Foggia [ITA]

13

Ein weiterer Wettbewerb mit multilateraler Ausrichtung war der **Latin Cup** oder auch **Copa Latina** der zwischen **1949** und **1957** zur Austragung kam. Es waren Fußballturniere auf höchstem Level, da meistens die jeweiligen Landesmeister von ITA, FRA, ESP und POR beteiligt waren. So war es auch nicht verwunderlich, dass mit der Einführung des Europapokals der Landesmeister der Latin Cup an Bedeutung verlor und nicht mehr zur ausgetragen wurde.

Endspiele

Datum	Begegnung	Ergebnis
03.07.1949	FC Barcelona [ESP] – Sporting CP Lissabon [POR]	2:1 in Madrid [ESP]
17.06.1950	SL Benfica Lissabon [POR] – Gorondins Bordeaux [FRA]	3:3
18.06.1950 Whlg.	SL Benfica Lissabon – Gorondins Bordeaux	2:1
24.06.1951	AC Mailand [ITA] – OSC Lille [FRA]	5:0
29.06.1952	FC Barcelona – OGC Nizza [FRA]	1:0 in Paris [FRA]
07.06.1953	Stade Reims [FRA] – AC Mailand	3:0 in Lissabon [POR]
26.06.1955	Real Madrid CF [ESP] – Stade Reims	2:0 in Paris
03.07.1956	AC Mailand – Athletic Club Bilbao [ESP]	3:1
23.06.1957	Real Madrid CF – SL Benfica Lissabon	1:0

Latin Cup 1949

Abschließend bleibt festzuhalten, dass eine Vielzahl von Vereinen die Auseinandersetzung mit Mannschaften anderer Landesverbände gesucht haben. Immer wieder findet man Turnierformen, bei denen zwei, drei, vier ausländische Vertretungen beteiligt waren. Meist waren dies Turniere anlässlich von Vereinsjubiläen, Jahrestagen oder Messen. Allen einte die Idee, den Fußballsport als globales Verständigungsmittel der unterschiedlichsten Nationen zu verstehen. Kriege und Pandemien, Wetterunbilden und Katastrophen konnten das Fußball spielen zwar zeitweise unterbrechen, aber nie zum Erliegen bringen.

II. Die „Vorläufer" in Südamerika

Copa Rio 1951

Es war fast eine zwangsläufige Idee, die der brasilianische Journalist Mário Filho [*1908 †1966] hatte. Mit der Durchführung der Fußball-Weltmeisterschaft in seinem Heimatland plädierte er sehr schnell für die Einführung eines ähnlichen Wettbewerbs für Vereinsmannschaften. Gemeinsam mit dem Fußballverband Brasiliens (CBD) und dem Weltfußballverband (FIFA) versuchte man eine derartige Veranstaltung zu etablieren. Heraus kam das **Torneio Internacional de Clubes Campeões** und gespielt wurde um die **Copa Rio**. In Anlehnung an die 1950 ausgetragene Fußball-Weltmeisterschaft wurden Vereinsteams aus den beteiligten Nationalverbänden eingeladen. Da es in Brasilien zur damaligen Zeit noch keine nationale Meisterschaft gab, nur in den Bundesstaaten wurden die Titelträger ermittelt, lud man die Meister von Rio de Janeiro und Sao Paulo ein. Schwieriger gestaltete sich die Einladung der europäischen Mannschaften. Es sollten natürlich erstklassige Teams sein, die in den zurück liegenden Spielzeiten Meister ihrer Länder waren. Letztendlich gelang dies, obwohl viele Teams nicht eingeladen wurden oder nicht zusagten.

GER/AUT/SUI: Bei der ersten Austragung des Wettbewerbs 1951 war auch der österreichische Landesmeister von 1950 Austria Wien (gegr. 1910 als WAS, ab 1926 Austria) beteiligt, der bis ins Halbfinale vorstieß. Diese Leistung konnte bei der Auflage von 1952 wiederholt werden, diesmal als Vizemeister der Saison 1951/52. Ohne Punktgewinn blieben der Schweizer Meister 1952 Grasshopper Zürich und der deutsche Vizemeister 1952, der 1. FC Saarbrücken (gegr. 1903).

1951

Gruppe Sao Paulo – Estadio do Pacaembu
Vorrunde

30.06.1951	Palmeiras Sao Paulo [BRA] – OGC Nizza [FRA]	3:0
01.07.1951	Juventus Turin – Roter Stern Belgrad [YUG]	3:2
03.07.1951	Juventus Turin – OGC Nizza	3:2
05.07.1951	Palmeiras Sao Paulo – Roter Stern Belgrad	2:1
07.07.1951	OGC Nizza – Roter Stern Belgrad	2:1
08.07.1951	Juventus Turin – Palmeiras Sao Paulo	4:0

Halbfinale

12.07.1951	Juventus Turin – Austria Wien [AUT]	3:3
14.07.1951	Juventus Turin – Austria Wien	3:1

Endspiel A

18.07.1951	Palmeiras Sao Paulo – Juventus Turin	1:0

FK Austria Wien [Logo 1926]

Gruppe Rio de Janeiro – Estadio do Maracana
Vorrunde

30.06.1951	Austria Wien – Nacional Montevideo [URU]	4:0
01.07.1951	Vasco da Gama Rio de Janeiro [BRA] – Sporting Lissabon [POR]	5:1
03.07.1951	Nacional Montevideo – Sporting Lissabon	3:2
05.07.1951	Vasco da Gama Rio de Janeiro – Austria Wien	5:1
07.07.1951	Austria Wien – Sporting Lissabon	2:1
08.07.1951	Vasco da Gama Rio de Janeiro – Nacional Montevideo	2:1

Halbfinale

12.07.1951	Palmeiras Sao Paulo – Vasco da Gama Rio de Janeiro	2:1
15.07.1951	Palmeiras Sao Paulo – Vasco da Gama Rio de Janeiro	0:0

Endspiel B

22.07.1951	Palmeiras Sao Paulo – Juventus Turin	2:2

ES Palmeiras Sao Paulo [Logo 1942]

Durch den 1:0-Erfolg über Juventus im Endspiel A wurde Palmeiras Sao Paulo (gegr. 1914 als SP Italia, ab 1942 Palmeiras) Turniersieger 1951.

Die Mannschaft von Palmeiras Sao Paulo stellt sich den Fotografen vor dem Anstoß zum Finale der Copa Rio 1951 gegen Juventus Turin.

Copa Rio 1952

1. FC Saarbrücken [Logo 1951]

Fluminense FC Rio de Janeiro [Logo 1950]

1952

Gruppe Sao Paulo – Estadio do Pacaembu
Vorrunde

13.07.1952	Austria Wien – Libertad Asuncion [PAR]	4:2
13.07.1952	Corinthians Sao Paulo [BRA] – 1. FC Saarbrücken [GER]	6:1
16.07.1952	Austria Wien – 1. FC Saarbrücken	5:1
16.07.1952	Corinthians Sao Paulo – Libertad Asuncion	6:1
19.07.1952	Libertad Asuncion – 1. FC Saarbrücken	4:1
20.07.1952	Corinthians Sao Paulo – Austria Wien	2:1

Halbfinale

23.07.1952	Corinthians Sao Paulo – Penarol Montevideo [URU]	2:1
27.07.1952	Corinthians Sao Paulo – Penarol Montevideo	Penarol zurückgezogen

Gruppe Rio de Janeiro – Estadio do Maracana
Vorrunde

13.07.1952	Penarol Montevideo – Grasshopper Zürich [SUI]	1:0
13.07.1952	Fluminense Rio de Janeiro [BRA] – Sporting Lissabon	0:0
17.07.1952	Penarol Montevideo – Sporting Lissabon	3:1
17.07.1952	Fluminense Rio de Janeiro – Grasshopper Zürich	1:0
19.07.1952	Sporting Lissabon – Grasshopper Zürich	2:1
20.07.1952	Fluminense Rio de Janeiro – Penarol Montevideo	3:0

Halbfinale

23.07.1952	Fluminense Rio de Janeiro – Austria Wien	1:0
27.07.1952	Fluminense Rio de Janeiro – Austria Wien	5:2

Endspiele

30.07.1952	Fluminense Rio de Janeiro – Corinthians Sao Paulo	2:0
02.08.1952	Fluminense Rio de Janeiro – Corinthians Sao Paulo	2:2

Damit wurde Fluminense Rio de Janeiro (gegr. 1902) Sieger des Turniers 1952.

Im darauf folgenden Jahr sah das Turnier zwei Änderungen. Der Wettbewerb hieß nicht mehr Copa Rio, sondern **Torneio Octogonal Rivadavia Corrêa Meyer**, benannt nach dem damaligen Präsidenten des brasilianischen Fußballverbandes (CBD) - Rivadávia Corréa Meyer [*1902 †1966] -, der auch dafür verantwortlich zeichnete, dass 1950 die Fußball-Weltmeisterschaft nach Brasilien geholt wurde. Zwar blieb es bei der Ausrichtung die Spiele in zwei Gruppen in Rio und Sao Paulo auszutragen, aber es waren diesmal fünf statt nur zwei heimische Vertretungen. Überhaupt gingen aus Europa nunmehr nur noch zwei Teams an den Start.

GER: So sollte auch der Deutsche Meister Rot-Weiss Essen *(gegr. 1907 als SV Vogelheim, ab 1923 RWE)* daran teilnehmen. Wenige Wochen vor dem Turnierbeginn kam es in Essen zu einem Freundschaftsspiel gegen America Rio de Janeiro *(gegr. 1904)*, welches diese sicher gewannen. Da America in seinem Heimatland eher als zweitklassiges Team eingeordnet wurde, lud der CBD die Rot-Weißen wieder aus. Ähnlich erging es dem amtierenden französischen Meister Stade Reims *(gegr. 1910 als SS Parc Pommery, ab 1931 Stade Reims)*.

1953

Gruppe Sao Paulo – Estadio do Pacaembu
Vorrunde

07.06.1953	Corinthians Sao Paulo – Olimpia Asuncion [PAR]	5:2
13.06.1953	FC Sao Paulo – Olimpia Asuncion	4:1
14.06.1953	Corinthians Sao Paulo – Sporting Lissabon	2:1
17.06.1953	FC Sao Paulo – Sporting Lissabon	4:1
20.06.1953	Olimpia Asuncion – Sporting Lissabon	1:1
21.06.1953	FC Sao Paulo – Corinthians Sao Paulo	1:1

Halbfinale

24.06.1953	FC Sao Paulo – Fluminense Rio de Janeiro	1:0
28.06.1953	Fluminense Rio de Janeiro – FC Sao Paulo	1:1 nV

Endspiel A

01.07.1953	Vasco da Gama Rio de Janeiro – FC Sao Paulo	1:0

Gruppe Rio de Janeiro – Estadio do Maracana
Vorrunde

07.06.1953	Vasco da Gama Rio de Janeiro – Hibernian Edinburgh [SCO]	3:3
13.06.1953	Botafogo Rio de Janeiro [BRA] – Hibernian Edinburgh	3:1
14.06.1953	Vasco da Gama Rio de Janeiro – Fluminense Rio de Janeiro	2:1
17.06.1953	Botafogo Rio de Janeiro – Fluminense Rio de Janeiro	2:2
20.06.1953	Fluminense Rio de Janeiro – Hibernian Edinburgh	3:0
21.06.1953	Vasco da Gama Rio de Janeiro – Botafogo Rio de Janeiro	2:1

Halbfinale

24.06.1953	Vasco da Gama Rio de Janeiro – Corinthians Sao Paulo	4:2
28.06.1953	Vasco da Gama Rio de Janeiro – Corinthians Sao Paulo	3:1

Endspiel B

04.07.1953	Vasco da Gama Rio de Janeiro – FC Sao Paulo	2:1

Pokal Torneio Octogonal 1953

CR Vasco da Gama Rio de Janeiro [Logo 1942]

Damit entschied Vasco da Gama Rio de Janeiro *(gegr. 1898)* das Turnier für sich. Eine Fortsetzung der **Mundial de Clubes**, wie es die CBD nannte, fand nicht statt.

Parallel zu der Turnierdurchführung Anfang der 1950er Jahre in Brasilien gab es in Venezuela eine Art Konkurrenzveranstaltung. Die **Pequeña Copa del Mundo de Clubes**, die kleine Klub-Weltmeisterschaft (offiziell **Trofeo Marcos Perez Jemenez** [*1914 †2001] – dem damaligen Staatspräsidenten Venezuelas), wurde zwischen 1952 und 1957 sowie als **Torneo de la Ciudad de Caracas** von 1963 bis 1975 in der venezolanischen Hauptstadt Caracas ausgetragen. Man war bestrebt, dass die Hälfte der beteiligten Mannschaften aus Europa kam, was
auch gelang. Die Turniere wurden mehr und mehr ein kommerzieller Wettbewerb, die teilweise nur noch von ausländischen Mannschaften besetzt waren. Neben den vorgenannten Wettbewerben gab es noch eine Vielzahl weiterer Turniere, wovon die wichtigsten in der Auflistung aufgeführt sind.

GER/AUT: Neben der Auswahlmannschaft von Caracas nahm 1975 auch die DDR-Auswahl als Nichtvereinsteam teil (Finale 2:1 gegen Boavista Porto (gegr. 1903), Halbfinale 1:0 gegen Rosario Central (gegr. 1889 als CARAC, ab 1903 Rosario Central)). 1970 beteiligte sich Werder Bremen (gegr. 1899) am Turnier (Sieg gegen Vitoria Setubal (gegr. 1910) 2:1) und 1953 Rapid Wien (gegr. 1897 als 1. Wiener AFC, ab 1899 Rapid), die zweimal gegen Millonarios Bogota (gegr. 1946) verloren (1:2, 0:4).

Die Turniere:

Jahr	Sieger	weitere Teilnehmer und Platzierungen
1952	Real Madrid [ESP]	2. Botafogo FR Rio de Janeiro [BRA], 3. Millonarios Bogota [COL], 4. FC La Salle [VEN]
1953/I.	Millonarios Bogota [COL]	2. River Plate Buenos Aires [ARG], 3. Rapid Wien [AUT], 4. Espanyol Barcelona [ESP]
1953/II.	Corinthians Sao Paulo [BRA]	2. AS Rom [ITA], 3. FC Barcelona [ESP], 4. Caracas XI [VEN]
1955	FC Sao Paulo [BRA]	2. FC Valencia [ESP], 3. Benfica Lissabon [POR], 4. FC La Salle [VEN]
1956	Real Madrid [ESP]	2. Vasco da Gama Rio de Janeiro [BRA], 3. FC Porto [POR], 4. AS Rom [ITA]
1957	FC Barcelona [ESP]	2. Botafogo FR Rio de Janeiro [BRA], 3. FC Sevilla [ESP], 4. Nacional Montevideo [URU]
1958[1]	Bangu AC Rio de Janeiro [BRA]	2. Malmö FF [SWE], 3. CA Osasuna [ESP]
1959-62	nicht ausgetragen	
1963	FC Sao Paulo [BRA]	2. Real Madrid [ESP], 3. FC Porto [POR]
1964	nicht ausgetragen	
1965[7]	Benfica Lissabon [POR]	2. Atletico Madrid [ESP] (nur zwei Mannschaften)
1966/I.[8]	FC Valencia [ESP]	2. Vitoria Guimares [POR], 3. Lazio Rom [ITA]
1966/II.[2]	Botafogo FR Rio de Janeiro [BRA]	2. FC Santos [BRA]
1967/I.[9]	Athletic Bilbao [ESP]	2. Academica Coimbra [POR], 3. CA Platense [ARG]
1967/II.[2]	Botafogo FR Rio de Janeiro [BRA]	2. FC Barcelona [ESP], 3. Penarol Montevideo [URU]
1968[3]	Botafogo FR Rio de Janeiro [BRA]	2. Benfica Lissabon [POR] + Argentinien XI [ARG]
1969/I.[10]	Sparta Prag [CZE]	2. Deportivo La Coruna [ESP], 3. Sporting Lissabon [POR]
1969/II.[4]	Dinamo Moskau [USR]	2. Deportivo Italia Caracas [VEN], 3. Vasco da Gama Rio de Janeiro [BRA]
1970/I.[10]	Vitoria Setubal [POR]	2. FC Santos [BRA], 3. Werder Bremen [GER] + FC Chelsea [ENG]
1970/II.[5]	Botafogo FR Rio de Jaeiro [BRA]	2. Sowjetunion XI [URS], 3. Spartak Trnava [CZE]
1970/III.	Cruzeiro Belo Horizonte [BRA]	2. FC Porto [POR], 3. Celta Vigo [ESP]
1971-74	nicht ausgetragen	
1975	DDR-Auswahl [GDR]	2. Boavista Porto [POR], 3. Real Saragossa [ESP], 4. Rosario Central [ARG]
1976[5]	Deportivo La Coruna [ESP]	2. Deportivo Italia Caracas [VEN], 3. Millonarios Bogota [COL]
1977[5]	Cruzeiro Belo Horizonte [BRA]	2. Gremio Porto Alegre [BRA], 3. Independiente Avellaneda [ARG]; Deportivo Portugues Caracas [VEN] zurückgezogen
1978+79	nicht ausgetragen	
1980[6]	Real Madrid [ESP]	2. Benfica Lissabon [POR], 3. Kolumbien XI [COL]
1981[6]	Sporting Lissabon [POR]	2. FC Valencia [ESP], 3. Millonarios Bogota [COL]

[1] *Copa Navidad de Caracas*
[2] *Copa Circulo de Pediodicos Deportivos*
[3] *Trofeo Dr. Julio Bustamente/Trofeo Oldemario Ramos*
[4] *Copa Carnaval de Caracas*
[5] *Torneio de Caracas*
[6] *Copa Ciudad de Caracas*
[7] *Copa Maria Dolores Gabeka*
[8] *Trofeo Simon Bolivar*
[9] *Copa Cuadricentenario de Caracas*
[10] *Torneo Reyes de Caracas*

Botafogo Futebol e Regatas Rio de Janeiro
[Logo 1942]

Deutscher Fußball-Verband der DDR
[Logo 1975]

III. Die „Vorläufer" in Nord- und Zentralamerika

Der Pokal der International Soccer League

Karlsruher SC Mühlburg-Phönix [Logo 1952]

SSV Reutlingen 1905 [Logo 1950]

SC Preußen 06 Münster

VTJ Dukla Prag [Logo 1956]

Zum Jahreswechsel **1958/59** trafen beim **Torneo Cuadrangular** in San Jose/Costa Rica Mannschaften aus drei Kontinenten aufeinander: Dukla Prag [CZE] (gegr. 1948), Bangu Rio de Janeiro [BRA] (gegr. 1904), Deportivo Saprissa (gegr. 1935) und LD Alajuelense (gegr. 1919) aus Costa Rica. Gewinner des Turniers wurde die Mannschaft von Bangu, die ungeschlagen blieb.

Von **1960** bis **1965** fand in den Vereinigten Staaten von Amerika (einzelne Spiele auch in Mexiko und Kanada) ein Turniersystem statt, dass **International Soccer League** genannt wurde. Hierbei wurden in Gruppenspielen die Sieger ermittelt, die dann gegeneinander den Sieger der ISL-Meisterschaft ausspielten.

1960	Bangu AC Rio de Janeiro [BRA]	– FC Kilmarnock [SCO]	2:0

GER: Bayern München nahm als Vertreter Deutschlands teil und belegte in Gruppe I den 5. Platz (gegen Glenavon Belfast [NIR] 3:0; – FC Kilmarnock [SCO] 1:3; – OGC Nizza [FRA] 2:2; – New York Americans [USA] 1:2; – FC Burnley [ENG] 0:3)
AUT: Rapid Wien nahm als Vertreter Österreichs teil und belegte in der Gruppe II den 6. Platz (gegen Roter Stern Belgrad [YUG] 2:5; – IFK Norrköping [SWE] 1:3; – Bangu AC [BRA] 2:3; – Sampdoria Genua [ITA] 2:3; die Begegnung gegen Sporting Lissabon [POR] fand nicht statt

1961	VTJ Dukla Prag [CZE]	– FC Everton [ENG]	7:2 + 2:0

GER: Der Karlsruher SC nahm als Vertreter Deutschlands teil und belegte in Gruppe I den 4. Platz (gegen Besiktas Istanbul [TUR] 1:3; – FC Kilmarnock [SCO] 3:2; – FC Everton [ENG] 2:5; – Bangu AC [BRA] 3:2; – New York Americans [USA] 4:1; Montreal Concordia [CAN] 1:2; – Dinamo Bukarest [ROM] 2:2)
AUT: Rapid Wien nahm als Vertreter Österreichs teil und belegte in der Gruppe II den 6. Platz (gegen Roter Stern Belgrad [YUG] 0:3; – Montreal Concordia [CAN] 5:0; – AS Monaco [FRA] 2:3; – Dukla Prag [CZE] 0:6; Espanyol Barcelona [ESP] 0:3; – Shamrock Rovers [IRL] 3:1; – Maccabi Petak Tikva [ISR] 2:2)

1962	America FC Rio de Janeiro [BRA]	– Belenenses Lissabon [POR]	2:1 + 1:0

GER: Der SSV Reutlingen nahm als Vertreter Deutschlands teil und belegte in Gruppe I den 2. Platz (gegen America FC [BRA] 1:1; – CD Guadalajara [MEX] 0:2; – US Palermo [ITA] 2:1; – Dundee FC [SCO] 2:0; – Hajduk Split [YUG] 1:0)
AUT: Der Wiener AC nahm als Vertreter Österreichs teil und belegte in der Gruppe II den 2. Platz (gegen Belenenses Lissabon [POR] 1:2; – Panathinaikos Athen [GRE] 1:1; – MTK Budapest [HUN] 3:1; – Elfsborg Boras [SWE] 5:2; – Real Oviedo [ESP] 1:1)

1963	West Ham United [ENG]	– Gornik Zabrze [POL]	1:1 + 1:0

GER: Preußen Münster nahm als Vertreter Deutschlands teil und belegte in Gruppe I den 5. Platz (gegen West Ham United [ENG] 0:2; – AC Mantua [ITA] 0:2; – FC Kilmarnock [SCO] 2:5; – SC Recife [BRA] 4:2; – CD Oro Guadalajara [MEX] 4:3; – FC Valenciennes [FRA] 3:2)
AUT: Der Wiener AC nahm als Vertreter Österreichs teil und belegte in der Gruppe II den 3. Platz (gegen Gornik Zabrze [POL] 2:3; – Dinamo Zagreb [YUG] 4:2; – Dozsa Ujpest [HUN] 1:6; – CF Belenenses Lissabon [POR] 1:1; – Real Valladolid [ESP] 1:0; – Helsingborgs IF [SWE] 3:0)

1964	Zaglebie Sosnowitz [POL]	– Werder Bremen [GER]	4:0 + 1:0

GER: Werder Bremen spielte noch folgende Begegnungen: gegen Heart of Midlothian [SCO] 3:0; – Lanerossi Vicenza [ITA] 1:1 + 6:4; – Blackburn Rovers [ENG] 3:2; – ES Bahia [BRA] 2:2
AUT: Der Schwechater SC nahm als Vertreter Österreichs teil und belegte in der Gruppe II den 2. Platz (gegen Zaglebie Sosnowitz [POL] 2:2; – Roter Stern Belgrad [YUG] 2:3; – Vitoria Guimaraes [POR] 3:2; – AEK Athen [GRE] 2:1 + 0:0)

1965	Polonia Beuthen [POL]	– New York Americans [USA]	3:0 + 2:1

GER: München 1860 nahm als Vertreter Deutschlands teil und belegte in Gruppe I den 4. Platz (gegen New York Americans [USA] 2:0; – Portuguesa Sao Paulo [BRA] 1:1 + 2:4; – FC Varese [ITA] 0:2; – West Ham United [ENG] 1:2)

Ab **1962** wurde nach dem Abschluss der ISL jeweils der **American Challenge Cup** ausgetragen. Durch das überzeugende Auftreten von Dukla Prag im Wettbewerb 1961 entschlossen sich die Organisatoren, das der jeweilige Gewinner der ISL gegen die Dukla-Elf antreten sollte.

1962	VTJ Dukla Prag	– America FC Rio de Janeiro	1:1 + 2:1
1963	VTJ Dukla Prag	– West Ham United	1:0 + 1:1
1964	VTJ Dukla Prag	– Zaglebie Sosnowitz	3:1 + 1:1
1965	Polonia Beuthen	– VTJ Dukla Prag	2.0 + 1:1

IV. Die „Vorläufer" in Afrika

Ein erster Startschuss wurde **1937** gegeben, als einmalig das **Tournoi de l'Ascension** in Algier *(Franz.-Nordafrika)* ausgetragen wurde. Im Finale besiegte AGC Bologna [ITA] *(gegr. 1909 als Bologna FBC, von 1926 bis 1945 AGC und ab 1961 FC Bologna)* die marokkanische Mannschaft USM Casablanca *(gegr. 1916)* mit 12:0.

Zu Beginn der 1960er Jahre wurde in Nordafrika nach den staatlichen Unabhängigkeiten von Marokko, Tunesien *(bd. 1956)* und Algerien *(1962)* auch mit der Internationalisierung des Fußballsports begonnen. Geprägt wurde diese Region durch die langjährige Verbindung zu Spanien und Frankreich. Ein erstes „interkontinentales Turnier" wurde **1962** in Marokko mit dem **Coupe Mohammed V.** ausgetragen. Namensgeber war der König von Marokko, Mohammed V. *[*1909 †1961]*. Die Teilnehmer verkörperten in aller Regel Spitzenniveau und seit der dritten Auflage nahmen auch Teams aus Südamerika teil.

GER: Zweimal beteiligte sich mit Bayern München *(gegr. 1900)* (1969, 1972) auch eine deutsche Mannschaft, die 1972 das Endspiel für sich entscheiden konnte (3:2 gegen Partizan Belgrad *(gegr. 1945)*; Halbfinale 1:0 gegen Espanyol Barcelona *(gegr. 1900)*). 1969 verloren die Bayern das Finale nach einem 2:2 gegen den FC Barcelona *(gegr. 1899)* im Elfmeterschießen (Halbfinale 3:0 gegen WAC Casablanca *(gegr. 1937, Fußball-Abteilung 1939)*). 1980 wurde das letzte Turnier durchgeführt.

Mohammed V. Trophy

ZSKA Roter Stern Sofia [Logo 1962]

Wydad AC (WAC) Casablanca

Jahr	Sieger	weitere Teilnehmer und Platzierungen
1962	Stade Reims [FRA]	2. Inter Mailand [ITA], 3. FAR Rabat [MAR], 4. Real Madrid [ESP]
1963	Partizan Belgrad [YUG]	2. Real Saragossa [ESP], 3. FAR Rabat [MAR], 4. AS Monaco [FRA]
1964	Boca Juniors Buenos Aires [ARG]	2. Real Madrid [ESP], 3. AS Saint Etienne [FRA], 4. FAR Rabat [MAR]
1965	Atletico Madrid [ESP]	2. Partizan Belgrad [YUG], 3. RSC Anderlecht [BEL], 4. MAS Rabat [MAR]
1966	Real Madrid [ESP]	2. Boca Juniors Buenos Aires [ARG], 3. FAR Rabat [MAR], 4. WAC Casablanca [MAR]
1967	ZSKA Roter Stern Sofia [BUL]	2. FAR Rabat [MAR], 3. FC Valencia [ESP], 4. Dukla Prag [CZE]
1968	Flamengo Rio de Janeiro [BRA]	2. Racing Avellaneda [ARG], 3. AS Saint Etienne [FRA], 4. FAR Rabat [MAR]
1969	FC Barcelona [ESP]	2. Bayern München [GER], 3. FC Sao Paulo [BRA], 4. WAC Casablanca [MAR]
1970	Atletico Madrid [ESP]	2. FAR Rabat [MAR], 3. AS Saint Etienne [FRA], 4. Standard Lüttich [BEL]
1971	*nicht ausgetragen*	
1972	Bayern München [GER]	2. Partizan Belgrad [YUG], 3. Espanyol Barcelona [ESP], 4. Renaissance Settat [MAR]
1973	*nicht ausgetragen*	
1974	Penarol Montevideo [URU]	2. Ruch Chorzow [POL], 3. Raja Beni-Mellal [MAR]
1975	Dinamo Kiew [URS]	2. Dozsa Ujpest [HUN], 3. MC Oujda [MAR] + Estudiantes La Plata [ARG]
1976	RSC Anderlecht [BEL]	2. OGC Nizza [FRA], 3. Sporting Lissabon [POR] + WAC Casablanca [MAR]
1977	Rumänien XI [ROM]	2. Tschechoslowakei XI [CZE], 3. WAC Casablanca [MAR], 4. FC Everton [ENG]
1978	*nicht ausgetragen*	
1979	WAC Casablanca [MAR]	2. Canon Yaounde [CAM], 3. Haifa Conakry [GUI] + Jeanne d'Arc Dakar [SEN]
1980	Atletico Madrid [ESP]	2. Internacional Porto Alegre [BRA], 3. Lokomotive Sofia [BUL], 4. MAS Fes [MAR]

Von 1986 bis 1989 gab es eine Art Wiederbelebung und das **Casablanca Tournament** wurde ausgetragen. Dieses hatte aber nicht mehr das Niveau und die Bedeutung, wie sie der Vorläuferwettbewerb besaß.

Jahr	Sieger	weitere Teilnehmer und Platzierungen
1986	Standard Lüttich [BEL]	2. Gremio Porto Alegre [BRA], 3. Ajax Amsterdam [NED], 4. FAR Rabat [MAR]
1988	AS Monaco [FRA]	2. RC Agadir [MAR], 3. KAC Marrakesch [MAR], 4. Casablanca LAS [MAR]
1989	FC Sochaux [FRA]	2. Casablanca LAS [MAR], 3. Raja Casablanca [MAR], 4. KAC Marrakesch [MAR]

In Algerien wurden nach dessen Unabhängigkeit verschiedene internationale Turniere ausgetragen. Hervorzuheben ist das **Tournoi Ais el Kebir** 1966 in Oran. Im Finale gewann Real Madrid [ESP] (gegr. 1902 als FC Madrid, ab 1920 Real) 1:0 gegen den FC Nantes [FRA] (gegr. 1943) Dritter wurde Vasco da Gama Rio de Janeiro [BRA] (1:0 gegen Algerien XI).

Ein interkontinentaler Wettbewerb, die **Trophée de la Paix**, wurde 1979 und 1980 in der Hauptstadt der Elfenbeinküste ausgetragen. Beide Turniere gewann der französische Klub AS St. Etienne (gegr. 1919 als AS Casino, ab 1933 AS St. Etienne).

GER: Am Turnier 1980 beteiligte sich auch Eintracht Frankfurt (gegr. 1899 von FC Victoria und FC Kickers,, ab 1928 Eintracht Frankfurt). Im Halbfinale unterlagen die Hessen AS Nancy-Lorraine [FRA] (gegr. 1910 als US Frontiere, ab 1928 AS Lorraine, ab 1967 Nancy-Lorraine) mit 0:2 und im Spiel um den dritten Platz unterlag die Eintracht der Auswahl der Elfenbeinküste nach einem 0:0 mit 3:4 im Elfmeterschießen.

In verschiedenen Ländern von Nord- bis Südafrika wurden in den vergangenen Jahrzehnten eine Vielzahl von Einzelturnieren durchgeführt, die teilweise unter Beteiligung von nichtafrikanischen Mannschaften standen.

Eintracht Frankfurt [Logo 1977]

V. Die „Vorläufer" in Asien

Zum Jahresende **1957** fand in Indonesien das **Djakarta Triangular Tournament** statt. **AUT**: Lediglich die Vertretung von Wacker Wien (gegr. 1907) war eine Vereinsmannschaft. Die weiteren Gegner waren Auswahlvertretungen aus Indonesien (2:0 für Wien) und Bulgarien (1:0 für Bulgarien). Die Osteuropäer gewannen dieses Turnier nach zwei Siegen.

SC Wacker Wien

VI. Der Weltpokal und die FIFA-Klub-Weltmeisterschaft

Der Begriff Weltpokal war eine umgangssprachliche Bezeichnung, die nie von der FIFA so akzeptiert wurde. Offiziell war es der **Intercontinental Cup** oder auch Europa-Südamerika-Pokal. Der Wettbewerb kam zustande, als nach europäischem Vorbild der südamerikanische Dachverband CONMEBOL eine Vereinskontinentalmeisterschaft 1960 ins Leben rief. Ab diesem Zeitpunkt spielten die Gewinner des UEFA-Europapokalwettbewerbs der Landesmeister und der CONMEBOL Copa Libertadores um den Intercontinental Cup. Der Wettbewerb wurde auf der Basis von Hin- und Rückspiel ausgetragen. In den 1970er Jahren verlor der „Weltpokal" viel an Prestige. Geschuldet der Tatsache, dass bei den Spielen in Südamerika oft übertriebene Härte, teilweise brutale Spielweisen zu bemerken war, weigerten sich die Europapokalsieger häufig am Wettbewerb teilzunehmen. In den meisten Fällen spielten dann die Verliererteams. Dies änderte sich ab 1980, als das japanische Unternehmen Toyota begann, eine Vereinheitlichung mit einem klaren Reglement aufzustellen. Kern war dabei, dass in nur einer Begegnung an einem neutralen Ort, zu einem festen Termin der Pokal, der offiziell die Zusatzbezeichnung **Toyota Cup** bekam, ausgespielt wurde. In Tokio bzw. Yokohama wurde nunmehr im Dezember eines jeden Jahres gespielt. Die letzte Auflage fand 2004 statt.

Schon im Jahr 2000 probte der Weltfußballverband FIFA eine neue Form eines Weltpokal-Wettbewerbs, an dem die besten Vereine der sechs Kontinentalverbände teilnahmen. Dieses Turnier fand in Brasilien statt und sollte im darauf folgenden Jahr in Spanien seine Fortsetzung finden. Bedingt durch den Konkurs des Vermarktungspartners der FIFA, ISL, wurde der Wettbewerb für 2001 abgesagt. Endgültig startete der neue Wettbewerb, **FIFA Club World Championship**, im Jahr 2005.

Ähnliche Wettbewerbe wie der Europa-Südamerika-Pokal fanden mit dem Afro-Asien-Pokal und der Copa Interamericana statt. Die **Afro-Asian Club Championship** wurde von 1986 bis 1999 zwischen den Meistern der Kontinentalverbände Afrikas, CAF und Asiens, AFC ausgetragen.

Die Endspiele um die Afro-Asian Club Championship:

(1986) 1987, 16.01.	*Daewoo Royals* [KOR] – FAR Rabat [MAR]	2:0 Riad [KSA]
(1987) 1988, 05.02.	*Zamalek SC Kairo* [EGY] – Furukawa Electric SC [JPN]	2:0
(1988) 1989, 02.09./22.09.	Yomiuri FC Tokio [JPN] – *Al-Ahly SC Kairo* [EGY]	1:3/0:1
(1989) 1990, 12.01./19.01.	*ES Setif* [ALG] – Al-Saad SC Doha [QAT]	2:0/3:1
1990	Raja CA Casablanca [MAR] – Liaoning FC [CHN]	nicht ausgetragen
1991	JSK Tizi-Ouzou [ALG] – Esteghlal Teheran FC [IRN]	nicht ausgetragen
1992, 26.12./1993, 06.01.	*Club Afriacain Tunis* [TUN] – Al-Hilal SFC Riad [KSA]	2:1/2:2
1993, 31.12./1994, 16.01.	PAS Teheran [IRN] – *Wydad AC Casablanca* [MAR]	0:0/0:2
1994, 11.09./21.09.	Zamalek SC Kairo – Thai Farmers Bank FC Bangkok [THA] 2:1 Al-Mahalla Al-Kubra [EGY]/0:1 *	
	* *Bangkok Sieger durch Auswärtstorregel*	
1995, 29.08./07.10.	Thai Farmers Bank FC Bangkok – *ES Tunis* [TUN]	1:1 Suphanburi [THA]/0:3
1996, 04.05./18.05.	Orlando Pirates Johannesburg [RSA] – *Cheonan Ilhwa Chunma* [KOR]	0:0/0:5 Seoul [KOR]
1997, 16.11./05.12.	Pohang Steelers [KOR] – *Zamalek SC Kairo*	2:1/0:1 *
	* *Kairo Sieger durch Auswärtstorregel*	
(1998) 1999, 11.04./25.04.	Pohang Steelers – *Raja CA Casablanca*	2:2/0:1
1999	nicht ausgetragen	

Zwischen 1968 und 1998 wurde die **Copa Interamericana** ausgetragen. Teilnahmeberechtigt waren die Gewinner der CONMEBOL Copa Libertadores und des CONCACAF Champions Cups.

Die Endspiele um die Copa Interamericana:

1969, 13.02./19.02.	CD Toluca [MEX] – Estudiantes La Plata [ARG]	1:2 Mexiko-Stadt [MEX]/2:1
1969, 21.02. Play-off	CD Toluca – *Estudiantes La Plata*	0:3 Montevideo [URU]
1972, 15.07./07.12.	Cruz Azul Mexiko-Stadt [MEX] – *Nacional Montevideo* [URU]	1:1/1:2
1973, 17.06./20.06.	Olimpia Tegucigalpa [HON] – *Indep. Avellaneda* [ARG]	1:2 San Pedro [HON]/0:2
1974, 24.11./26.11.	Municipal Guatemala [GUA] – *Indep. Avellaneda*	0:1/1:0 2:4 iE Guatemala [GUA]
1976, 26.08./29.08.	*Independiente Av.* – Atl. Espanol Mexiko [MEX]	2:2/0:0 4:2 iE bd. Caracas [VEN]
1978, 28.03./12.04.	Boca Juniors Buenoa Aires [ARG] – America Mexiko [MEX]	3:0/0:1
1978, 14.04. Play-off	*America Mexiko-Stadt* – Boca Juniors Buenoa Aires	2:1 nV
1980, 17.02./16.03.	CD FAS Santa Ana [SAL] – *Olimpia Asuncion* [PAR]	3:3 San Salvador [SAL]/0:5
1981, 25.03./08.04.	UNAM Mexiko-Stadt [MEX] – Nacional Montevideo [URU]	3:1/1:3
1981, 13.05. Play-off	*UNAM Mexiko-Stadt* – Nacional Montevideo	2:1 Los Angeles [USA]
1986, 10.12.	Defence Force Chaguaramas [TRI] – *Argentinos Jun. B. A.* [ARG]	0:1 Port of Sp. [TRI]
1987, 21.07./16.08.	LD Alajuela [CRC] – *River Plate Buenos Aires* [ARG]	0:0/0:3
1989, 05.03./29.03.	Olimpia Tegucigalpa – *Nacional Montevideo*	1:1/0:4
1990, 25.07./01.08.	Atletico Nacional Medellin [COL] – *UNAM Mexiko-Stadt*	2:0/4:1
1991, 01.10./12.10.	Olimpia Asuncion – *America Mexiko-Stadt*	1:1/1:2
1992, 09.09./23.09.	FC Puebla [MEX] – *Colo-Colo Santiago* [CHI]	1:4 Villahermosa [MEX]/1:3
1994, 15.09./01.11.	Saprissa San Jose [CRC] – Uni. Catolica Santiago [CHI]	3:1/1:5 nV Las Condes [CHI]
1996, 17.02./24.02.	CS Cartago [CRC] – *Velez Sarsfield Buenos Aires* [ARG]	0:0/0:2
1997, 03.04.	Saprissa San Jose – Atletico Nacional Medellin	2:3
1998, 14.11./05.12.	*(Washington) D.C. United* [USA] – Vasco da Gama Rio de Janeiro [BRA]	0:1/2:0 Fort Lauderdale [USA]

VII. Die "Qualifikation" zum Weltpokal und zu der FIFA-Klub-Weltmeisterschaft

Um das Entscheidungsspiel um den Weltpokal bestreiten zu dürfen gab es natürlich ein Reglement. In diesem Fall sogar ein sehr einfaches. Wie die offizielle Bezeichnung, Europa-Südamerika-Pokal, schon hinwies, qualifizierten sich der Gewinner des Europapokals der Landesmeister bzw. ab 1992/93 der UEFA Champions Leage und der Sieger der Copa Libertadores von Südamerika.

Mit der Installation der FIFA-Klub-Weltmeisterschaft kamen darüber hinaus die Sieger der weiteren kontinentalen Meisterschaften der Vereinsteams hinzu. Dies waren für Afrika der Meister der CAF Champions League, für Asien der Sieger der AFC Champions League, für Nord- und Mittelamerika der CONCACAF Champions League-Gewinner und für Ozeanien der Titelträger der OFC Champions League.

Des Weiteren dufte für die Klub-Weltmeisterschaft der ausrichtende Verband einen Teilnehmer stellen.

Endspiele
um den Europapokal der Landesmeister bzw. der UEFA Champions League

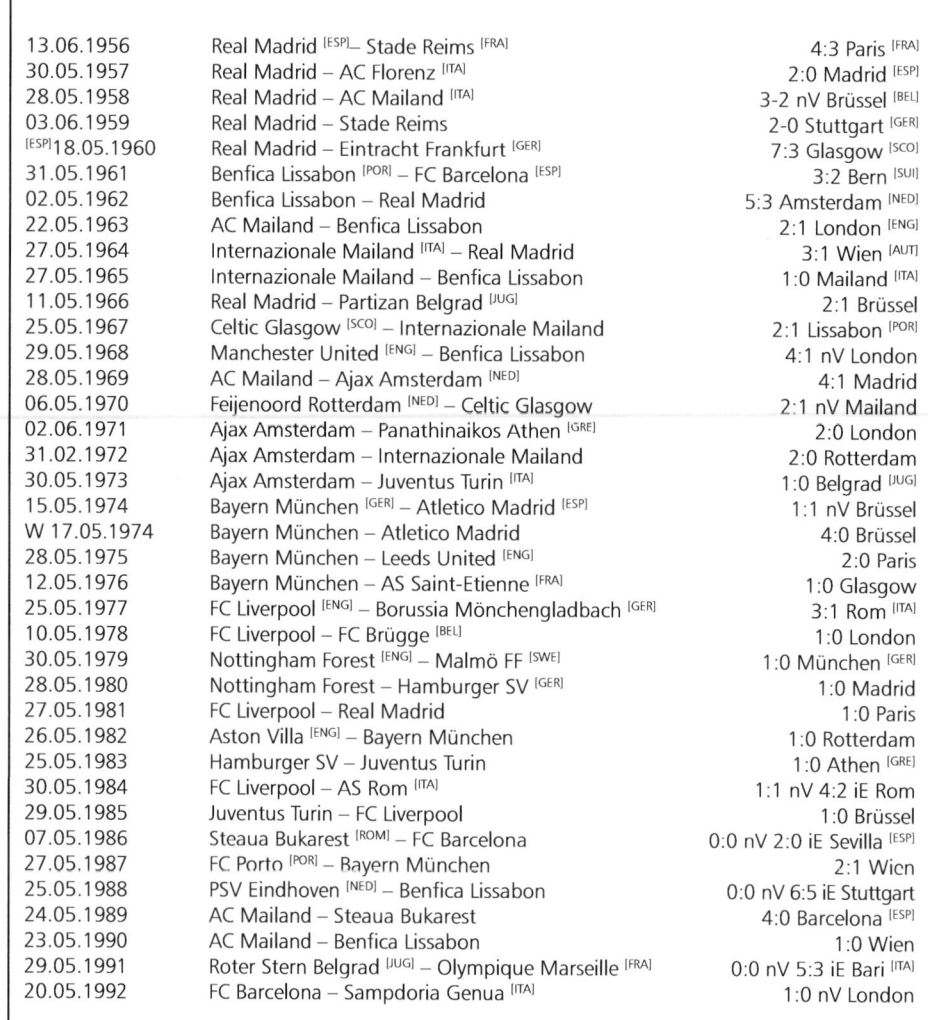

Pokal der europäischen Landesmeister

Titelseite des offiziellen Programmheftes 1977

Datum	Paarung	Ergebnis / Ort
13.06.1956	Real Madrid [ESP] – Stade Reims [FRA]	4:3 Paris [FRA]
30.05.1957	Real Madrid – AC Florenz [ITA]	2:0 Madrid [ESP]
28.05.1958	Real Madrid – AC Mailand [ITA]	3-2 nV Brüssel [BEL]
03.06.1959	Real Madrid – Stade Reims	2-0 Stuttgart [GER]
[ESP] 18.05.1960	Real Madrid – Eintracht Frankfurt [GER]	7:3 Glasgow [SCO]
31.05.1961	Benfica Lissabon [POR] – FC Barcelona [ESP]	3:2 Bern [SUI]
02.05.1962	Benfica Lissabon – Real Madrid	5:3 Amsterdam [NED]
22.05.1963	AC Mailand – Benfica Lissabon	2:1 London [ENG]
27.05.1964	Internazionale Mailand [ITA] – Real Madrid	3:1 Wien [AUT]
27.05.1965	Internazionale Mailand – Benfica Lissabon	1:0 Mailand [ITA]
11.05.1966	Real Madrid – Partizan Belgrad [JUG]	2:1 Brüssel
25.05.1967	Celtic Glasgow [SCO] – Internazionale Mailand	2:1 Lissabon [POR]
29.05.1968	Manchester United [ENG] – Benfica Lissabon	4:1 nV London
28.05.1969	AC Mailand – Ajax Amsterdam [NED]	4:1 Madrid
06.05.1970	Feijenoord Rotterdam [NED] – Celtic Glasgow	2:1 nV Mailand
02.06.1971	Ajax Amsterdam – Panathinaikos Athen [GRE]	2:0 London
31.02.1972	Ajax Amsterdam – Internazionale Mailand	2:0 Rotterdam
30.05.1973	Ajax Amsterdam – Juventus Turin [ITA]	1:0 Belgrad [JUG]
15.05.1974	Bayern München [GER] – Atletico Madrid [ESP]	1:1 nV Brüssel
W 17.05.1974	Bayern München – Atletico Madrid	4:0 Brüssel
28.05.1975	Bayern München – Leeds United [ENG]	2:0 Paris
12.05.1976	Bayern München – AS Saint-Etienne [FRA]	1:0 Glasgow
25.05.1977	FC Liverpool [ENG] – Borussia Mönchengladbach [GER]	3:1 Rom [ITA]
10.05.1978	FC Liverpool – FC Brügge [BEL]	1:0 London
30.05.1979	Nottingham Forest [ENG] – Malmö FF [SWE]	1:0 München [GER]
28.05.1980	Nottingham Forest – Hamburger SV [GER]	1:0 Madrid
27.05.1981	FC Liverpool – Real Madrid	1:0 Paris
26.05.1982	Aston Villa [ENG] – Bayern München	1:0 Rotterdam
25.05.1983	Hamburger SV – Juventus Turin	1:0 Athen [GRE]
30.05.1984	FC Liverpool – AS Rom [ITA]	1:1 nV 4:2 iE Rom
29.05.1985	Juventus Turin – FC Liverpool	1:0 Brüssel
07.05.1986	Steaua Bukarest [ROM] – FC Barcelona	0:0 nV 2:0 iE Sevilla [ESP]
27.05.1987	FC Porto [POR] – Bayern München	2:1 Wien
25.05.1988	PSV Eindhoven [NED] – Benfica Lissabon	0:0 nV 6:5 iE Stuttgart
24.05.1989	AC Mailand – Steaua Bukarest	4:0 Barcelona [ESP]
23.05.1990	AC Mailand – Benfica Lissabon	1:0 Wien
29.05.1991	Roter Stern Belgrad [JUG] – Olympique Marseille [FRA]	0:0 nV 5:3 iE Bari [ITA]
20.05.1992	FC Barcelona – Sampdoria Genua [ITA]	1:0 nV London

Mit dem Finale 1992 endete die Geschichte des Europapokalwettbewerbs der Landesmeister. Ab der Saison organisierte die UEFA die Spiele in der Champions League.

24

26.05.1993	Olympique Marseille – AC Mailand	1:0 München
18.05.1994	AC Mailand – FC Barcelona	4:0 Athen
24.05.1995	Ajax Amsterdam – AC Mailand	1:0 Wien
22.05.1996	Juventus Turin – Ajax Amsterdam	1:1 nV 4:2 iE Rom
28.05.1997	Borussia Dortmund [GER] – Juventus Turin	3:1 München
20.05.1998	Real Madrid – Juventus Turin	1:0 Amsterdam
26.05.1999	Manchester United – Bayern München	2:1 Barcelona
24.05.2000	Real Madrid – FC Valencia [ESP]	3:0 Saint-Denis [FRA]
23.05.2001	Bayern München – FC Valencia	1:1 nV 5:4 iE Mailand
15.05.2002	Real Madrid – Bayer Leverkusen [GER]	2:1 Glasgow
28.05.2003	AC Mailand – Juventus Turin	0:0 nV 3:2 iE Manchester [ENG]
26.05.2004	FC Porto – AS Monaco [FRA]	3:0 Gelsenkirchen [GER]
25.05.2005	FC Liverpool – AC Mailand	3:3 nV 3:2 iE Istanbul [TUR]
17.05.2006	FC Barcelona – Arsenal London [ENG]	2:1 Saint-Denis
23.05.2007	AC Mailand – FC Liverpool	2:1 Athen
21.05.2008	Manchester United – Chelsea London [ENG]	1:1 nV 6:5 iE Moskau [RUS]
27.05.2009	FC Barcelona – Manchester United	2:0 Rom
22.05.2010	Internazionale Mailand – Bayern München	2:0 Madrid
28.05.2011	FC Barcelona – Manchester United	3:1 London
19.05.2012	Chelsea London – Bayern München	1:1 nV 4:3 iE München
25.05.2013	Bayern München – Borussia Dortmund	2:1 London
24.05.2014	Real Madrid – Atletico Madrid	4:1 nV Lissabon
06.06.2015	FC Barcelona – Juventus Turin	3:1 Berlin [GER]
28.05.2016	Real Madrid – Atletico Madrid	1:1 nV 5:3 iE Mailand
03.06.2017	Real Madrid – Juventus Turin	4:1 Cardiff [WAL]
26.05.2018	Real Madrid – FC Liverpool	3:1 Kiew [UKR]
01.06.2019	FC Liverpool – Tottenham Hotspur [ENG]	2:0 Madrid
23.08.2020	Bayern München – Paris Saint-Germain [FRA]	1:0 Lissabon
29.05.2021		Istanbul

Pokal der UEFA Champions League

Oben: Briefmarke der ukrainischen Post zum Finale 2018. Rechts: Der neue Champion – Real Madrid.

25

Der Pokal der Südamerika-Vereinsmeisterschaft 1948

Der Vorläufer der Südamerika-Meisterschaft für Vereine war das **1948** einmalig ausgetragene **Campeonato Sudamericano de Campeones**. Sieben Nationalverbände meldeten ihre Meister von 1947 (Peru den Vizemeister). Diese Mannschaften spielten eine einfache Gruppenrunde im Februar/März 1948 aus, so das jedes Team sechs Spiele bestritt. Sieger wurde Vasco da Gama Rio de Janeiro, die als einzige ungeschlagen blieben vor River Plate Buenos Aires und Nacional Montevideo.

Endspiele
um die Copa de Campeones de America bzw. ab 1965 Copa Libertadores

1960, 12.06./19.06.	Penarol Montevideo [URU] – Olimpia Asuncion [PAR]		1:0/1:1
1961, 04.06./11.06.	Penarol Montevideo – Palmeiras Sao Paulo [BRA]		1:0/1:1

Penarol Montevideo, der Sieger von 1960, verteidigte ein Jahr später den Pokal. Hinten v. l. Walter Aguerre, Luis Maidana, Nestor Goncalves, William Martinez, Dante Cocito (Masseur), Nuber Cano, Edgardo Gonzalez, Luis Gutierrez; vorn Luis Cubilla, Alberto Spencer, Angel Cabrera, Jose Sasía, Ernesto Ledesma.

1962, 28.08./02.09.	Penarol Montevideo – FC Santos [BRA]		1:2/3:2
1962, 20.09. Play-off	FC Santos – Penarol Montevideo	3:0 Buenos Aires [ARG]
1963, 03.09./11.09.	FC Santos – Boca Juniors Buenos Aires [ARG]	3:2 Rio de Janeiro [BRA]/2:1
1964, 06.08./12.08.	Nacional Montevideo [URU] – Independiente Avellaneda [ARG]		0:0/0:1
1965, 09.04./12.04.	Independiente Avellaneda – Penarol Montevideo		1:0/1:3
1965, 15.04. Play-off	Independiente Avellaneda – Penarol Montevideo	4:1 Santiago [CHI]
1966, 12.05./18.05.	Penarol Montevideo – River Plate Buenos Aires [ARG]		2:0/2:3
1966, 20.05. Play-off	Penarol Montevideo – River Plate Buenos Aires	4:2 nV Santiago
1967, 15.08./25.08.	Racing Avellaneda [ARG] – Nacional Montevideo		0:0/0:0
1967, 29.08. Play-off	Racing Avellaneda – Nacional Montevideo	2:1 Santiago
1968, 02.05./07.05.	Estudiantes La Plata – Palmeiras Sao Paulo		2:1/1:3
1968, 16.05. Play-off	Estudiantes La Plata – Palmeiras Sao Paulo	2:0 Montevideo [URU]

1968 konnte sich Estudiantes La PLata im Entscheidungsspiel den Pokal sichern. Hinten v. l. Pachame, Poletti, Malbernat, Aguirre Suarez, Madero, Togneri; vorn Rudzky, Bilardo, Conigliaro, Flores, Verón.

1969, 15.05./22.05.	Nacional Montevideo – Estudiantes La Plata [ARG]		0:1/0:2
1970, 21.05./28.05.	Estudiantes La Plata – Penarol Montevideo		1:0/0:0
1971, 26.05./02.06.	Estudiantes La Plata – Nacional Montevideo		1:0/0:1
1971, 09.06. Play-off	Nacional Montevideo – Estudiantes La Plata	2:0 Lima [PER]
1972, 17.05./24.05.	Universitario Lima [PER] – Independiente Avellaneda		0:0/1:2
1973, 22.05./29.05.	Independiente Avellaneda – Colo-Colo Santiago [CHI]		1:1/0:0
1973, 06.06. Play-off	Independiente Av. – Colo-Colo Santiago	2:1 nV Montevideo
1974, 12.10./16.10.	FC Sao Paulo [BRA] – Independiente Avellaneda		2:1/0:2
1974, 19.10. Play-off	Independiente Avellaneda – FC Sap Paulo	1:0 Santiago
1975, 18.06./25.06.	Union Espanola Santiago [CHI] – Independiente Avellaneda		1:0/1:3
1975, 29.06. Play-off	Independiente Avellaneda – Union Espanola Santiago	2:0 Asuncion [PAR]
1976, 21.07./28.07.	Cruzeiro Belo Horizonte [BRA] – River Plate Buenos Aires		4:1/1:2
1976, 30.07. Play-off	Cruzeiro Belo Horizonte – River Plate Buenos Aires	3:2 Santiago
1977, 06.09./11.09.	Boca Juniors Buenos Aires – Cruzeiro Belo Horizonte		1:0/0:1

Die von Alberto De Gasperi geschaffene Trophäe für den Meister Südamerikas. 1981 war sie für ein Jahr im Besitz von Flamengo Rio de Janeiro, bis sich die Fans 2019 wieder an ihr erfreuen konnten.

ab 1998 ist Toyota Sponsor der Copa Libertadores

ab 2008 ist Santander Sponsor der Copa Libertadores

von 2013 bis 2016 war Bridgestone Sponsor der Copa Libertadores

ab 2017 ist die offizielle Bezeichnung Copa Conmebol Libertadores Bridgestone

1977, 14.09. Play-off	*Boca Juniors B. Aires* – Cruzeiro Belo Horizonte		0:0 nV 5:4 iE Montevideo
1978, 23.11./28.11.	Deportivo Cali [COL] – *Boca Juniors Buenos Aires*		0:0/0:4
1979, 22.07./27.07.	*Olimpia Asuncion* – Boca Juniors Buenos Aires		2:0/0:0
1980, 30.07./06.08.	Internacional Porto Alegre – *Nacional Montevideo*		0:0/0:1
1981, 13.11./20.11.	Flamengo Rio de Janeiro [BRA] – CD Cobreloa [CHI]		2:1/0:1 Santiago
1981, 23.11. Play-off	*Flamengo Rio de Janeiro* – CD Cobreloa		2:0 Montevideo
1982, 26.11./30.11.	*Penarol Montevideo* – CD Cobreloa		0:0/1:0 Santiago
1983, 22.07./28.07.	Penarol Montevideo – *Gremio Porto Alegre* [BRA]		1:1/1:2
1984, 24.07./27.07.	Gremio Porto Alegre – *Independiente Avellaneda*		0:1/0:0
1985, 17.10./22.10.	Argentinos Juniors Buenos Aires [ARG] – America Cali [COL]		1:0/0:1
1985, 24.10. Play-off	America Cali – *Argentinos Juniors B. Aires*		1:1 nV 4:5 iE Asuncion
1986, 22.10./29.10.	America Cali – *River Plate Buenos Aires*		1:2/0:1
1987, 21.10./28.10.	America Cali – Penarol Montevideo		2:0/1:2
1987, 31.10. Play-off	*Penarol Montevideo* – America Cali		1:0 nV Santiagi
1988, 19.10./26.10.	Newell's Old Boys Rosario [ARG] – *Nacional Montevideo*		1:0/0:3
1989, 24.05./31.05.	Olimpia Asuncion – *Atletico Nacional Medellin* [COL]		2:0/0:2 4:5 iE Bogota [COL]
1990, 03.10./10.10.	*Olimpia Asuncion* – Barcelona SC Guayaquil [ECU]		2:0/1:1
1991, 22.05./05.06.	Olimpia Asuncion – *Colo-Colo Santiago*		0:0/0:3
1992, 10.06./17.06.	Newell's Old Boys Rosario – *FC Sao Paulo*		1:0/0:1 2:3 iE
1993, 19.05./26.05.	*FC Sao Paulo* – Universidad Catolica Santiago [CHI]		5:1/0:2
1994, 24.08./31.08.	Velez Sarsfield Buenos Aires [ARG] – FC Sao Paulo		1:0/0:1 3:5 iE
1995, 23.08./30.08.	*Gremio Porto Alegre* – Atletico Nacional Medellin		3:1/1:1
1996, 19.06./26.06.	America Cali – *River Plate Buenos Aires*		1:0/0:2
1997, 06.08./13.08.	Sporting Cristal Lima [PER] – *Cruzeiro Belo Horizonte*		0:0/0:1
1998, 12.08./26.08.	*Vasco da Gama Rio d. J.* [BRA] – Barcelona SC Guayaquil		2:0/2:1
1999, 02.06./16.06.	Deportivo Cali – *Palmeiras Sao Paulo*		1:0/1:2 3:4 iE
2000, 14.06./21.06.	*Boca Juniors Buenos Aires* – Palmeiras Sao Paulo		2:2/0:0 4:2 iE
2001, 20.06./28.06.	Cruz Azul Mexiko-Stadt [MEX] – *Boca Juniors Buenos Aires*		0:1/1:0 1:3 iE
2002, 24.07./31.07.	Olimpia Asuncion – AD Sao Caetano [BRA]		0:1/2:1 4:2 iE
2003, 25.06./02.07.	*Boca Juniors Buenos Aires* – FC Santos		2:0/3:1 Sao Paulo [BRA]
2004, 23.06./01.07.	Boca Juniors B. Aires – Onze Caldas Manizales [COL]		0:0/1:1 nV 0:2 iE
2005, 06.07./14.07.	Atletico Paranaense Curitiba [BRA] – *FC Sao Paulo*		1:1 Porto Alegre [BRA]/0:4
2006, 09.08./16.08.	FC Sao Paulo – *Internacional Porto Alegre*		1:2/2:2
2007, 13.06./20.06.	*Boca Juniors Buenos Aires* – Gremio Porto Alegre		3:0/2:0
2008, 25.06./02.07.	*LDU Quito* [ECU] – Fluminense Rio de Janeiro [BRA]		4:2/1:3 nV 3:1 iE
2009, 08.07./15.07.	*Estudiantes La Plata* – Cruzeiro Belo Horizonte		0:0/2:1
2010, 11.08./18.08.	CD Guadalajara [MEX] – *Internacional Porto Alegre* [BRA]		1:2 Mexiko-Stadt/2:3
2011, 15.06./22.06.	Penarol Montevideo – *FC Santos*		0:0/1:2
2012, 27.06./04.07.	Boca Juniors Buenos Aires – *Corinthians Sao Paulo* [BRA]		1:1/0:2
2013, 18.07./25.07.	Olimpia Asuncion – *Atletico Mineiro Belo H.* [BRA]		2:0/0:2 nV 3:4 iE
2014, 06.08./13.08.	Nacional Asuncion [PAR] – *Atletico San Lorenzo B. Aires* [ARG]		1:1/0:1
2015, 29.07./05.08.	Tigres UANL San Nicolas [MEX] – *River Plate Buenos Aires*		0:0/0:3
2016, 20.07./27.07.	*Independiente Valle Sandolqui* [ECU] – Nacional Medellin		1:1/0:1
2017, 22.11./29.11.	*Gremio Porto Alegre* – CA Lanus [ARG]		1:0/2:1
2018, 10.11./09.12.	Boca Juniors B. Aires – *River Plate B. Aires*		2:2/1:3 nV Madrid [ESP]
2019, 23.11.	*Flamengo Rio de Janeiro* – River Plate B. Aires		2:1 Lima
(2020)* 2021.30.01.	*Palmeiras Sao Paulo* – FC Santos		1:0 Rio de Janeiro

*Ursprünglich war das Endspiel für den 21.11.2020 angesetzt. Bedingt durch die COVID-19-Pandemie wurde das Turnier im März 2020 unterbrochen und im September fortgesetzt. Der Termin des Endspiels wurde auf den 30.01.2021 neu festgelegt.

Endspiele
um den African Cup of Champions Clubs bzw. ab 1997 CAF Champions League

1965, 07.02.	Oryx Douala [CAM] – Stade Malien Bamako [MLI]	2:1 Accra [GHA]
1966, 11.12./25.12.	Real Bamako [MLI] – Stade Abidjan [CIV]	3:1/1:4 nV
1967, 18.11./26.11.	Asante Kotoko Kumasi [GHA] – TP Mazembe Lubumbashi [CKN]	1:1/2:2 nV *

Asante Kotoko trat zum Entscheidungsspiel nicht an; die CAF erklärte TP Mazembe zum Sieger

1968, 16.03./30.03.	TP Mazembe L.– Etoile Filante Lome [TOG]	5:0 Kinshasa [CKN]/1:4
1969, 22.12./1970, 09.01.	TP Mazembe L. – Ismaily SC Ismailia [UAR]	2:2 Kinshasa/1:3 Kairo [UAR]
(1970) 1971, 10.01./24.01.	Asante Kotoko K. – TP Mazembe Lubumbashi	1:1/2:1 Kinshasa
1971, 05.12./19.12.	Asante Kotoko Kumasi – Canon Jaunde [CAM]	3:0/0:2
1971, 21.12. Play-off	Canon Jaunde – Asante Kotoko Kumasi	1:0 *

in der 82. stürmten beim Stand von 1:0 Kotoko-Fans das Feld; die CAF erklärte Jaunde zum Sieger

1972, 10.12./22.12.	Hafia FC Conakry [GUI] – Simba FC Lugazi [UGA]	4:2/3:2 Kampala [UGA]
1973, 25.11./16.12.	Asante Kotoko Kumasi – AS Vita Club Kinshasa [ZAI]	4:2/0:3
1974, 29.11./13.12.	CARA Brazzaville [COB] – Ghazi El Mahalla [EGY]	4:2/2:1
1975, 07.12./20.12.	Hafia FC Conakry – Enugu Rangers [NGA]	1:0/2:1 Lagos [NGA]
1976, 05.12./12.12.	Hafia FC Conakry – MC Algier [ALG]	3:0/0:3 nV 1:3 iE
1977, 04.12./18.12.	Hearts of Oak Accra [GHA] – Hafia FC Conakry	0:1/2:3
1978, 03.12./17.12.	Hafia FC Conakry – Canon Jaunde	0:0/0:2
1979, 02.12./16.12.	Hearts of Oak Accra – Union Douala [CAM]	1:0/0:1 3:5 iE
1980, 30.11./14.12.	Canon Jaunde – AS Bilima Kinshasa [ZAI]	2:2 Garoua [CAM]/3:0
1981, 27.11./13.12.	JE Tizi-Ouzou [ALG] – AS Vita Club Kinshasa	4:0/1:0
1982, 28.11./12.12.	Al Ahly SC Kairo [EGY] – Asante Kotoko Kumasi	3:0/1:1
1983, 27.11./11.12.	Al Ahly SC Kairo – Asante Kotoko Kumasi	0:0/0:1
1984, 23.11./08.12.	Zamalek SC Kairo [EGY] – Shooting Stars Ibadan [NGA]	2:0/1:0 Lagos
1985, 30.11./22.12.	AS FAR Rabat [MAR] – AS Bilima Kinshasa	5:2/1:1 Lubumbashi [ZAI]
1986, 28.11./21.12.	Zamalek SC Kairo – Africa Sports Abidjan [CIV]	2:0/0:2 4:2 iE
1987, 29.11./18.12.	Al-Hilal Omdurman [SUD] – Al Ahly SC Kairo	0:0 Khartoum [SUD]/0:2
1988, 26.11./09.12.	Iwuanyanwu Nationale Owerri [NGA] – Entente Setif [ALG]	1:0 Ibadan [NGA]/0:4 Constantine [ALG]
1989, 03.12./15.12.	Raja CA Casablanca [MAR] – MC Oran [ALG]	1:0/0:1 2:4 iE
1990, 30.11./22.12.	JS Kabylie Tizi-Ouzou [ALG] – Nkana Red Devils Kitwe [ZAM]	1:0 Algier [ALG]/0:1 5:3 iE Lusaka [ZAM]
1991, 23.11./14.12.	Club Africain Tunis [TUN] – Villa SC Kampala [UGA]	6:2/1:1
1992, 29.11./13.12.	Wydad AC Casablanca [MAR] – Al-Hilal Omdurman	2:0/0:0
1993, 28.11./10.12.	Asante Kotoko Kumasi – Zamalek SC Kairo	0:0/0:0 6:7 iE
1994, 04.12./17.12.	Zamalek SC Kairo – ES Tunis [TUN]	0:0/1:3
1995, 02.12./16.12.	Orlando Pirates Johannesburg [RSA] – ASEC Mimosas Abidjan [CIV]	2:2/1:0
1996, 30.11./13.12.	Shooting Stars Ibadan [NGA] – Zamalek SC Kairo	2:1/1:2 4:5 iE
1997, 30.11./14.12.	Obuasi Goldfields [GHA] – Raja CA Casaclanca [MAR]	1:0/0:1 4:5 iE
1998, 28.11./12.12.	Dynamos FC Harare [ZIM] – ASEC Mimosas Abidjan	0:0/2:4
1999, 27.11./12.12.	Raja CA Casablanca – ES Tunis	0:0/0:0 4:3 iE
2000, 02.12./17.12.	ES Tunis – Hearts of Oak Accra	1:2/1:3
2001, 08.12./21.12.	Mamelodi Sundowns Pretoria [RSA] – Al Ahly SC Kairo	1:1/0:3
2002, 30.11./13.12.	Raja CA Casablanca – Zamalek SC Kairo	0:0/0:1
2003, 30.11./12.12.	Enyimba FC Aba [NGA] – Ismaily SC Ismailia	2:0/0:1
2004, 04.12./12.12.	ES Sahel Sousse [TUN] – Enyimba FC Aba	2:1/1:2 3:5 iE Abuja
2005, 29.10./12.11.	ES Sahel Sousse – Al Ahly SC Kairo	0:0/0:3
2006, 29.10./11.11.	Al Ahly SC Kairo – CS Sfax [TUN]	1:1/1:0 Rades [TUN]
2007, 27.10./09.11.	ES Sahel Sousse – Al Ahly SC Kairo	0:0/3:1
2008, 02.11./16.11.	Al Ahly SC Kairo – Coton Sport FC Garoua [CAM]	2:0/2:2
2009, 01.11./07.11.	Heartland FC Owerri [NGA] – TP Mazembe Englebert L. [COD]	2:1/0:1 *

TP Mazembe Sieger durch Auswärtstorregel

2010, 31.10./13.11.	TP Mazembe Engelbert Lubumbashi – ES Tunis	5:0/1:1 Rades
2011, 06.11./12.11.	Wydad AC Casablanca – ES Tunis	0:0/0:1 Rades
2012, 04.11./17.11.	Al Ahly SC Kairo – ES Tunis	1:1 Alexandria [EGY]/2:1 Rades
2013, 02.11./10.11.	Orlando Pirates Johannesburg – Al Ahly SC Kairo	1:1/0:2
2014, 26.10./01.11.	AS Vita Club Kinshasa – ES Setif	2:2/1:1 *

ES Setif Sieger durch Auswärtstorregel

2015, 31.10./08.11.	USM Algier [ALG] – TP Mazembe Engelbert Lubumbashi	1:2/0:2
2016, 15.10./23.10.	Mamelodi Sundowns P. – Zamalek SC Kairo	3:0/0:1 Alexandria
2017, 28.10./04.11.	Al Ahly SC Kairo – Wydad AC Casablanca	1:1 Alexandria/0:1
2018, 02.11./09.11.	Al Ahly SC Kairo – ES Tunis	3:1 Alexandria/0:3 Rades
2019, 24.05./31.05.	Wydad AC Casablanca – ES Tunis	1:1 Rabat [MAR]/0:1 Rades *

das Rückspiel wurde in der 59. abgebrochen (1:0 für Tunis) und Tunis von der CAF zum Sieger erklärt

2020, 27.11.	Zamalek SC Kairo – Al Ahly SC Kairo	1:2 Kairo

Pokal der CAF Champions League

1997 Logo der CAF Champions League

von 2005 – 2008 ist die offizielle Bezeichnung MTN CAF Champions League

ab 2009 ist die offizielle Bezeichnung Orange CAF Champions League

ab 2017 ist die offizielle Bezeichnung Total CAF Champions League

**Endspiele
des Asian Champion Club Tournament, ab 1985 der Asian Club Championship
bzw. ab 2003 der AFC Champions League**

Der Pokal der AFC Champions League

1967, 19.12.	*Hapoel Tel Aviv* [ISR] – Selangor FA [MAS]		2:1 Bangkok [THA]
1969, 30.01.	*Maccabi Tel Aviv* [ISR] – Yangzee FC [KOR]		1:0 Bangkok
1970, 10.04.	*Taj Teheran FC* [IRN] – Hapoel Tel Aviv		2:1 Teheran [IRN]
1971, 02.04.	Al Shourta SC Bagdad [IRQ] – *Maccabi Tel Aviv*		kampflos
1972	nicht ausgetragen		
(1985) 1986, 29.01.	Al-Ahli SC Dschidda [KSA] – *Daewoo Royals Busan* [KOR]		1:3 nV
1986, 26.-30.12.	*Furukawa Electric FC* [JPN]		Finalturnier Riad [KSA]
1987	*Yomiuri FC Kawasaki* [JPN] – Al Hilal SFC Riad [KSA]		kampflos
1989, 31.03./08.04.	*Al-Rasheed SC Bagdad* [IRQ] – Al-Sadd SC Doha [QAT]		3:2/0:1 *
		* Doha Sieger durch Auswärtstorregel	
1990, 22.04./29.04.	Nissan FC Yokohama [JPN] – *Liaoning FC Shenyang* [CHN]		1:2/1:1
1991, 29.07.	*Esteghal Teheran FC* [IRN] – Liaoning FC Shenyang		2:1 Dhaka [BAN]
(1992) 1991, 22.12.	*Al Hilal SFC Riad* – Esteghal Teheran FC		1:1 nV 4:3 iE D
1993, 22.01.	*PAS Teheran FC* [IRN] – Al Shabab FC Riad [KSA]		1:0 Manama [BHR]
1994, 07.02.	*Thai Farmers Bank FC Bangkok* [THA] – Oman Club Muscat [OMA]		2:1
1995, 29.01.	*Thai Farmers Bank FC Bangkok* – Al-Arabi SC Doha [QAT]		1:0
(1996) 1995, 29.12.	Al-Nasr FC Riad [KSA] – *Ilhwa Chunma FC Seoul* [KOR]		0:1 nV
1997, 09.03.	*Pohang Steelers* [KOR] – Cheonan I. Chunma [KOR]		2:1 nV Kuala Lumpur [MAS]
1998, 05.04.	*Pohang Steelers* – Dalian Wanda FC [CHN]		0:0 nV 6:5 iE Hongkong [HKG]
1999, 30.04.	Esteghal Teheran FC – *Jubilo Iwata Yamaha FC* [JPN]		1:2
2000, 22.04.	*Al Hilal SFC Riad* – Jubilo Iwata Yamaha FC		3:2 nV
2001, 26.05.	*Suwon Samsung Bluewings FC* [KOR] – Jubilo Iwata Yamaha FC		1:0
2002, 05.04.	*Suwon S. Bluew.* – Anyang LG Cheetahs [KOR]		0:0 nV 4:2 iE Teheran
2003, 03.10./11.10.	*Al-Ain FC* [UAE] – BEC Tero Sasana Bangkok [THA]		2:0/0:1
2004, 24.11./01.12.	Al-Ittihad Dschidda [KSA] – *Seongnam Ilhwa Chunma* [KOR]		1:3/5:0
2005, 26.10./05.11.	Al-Ain FC – *Al-Ittihad Dschidda*		1:1/2:4
2006, 01.11./08.11.	*Jeonbuk Hyundai Motors Jeonju* [KOR] – Al-Karama Homs [SYR]		2:0/1:2
2007, 07.11./14.11.	Sepahan Isfahan [IRN] – *Urawa Red Diamonds Saitama* [JPN]		1:1/0:2
2008, 05.11./12.11.	*Gamba Osaka* [JPN] – Adelaide United FC [AUS]		3:0/2:0
2009, 07.11.	Al-Ittihad Dschidda – *Pohang Steelers*		1:2 Tokio [JPN]
2010, 13.11.	*Seongnam Ilhwa Chunma* – Zob Ahan Fuladshah [IRN]r		3:1 Tokio
2011, 05.11.	Jeonbuk Hyundai Motors Jeonju – *Al-Sadd FC Doha*		2:2 nV 2:4 iE
2012, 10.11.	*Ulsan Hyundai FC* [KOR] – Al-Ahli SC Dschidda		3:0
2013, 26.10./09.11.	FC Seoul [KOR] – *Guangzhou Evergrande FC* [CHN]		2:2/1:1 ^
		* Guangzhou Sieger durch Auswärtstorregel	
2014, 25.10.	*Western Sydney Wanderers* [AUS] – Al-Hilal SFC Riad		1:0
2015, 07.11./21.11.	Shabab Al-Ahli Dubai [UAE] – *Guangzhou Evergrande FC*		0:0/0:1
2016, 19.11./26.11.	*Jeonbuk Hyundai Motors Jeonju* – Al-Ain FC		2:1/1:1
2017, 18.11./25.11.	Al-Hilal SFC Riad – *Urawa Red Diamonds Saitama*		1:1/0:1
2018, 03.11./10.11.	*Kashima Antlers* [JPN] – Persepolis FC Teheran [IRN]		2:0/0:0
2019, 09.11./24.11.	*Al-Hilal SFC Riad* – Urawa Red Diamonds Saitama		1:0/2:0
2020, 19.12.	Persepolis FC Teheran – *Ulsan Hyundai FC*		1:2 Al-Wakra [QAT]

2003 – Das Logo der AFC Champions League

2008 – Das Logo der AFC Champions League

Jubel, im Zeichen der Pandemie: Ulsans Spieler feiern ihren Triumph 2020 in Katar.

29

1959 und **1961** wurden zwei inoffizielle Turniere um die **Championship of Central America and Mexico** (1959) und die **Championship of Central America and the Caribbean** (1961) ausgetragen.

1959, 01.-17.05.	CD Olimpia Tegucigalpa [HON]	Turnierformat (4 Teams)
1961, 03.12./06.12.	Jong Holland Willemstad [ANT] – LD Alajuela [CRC]	1:1/0:4 Willemstad

Endspiele
der Copa de Campeones CONCACAF, ab 2008 der CONCACAF Champions League

Das Logo der Copa de Campeones

Der Pokal der Copa de Campeones

1962, 29.07./21.08.	Comunicaciones FC Guatemala [GUA] – CD Guadalajara [MEX]	0:1/0:5
1963, 08.09./10.09.	Racing Haitien Port-au-Prince [HAI] – CD Guadalajara	kampflos
1964	Leo Victor Paramaribo [SUR] – CS Uruguay Coronado [CRC]	nicht ausgetragen
1965	Saprissa San Jose [CRC] – Gegner nicht ermittelt, kein Sieger	
1966	nicht ausgetragen	
1967, 24.03.	Alianza FC San Salvador [SLV] – Jong Colombia Sint Michiel [ANT]	5:3
1968	CD Toluca [MEX] Sieger (SV Transvaal [SUR] + Aurora FC [GUA] disqualifiziert)	
1969, 18.09./30.09.	Comunicaciones FC Guatemala – Cruz Azul Mexiko-Stadt [MEX]	0:0/0:1
1970	Cruz Azul Mexiko-Stadt zum Sieger erklärt	
1971, 19.04. Play-off	Cruz Azul Mexiko-Stadt – LD Alajuela	5:1
1972, 28.01./01.02.	Robinhood Paramaribo [SUR] – Olimpia Tegucigalpa	0:1 San Pedro/0:0
1973	SV Transvaal Paramaribo – Saprissa San Jose	kampflos
1974, 24.10./27.10.	Transvaal Paramaribo – Municipal Guatemala [GUA]	1:2 Guatemala/1:2
(1975) 1976, 07./09.03.	Transvaal Paramaribo – Atletico Espanol Mexiko [MEX]	0:3/1:2 Paramaribo

Dreimal in Folge, von 1973 bis 1975, schaffte der SV Transvaal aus Paramaribo den Einzug ins Finale. Vor dem Spiel am 7. März 1976 stellte sich das Team dem Fotografen. Hinten v. l. Humphrey Castillon, Ronald Cairo, Adolf Hoen, Ortwien Godfried, Humbert Gesser, Bernd Katt. Vorn Ortwien Pinas, Pauli Corte, Roy Vanenburg, Imro Pengel, Dennis van la Parra.

1976, 13.02./15.02.	CD Aguila San Miguel [SAL] – Robinhood Paramaribo	5:1/3:2 nV beide Spiele in San Salvador
(1977) 1978, 15./17.01.	Robinhood Paramaribo – America Mexiko [MEX]	0:1/1:1 Paramaribo
1978	Comunicaciones FC Guatemala-Stadt, Defence Force Chaguaramas [TRI], Leones Negros UdeG Guadalajara [MEX] zu CONCACAF-Meistern erklärt	
1979, 22.12./29.12.	Jong Colombia Sint Michiel – CD FAS Santa Ana [SAL]	1:1 Willemstad/1:7 San Salvador
(1980) 1981, 08.-12.02.	UNAM Mexiko-Stadt [MEX]	Turnierformat (3 Teams)
(1981) 1982, 30.01./01.02.	Transvaal Paramaribo – Atletico Marte San Salvador [SAL]	1:0/1:1 Paramaribo
1982, 14.11./17.11.	Robinhhod Paramaribo – UNAM Mexiko	0:0 Queretaro/2:3
(1983) 1984, 22.01./01.02.	Robinhood Paramaribo – Atlante Mexiko-Stadt [MEX]	1:1/0:5
1984	Violette AC Port-au-Prince [HAI]	kampflos, kein Gegner ermittelt
(1985) 1986, 19.01./26.01.	Defence Force Chaguaramas – Olimpia Tegucigalpa	2:0 Port of Spain/0:1 San Pedro Sula
(1986) 1987, 07./11.02.	Transvaal Paramaribo – LD Alajuela	1:4 Alajuela/1:2
1987, 21.10./28.10.	Defence Force Chaguaramas – America Mexiko	1:1 Port of Spain/0:2
1988, 19.12./21.12.	Defence Force Ch. – Olimpia Tegucigalpa	0:2 Tegucigalpa/0:2
(1989) 1990, 16.01./06.02.	FC Pinar del Rio [CUB] – UNAM Mexiko-Stadt	1:1/1:3
(1990) 1991, 19.02./12.03.	FC Pinar del Rio – America Mexiko-Stadt	2:2/0:6
1991, 18.09./24.09.	Puebla FC [MEX] – Police FC Saint James [TRI]	3:1/1:1 Port of

Das Wettbewerbslogo von 2008 bis 2017.

Von 2008 bis 2017 wurde um diesen Pokal gespielt.

Seit der Saison 2014/15 ist die Bank of Nova Scotia Namenssponsor der Champions Leage.

Jubel bei Monterrey CF, die 2019 die CONCACAF Champions League gewinnen.

(1992) 1991, 05.01.	*America Mexiko-Stadt* – LD Alajuela		1:0 Santa Ana [USA]
1993, 01.-05.12.	*Saprissa San Jose*	Turnierformat (4 Teams) Guatemala-Stadt	
(1994) 1995, 05.02.	CS Cartago [CRC] – *Atlante Mexiko-Stadt*		3:2 San Jose [USA]
1995, 13.-17.12.	*Saprissa San Jose*	Turnierformat (4 Teams) San Jose [CRC]	
(1996) 1997, 15.-20.07.	*Cruz Azul Mexiko*	Turnierformat (4 Teams) Guatemala-Stadt	
1997, 24.08.	Los Angeles Galaxy [USA] – *Cruz Azul Mexiko*		3:5 Washington D.C. [USA]
1998, 16.08.	*(Washington) D.C. United* [USA] – CD Toluca [MEX]		1:0
1999, 03.10.	*Club Necaxa Aguascalientes* [MEX] – LD Alajuela		2:1 Whitney [USA]
(2000) 2001, 21.01.	*(Los Angeles) L.A. Galaxy* [USA] – Olimpia Tegucigalpa		3:2
2001, 14.10.	Defence Force Ch. – Williams Connection FC [TRI]		nicht ausgetragen
2002, 18.09.	CA Monarcas Morelia [MEX] – *CF Pachuca* [MEX]		0:1 Mexiko-Stadt
2003, 17.09./08.10.	CA Monarcas Morelia – *CD Toluca*		3:3/1:2
2004, 05.05./12.05.	Saprissa San Jose – *LD Alajuela*		1:1 Heredia [CRC]/0:4
2005, 04.05./11.05.	Saprissa San Jose – *UNAM Mexiko-Stadt*		2:0/1:2
2006, 12.04./19.04.	CD Toluca – *America Mexiko-Stadt*		0:0/1:2 nV
2007, 18.04./25.04.	CD Guadalajara – *CF Pachuca*		2:2/0:0 nV 6:7 iE
2008, 23.04./30.04.	Saprissa San Jose – *CF Pachuca*		1:1/1:2
2009, 22.04./12.05.	*Cruz Azul Mexiko-Stadt* – Atlante Mexiko-Stadt		0:2/0:0 Cancun
2010, 21.04./28.04.	Cruz Azul Mexiko-Stadt – *CF Pachuca*		2:1/0:1 *
	* Pachuca Sieger durch Auswärtstorregel		
2011, 20.04./27.04.	*CF Monterrey* [MEX] – Real Salt Lake [USA]		2:2/1:0 Sandy [USA]
2012, 18.04./25.04.	*CF Monterrey* – Santos Laguna Torreon [MEX]		2:0/1:2
2013, 24.04./01.05.	Santoa Laguna Torreon – *CF Monterrey*		0:0/2:4
2014, 15.05./23.04.	Cruz Azul Mexiko-Stadt – *CD Toluca*		0:0/1:1 *
	* Toluca Sieger durch Auswärtstorregel		
2015, 22.04./29.04.	America Mexiko-Stadt – *Montreal Impact* [CAN]		1:1/4:2
2016, 20.04./27.04.	Tigres UANL San Nicolas [MEX] – *America Mexiko-Stadt*		0:2/1:2
2017, 18.04./26.04.	Tigres UANL San Nicolas – *CF Pachuca*		1:1/0:1
2018, 17.04./25.04.	Toronto FC [CAN] – *CD Guadalajara*		1:2/2:1 2:4 iE
2019, 23.04./01.05.	Tigres UANL San Nicolas – *CF Monterrey*		0:1/1:1 Guadalupe
2020, 22.12.	*Tigres UANL San Nicolas* – Los Angeles FC [USA]		2:1 Orlando [USA]

31

1987 gab es eine Auflage des **Oceania Champions' Cup**. Allerdings war es ein Vergleich der Landesmeister von Australien und Neuseeland, weitere Verbände Ozeaniens waren nicht beteiligt.

1987, 15.03.	*Adelaide City FC* [AUS] – Mount Wellington AFC [NZL]	1:1 nV 4:1 iE

Endspiele
um den OFC Champions Cup, ab 2007 der OFC Champions League

1999, 26.09.	Nadi FC [FIJ] – *South Melbourne FC* [AUS]	1:5
2001, 22.01.	*Wollongong Wolves* [AUS] – Tafea FC Port Vila [VAN]	1:0
2005, 10.06.	*Sydney FC* [AUS] – AS Magenta Noumea [NCL]	2:0 Papeete [TAH]
2006, 21.05.	*Auckland City FC* [NZL] – AS Pirae [TAH]	3:1 Albany [NZL]
2007, 21.04./29.04.	Ba FC [FIJ] – *Waitakere United* [NZL]	2:1/0:1 * Auckland [NZL]
	* Waitakere Sieger durch Auswärtstorregel	
2008, 26.04./11.05.	Kossa FC Honiara [SOL] – *Waitakere United*	3:1/0:5
2009, 25.04./03.05.	Koloale FC Honiara [SOL] – *Auckland City FC*	2:7/2:2
2010, 17.04./02.05.	Hekari United Port Moresby [PNG] – Waitakere United	3:0/1:2
2011, 02.04./17.04.	Amicale FC Port Vila [VAN] – *Auckland City FC*	1:2/0:4
2012, 29.04./12.05.	*Auckland City FC* – ASS Tefana Faaa [TAH]	2:1/1:0
2013, 19.05.	*Auckland City FC* – Waitakere United	2:1
2014, 10.05./18.05.	Amicale FC Port Vila – *Auckland City FC*	1:1/1:2
2015, 26.04.	*Auckland City FC* – Team Wellington [NZL]	1:1 nV 4:3 iE Suva [TAH]
2016, 23.04.	*Auckland City FC* – Team Wellington	3:0
2017, 30.04./07.05.	*Auckland City FC* – Team Wellington	3:0/2:0
2018, 13.05./20.05.	*Team Wellington* – Lautoka FC [FIJ]	6:0/4:3
2019, 11.05.	AS Magenta Noumea [NCL] – *Hienghene Sport* [NCL]	0:1 Noumea
2020	abgebrochen (COVID-19-Pandemie)	

Mit diesem Logo startete 2007 die OFC Champions League.

Seit 2012 wird dieses Logo verwendet.

VIII. Spielstatistik Weltpokal/Klub-Weltmeisterschaft

.... **Weltpokal 1960**

Hinspiel – 03.07.1960
Peñarol Montevideo (Uruguay) – Real Madrid (Spanien) 0:0

Montevideo – Estadio Centenario – 90.000 Zuschauer
Schiedsrichter: José Luis Praddaude (Argentinien)

Peñarol: Luis Maidana – William Martínez [C], Wálter Aguerre, Santiago Pino – Salvador[1] [BRA], Néstor Gonçalves – Luis A. Cubilla, Carlos A. Linazza [ARG], Juan E. Hohberg, Alberto P. Spencer [ECU], Carlos Borges
Trainer: Roberto Scarone
[1] Milton Alves Da Silva

Real: Rogelio Domínguez [ARG] – Marquitos[1], José E. Santamaría, Pachin[2] – José María Zárraga [C], José María Vidal – Canario[3] [BRA], Luis del Sol, Alfredo Di Stéfano, Ferenc Puskás [HUN], Manolín Bueno[4]
Trainer: Miguel Muñoz
[1] Marcos Alonso Imaz [2] Enrique Pérez Díaz [3] Darcy Silveira dos Santos [4] Manuel Bueno Cabral

Rückspiel – 04.09.1960
Real Madrid (Spanien) – Peñarol Montevideo (Uruguay) 5:1 (4:0)

Madrid – Estadio Santiago Bernabéu – 125.000 Zuschauer
Schiedsrichter: Ken Aston (England)

Real: Rogelio Domínguez [ARG] – Marquitos[1], José E. Santamaría, Pachin[2] – José María Zárraga [C], José María Vidal – Jesús Herrera, Luis del Sol, Alfredo Di Stéfano, Ferenc Puskás [HUN], Francisco Gento
Trainer: Miguel Muñoz
[1] Marcos Alonso Imaz [2] Enrique Pérez Díaz

Peñarol: Luis Maidana – William Martínez [C], Francisco Majewski, Santiago Pino – Salvador[1] [BRA], Wálter Aguerre – Luis A. Cubilla, Carlos A. Linazza [ARG], Juan E. Hohberg, Alberto P. Spencer [ECU], Carlos Borges
Trainer: Roberto Scarone
[1] Milton Alves Da Silva

Tore: 1:0 Puskás (3.), 2:0 Di Stefano (4.), 3:0 Puskás (9.), 4:0 Herrera (44.), 5:0 Gento (51.), 5:1 Spencer (80.)

Weltpokalsieger **1960 Real Madrid CF**

.... **Weltpokal 1961**

Hinspiel – 04.09.1961
Benfica Lissabon (Portugal) – Peñarol Montevideo (Uruguay) 1:0 (0:0)

Lissabon – Estádio da Luz – 55.000 Zuschauer
Schiedsrichter: Othmar Huber (Schweiz)

Benfica: Alberto da Costa Pereira [MOZ] – Angelo Martins, António Saravia, Mário João – José Neto, Fernando Cruz – José Augusto, Joaquim Santana [ANG], José Águas [ANG] [C], Mário Coluna [MOZ], Domiciano Cavém
Trainer: Béla Guttmann [HUN]

Peñarol: Luis Maidana – William Martínez [C], Núber Cano, Néstor Gonçalves – Edgardo González, Wálter Aguerre – Luis A. Cubilla, Ángel Rubén Cabrera, Alberto P. Spencer [ECU], José Sasía, Ernesto Ledesma
Trainer: Roberto Scarone

Tor: 1:0 Coluna (60.)

33

Rückspiel – 17.09.1961
Peñarol Montevideo (Uruguay) – Benfica Lissabon (Portugal) 5:0 (4:0)

Montevideo – Estadio Centenario – 56.358 Zuschauer
Schiedsrichter: Carlos Nai Foino (Argentinien)

Peñarol: Luis Maidana – William Martínez [C], Núber Cano, Néstor Gonçalves – Edgardo González, Wálter Aguerre – Luis A. Cubilla, Juan Víctor Joya [PER], Alberto P. Spencer [ECU], José Sasía, Ernesto Ledesma
Trainer: Roberto Scarone

Benfica: Alberto da Costa Pereira [MOZ] – Angelo Martins, António Saravia, Mário João – José Neto, Fernando Cruz – José Augusto, Joaquim Santana [ANG], António Mendes, Mário Coluna [MOZ][C], Domiciano Cavém
Trainer: Béla Guttmann [HUN]

Tore: 1:0 Sasía (10. FE), 2:0, 3:0 Joya (19., 28.), 4:0, 5:0 Spencer (42., 58.)

Entscheidungsspiel – 19.09.1961
Peñarol Montevideo (Uruguay) – Benfica Lissabon (Portugal) 2:1 (2:1)

Montevideo – Estadio Centenario – 60.241
Schiedsrichter: José Luis Praddaude (Argentinien)

Peñarol: Luis Maidana – William Martínez [C], Núber Cano, Néstor Gonçalves – Edgardo González, Wálter Aguerre – Luis A. Cubilla, Juan Víctor Joya [PER], Alberto P. Spencer [ECU], José Sasía, Ernesto Ledesma
Trainer: Roberto Scarone

Benfica: Alberto da Costa Pereira [MOZ] – Angelo Martins, Fernando Cruz, José Neto – Humberto[1], Domiciano Cavém – José Augusto, José Águas [ANG][C], Eusébio[2] [MOZ], António Simões, Mário Coluna [MOZ]
Trainer: Béla Guttmann [HUN]
[1] Humberto da Silva Fernandes [2] Eusébio da Silva Ferreira

Tore: 1:0 Sasía (6.), 1:1 Eusébio (35.), 2:1 Sasía (41. FE)

Weltpokalsieger **1961 CA Peñarol Montevideo**

.... Weltpokal **1962**

Hinspiel – 19.09.1962
FC Santos (Brasilien) – Benfica Lissabon (Portugal) 3:2 (1:0)

Rio de Janeiro – Estádio do Maracanã – 90.000 Zuschauer
Schiedsrichter: Rubén Cabrera (Paraguay)

Santos: Gilmar[1] – Mauro[2], Lima[3], Calvet[4] – Zito[5][C], Dalmo Gaspar – Dorval Rodrigues, Mengálvio[6], Coutinho[7], Pelé[8], Pepe[9]
Trainer: Lula[10]
[1] Gylmar dos Santos Neves [2] Mauro Ramos de Oliveira [3] Antônio Lima dos Santos [4] Raul Donazar Calvet [5] José Ely de Miranda [6] Mengálvio Pedro Figueiró [7] Antônio Wilson Vieira Honório [8] Edson Arantes do Nascimento [9] José Macia [10] Luís Alonso Pérez

Benfica: José Rita[1] – Ângelo Martins, Humberto[2], Raúl Machado – Domiciano Cavém, Fernando Cruz – José Augusto, Joaquim Santana [ANG], Eusébio[3] [MOZ], Mário Coluna [MOZ][C], António Simões
Trainer: Fernando Riera [CHI]
[1] José Rita Bartolomeu Barrocal [2] Humberto da Silva Fernandes [3] Eusébio da Silva Ferreira

Tore: 1:0 Pelé (31.), 1:1 Santana (58.), 2:1 Coutinho (64.), 3:1 Pelé (85.), 3:2 Santana (87.)

34

Rückspiel – 11.10.1962
Benfica Lissabon (Portugal) – FC Santos (Brasilien) 2:5 (0:2)

Lissabon – Estádio da Luz – 73.000 Zuschauer
Schiedsrichter: Pierre Schwinte (Frankreich)

Benfica: Costa Pereira [MOZ] – Jacinto[1], Germano[2], Raúl Machado – Fernando Cruz, António Simões – José Augusto, Joaquim Santana [ANG], Eusébio[3] [MOZ], Mário Coluna [MOZ] [C], Domiciano Cavém
Trainer: Fernando Riera [CHI]
[1] Jacinto José Martins Godinho Santos [2] Germano Luís de Figueiredo [3] Eusébio da Silva Ferreira

Santos: Gilmar[1] – Olavo[2], Mauro[3], Calvet[4] – Dalmo Gaspar, Lima[5], Zito[6] [C] – Dorval Rodrigues, Coutinho[7], Pelé[8], Pepe[9]
Trainer: Lula[10]
[1] Gylmar dos Santos Neves [2] Olavo Martins de Oliveira [3] Mauro Ramos de Oliveira [4] Raul Donazar Calvet [5] Antônio Lima dos Santos [6] José Ely de Miranda [7] Antônio Wilson Vieira Honório [8] Edson Arantes do Nascimento [9] José Macia [10] Luís Alonso Pérez

Tore: 0:1, 0:2 Pelé (15., 25.), 0:3 Coutinho (48.), 0:4 Pelé (64.), 0:5 Pepe (77.), 1:5 Eusébio (85.), 2:5 Santana (89.)

Weltpokalsieger **1962 FC Santos**

.... Weltpokal **1963**

Hinspiel – 16.10.1963
AC Mailand (Italien) – FC Santos (Brasilien) 4:2 (2:0)

Mailand – Stadio San Siro – 51.917 Zuschauer
Schiedsrichter: Alfred Haberfellner (Österreich)

Mailand: Giorgio Ghezzi – Mario David, Mario Trebbi, Cesare Maldini [C] – Ambrogio Pelagalli, Giovanni Trapattoni – Giovanni Lodetti, Gianni Rivera, Bruno Mora, José Altafini [BRA], Amarildo[1] [BRA]
Trainer: Luis Carniglia [ARG]
[1] Amarildo Tavares da Silveira

Santos: Gilmar[1] – Lima[2], Haroldo[3], Calvet[4], Geraldino[5] – Zito[6] [C], Mengálvio[7] – Dorval Rodrigues, Coutinho[8], Pelé[9], Pepe[10]
Trainer: Lula[11]
[1] Gylmar dos Santos Neves [2] Antônio Lima dos Santos [3] Theodorico Haroldo de Oliveira [4] Raul Donazar Calvet [5] Geraldo Antônio Martins [6] José Ely de Miranda [7] Mengálvio Pedro Figueiró [8] Antônio Wilson Vieira Honório [9] Edson Arantes do Nascimento [10] José Macia [11] Luís Alonso Pérez

Tore: 1:0 Trapattoni (3.), 2:0 Amarildo (15.), 2:1 Pelé (55.), 3:1 Amarildo (67.), 4:1 Mora (82.), 4:2 Pelé (84. FE)

Rückspiel – 14.11.1963
FC Santos (Brasilien) – AC Mailand (Italien) 4:2 (0:2)

Rio de Janeiro – Estádio do Maracanã – 150.000 Zuschauer
Schiedsrichter: Juan Regis Brozzi (Argentinien)

Santos: Gilmar[1] – Ismael[2], Mauro[3] [C], Haroldo[4], Dalmo Gaspar, Lima[5] – Mengálvio[6], Dorval Rodrigues – Coutinho[7], Almir[8], Pepe[9]
Trainer: Lula[10]
[1] Gylmar dos Santos Neves [2] Ismael Mafra Cabral [3] Mauro Ramos de Oliveira [4] Theodorico Haroldo de Oliveira [5] Antônio Lima dos Santos [6] Mengálvio Pedro Figueiró [7] Antônio Wilson Vieira Honório [8] Almir Moraes de Albuquerque [9] José Macia [10] Luís Alonso Pérez

Mailand: Giorgio Ghezzi – Mario David, Mario Trebbi, Cesare Maldini [C] – Ambrogio Pelagalli, Giovanni Trapattoni – Giovanni Lodetti, Gianni Rivera, Bruno Mora, José Altafini [BRA], Amarildo[1] [BRA]
Trainer: Luis Carniglia [ARG]
[1] Amarildo Tavares da Silveira

Tore: 0:1 Altafini (12.), 0:2 Mora (17.), 1:2 Pepe (50.), 2:2 Mengálvio (54.), 3:2 Lima (65.), 4:2 Pepe (68.)

Entscheidungsspiel – 16.11.1963
FC Santos (Brasilien) – AC Mailand (Italien) 1:0 (1:0)

Rio de Janeiro – Estádio do Maracanã – 121.000 Zuschauer
Schiedsrichter: Juan Regis Brozzi (Argentinien)

Santos: Gilmar[1] – Ismael[2] (44. RK), Mauro[3] [C], Haroldo[4], Dalmo Gaspar, Lima[5] – Mengálvio[6], Dorval Rodrigues – Coutinho[7], Almir[8], Pepe[9]
Trainer: Lula[10]
[1] Gylmar dos Santos Neves [2] Ismael Mafra Cabral [3] Mauro Ramos de Oliveira [4] Theodorico Haroldo de Oliveira [5] Antônio Lima dos Santos [6] Mengálvio Pedro Figueiró [7] Antônio Wilson Vieira Honório [8] Almir Moraes de Albuquerque [9] José Macia [10] Luís Alonso Pérez

Mailand: Luigi Balzarini (40. Dario Barluzzi) – Ambrogio Pelagalli, Mario Trebbi, Cesare Maldini [C] (40. RK) – Víctor Benítez [PER], Giovanni Trapattoni – Bruno Mora, Giovanni Lodetti, José Altafini [BRA], Amarildo[1] [BRA], Giuliano Fortunato
Trainer: Luis Carniglia [ARG]
[1] Amarildo Tavares da Silveira

Tor: 1:0 Dalmo (34. FE)

Weltpokalsieger **1963 FC Santos**

.... Weltpokal **1964**

Hinspiel – 09.09.1964
Independiente Avellaneda (Argentinien) – Internazionale Mailand (Italien) 1:0 (0:0)

Avellaneda[1] – Estadio Libertadores de América – 65.000 Zuschauer
[1] Avellaneda ist ein Vorort von Buenos Aires
Schiedsrichter: Armando Marques (Brasilien)

Independiente: Miguel Santoro – Juan Guzmán, Tomás Rolan [URU] (35. Verletzung) – Roberto Ferreiro, David Acevedo, Jorge Maldonado [C] – Raúl Bernao, Osvaldo Mura, Pedro Prospitti, Mario Rodríguez, Raúl Savoy
Trainer: Manuel Giudice

Inter: Giuliano Sarti – Tarcisio Burgnich, Aristide Guarneri, Giacinto Facchetti – Carlo Tagnin, Armando Picchi [C] – Jair da Costa [BRA], Sandro Mazzola, Joaquín Peiró [ESP], Luis Suárez [ESP], Mario Corso
Trainer: Helenio Herrera [ARG]

Tor: 1:0 Rodríguez (59.)

Rückspiel – 23.09.1964
Internazionale Mailand (Italien) – Independiente Avellaneda (Argentinien) 2:0 (2:0)

Mailand – Stadio San Siro – 50.164 Zuschauer
Schiedsrichter: Jenő Gere (Ungarn)

Inter: Giuliano Sarti – Tarcisio Burgnich, Aristide Guarneri, Giacinto Facchetti – Saul Malatrasi, Armando Picchi [C] – Jair da Costa [BRA], Sandro Mazzola, Aurelio Milani, Luis Suárez [ESP], Mario Corso
Trainer: Helenio Herrera [ARG]

Independiente: Miguel Santoro – Roberto Ferreiro (76. RK), Raul Decaria – David Acevedo, José Paflik, Jorge Maldonado [C] – Luís Suárez, Osvaldo Mura, Pedro Prospitti, Mario Rodríguez, Raúl Savoy
Trainer: Manuel Giudice

Tore: 1:0 Mazzola (8.), 2:0 Corso (39.)

Entscheidungsspiel – 26.09.1964
Internazionale Mailand (Italien) – Independiente Avellaneda (Argentinien) 1:0 nV (0:0)

Madrid – Estadio Santiago Bernabéu – 25.000 Zuschauer
Schiedsrichter: Ortiz de Mendibil (Spanien)

36

Inter: Giuliano Sarti – Saul Malatrasi, Aristide Guarneri, Giacinto Facchetti – Carlo Tagnin, Armando Picchi [C] – Angelo Domenghini, Joaquín Peiró [ESP], Aurelio Milani, Luis Suárez [ESP], Mario Corso
Trainer: Helenio Herrera [ARG]

Independiente: Miguel Santoro – Juan Guzmán, Raul Decaria – José Paflik, David Acevedo, Jorge Maldonado [C] – Raúl Bernao, Pedro Prospitti, Luís Suárez, Mario Rodríguez, Raúl Savoy
Trainer: Manuel Giudice

Tor: 1:0 Corso (111.)

Weltpokalsieger **1964 FC Internazionale Mailand**

.... Weltpokal **1965**

Hinspiel – 08.09.1965
Internazionale Mailand (Italien) – Independiente Avellaneda (Argentinien) 3:0 (2:0)

Mailand – Stadio San Siro – 60.000 Zuschauer
Schiedsrichter: Rudolf Kreitlein (Deutschland)

Inter: Giuliano Sarti – Tarcisio Burgnich, Aristide Guarneri, Giacinto Facchetti – Gianfranco Bedin, Armando Picchi [C] – Jair da Costa [BRA], Sandro Mazzola, Joaquín Peiró [ESP], Luis Suárez [ESP], Mario Corso
Trainer: Helenio Herrera [ARG]

Independiente: Miguel Santoro – Ricardo Pavoni [URU], Juan Guzmán, Ruben Marino Navarro [C] – David Acevedo, Roberto Ferreiro – Raúl Bernao, Vicente de la Mata, Roque Avallay, Mario Rodríguez, Raúl Savoy
Trainer: Manuel Giudice

Tore: 1:0 Peiró (3.), 2:0, 3:0 Mazzola (22., 59.)

Rückspiel – 15.09.1965
Independiente Avellaneda (Argentinien) – Internazionale Mailand (Italien) 0:0

Avellaneda¹ – Estadio Libertadores de América – 55.000 Zuschauer
¹ Avellaneda ist ein Vorort von Buenos Aires
Schiedsrichter: Arturo Yamasaki (Peru)

Independiente: Miguel Santoro – Ruben Marino Navarro [C], Ricardo Pavoni [URU], Roberto Ferreiro – Tomás Barrios, Juan Guzmán – Raúl Bernao, Osvaldo Mura, Roque Avallay, Miguel Mori, Raúl Savoy
Trainer: Manuel Giudice

Inter: Giuliano Sarti – Tarcisio Burgnich, Aristide Guarneri, Giacinto Facchetti – Gianfranco Bedin, Armando Picchi [C] – Jair da Costa [BRA], Sandro Mazzola, Joaquín Peiró [ESP], Luis Suárez* [ESP], Mario Corso
Trainer: Helenio Herrera [ARG]
* Suárez wurde durch einen Steinwurf von den Zuschauerrängen verletzt und musste mehrere Minuten medizinisch versorgt werden.

Weltpokalsieger 1965 **FC Internazionale Mailand**

.... Weltpokal **1966**

Hinspiel – 12.10.1966
Peñarol Montevideo (Uruguay) – Real Madrid (Spanien) 2:0 (1:0)

Montevideo – Estadio Centenario – 58.324 Zuschauer
Schiedsrichter: Claudio Vicuña (Chile)

Peñarol: Ladislao Mazurkiewicz – Pablo Forlán, Néstor Gonçalves [C], Edgardo González – Juan Vicente Lezcano [PAR], Omar Caetano – Julio Abbadie, Julio César Cortés, Alberto P. Spencer [ECU], Pedro Rocha [ARG], Juan Víctor Joya [PER]
Trainer: Roque Máspoli

Real: Antonio Betancort – Pachín[1] (68. RK), Félix Ruiz, Manuel Sanchís – Pedro de Felipe, Ignacio Zoco – Francisco Serena, Amancio Amaro, Pirri[2], Manuel Velázquez, Manuel Bueno [C]
Trainer: Miguel Muñoz
[1] Enrique Pérez Díaz [2] José Martínez Sánchez

Tore: 1:0, 2:0 Spencer (39., 74.)

Rückspiel – 26.10.1966
Real Madrid (Spanien) – Peñarol Montevideo (Uruguay) 0:2 (0:2)

Madrid – Estadio Santiago Bernabéu – 71.063 Zuschauer
Schiedsrichter: Concetto Lo Bello (Italien)

Real: Antonio Betancort – Antonio Calpe, Pedro de Felipe, Manuel Sanchís – Pirri[1], Ignacio Zoco – Francisco Serena, Amancio Amaro Varela, Ramón Grosso, Manuel Velázquez, Francisco Gento [C]
Trainer: Miguel Muñoz
[1] Enrique Pérez Díaz

Peñarol: Ladislao Mazurkiewicz – Luis Alberto Varela, Néstor Gonçalves [C], Edgardo González – Juan Vicente Lezcano [PAR], Omar Caetano – Julio Abbadie, Julio César Cortés, Alberto P. Spencer [ECU], Pedro Rocha [ARG], Juan Víctor Joya [PER]
Trainer: Roque Máspoli

Tore: 0:1 Rocha (30. FE), 0:2 Spencer (41.)

Weltpokalsieger 1966 **CA Peñarol Montevideo**

.... Weltpokal **1967**

Hinspiel – 18.10.1967
Celtic Glasgow (Schottland) – Racing Club Avellaneda (Argentinien) 1:0 (0:0)

Glasgow – Hampden Park – 103.000 Zuschauer
Schiedsrichter: Juan Gardeazábal (Spanien)

Celtic: Ronald Simpson – James Craig, Thomas Gemmell, William McNeill [C] – Robert Murdoch, John Clark – James Johnstone, Robert Lennox, William Wallace, Robert Auld, John Hughes
Trainer: John Stein

Racing: Agustín Cejas – Roberto Perfumo, Rubén Díaz – Oscar Martín [C], Miguel Mori, Alfio Basile – Norberto Raffo, Juan Rulli, Juan Cárdenas, Juan Rodríguez, Humberto Maschio
Trainer: Juan José Pizzuti

Tor: 1:0 McNeill (74.)

Rückspiel – 01.11.1967
Racing Club Avellaneda (Argentinien) – Celtic Glasgow (Schottland) 2:1 (1:1)

Avellaneda[1] – Estadio Presidente Perón – 100.000 Zuschauer
[1] Avellaneda ist ein Vorort von Buenos Aires
Schiedsrichter: Esteban Marino (Spanien)

Racing: Agustín Cejas – Roberto Perfumo, Nelson Pedro Chabay [URU] – Oscar Martín [C], Juan Rulli, Alfio Basile – Norberto Raffo, João Cardoso [BRA], Juan Cárdenas, Juan Rodríguez, Humberto Maschio
Trainer: Juan José Pizzuti

Celtic: John Fallon* – John Clark, James Craig, William McNeill [C], Thomas Gemmell – Robert Murdoch, Willie O'Neill – James Johnstone, William Wallace, Stephen Chalmers, Robert Lennox
Trainer: John Stein
* Während des Aufwärmens vor dem Spiel soll der schottische Torwart Ronald Simpson von einem Gegenstand, der von den Zuschauerrängen geworfen wurde, am Kopf getroffen sein. Darauf wurde er durch Ersatzkeeper John Fallon ersetzt.

Tore: 0:1 Gemmell (21. FE), 1:1 Raffo (33.), 2:1 Cárdenas (49.)

Entscheidungsspiel – 04.11.1967
Racing Club Avellaneda (Argentinien) – Celtic Glasgow (Schottland) 1:0 (0:0)

Montevideo (Uruguay) – Estadio Centenario – 65.172 Zuschauer
Schiedsrichter: Rodolfo Pérez Osorio (Paraguay)

Racing: Agustín Cejas – Roberto Perfumo, Nelson Pedro Chabay [URU] – Oscar Martín [C], Juan Rulli (87. RK), Alfio Basile (82. RK) – Norberto Raffo, João Cardoso [BRA], Juan Cárdenas, Juan Rodríguez, Humberto Maschio
Trainer: Juan José Pizzuti

Celtic: John Fallon – William McNeill [C], Thomas Gemmell – John Clark, James Craig, Robert Murdoch – James Johnstone (47. RK), Robert Lennox (82. RK), William Wallace, Robert Auld, John Hughes (28. RK)
Trainer: John Stein

Tor: 1:0 Cárdenas (56.)

Weltpokalsieger 1967 **Racing Club Avellaneda**

.... Weltpokal **1968**

Hinspiel – 25.09.1968
Estudiantes La Plata (Argentinien) – Manchester United (England) 1:0 (0:0)

Buenos Aires – Estadio Boca Juniors „La Bombonera" – 66.000 Zuschauer
Schiedsrichter: Hugo Sosa Miranda (Paraguay)

La Plata: Alberto Poletti – Oscar Malbernat [C], Alberto Suárez, Raúl Madero, José Hugo Medina – Carlos Bilardo, Carlos Pachamé, Néstor Togneri – Felipe Ribaudo, Marcos Conigliaro, Juan Ramón Verón
Trainer: Osvaldo Zubeldía

Manchester: Alexander Stepney – Anthony Dunne [IRL], William Foulkes, David Sadler, Francis Burns [SCO] – Patrick Crerand [SCO], Robert Charlton [C], Norbert Stiles (79. RK) – William Morgan [SCO], Denis Law [SCO], George Best [NIR]
Trainer: Matthew Busby [SCO]

Tor: 1:0 Conigliaro (28.)*
* Offiziell wurde vom Schiedsrichter Conigliaro als Torschütze vermerkt. Tatsächlich aber verwandelte Togneri per Kopf einen von Ribaudo getretenen Eckball.

Rückspiel – 16.10.1968
Manchester United (England) – Estudiantes La Plata (Argentinien) 1:1 (0:1)

Manchester – Old Trafford – 63.428 Zuschauer
Schiedsrichter: Konstantín Zečević (Jugoslawien)

Manchester: Alexander Stepney – Anthony Dunne [IRL], William Foulkes, Seamus Brennan [IRL], Patrick Crerand [SCO] – David Sadler, William Morgan [SCO], Brian Kidd – Robert Charlton [C], Denis Law* [SCO] (44. Carlo Satori [ITA]), George Best [NIR] (89. RK)
Trainer: Matthew Busby [SCO]
* Tatsächlich wurde Law in der 34. Minute verletzt und musste vier Minuten später das Spielfeld verlassen.

La Plata: Alberto Poletti – Oscar Malbernat, Ramón Suárez, José Hugo Medina (89. RK), Raúl Madero – Carlos Bilardo, Carlos Pachamé, Néstor Togneri – Felipe Ribaudo (70. Juan Miguel Echecopar), Marcos Conigliaro, Juan Ramón Verón
Trainer: Osvaldo Zubeldía

Tore: 0:1 Verón (6.), 1:1 Morgan (90.)**
** In der Nachspielzeit erzielte Kidd ein Tor, welches ein Entscheidungsspiel in Amsterdam bedeutet hätte. Der Schiedsrichter gab diesen Treffer nicht, da er während der Aktion das Spiel beendete.

Weltpokalsieger 1968 **CA Estudiantes La Plata**

.... **Weltpokal 1969**

Hinspiel – 08.10.1969
AC Mailand (Italien) – Estudiantes La Plata (Argentinien) 3:0 (2:0)

Mailand – Stadio San Siro – 60.675 Zuschauer
Schiedsrichter: Roger Machin (Frankreich)

Mailand: Fabio Cudicini – Saul Malatrasi, Angelo Anquilletti, Roberto Rosato, Karl-Heinz Schnellinger [GER] – Giovanni Lodetti, Gianni Rivera [C], Romano Fogli – Angelo Sormani, Nestor Combin [FRA] (65. Giorgio Rognoni), Pierino Prati
Trainer: Nereo Rocco

La Plata: Alberto Poletti – Alberto Suárez, Raúl Madero, José Hugo Medina, Oscar Malbernat [C] – Carlos Bilardo, Néstor Togneri, Juan Miguel Echecopar (59. Felipe Ribaudo), Eduardo Flores – Marcos Conigliaro, Juan Ramón Verón
Trainer: Osvaldo Zubeldía

Tore: 1:0 Sormani (7.), 2:0 Combin (45.), 3:0 Sormani (82.)

Rückspiel – 22.10.1969
Estudiantes La Plata (Argentinien) – AC Mailand (Italien) 2:1 (2:1)

Buenos Aires – Estadio Boca Juniors „La Bombonera" – 45.000 Zuschauer
Schiedsrichter: Domingo Massaro (Chile)

La Plata: Alberto Poletti – Eduardo Luján Manera (87. RK), Ramón Aguirre Suárez (67. RK), Raúl Madero, Oscar Malbernat [C] – Carlos Bilardo (53. Juan Miguel Echecopar), Daniel Romero, Néstor Togneri – Marcos Conigliaro, Juan Alberto Taverna, Juan Ramón Verón
Trainer: Osvaldo Zubeldía

Mailand: Fabio Cudicini – Saul Malatrasi (53. Luigi Maldera), Angelo Anquilletti, Roberto Rosato, Karl-Heinz Schnellinger [GER] – Giovanni Lodetti, Gianni Rivera [C], Romano Fogli – Angelo Sormani, Nestor Combin* [FRA], Pierino Prati (38. Giorgio Rognoni)
Trainer: Nereo Rocco
* Combin, argentinischer Stürmer mit französischem Pass beim AC Mailand, wurde nach dem Spiel von der Militärpolizei verhaftet, da er zehn Jahre zuvor zu Olympique Marseille gewechselt war, ohne seinen Militärdienst in Argentinien geleistet zu haben. Am Tag darauf konnte er aber mit seiner Mannschaft zurück fliegen.

Tore: 0:1 Rivera (30.), 1:1 Conigliaro (43.), 2:1 Aguirre Suárez (45.)

Weltpokalsieger 1969 **AC Mailand**

.... **Weltpokal 1970**

Hinspiel – 26.08.1970
Estudiantes La Plata (Argentinien) – Feijenoord* Rotterdam (Niederlande) 2:2 (2:1)
* Im Sommer 1973 wird die Schreibweise des Vereins in Feyenoord geändert.
Der gleichnamige Stadtteil schreibt sich heute noch Feijenoord.

Buenos Aires – Estadio Boca Juniors „La Bombonera" – 51.000 Zuschauer
Schiedsrichter: Rudolf Glöckner (GDR)

La Plata: Néstor Errea – Rubén Oscar Pagnanini, Hugo Spadaro, Néstor Togneri, Oscar Malbernat [C] – Carlos Bilardo (83. Jorge Solari), Carlos Pachamé, Juan Miguel Echecopar (83. Christian Rudzki) – Marcos Conigliaro, Eduardo Flores, Juan Ramón Verón
Trainer: Osvaldo Zubeldía

Rotterdam: Eduard Treijtel – Pieter Romeijn, Marinus Israël [C], Theodorus Laseroms, Theo van Duivenbode – Franz Hasil [AUT], Wilhelmus Jansen, Willem van Hanegem (73. Johannes Boskamp) – Hendrik Wery, Ove Kindvall [SWE], Coenraad Moulijn
Trainer: Ernst Happel [AUT]

Tore: 1:0 Echecopar (6.), 2:0 Verón (12.), 2:1 Wery (21.), 2:2 Kindvall (67.)

Rückspiel – 09.09.1970
Feijenoord Rotterdam (Niederlande) – Estudiantes La Plata (Argentinien) 1:0 (0:0)

Rotterdam – Stadion Feijenoord „De Kuip" – 60.000 Zuschauer
Schiedsrichter: Alberto Tejada (Peru)

Rotterdam: Eduard Treijtel – Pieter Romeijn, Marinus Israël [C], Theodorus Laseroms, Theo van Duivenbode – Franz Hasil [AUT] (46. Johannes Boskamp), Wilhelmus Jansen, Willem van Hanegem – Hendrik Wery, Ove Kindvall [SWE], Coenraad Moulijn (61. Johannes van Daele)
Trainer: Ernst Happel [AUT]

La Plata: Oscar Pezzano – Oscar Malbernat [C], Hugo Spadaro, Néstor Togneri, José Hugo Medina – Carlos Bilardo, Carlos Pachamé, Daniel Romeo (61. Rubén Oscar Pagnanini) – Marcos Conigliaro (51. Christian Rudzki), Eduardo Flores, Juan Ramón Verón
Trainer: Osvaldo Zubeldía

Tor: 1:0 van Daele (65.)

Weltpokalsieger 1970 **Feijenoord Rotterdam**

.... Weltpokal **1971**

Panathinaikos Athen trat als Finalist gegen Nacional Montevideo an, da Ajax Amsterdam als Sieger des Europapokals der Landesmeister verzichtete.

Hinspiel – 15.12.1971
Panathinaikos Athen (Griechenland) – Nacional Montevideo (Uruguay) 1:1 (0:0)

Piräus – Stadio Karaïskaki – 45.000 Zuschauer
Schiedsrichter: José Favilli Neto (Brasilien)

Athen: Panagiotis Ikonomopoulos – Ioanis Tomaras (61. Giorgos Vlachos), Anthimos Kapsis, Frangiskos Sourpis, Konstantinos Athanassopoulos – Konstantinos Eleftherakis, Totis Fylakouris, Mitsos Dimitriou – Antonis Antoniadis, Dimitrios Domazos [C], Sakis Kouvas (20. Georgios Deligiannis)
Trainer: Ferenc Puskás [HUN]

Nacional: Manga¹ [BRA] – Juan Carlos Masnik, Ángel Brunell, Luis Ubiña, Julio Montero Castillo – Juan Carlos Blanco, Luis Cubilla, Ildo Maneiro – Víctor Espárrago [C] (80. Juan José Duarte Lasarte), Luis Artime [ARG], Julio César Morales (60. RK)
Trainer: Washington Echamendi
¹ Aílton Corrêa Arruda

Tore: 1:0 Fylakouris (48.), 1:1 Artime (52.)

Rückspiel – 28.12.1971
Nacional Montevideo (Uruguay) – Panathinaikos Athen (Griechenland) 2:1 (1:0)

Montevideo – Estadio Centenario – 70.000 Zuschauer*
* *Wegen ausstehender Zahlungen des Vereins beschlagnahmte die Staatsbank Banca Comercial nach dem Spiel sämtliche Einnahmen.*
Schiedsrichter: Alastair McKenzie (Schottland)

Nacional: Manga¹ [BRA] – Juan Carlos Masnik, Ángel Brunell, Luis Ubiña, Julio Montero Castillo – Juan Carlos Blanco, Luis Cubilla (80. Juan Mujica), Ildo Maneiro – Víctor Espárrago [C], Luis Artime [ARG], Juan Carlos Mamelli [ARG] (71. Ruben Bareño)
Trainer: Washington Echamendi
¹ Aílton Corrêa Arruda

Athen: Panagiotis Ikonomopoulos – Victor Mitropoulos, Anthimos Kapsis, Frangiskos Sourpis, Kostas Athanassopoulos – Aristidis Kamaras (43. Totis Fylakouris), Konstantinos Eleftherakis, Mitsos Dimitriou – Antonis Antoniadis, Dimitrios Domazos [C], Sakis Kouvas
Trainer: Ferenc Puskás [HUN]

Tore: 1:0, 2:0 Artime (34. 75.). 2:1 Fylakouris (90.)

Weltpokalsieger 1971 **Nacional Montevideo**

.... Weltpokal **1972**

Hinspiel – 06.09.1972
Independiente Avellaneda (Argentinien) – Ajax Amsterdam (Niederlande) 1:1 (0:1)

Avellaneda¹ – Estadio Libertadores de América – 60.000 Zuschauer
¹ Avellaneda ist ein Vorort von Buenos Aires
Schiedsrichter: Tofik Bachramow (Sowjetunion)

Independiente: Miguel Santoro – Eduardo Commisso, Miguel Ángel López, Francisco Sá, Ricardo Pavoni [C] – José Pastoriza, Alejandro Semenewicz, Miguel Ángel Raimondo (46. Carlos Alberto Bulla) – Agustín Balbuena, Eduardo Maglioni, Dante Mircoli
Trainer: Pedro Dellacha

Ajax: Heinz Stuy – Horst Blankenburg [GER], Willem Suurbier, Bernardus Hulshoff, Rudolf Krol – Arend Haan, Johannes Neeskens, Gerardus Mühren – Jesaia Swart, Johannes Crujiff (30. Arnoldus Mühren), Petrus Keizer [C]
Trainer: Ştefan Kovács [ROM]

Tore: 0:1 Cruyff (6.), 1:1 Sá (82.)

Rückspiel – 28.09.1972
Ajax Amsterdam (Niederlande) – Independiente Avellaneda (Argentinien) 3:0 (1:0)

Amsterdam – Olympisch Stadion – 46.511 Zuschauer
Schiedsrichter: José Romei (Paraguay)

Ajax: Heinz Stuy – Horst Blankenburg [GER], Willem Suurbier, Bernardus Hulshoff, Rudolf Krol – Arend Haan, Johannes Neeskens, Gerardus Mühren – Jesaia Swart (62. Nicolaas Rep), Johannes Cruyff, Petrus Keizer [C]
Trainer: Ştefan Kovács [ROM]

Independiente: Miguel Santoro – Eduardo Commisso, Miguel Ángel López, Francisco Sá, Ricardo Pavoni [C] – José Pastoriza, Alejandro Semenewicz, Luis Garisto [URU] (74. Manuel Mágan) – Agustín Balbuena, Eduardo Maglioni, Dante Mircoli (62. Carlos Alberto Bulla)
Trainer: Pedro Dellacha

Tore: 1:0 Neeskens (12.), 2:0, 3:0 Rep (65., 80.)

Weltpokalsieger 1972 **FC Ajax Amsterdam**

.... Weltpokal **1973**

Juventus Turin trat als Finalist gegen Independiente Avellaneda an, da Ajax Amsterdam als Sieger des Europapokals der Landesmeister verzichtete. Es fand nur ein Spiel statt.

Entscheidungsspiel – 28.11.1973
Independiente Avellaneda (Argentinien) – Juventus Turin (Italien) 1:0 (0:0)

Rom (Italien) – Stadio Olimpico di Roma – 22.489 Zuschauer
Schiedsrichter: Alfred Delcourt (Belgien)

Independiente: Miguel Santoro [C] – Miguel Ángel López, Ricardo Pavoni [URU], Eduardo Commisso, Francisco Sá – Miguel Ángel Raimondo, Rubén Galván, Ricardo Bochini – Agustín Balbuena, Eduardo Maglioni, Daniel Bertoni (83. Alejandro Semenewicz)
Trainer: Roberto Ferreiro

Juventus: Dino Zoff – Luciano Spinosi (74. Silvio Longobucco), Claudio Gentile, Francesco Morini, Sandro Salvadore [C] – Gianpietro Marchetti, Franco Causio, Antonello Cuccureddu – Pietro Anastasi, José Altafini [BRA], Roberto Bettega (74. Fernando Viola)
Trainer: Čestmír Vycpálek [CZE]

Tor: 1:0 Bochini (80.)

Weltpokalsieger 1973 **CA Independiente Avellaneda**

.... **Weltpokal 1974**

Atletico Madrid trat als Finalist gegen Independiente Avellaneda an, da Bayern München als Sieger des Europapokals der Landesmeister verzichtete.

Hinspiel – 12.03.1975
Independiente Avellaneda (Argentinien) – Atletico Madrid (Spanien) 1:0 (1:0)

Avellaneda[1] – Estadio Libertadores de América – 60.000 Zuschauer
[1] *Avellaneda ist ein Vorort von Buenos Aires*
Schiedsrichter: Charles Corver (Niederlande)

Independiente: José Alberto Pérez – Miguel Ángel López, Ricardo Pavoni [C] [URU], Eduardo Commisso, Rubén Galván – Francisco Sá, Agustín Balbuena, Aldo Fernando Rodríguez (57. Alejandro Semenewicz) – Percy Rojas [PER], Ricardo Bochini, Daniel Bertoni (83. Luis Alberto Giribert)
Trainer: Roberto Ferreiro

Atletico: Miguel Reina – Francisco Delgado Melo, Ramón Heredia [ARG], Domingo Benegas, José Luis Capón – Eusebio Bejarano, Alberto Fernández Fernández (46. Heraldo Bezerra), Adelardo Rodríguez [C] – Javier Irureta, José Eulogio Gárate, Rubén Ayala [ARG]
Trainer: Luis Aragonés

Tor: 1:0 Balbuena (34.)

Rückspiel – 16.04.1975
Atletico Madrid (Spanien) – Independiente Avellaneda (Argentinien) 2:0 (1:0)

Madrid – Estadio Vicente Calderón – 65.000 Zuschauer
Schiedsrichter: Carlos Robles (Chile)

Atletico: José Pacheco Gómez – Francisco Delgado Melo, Ramón Heredia [ARG], Francisco Aguilar Fernández, José Luis Capón – Eusebio Bejarano, Alberto Fernández Fernández (71. Ignacio Salcedo), Adelardo Rodríguez [C] – Javier Irureta, José Eulogio Gárate, Rubén Ayala [ARG]
Trainer: Luis Aragonés

Independiente: José Alberto Pérez – Miguel Ángel López, Ricardo Pavoni [C] [URU], Eduardo Commisso, Rubén Galván – Osvaldo Miguel Carrica, Agustín Balbuena, Hugo José Saggiorato – Percy Rojas [PER] (69. Aldo Fernando Rodríguez), Ricardo Bochini, Daniel Bertoni
Trainer: Roberto Ferreiro

Tore: 1:0 Irureta (21.), 2:0 Ayala (86.)

Weltpokalsieger 1974 **Atletico Madrid**

.... **Weltpokal 1975**

Die vorgesehene 16. Austragung des Wettbewerbs zwischen dem Sieger des Europapokals der Landesmeister 1974/75 Bayern München und dem Sieger der Copa Libertadores 1975 Independiente Avellaneda kam nicht zustande, da sich beide Klubs nach offizieller Begründung nicht auf Spieltermine einigen konnten.

.... **Weltpokal 1976**

Hinspiel – 23.11.1976
Bayern München (Deutschland) – Cruzeiro Belo Horizonte (Brasilien) 2:0 (0:0)

München – Olympiastadion – 22.000 Zuschauer
Schiedsrichter: Luis Pestarino (Argentinien)

Bayern: Josef Maier – Björn Andersson [SWE], Udo Horsmann, Georg Schwarzenbeck, Franz Beckenbauer [C] – Hans-Josef Kapellmann, Bernhard Dürnberger, Conny Torstensson [SWE] – Karl-Heinz Rummenigge, Gerhard Müller, Ulrich Hoeneß
Trainer: Dettmar Cramer

43

Cruzeiro: Raul Plassman – Nelinho[1], José Francisco de Morais, Ozires de Paiva, Vanderley Lázaro – Zé Carlos[2], Wilson Piazza [C], Jairzinho[3] – Eduardo Amorim, Palinha[4], Joãozinho[5] (80. Dirceu Lopes)
Trainer: Zezé Moreira
[1] Manoel Rezende de Matos Cabral [2] José Carlos Bernardo [3] Jair Ventura Filho [4] Vanderlei Eustáquio de Oliveira
[5] João Soares de Almeida Filho

Tore: 1:0 Müller (80.), 2:0 Kapellmann (82.)

Rückspiel – 21.12.1976
Cruzeiro Belo Horizonte (Brasilien) – Bayern München (Deutschland) 0:0

Belo Horizonte – Estádio Governador Magalhães Pinto – 113.713 Zuschauer
Schiedsrichter: Patrick Partridge (England)

Cruzeiro: Nelinho[1], José Francisco de Morais, Ozires de Paiva, Vanderley Lázaro – Zé Carlos[2], Wilson Piazza [C] (30. Eduardo Amorim), Jairzinho[3] – Dirceu Lopes (46. Pablo Forlán), Joãozinho[4], Palinha[5]
Trainer: Zezé Moreira
[1] Manoel Rezende de Matos Cabral [2] José Carlos Bernardo [3] Jair Ventura Filho [4] João Soares de Almeida Filho
[5] Vanderlei Eustáquio de Oliveira

Bayern: Josef Maier – Björn Andersson [SWE], Udo Horsmann, Georg Schwarzenbeck, Franz Beckenbauer [C] – Hans-Josef Kapellmann, Josef Weiß, Conny Torstensson [SWE] – Karl-Heinz Rummenigge (85. Fred Arbinger), Gerhard Müller, Ulrich Hoeneß
Trainer: Dettmar Cramer

Weltpokalsieger 1976 **FC Bayern München**

.... Weltpokal **1977**

Borussia Mönchengladbach trat als Finalist gegen Boca Juniors an, da der FC Liverpool als Sieger des Europapokals der Landesmeister verzichtete.

Hinspiel – 21.03.1978
Boca Juniors Buenos Aires (Argentinien) – Borussia Mönchengladbach (Deutschland) 2:2 (1:2)

Buenos Aires – Estadio Boca Juniors „La Bombonera" – 60.000 Zuschauer
Schiedsrichter: Nikola Milanov Doudine (Bulgarien)

Boca: Osvaldo Norberto Santos – Francisco Sá, Miguel Bordón, Vicente Pernía, Roberto Mouzo – Rubén Suñé [C], Jorge José Benítez (46. Jorge Ribolzi), Mario Zanabria, Carlos Horacio Salinas – Ernesto Mastrángelo, Daniel Severino Pavón (65. Carlos Alberto Álvarez)
Trainer: Juan Carlos Lorenzo

Borussia: Wolfgang Kleff – Horst Wohlers, Wilfried Hannes, Herbert Wimmer (53. Dietmar Danner), Hans-Hubert Vogts [C] – Winfried Schäfer, Rainer Bonhof, Christian Kulik – Karl Del'Haye, Carsten Nielsen [DEN], Ewald Lienen
Trainer: Udo Lattek

Tore: 1:0 Mastrángelo (16.), 1:1 Hannes (24.), 1:2 Bonhof (29.), 2:2 Ribolzi (51.)

Rückspiel – 01.08.1978
Borussia Mönchengladbach (Deutschland) – Boca Juniors Buenos Aires (Argentinien) 0:3 (0:3)

Karlsruhe – Wildparkstadion – 38.000 Zuschauer
Schiedsrichter: Roque Cerullo (Uruguay)

Borussia: Wolfgang Kneib – Norbert Ringels, Wilfried Hannes, Horst Wohlers (46. Winfried Schäfer), Hans-Hubert Vogts [C] – Carsten Nielsen [DEN], Hans-Günter Bruns, Christian Kulik – Allan Simonsen [DEN], Helmut Lausen (60. Ewald Lienen), Rudolf Gores
Trainer: Udo Lattek

Boca: Hugo Gatti – José Luis Tesare, José María Suárez, Vicente Pernía, Miguel Ángel Bordón – Rubén Suñé [C], Mario Zanabria, Carlos Horacio Salinas – Ernesto Mastrángelo, José Luis Saldaño (46.

Carlos Veglio), Darío Felman
Trainer: Juan Carlos Lorenzo

Tore: 0:1 Felman (2.), 0:2 Mastrángelo (33.), 0:3 Salinas (37.)

Weltpokalsieger 1977 **Boca Juniors Buenos Aires**

.... Weltpokal **1978**

Die vorgesehene 18. Ausspielung des Wettbewerbs zwischen dem Sieger des Europapokals der Landesmeister 1977/78, FC Liverpool, und dem Sieger der Copa Libertadores 1978, CA Boca Juniors, kam nicht zustande, da beide Klubs ihre Teilnahme verweigerten.

.... Weltpokal **1979**

Malmö FF trat als Europacup-Finalist gegen Olimpia Asunción an, da Nottingham Forest als Sieger des Europapokals der Landesmeister verzichtete.

Hinspiel – 18.11.1979
Malmö FF (Schweden)– Olimpia Asunción (Paraguay) 0:1 (0:1)

Malmö – Malmö Stadion – 4.811 Zuschauer
Schiedsrichter: Pat Partridge (England)

Malmö: Jan Möller – Roland Andersson [C], Magnus Andersson, Ingemar Erlandsson, Kent Jönsson – Claes Malmberg (46. Thomas Andersson), Anders Ljungberg, Robert Prytz, Tommy Hansson – Thomas Sjöberg, Mats Arvidsson
Trainer: Bob Houghton [ENG]

Olimpia: Ever Hugo Almeida – Alicio Solalinde, Roberto Paredes, Minguel Piazza [C][URU], Flaminio Sosa – Carlos Alberto Kiese, Rogelio Delgado, Luis Torres, Eduardo Ortiz (46. Osvaldo Aquino) – Mauro Céspedes, Evaristo Isasi
Trainer: Luis Cubilla [URU]

Tor: 0:1 Isasi (41.)

Rückspiel – 02.03.1980
Olimpia Asunción (Paraguay) – Malmö FF (Schweden) 2:1 (1:0)

Asunción – Estadio Defensores del Chaco – 47.000 Zuschauer
Schiedsrichter: Juan Daniel Cardellino (Uruguay)

Olimpia: Ever Hugo Almeida – Alicio Solalinde, Roberto Paredes, Daniel Di Bartolomeo [ARG], Flaminio Sosa – Carlos Alberto Kiese, Carlos Yaluk (46. Rogelio Delgado), Luis Torres, Osvaldo Aquino – Hugo Ricardo Talavera [C] (46. Miguel Michelagnoli), Evaristo Isasi
Trainer: Luis Cubilla [URU]

Malmö: Jan Möller – Roland Andersson [C], Tim Parkin [ENG], Kent Jönsson, Mats Arvidsson – Magnus Andersson, Ingemar Erlandsson, Robert Prytz, Anders Olsson (46. Tommy Hansson) – Thomas Sjöberg (46. Claes Malmberg), Tommy Andersson
Trainer: Bob Houghton [ENG]

Tore: 1:0 Solalinde (40. FE), 1:1 Erlandsson (48.), 2:1 Michelagnoli (71.)

Weltpokalsieger 1979 **Olimpia Asunción**

.... Weltpokal **1980**

*Ab dem 1980er Wettbewerb gab es nur noch ein Entscheidungsspiel auf neutralem Platz.
Als besondere Auszeichnung wurde der „Spieler des Tages" (Most Valuable Player of the Match oder auch „Man of the Match") gewählt.*

Entscheidungsspiel – 11.02.1981
Nacional Montevideo (Uruguay)– Nottingham Forest (England) 1:0 (1:0)

Tokio (Japan) – National Olympic Stadium / Kokuritsu Kyogijo – 62.000 Zuschauer
Schiedsrichter: Abraham Klein (Israel)

Nacional: Rodolfo Rodríguez – Juan Carlos Blanco, José Hermes Moreira, Daniel Enríquez, Washington González – Denís Milar, Víctor Espárrago [C], Arsenio Luzardo – Alberto Bica, Waldemar Victorino, Julio César Morales
Trainer: Juan Mujica

Forest: Peter Shilton – Vivian Anderson, Lawrence Lloyd, Kenneth Burns [C][SCO], Francis Gray [SCO] – Martin O'Neill [NIR], Raimondo Ponte [SUI] (67. Peter Ward), Stuart Gray – Ian Wallace [SCO], Trevor Francis, John Robertson [SCO]
Trainer: Brian Clough

Tor: 1:0 Victorino (10.)

MVP (Most Valuable Player of the Match): Waldemar Victorino

Weltpokalsieger 1980 **Nacional Montevideo**

.... Weltpokal **1981**

Entscheidungsspiel – 13.12.1981
Flamengo Rio de Janeiro (Brasilien) – FC Liverpool (England) 3:0 (3:0)

Tokio (Japan) – National Olympic Stadium / Kokuritsu Kyogijo – 62.000 Zuschauer
Schiedsrichter: Mario Rubio Vazquez (Mexiko)

Flamengo: Raul Plassman – Leandro[1], Marinho[2], Mozer[3], Júnior[4] – Andrade[5], Tita[6], Adílio[7] – Nunes[8], Zico[9][C], Lico[10]
Trainer: Paulo César Carpegiani
[1] José Leandro de Souza Ferreira [2] Mário Caetano Filho [3] José Carlos Nepomuceno Mozer [4] Leovegildo Lins da Gama Júnior [5] Jorge Luís Andrade da Silva [6] Milton Queiroz da Paixão [7] Adílio de Oliveira Gonçalves [8] João Batista Nunes de Oliveira [9] Arthur Antunes Coimbra [10] Antônio Nunes

Liverpool: Bruce Grobbelaar [ZIM] – Philip Neal, Mark Lawrenson [IRL], Philip Thompson [C], Alan Hansen [SCO] – Raymond Kennedy, Terence McDermott (52. David Johnson [IRL]), Graeme Souness [SCO], Samuel Lee – Craig Johnston [AUS], Kenneth Dalglish [SCO]
Trainer: Bob Paisley [SCO]

Tore: 1:0 Nunes (12.), 2:0 Adílio (34.), 3:0 Nunes (41.)

MVP (Most Valuable Player of the Match): Zico

Weltpokalsieger 1981 **CR Flamengo Rio de Janeiro**

.... Weltpokal **1982**

Entscheidungsspiel – 12.12.1982
Peñarol Montevideo (Uruguay) – Aston Villa FC (England) 2:0 (1:0)

Tokio (Japan) – National Olympic Stadium / Kokuritsu Kyogijo – 62.000 Zuschauer
Schiedsrichter: Luis Paulino Siles (Costa Rica)

Peñarol: Gustavo Fernández – Walter Olivera [C], Nelson Gutiérrez, Víctor Diogo, Miguel Bossio – Juan Vicente Morales, Venancio Ramos, Mario Saralegui – Fernando Morena, Jair[1] [BRA], Walkir Silva
Trainer: Hugo Bagnulo
[1] Jair Gonçalves Prates

Aston Villa: John James Rimmer – Mark Jones, Gary Williams, Allan Evans [SCO], Kenneth McNaught [SCO] – Dennis Mortimer [C], Desmond Bremner [SCO], Gordon Cowans – Gary Shaw, Peter White, Anthony Morley
Trainer: Anthony Barton

Tore: 1:0 Jair (27.), 2:0 Walkir Silva (67.)

MVP (Most Valuable Player of the Match): Jair

Weltpokalsieger 1982 **CA Peñarol Montevideo**

.... Weltpokal **1983**

Entscheidungsspiel – 11.12.1983
Grêmio Porto Alegre (Brasilien) – Hamburger SV (Deutschland) 2:1 nV (1:1, 1:0)

Tokio (Japan) – National Olympic Stadium / Kokuritsu Kyogijo – 62.000 Zuschauer
Schiedsrichter: Michel Vautrot (Frankreich)

Grêmio: Mazarópi[1]/GK – Paulo Roberto[2], Jorge Baidek, Hugo de León [C][URU]/GK, Paulo César Magalhães – China[3], Osvaldo Vital (78. Paulo Bonamingo), Mário Sérgio – Renato Gaúcho[4]/GK, Tarciso[5], Caju[6] (70. Caio[7]/GK)
Trainer: Valdir Espinosa
[1] Geraldo Pereira de Matos Filho [2] Paulo Roberto Curtis Costa [3] Henrique Valmir da Conceição [4] Renato Portaluppi
[5] José Tarciso de Souza [6] Paulo César Lima [7] Luiz Carlos Tavares Franco

Hamburg: Ulrich Stein/GK – Bernd Wehmeyer, Ditmar Jakobs, Holger Hieronymus – Michael Schröder, Jürgen Groh, Wolfgang Rolff, William Hartwig, Felix Magath [C] – Wolfram Wuttke, Allan Hansen [DEN]
Trainer: Ernst Happel [AUT]   Besonderes: GK für Uwe Hain auf der Auswechselbank

Tore: 1:0 Renato Gaúcho (37.), 1:1 Michael Schröder (85.), 2:1 Renato Gaúcho (93.)

MVP (Most Valuable Player of the Match): Renato Gaúcho

Weltpokalsieger 1983 **Grêmio Porto Alegre**

.... Weltpokal **1984**

Entscheidungsspiel – 09.12.1984
Independiente Avellaneda (Argentinien) – FC Liverpool (England) 1:0 (1:0)

Tokio (Japan) – National Olympic Stadium / Kokuritsu Kyogijo – 62.000 Zuschauer
Schiedsrichter: Romualdo Arppi Filho (Brasilien)

Independiente: Carlos Goyén [URU] – Néstor Clausen/GK, Hugo Villaverde (75. Pedro Monzón), Enzo Trossero [C], Carlos Enrique – Ricardo Giusti, Claudio Marangoni, Ricardo Bochini, Jorge Burruchaga – José Percudani, Alejandro Barberón
Trainer: José Pastoriza

Liverpool: Bruce Grobbelaar [ZIM] – Philip Neal [C], Stephen Nicol [SCO], Alan Kennedy, Alan Hansen [SCO] – Gary Gillespie [SCO], John Wark [SCO] (76. Ronnie Whelan [IRL]), Jan Mølby [DEN]/GK, Craig Johnston [AUS] – Kenneth Dalglish [SCO], Ian Rush [WAL]
Trainer: Joseph Fagan

Tor: 1:0 Percudani (6.)

MVP (Most Valuable Player of the Match): José Percudani

Weltpokalsieger 1984 **CA Independiente Avellaneda**

.... Weltpokal **1985**

Entscheidungsspiel – 08.12.1985
Juventus Turin (Italien) – Argentinos Juniors Buenos Aires
                    (Argentinien) 2:2 nV (2:2, 0:0) 4:2 iE

Tokio (Japan) – National Olympic Stadium / Kokuritsu Kyogijo – 62.000 Zuschauer
Schiedsrichter: Volker Roth (Deutschland)

Juventus: Stefano Tacconi – Luciano Favero, Antonio Cabrini, Sergio Brio, Gaetano Scirea [C] (65. Stefano Pioli) – Massimo Bonini [RSM], Massimo Mauro/GK (77. Massimo Briaschi), Lionello Manfredonia, Michel Platini [FRA]/GK – Aldo Serena, Michael Laudrup [DEN]
Trainer: Giovanni Trapattoni

Juniors: Enrique Vidallé – José Luis Pavoni, Adrián Domenech [C], Carmelo Villalba – Sergio Batista, Jorge Olguín, Mario Videla/GK, Emilio Commisso (86. Renato Corsi) – José Antonio Castro, Claudio Borghi/GK, Carlos Ereros (117. Juan José López)
Trainer: José Yudica

Tore: 0:1 Ereros (55.), 1:1 Platini (63. FE), 1:2 Castro (75.), 2:2 Laudrup (82.)
Elfmeterschießen: 1:0 Brio, 1:1 Olguín, 2:1 Cabrini, 2:1 Batista (gehalten), 3:1 Serena, 3:2 López, 3:2 Laudrup (gehalten), 3:2 Pavoni (gehalten), 4:2 Platini

MVP (Most Valuable Player of the Match): Michel Platini

Weltpokalsieger 1985 **FC Juventus Turin**

.... Weltpokal **1986**

Entscheidungsspiel – 14.12.1986
River Plate Buenos Aires (Argentinien) – Steaua Bukarest (Rumänien) 1:0 (1:0)

Tokio (Japan) – National Olympic Stadium / Kokuritsu Kyogijo – 62.000 Zuschauer
Schiedsrichter: José Luis Martínez Bazán (Uruguay)

River Plate: Nery Pumpido – Jorge Gordillo, Nelson Gutiérrez [URU], Oscar Ruggeri [URU] – Alejandro Montenegro/GK, Héctor Enrique/GK, Américo Gallego [C], Norberto Alonso, Roque Alfaro (86. Daniel Sperandío) – Antonio Alzamendi [URU], Juan Funes
Trainer: Héctor Veira

Steaua: Dumitru Stângaciu – Ştefan Iovan [C], Miodrag Belodedici, Adrian Bumbescu/GK, Anton Weissenbacher – Ilie Bărbulescu (70. Mihail Majearu), Tudorel Stoica, Lucian Bălan, Gavril Balint – Marius Lăcătuș, Victor Piţurcă
Trainer: Anghel Iordănescu

Tor: 1:0 Alzamendi (28.)

MVP (Most Valuable Player of the Match): Antonio Alzamendi

Weltpokalsieger 1986 **CA River Plate Buenos Aires**

.... Weltpokal **1987**

Entscheidungsspiel – 13.12.1987
FC Porto (Portugal) – Peñarol Montevideo (Uruguay) 2:1 nV (1:1, 1:0)

Tokio (Japan) – National Olympic Stadium / Kokuritsu Kyogijo – 45.000 Zuschauer
Schiedsrichter: Franz Wöhrer (Österreich)

Porto: Józef Młynarczyk [POL] – João Pinto [C], Augusto Inácio, Geraldão[1] [BRA], Lima Pereira – Rui Barros (61. Quim[2]), Rabah Madjer [ALG], António Sousa, Jaime Magalhães – Fernando Gomes, António André
Trainer: Tomislav Ivić [YUG]
[1] Geraldo Dutra Pereira [2] Joaquim Carvalho de Azevedo

Peñarol: Eduardo Pereira [C] – José Herrera (95. Jorge Gonçálvez), Marcelo Rotti, Obdulio Trasante, Alfonso Domínguez – José Perdomo, Milton Viera, Eduardo da Silva, Daniel Vidal – Diego Aguirre, Jorge Cabrera (46. Gustavo Matosas [ARG])
Trainer: Óscar Washington Tabárez

Tore: 1:0 Gomes (42.), 1:1 Viera (80.), 2:1 Madjer (109.)

MVP (Most Valuable Player of the Match): Rabah Madjer

.... **Weltpokal 1988**

Entscheidungsspiel – 11.12.1988
Nacional Montevideo (Uruguay) – PSV Eindhoven (Niederlande) 2:2 nV (1:1, 1:0) 7:6 iE

Tokio (Japan) – National Olympic Stadium / Kokuritsu Kyogijo – 62.000 Zuschauer
Schiedsrichter: Jesús Díaz Palacio (Kolumbien)

Nacional: Jorge Seré – Tony Gómez, Hugo de León [C], Daniel Felipe Revélez/GK, José Pintos Saldanha/GK – Santiago Ostolaza, Yubert Lemos, Jorge Daniel Cardaccio (113. Daniel Carreño), Ernesto Vargas (71. Héctor Morán/GK) – Juan Carlos de Lima, William Castro/GK
Trainer: Roberto Fleitas

Eindhoven: Hans van Breukelen – Eric Gerets [C] [BEL], Ronald Koeman/GK, Adick Koot, Jan Heintze [DEN] (80. Stan Valckx) – Berry van Aerle, Søren Lerby [DEN]/GK, Gerald Vanenburg (69. Hans Gillhaus) – Willem Kieft, Romário[1] [BRA], Juul Ellerman/GK
Trainer: Guus Hiddink
[1] Romário de Souza Faria

Tore: 1:0 Ostolaza (7.), 1:1 Romário (75.), 1:2 Koeman (112. FE), 2:2 Ostolaza (120.)
Elfmeterschießen: 0:1 Koeman, 1:1 Lemos, 1:1 Kieft (gehalten), 1:1 Carreño (gehalten), 1:2 Gillhaus, 1:2 Morán (verschossen), 1:3 Romário, 2:3 Castro, 2:3 Lerby (verschossen), 3:3 De León, 3:4 Ellerman, 4:4 de Lima, 4:5 Valckx, 5:5 Revélez, 5:5 Gerets (gehalten), 5:5 Pintos Saldanha (verschossen), 5:6 Koot, 6:6 Ostolaza, 6:6 van Aerle (gehalten), 7:6 Gómez

MVP (Most Valuable Player of the Match): Santiago Ostolaza

Weltpokalsieger 1988 **Nacional Montevideo**

.... **Weltpokal 1989**

Entscheidungsspiel – 17.12.1989
AC Mailand (Italien) – Atlético Nacional Medellín (Kolumbien) 1:0 nV (0:0)

Tokio (Japan) – National Olympic Stadium / Kokuritsu Kyogijo – 60.228 Zuschauer
Schiedsrichter: Erik Fredriksson (Schweden)

Mailand: Giovanni Galli – Franco Baresi [C] – Paolo Maldini, Mauro Tassotti, Alessandro Costacurta – Diego Fuser (65. Alberigo Evani), Roberto Donadoni, Carlo Ancelotti, Frank Rijkaard [NED] – Marco van Basten [NED], Daniele Massaro (69. Marco Simone)
Trainer: Arrigo Sacchi

Medellín: René Higuita – Andrés Escobar, Gabriel Jaime Gómez, Giovannis Cassiani, Luís Fernando Herrera – José Ricardo Pérez, Jaime Arango (46. Gustavo Restrepo), Leonel Álvarez, Alexis García [C] – Niver Arboleda (46. Albeiro Usuriaga), John Jairo Tréllez
Trainer: Francisco Maturana

Tor: 1:0 Evani (118.)

MVP (Most Valuable Player of the Match): Alberigo Evani

Weltpokalsieger 1989 **AC Mailand**

.... **Weltpokal 1990**

Entscheidungsspiel – 09.12.1990
AC Mailand (Italien) – Olimpia Asunción (Paraguay) 3:0 (1:0)

Tokio (Japan) – National Olympic Stadium / Kokuritsu Kyogijo – 60.228 Zuschauer
Schiedsrichter: José Roberto Wright (Brasilien)

Mailand: Andrea Pazzagli – Franco Baresi [C] – Paolo Maldini (25. Filippo Galli), Mauro Tassotti, Alessandro Costacurta – Roberto Donadoni (82. Gianluca Gaudenzi), Frank Rijkaard [NED], Angelo Carbone, Giovanni Stroppa – Marco van Basten [NED], Ruud Gullit [NED]
Trainer: Arrigo Sacchi

Olimpia: Ever Hugo Almeida – Virginio Cáceres, Remigio Fernández/GK, Mario César Ramírez (48. Herib Chamas), Silvio Suárez – Fermín Balbuena, Adolfo Jara Heyn (65. Cristobal Cubilla), Jorge Guasch [C], Luis Alberto Monzón – Adriano Samaniego, Raúl Vicente Amarilla
Trainer: Luis Cubilla [URU]

Tore: 1:0 Rijkaard (43.), 2:0 Stroppa (61.), 3:0 Rijkaard (65.)

MVP (Most Valuable Player of the Match): Frank Rijkaard

Weltpokalsieger 1990 **AC Mailand**

.... Weltpokal **1991**

Entscheidungsspiel – 08.12.1991
Roter Stern Belgrad (Jugoslawien) – Colo Colo Santiago de Chile (Chile) 3:0 (1:0)

Tokio (Japan) – National Olympic Stadium / Kokuritsu Kyogijo – 60.064 Zuschauer
Schiedsrichter: Kurt Röthlisberger (Schweiz)

Belgrad: Zvonko Milojević – Miodrag Belodedici [ROM], Duško Radinović, Goran Vasilijević/GK – Ilija Najdoski [C], Vladimir Jugović, Vlada Stošić, Milorad Ratković, Dejan Savićević (43. RK) – Siniša Mihajlović/GK, Darko Pančev
Trainer: Vladica Popović

Colo Colo: Daniel Morón [ARG] – Lizardo Garrido, Javier Margas, Miguel Ramírez/GK (61. Hugo Eduardo Rubio), Agustín Salvatierra (65. Ricardo Dabrowski [ARG]) – Gabriel Mendoza, Eduardo Vilches, Marcelo Barticciotto [ARG], Jaime Pizarro – Patricio Yáñez, Rubén Martínez Núñez
Trainer: Mirko Jozić [YUG]

Tore: 1:0, 2:0 Jugović (19., 58.), 3:0 Pančev (72.)

MVP (Most Valuable Player of the Match): Vladimir Jugović

Weltpokalsieger 1991 **FK Roter Stern Belgrad**

.... Weltpokal **1992**

Entscheidungsspiel – 13.12.1992
FC São Paulo (Brasilien) – FC Barcelona (Spanien) 2:1 (1:1)

Tokio (Japan) – National Olympic Stadium / Kokuritsu Kyogijo – 60.000 Zuschauer
Schiedsrichter: Juan Loustau (Argentinien)

São Paulo: Zetti[1] – Cafu[2], Claudemir Vítor, Ronaldão[3]/GK, Ronaldo Luís – Adilson Pinto, Pintado[4], Toninho Cerezo/GK (83. Dinho[5]), Raí Souza [C] – Palhinha[6], Müller[7]
Trainer: Telê Santana
[1] Armelino Donizetti [2] Marcos Evangelista de Moraes [3] Ronaldo Rodrigues de Jesus [4] Luís Carlos de Oliveira Preto [5] Edi Wilson José dos Santos [6] Jorge Ferreira da Silva [7] Luís Antônio Corrêa da Costa

Barcelona: Andoni Zubizarreta [C] – Albert Ferrer/GK, Ronald Koeman [NED], Eusebio Sacristán – José Mari Bakero (52. Jon Andoni Goikoetxea/GK), Josep Guardiola, Guillermo Amor, Txiki Begiristain/GK (79. Miguel Ángel Nadal), Richard Witschge [NED] – Christo Stoitschkow [BUL], Michael Laudrup [DEN]
Trainer: Johannes Cruijff [NED]

Tore: 0:1 Stoitschkow (12.), 1:1, 1:2 Raí (27., 79.)

MVP (Most Valuable Player of the Match): Raí Souza

Weltpokalsieger 1992 **FC São Paulo**

Weltpokal 1993

AC Mailand trat als Finalist gegen den FC São Paulo an, da Olympique Marseille aufgrund eines Bestechungsskandals gesperrt war.

Entscheidungsspiel – 12.12.1993
FC São Paulo (Brasilien) – AC Mailand (Italien) 3:2 (1:0)

Tokio (Japan) – National Olympic Stadium / Kokuritsu Kyogijo – 52.275 Zuschauer
Schiedsrichter: Joël Quiniou (Frankreich)

São Paulo: Zetti[1] – Cafu[2], Ronaldão[3] [C], Válber de Oliveira, André Luiz Moreira – Dinho[4], Doriva[5], Toninho Cerezo, Leonardo Nascimento – Palhinha[6] (64. Juninho Paulista[7]), Müller[8]
Trainer: Telê Santana
[1] Armelino Donizetti [2] Marcos Evangelista de Moraes [3] Ronaldo Rodrigues de Jesus [4] Edi Wilson José dos Santos
[5] Dorival Guidoni Júnior [6] Jorge Ferreira da Silva [7] Osvaldo Giroldo Júnior [8] Luís Antônio Corrêa da Costa

Mailand: Sebastiano Rossi – Christian Panucci, Franco Baresi [C], Alessandro Costacurta, Paolo Maldini – Marcel Desailly [FRA], Demetrio Albertini (79. Alessandro Orlando), Roberto Donadoni, Daniele Massaro – Jean-Pierre Papin [FRA], Florin Răducioiu [ROM] (79. Mauro Tassotti)
Trainer: Fabio Capello

Tore: 1:0 Palhinha (19.), 1:1 Massaro (48.), 2:1 Cerezo (59.), 2:2 Papin (81.), 3:2 Müller (86.)

MVP (Most Valuable Player of the Match): Toninho Cerezo

Weltpokalsieger 1993 **FC São Paulo**

Weltpokal 1994

Entscheidungsspiel – 11.12.1994
Vélez Sársfield Buenos Aires (Argentinien) – AC Mailand (Italien) 2:0 (0:0)

Tokio (Japan) – National Olympic Stadium / Kokuritsu Kyogijo – 47.886 Zuschauer
Schiedsrichter: José Torres Cadena (Kolumbien)

Vélez Sársfield*: José Luis Chilavert [PAR] – Héctor Almandoz/GK, Roberto Trotta [C]/GK, Víctor Sotomayor, Raúl Cardozo – José Basualdo, Marcelo Gómez/GK, Christian Bassedas, Roberto Pompei – Turu Flores, Omar Asad/GK
Trainer: Carlos Bianchi
* *Besonderes Vorkommnis: In der 58. Minute betrat Vélez Sársfield Ersatztorwart Sandro Daniel Guzmán das Spielfeld zum Torjubel, daraufhin erhielt er die Rote Karte.*

Mailand: Sebastiano Rossi – Mauro Tassotti, Franco Baresi [C], Alessandro Costacurta (85. RK), Paolo Maldini – Marcel Desailly [FRA], Demetrio Albertini/GK, Roberto Donadoni, Zvonimir Boban [CRO] – Dejan Savićević [YUG]/GK (60. Marco Simone/GK), Daniele Massaro (86. Christian Panucci)
Trainer: Fabio Capello

Tore: 1:0 Trotta (50. FE), 2:0 Asad (57.)

MVP (Most Valuable Player of the Match): Omar Asad

Weltpokalsieger 1994 **Vélez Sársfield**

Weltpokal 1995

Entscheidungsspiel – 28.11.1995
Ajax Amsterdam (Niederlande) – Grêmio Porte Alegre (Brasilien) 0:0 nV 4:3 iE

Tokio (Japan) – National Olympic Stadium / Kokuritsu Kyogijo – 47.129 Zuschauer
Schiedsrichter: David Elleray (England)

Ajax: Edwin van der Sar – Michael Reiziger, Danny Blind [C], Frank de Boer, Winston Bogarde – Ronald de Boer, Finidi George [NGA], Edgar Davids/GK – Patrick Kluivert, Jari Litmanen [FIN] (94. Martijn Reuser), Marc Overmars (67. Nwankwo Kanu [NIG]/GK)
Trainer: Louis van Gaal

Grêmio: Danrlei[1] – Francisco Arce [PAR]/GK, Catalina Rivarola [PAR]/GK (57. GRK), Adílson Dias Batista [C], Roger[2] – Dinho[3], Goiano[4]/GK, Arílson[5]/GK (61. Luciano Williames), Carlos Miguel da Silva (97. Gélson da Silva/GK) – Paulo Nunes, Mário Jardel (78. Magno Mocelin)
Trainer: Luiz Felipe Scolari
[1] Danrlei de Deus Hinterholz [2] Roger Machado Marques [3] Edi Wilson José dos Santos [4] Luiz Carlos Vaz da Silva
[5] Arílson Gilberto da Costa

Tore:
Elfmeterschießen: 0:0 Dinho (gehalten), 0:0 Kluivert (verschossen), 0:0 Arce (verschossen), 1:0 R. De Boer, 1:1 Magno, 2:1 F. De Boer, 2:2 Gélson, 3:2 Finidi, 3:3 Adílson, 4:3 Blind

MVP (Most Valuable Player of the Match): Danny Blind

Weltpokalsieger 1995 **FC Ajax Amsterdam**

.... Weltpokal **1996**

Entscheidungsspiel – 26.11.1996
Juventus Turin (Italien) – River Plate Buenos Aires (Argentinien) 1:0 (0:0)

Tokio (Japan) – National Olympic Stadium / Kokuritsu Kyogijo – 48.305 Zuschauer
Schiedsrichter: Márcio Rezende de Freitas (Brasilien)

Juventus: Angelo Peruzzi [C] – Moreno Torricelli/GK, Ciro Ferrara, Paolo Montero [URU]/GK – Sergio Porrini/GK, Didier Deschamps [FRA], Vladimir Jugović [YUG]/GK, Angelo Di Livio, Zinédine Zidane [FRA]/GK (89. Alessio Tacchinardi) – Alessandro Del Piero, Alen Bokšić [CRO]
Trainer: Marcello Lippi

River Plate: Roberto Óscar Bonano – Hernán Díaz, Celso Ayala [PAR], Eduardo Berizzo, Juan Pablo Sorín – Roberto Monserrat, Leonardo Astrada [C], Sergio Berti (75. Leonel Gancedo), Ariel Ortega – Enzo Francescoli [URU], Julio Ricardo Cruz (83. Marcelo Salas [CHI])
Trainer: Ramón Díaz

Tor: 1:0 Del Piero (81.)

MVP (Most Valuable Player of the Match): Alessandro Del Piero

Weltpokalsieger 1996 **FC Juventus Turin**

.... Weltpokal **1997**

Entscheidungsspiel – 02.12.1997
Borussia Dortmund (Deutschland) – Cruzeiro Belo Horizonte (Brasilien) 2:0 (1:0)

Tokio (Japan) – National Olympic Stadium / Kokuritsu Kyogijo – 51.514 Zuschauer
Schiedsrichter: José María García-Aranda (Spanien)

Borussia: Stefan Klos – Wolfgang Feiersinger [AUT], Stefan Reuter/GK, Júlio César da Silva [BRA] – Jörg Heinrich, Paul Lambert [SCO], Paulo Sousa [POR], Andreas Möller [C]/GK, Michael Zorc (80. Jovan Kirovski [USA]) – Heiko Herrlich/GK, Stéphane Chapuisat [SUI] (75. Harry Decheiver [NED])
Trainer: Nevio Scala [ITA]

Cruzeiro: Dida[1] – Claudemir Vítor/GK (66. GRK), João Carlos dos Santos, Marcelo Gonçalves, Elivélton Alves – Fábinho[2], Ricardinho[3], Clêisson Assunção [C], Roberto Palacios (64. Marcelo Ramos) – Bebeto[4], Osmar Donizete
Trainer: Nelsinho Baptista
[1] Nélson de Jesus Silva [2] Fábio Silva de Azevedo [3] Ricardo Alexandre dos Santos [4] José Roberto Gama de Oliveira

Tore: 1:0 Zorc (34.), 2:0 Herrlich (85.)

MVP (Most Valuable Player of the Match): Andreas Möller

Weltpokalsieger 1997 **BV Borussia 09 Dortmund**

Weltpokal 1998

Entscheidungsspiel – 01.12.1998
Real Madrid (Spanien) – Vasco da Gama Rio de Janeiro (Brasilien) 2:1 (1:0)

Tokio (Japan) – National Olympic Stadium / Kokuritsu Kyogijo – 51.514 Zuschauer
Schiedsrichter: Mario Sánchez (Chile)

Real: Bodo Illgner [GER] – Christian Panucci [ITA], Manuel Sanchís [C], Fernando Sanz [ITA]/GK, Roberto Carlos [BRA]/GK – Fernando Redondo [ARG], Fernando Hierro, Clarence Seedorf [NED]/GK, Sávio Bortolini [BRA] (90. Davor Šuker [CRO]) – Raúl González, Predrag Mijatović [YUG] (86. Robert Jarni [CRO])
Trainer: Guus Hiddink [NED]

Vasco da Gama: Carlos Germano[1] – Vágner Rogério Nunes (81. Claudemir Vítor), Odvan Gomes Silva, Mauro Galvão [C], Felipe Loureiro – Nasa[2]/GK, Luisinho[3]/GK (86. Guilherme[4]), Juninho Pernambucano[5], Ramón Menezes (89. Válber de Oliveira) – Osmar Donizete, Luizão[6]/GK
Trainer: Antônio Lopes
[1] Carlos Germano Schwambach Neto [2] Gesiel José de Lima [3] Luís Carlos Quintanilha [4] Guilherme de Cássio Alves
[5] Antônio Augusto Ribeiro [6] Luiz Carlos Bombonato Goulart

Tore: 1:0 Nasa (25. ET), 1:1 Juninho Pernambucano (56.), 2:1 Raúl (83.)

MVP (Most Valuable Player of the Match): Raúl Gonzáles

Weltpokalsieger 1998 **Real Madrid CF**

Weltpokal 1999

Entscheidungsspiel – 30.11.1999
Manchester United (England) – Palmeiras São Paulo (Brasilien) 1:0 (1:0)

Tokio (Japan) – National Olympic Stadium / Kokuritsu Kyogijo – 53.372 Zuschauer
Schiedsrichter: Hellmut Krug (Deutschland)

Manchester: Mark Bosnich [AUS] – Gary Neville, Jaap Stam [NED], Mikaël Silvestre [FRA]/GK, Denis Irwin [IRL] – David Beckham, Nicky Butt, Roy Keane [C][IRL], Paul Scholes (75. Teddy Sheringham), Ryan Giggs [WAL] – Ole Gunnar Solskjær [NOR] (46. Dwight Yorke [TRI])
Trainer: Alex Ferguson [SCO]

São Paulo: Marcos[1] – Francisco Arce [PAR], Júnior Baiano[2], Roque Júnior, Júnior[3] – César Sampaio [C], Marcos Aurélio Galeano (54. Evair Aparecido), Alex[4]/GK, Zinho[5] – Faustino Asprilla [COL] (56. Oséas Reis), Paulo Nunes (77. Euller de Carvalho)
Trainer: Luiz Filipe Scolari
[1] Marcos Roberto Silveira Reis [2] Raimundo Ferreira Ramos [3] Jenílson Ângelo de Souza [4] Alexsandro de Souza
[5] Crizam César de Oliveira Filho

Tor: 1:0 Keane (35.)

MVP (Most Valuable Player of the Match): Ryan Giggs

Weltpokalsieger 1999 **Manchester United FC**

Weltpokal 2000

Entscheidungsspiel – 28.11.2000
Boca Juniors Buenos Aires (Argentinien) – Real Madrid (Spanien) 2:1 (1:0)

Tokio (Japan) – National Olympic Stadium / Kokuritsu Kyogijo – 52.511 Zuschauer
Schiedsrichter: Óscar Ruiz (Kolumbien)

Boca Juniors: Óscar Córdoba [COL] – Jorge Bermúdez [C][COL], Cristian Traverso, Hugo Ibarra/GK, Aníbal Matellán – José Basualdo, Mauricio Serna [COL], Sebastián Battaglia (93. Nicolás Burdisso), Juan Román Riquelme – Martín Palermo, Marcelo Delgado (88. Guillermo Barros Schelotto)
Trainer: Carlos Bianchi

53

Real: Iker Casillas – Geremi N'Jitap [CAM]/GK, Fernando Hierro [C], Aitor Karanka, Roberto Carlos[1] [BRA] – Iván Helguera/GK, Steve McManaman [ENG] (67. Sávio Bortolini [BRA]), Claude Makélélé [FRA] (76. Fernando Morientes), Luís Figo [POR], Guti[2] – Raúl Gonzáles
Trainer: Vicente del Bosque
[1] Roberto Carlos da Silva Rocha [2] José María Gutiérrez Hernández

Tore: 1:0, 2:0 Palermo (2., 5.), 2:1 Roberto Carlos (11.)

MVP (Most Valuable Player of the Match): Martín Palermo

Weltpokalsieger 2000 **CA Boca Juniors Buenos Aires**

.... Weltpokal **2001**

Entscheidungsspiel – 27.11.2001
Bayern München (Deutschland) – Boca Juniors Buenos Aires (Argentinien) 1:0 nV (0:0)

Tokio (Japan) – National Olympic Stadium / Kokuritsu Kyogijo – 51.360 Zuschauer
Schiedsrichter: Kim Milton Nielsen (Dänemark)

Bayern: Oliver Kahn [C] – Bixente Lizarazu [FRA], Willy Sagnol [FRA], Samuel Kuffour [GHA]/GK, Robert Kovač [CRO] – Thorsten Fink, Niko Kovač [CRO] (76. Carsten Jancker), Paulo Sérgio[1] [BRA], Owen Hargreaves [ENG]/GK (76. Ciriaco Sforza [SUI]) – Giovane Élber[2] [BRA]/GK, Claudio Pizarro [PER] (118. Pablo Thiam [GUI])
Trainer: Ottmar Hitzfeld
[1] Paulo Sérgio Silvestre do Nascimento [2] Élber Giovane de Souza

Boca Juniors: Óscar Córdoba [COL]/GK – Jorge Mártinez (17. José María Calvo 111. Ariel Carreño), Rolando Schiavi/GK, Nicolás Burdisso, Clemente Rodríguez/GK – Mauricio Serna [COL]/GK, Cristian Traverso, Javier Villarreal (100. Gustavo Pinto), Juan Román Riquelme [C] – Guillermo Barros Schelotto/GK, Marcelo Delgado/GK (45.+1 GRK)
Trainer: Carlos Bianchi

Tor: 1:0 Kuffour (109.)

MVP (Most Valuable Player of the Match): Samuel Kuffour

Weltpokalsieger 2001 **FC Bayern München**

.... Weltpokal **2002**

Entscheidungsspiel – 03.12.2002
Real Madrid (Spanien) – Olimpia Asunción (Paraguay) 2:0 (1:0)

Yokohama (Japan) – International Stadium / Kokusai Sogo Kyogijo – 66.070 Zuschauer
Schiedsrichter: Carlos Simon (Brasilien)

Real: Iker Casillas – Míchel Salgado, Fernando Hierro [C], Iván Helguera, Roberto Carlos[1] [BRA]/GK – Claude Makélélé [FRA], Esteban Cambiasso [ARG] (90. Francisco Pavón), Luís Figo [POR], Zinédine Zidane [FRA] (86. Santiago Solari [ARG]) – Raúl González, Ronaldo[2] [BRA] (82. Guti[3])
Trainer: Vicente del Bosque
[1] Roberto Carlos da Silva Rocha [2] Ronaldo Luís Nazário de Lima [3] José María Gutiérrez Hernández

Olimpia: Ricardo Tavarelli – Néstor Isasi, Nelson Zelaya, Pedro Benítez, Juan Ramón Jara – Julio César Cáceres/GK, Julio César Enciso [C], Fernando Gastón Córdoba [ARG] (65. Richart Báez), Sergio Órteman [URU] – Hernán Rodrigo López [URU], Miguel Ángel Benítez (81. Mauro Caballero)
Trainer: Nery Pumpido [ARG]

Tore: 1:0 Ronaldo (14.), 2:0 Guti (84.)

MVP (Most Valuable Player of the Match): Ronaldo

Weltpokalsieger 2002 **Real Madrid CF**

Weltpokal 2003

Entscheidungsspiel – 14.12.2003
Boca Juniors Buenos Aires (Argentinien) – AC Mailand (Italien) 1:1 nV (1:1, 1:1) 3:1 iE

Yokohama (Japan) – International Stadium / Kokusai Sogo Kyogijo – 66.757 Zuschauer
Schiedsrichter: Walentin Iwanov (Russland)

Boca Juniors: Roberto Abbondanzieri – Luis Amaranto Perea [COL]/GK, Nicolás Burdisso, Clemente Rodríguez, Rolando Schiavi – Diego Cagna [C], Matías Donnet, Raúl Alfredo Cascini, Sebastián Battaglia – Iarley[1] [BRA], Guillermo Barros Schelotto (73. Carlos Tévez)
Trainer: Carlos Bianchi
[1] Pedro Iarley Lima Dantas

Mailand: Dida[1] [BRA] – Alessandro Costacurta, Paolo Maldini [C], Cafu[2] [BRA]/GK, Giuseppe Pancaro – Gennaro Gattuso (102. Massimo Ambrosini), Andrea Pirlo, Clarence Seedorf [NED], Kaká[3] [BRA]/GK (77. Rui Costa[4] [POR]) – Andrij Schewtschenko [UKR], Jon Dahl Tomasson [DEN] (69. Filippo Inzaghi)
Trainer: Carlo Ancelotti
[1] Nélson de Jesus Silva [2] Marcos Evangelista de Moraes [3] Ricardo Izecson dos Santos Leite [4] Rui Manuel César Costa

Tore: 0:1 Tomasson (23.), 1:1 Donnet (28.)
Elfmeterschießen: 0:0 Pirlo (gehalten), 1:0 Schiavi, 1:1 Rui Costa, 1:1 Battaglia (gehalten), 1:1 Seedorf (verschossen), 2:1 Donnet, 2:1 Costacurta (gehalten), 3:1 Cascini

MVP (Most Valuable Player of the Match): Matías Donnet

Weltpokalsieger 2003 **CA Boca Juniors Buenos Aires**

Weltpokal 2004

Entscheidungsspiel – 12.12.2004
FC Porto (Portugal) – CD Once Caldas (Kolumbien) 0:0 nV 8:7 iE

Yokohama (Japan) – International Stadium / Kokusai Sogo Kyogijo – 45.748 Zuschauer
Schiedsrichter: Jorge Larrionda (Uruguay)

Porto: Vítor Baía (104. Nuno[1]) – Jorge Costa [C]/GK, Pedro Emanuel, Ricardo Costa, Georgios Seitaridis [GRE]/GK – Costinha[2], Maniche[3], Diego Ribas [BRA]/GK (120.+ GRK während Elfmeterschießen) – Derlei[4] [BRA] (70. Carlos Alberto [BRA]), Benni McCarthy [RSA], Luís Fabiano [BRA] (78. Ricardo Quaresma)
Trainer: Víctor Fernández [ESP]
[1] Nuno Herlander Simões Espírito Santo [2] Francisco José Rodrigues Costa [3] Nuno Ricardo Oliveira Ribeiro [4] Vanderlei Fernandes Silva

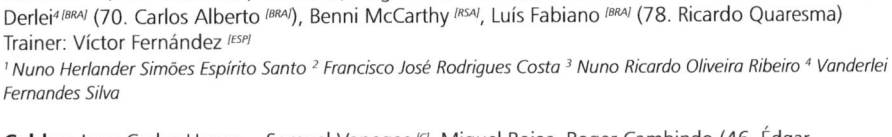

Caldas: Juan Carlos Henao – Samuel Vanegas [C], Miguel Rojas, Roger Cambindo (46. Édgar Cataño), Edwin García – Rubén Velásquez, Jhon Viáfara, Diego Arango/GK (61. Jefrey Díaz), Elkin Soto (98. Herly Alcázar) – Jonathan Fabbro [ARG]/GK, Antonio de Nigris [MEX]/GK
Trainer: Luis Fernando Montoya

Tore:
Elfmeterschießen: 0:1 Vanegas, 1:1 Diego, 1:2 Akázar, 2:2 Carlos Alberto, 2:3 Viáfara, 3:3 Quaresma, 3:4 de Negris, 3:4 Maniche (verschossen), 3:4 Fabbro (verschossen), 4:4 McCarthy, 4:5 Velásquez, 5:5 Costinha, 5:6 Díaz, 6:6 Jorge Costa, 6:7 Cataño, 7:7 Ricardo Costa, 7:7 Edwin Garcia (verschossen), 8:7 Pedro Emanuel

MVP (Most Valuable Player of the Match): Maniche

Weltpokalsieger 2004 **FC Porto**

Damit war das letzte Kapitel in der Geschichte des Weltpokals resp. des Europa-Südamerika-Pokals geschrieben. Von nun an organisierte der Weltfußballverband einen neuen Wettbewerb, der allen Kontinentalmeistern gerecht werden sollte – die FIFA-Klub-Weltmeisterschaft. Einen ersten Testlauf gab es im Jahr 2000. Danach sollte es eine zweite Auflage 2001 in Spanien geben, doch dieser Wettbewerb fand nicht statt. Erst ab 2005 kam es dann zu der regelmäßigen Austragung einer Weltmeisterschaft für Vereinsmannschaften.

Alle Sieger des Europa-Südamerika-Pokals:

Jahr	Sieger	Jahr	Sieger
1960	Real Madrid	1982	Penarol Montevideo
1961	Penarol Montevideo	1983	Gremio Porto Alegre
1961	Penarol Montevideo	1984	Independiente Buenos Aires
1962	FC Santos	1985	Juventus Turin
1963	FC Santos	1986	River Plate Buenos Aires
1964	Internazionale Mailand	1987	FC Porto
1965	Internazionale Mailand	1988	Nacional Montevideo
1966	Penarol Montevideo	1989	AC Mailand
1967	Racing Club Buenos Aires	1990	AC Mailand
1968	Estudiantes La Plata	1991	Roter Stern Belgrad
1969	AC Mailand	1992	FC Sao Paulo
1970	Feijenoord Rotterdam	1993	FC Sao Paulo
1971	Nacional Montevideo	1994	Velez Sarsfield
1972	Ajax Amsterdam	1995	Ajax Amsterdam
1973	Independiente Buenos Aires	1996	Juventus Turin
1974	Atletico Madrid	1997	Borussia Dortmund
1975	nicht ausgetragen	1998	Real Madrid
1976	Bayern München	1999	Manchester United
1977	Boca Juniors Buenos Aires	2000	Boca Juniors Buenos Aires
1978	nicht ausgetragen	2001	Bayern München
1979	Olimpia Asuncion	2002	Real Madrid
1980	Nacional Montevideo	2003	Boca Juniors Buenos Aires
1981	Flamengo Rio de Janeiro	2004	FC Porto

Damit hat **Südamerika** *22 Titel gewonnen: Argentinien 9, Uruguay und Brasilien je 6, Paraguay 1 Titel.*
Europa *hat 21 Titel gewonnen: Italien 7, Spanien 4, Deutschland und die Niederlande je 3, Portugal 2, England und Jugoslawien je 1 Titel.*

.... Klub-WM **2000**

Am 2. September 1997 war es endlich so weit, die Idee der Ausrichtung einer Vereinsweltmeisterschaft sollte Realität werden. Schon zur FIFA-Executivkomitee-Tagung in Las Vegas 1993 wurden erste Vorschläge unterbreitet. Nunmehr sollte das Projekt aber endlich zum Abschluss gebracht werden und entsprechende Maßnahmen wurden formuliert. Doch es dauerte immer noch bis ins Jahr 1999 bis Termin und Ausrichter feststanden. Anfangs hatten neun Verbände ihr Interesse zur Ausrichtung dokumentiert (Türkei, USA, Tahiti, China, Paraguay, Saudi-Arabien, Mexiko, Brasilien, Uruguay). Doch zum Schluss hatten nur die vier letztgenannten eine Kandidatur eingereicht. Auf der Grundlage der eingereichten Dokumente entschied das FIFA-Dringlichkeitskomitee am 7. Juni 1999 auf seiner Sitzung in Kairo, dass Brasilien die Premierenveranstaltung durchführen soll. Am 14. Oktober 1999 wurde im Hotel Copacabana Palace in Rio de Janeiro die Auslosung vorgenommen.

Spielstätten

Sao Paulo

Auch *Morumbi* bezeichnet, da es im Morumbi Distrikt der brasilianischen Stadt liegt. Benannt ist es nach dem ehemaligen Präsidenten vom FC Sao Paulo (von 1949 bis 1958) Cicero Pompeu de Toledo. Eröffnet wurde das Stadion am 02.10.1960. Der Zuschauerrekord datiert vom 09.10.1977, als zum Spiel AA Ponte Preta und Corinthians Sa Paulo 138.032 Zuschauer ins Stadion kamen. Die heutige Kapazität beträgt 67.052 Plätze. Das Spielfeld ist 105 x 68 m groß.

Estádio Cícero Pompeu de Toledo
(Heimstätte des FC Sao Paulo; sowie Spielstätte der brasilianischen Nationalmannschaft und Austragungsort von Spielen des olympischen Fußballturniers 2016)

Rio de Janeiro

Besser bekannt ist das Stadion unter der Bezeichnung *Maracanã*, welche auf den gleichnamigen Fluss verweist. Bis 1966 war die offizielle Bezeichnung Estadio do Maracana, danach wurde es nach dem Journalisten Mário Filho (03.06.1908-17.09.1966) benannt. Am 16.07.1950 wurde der größte Zuschauerzuspruch anläßlich des WM-Finalrundenspiels Brasilien gegen Uruguay mit offiziell 199.850 Besuchern registriert. Heute dürfen noch 78.838 Zuschauer zu den Spielen ins Stadion. Das Spielfeld hat eine Größe von 105 x 68 m.

Estádio Jornalista Mário Filho
(Heimstätte von Flamengo Rio de Janeiro und Fluminense Rio de Janeiro; sowie Spielort der brasilianischen Nationalmannschaft und Sportstätte der Olympischen Spiele 2016)

(cc) Wikimedia Commons; Foto oben: Autor: http://www.fotosedm.hpg.ig.com.br/; PD-CC0
Foto darunter: Autor: Jcsalmon; CC BY-SA 3.0

Gruppe A

05.01.2000
Real Madrid (Spanien) – Al-Nassr Riad (Saudi-Arabien) 3:1 (1:1)

São Paulo (Brasilien) – Estádio Cícero Pompeu de Toledo – 12.000 Zuschauer
Schiedsrichter: Óscar Rúiz (Kolumbien)

Real: Iker Cassilas – Michel Salgado, Fernando Hierro [C] (77. Aitor Karanka), Christian Karembeu [FRA], Roberto Carlos[1] [BRA] – Fernando Redondo, Guti[2] (66. Steve McManaman [ENG]), Geremi[3] [CAM], Sávio Bortolini [BRA] (72. Manuel Sanchís Hontiyuelo) – Nicolas Anelka [FRA], Raúl Gonzáles
Trainer: Vicente del Bosque
[1] Roberto Carlos da Silva Rocha [2] José María Gutiérrez Hernández [3] Geremi Sorele Njitap Fotso

Al-Nassr: Mohammed Babkr – Mohsin Harthi, Hadi Sharify, Ibrahim Al Shokia, Mansour Al Mousa – Fahad Al Husseini[1] (78. Hamad Al Khathran), Moussa Saib [ALG] (66. Smahi Triki [MAR]), Fuad Al Amin, Mehaisen Al Dosari [C] (83. Fahad Al Mehalel) – Abdullah Al Karni, Ahmed Bahja [MAR]
Trainer: Milan Zivadinovic [SER]
[1] Fahd Al Herrefy auch Fahed Al-Harifi Al-Bishi

Tore: 1:0 Anelka (21.), 1:1 Al Husseini (45.+ FE), 2:1 Raúl (61.), 3:1 Sávio (69. FE)

05.01.2000
Corinthians São Paulo (Brasilien) – Raja Casablanca (Marokko) 2:0 (0:0)

São Paulo (Brasilien) – Estádio Cícero Pompeu de Toledo – 23.000 Zuschauer
Schiedsrichter: Stefano Braschi (Italien)

Corinthians: Dida[1] – Índio[2], João Carlos[3], Fábio Luciano, Kléber[4] – Freddy Rincón [C][COL], Vampeta[5] (86. Edu[6]), Ricardinho[7], Marcelinho Carioca (76. Marcos Senna [ESP]) – Edílson[8], Luizão[9] (83. Dinei[10])
Trainer: Oswaldo de Oliveira
[1] Nélson de Jesus Silva [2] José Sátiro do Nascimento [3] João Carlos dos Santos [4] Kléber de Carvalho Corrêa [5] Marcos André Batista dos Santos [6] Eduardo César Daud Gaspar [7] Ricardo Luís Pozzi Rodrigues [8] Edílson da Silva Ferreira [9] Luiz Carlos Bombonato Goulart [9][10] Claudinei Alexandre Pires

Raja: Mustapha Chadili – Abdellatif Jrindou, Talal El Karkouri, Hicham Misbah, Youssef Safri [C] – Redouane El Haimeur, Zakaria Aboub, Reda Ereyahi, Omar Nejjary – Mustapha Moustaoudia, Mohamed Khoubbache (60. Youssef Achami)
Trainer: Luis Oscar Fulloné [ARG]

Tore: 1:0 Luizão (49.), 2:0 Fábio Luciano (64.)

07.01.2000
Real Madrid (Spanien) – Corinthians São Paulo (Brasilien) 2:2 (1:1)

São Paulo (Brasilien) – Estádio Cícero Pompeu de Toledo – 55.000 Zuschauer
Schiedsrichter: William Mattus Vega (Costa Rica)

Real: Iker Cassilas – Michel Salgado, Fernando Hierro [C], Christian Karembeu [FRA], Roberto Carlos[1] [BRA] – Fernando Redondo, Guti[2] (70. Steve McManaman [ENG]), Geremi[3] [CAM] (70. Fernando Morientes), Sávio Bortolini [BRA] – Nicolas Anelka [FRA], Raúl Gonzáles
Trainer: Vicente del Bosque
[1] Roberto Carlos da Silva Rocha [2] José María Gutiérrez Hernández [3] Geremi Sorele Njitap Fotso

Corinthians: Dida[1] – Índio[2], João Carlos[3], Fábio Luciano, Kléber[4] – Freddy Rincón [C][COL], Vampeta[5] (74. Edu[6]), Ricardinho[7] (85. Marcos Senna [ESP]), Marcelinho Carioca – Edílson[8], Luizão[9] (81. Dinei[10])
Trainer: Oswaldo de Oliveira
[1] Nélson de Jesus Silva [2] José Sátiro do Nascimento [3] João Carlos dos Santos [4] Kléber de Carvalho Corrêa [5] Marcos André Batista dos Santos [6] Eduardo César Daud Gaspar [7] Ricardo Luís Pozzi Rodrigues [8] Edílson da Silva Ferreira [9] Luiz Carlos Bombonato Goulart [10] Claudinei Alexandre Pires

07.01.2000
Raja Casablanca (Marokko) – Al-Nassr Riad (Saudi-Arabien) 3:4 (1:1)

São Paulo (Brasilien) – Estádio Cícero Pompeu de Toledo – 3.000 Zuschauer
Schiedsrichter: Derek Rugg (Neuseeland)

Raja: Mustapha Chadili – Hicham Misbah, Abdellatif Jrindou (55. Bouchaib El Moubarki), Omar Nejjary (32. Hamid Nater), Talal El Karkouri – Redouane El Haimeur, Reda Ereyahi (55. Youssef Achami), Zakaria Aboub, Youssef Safri [C] (75. RK) – Mustapha Moustaoudia, Mohamed Khoubbache
Trainer: Luis Oscar Fulloné [ARG]

Al-Nassr: Mohammed Babkr (29. Madhi Al Dosari) – Fahad Al Husseini[1] (76. Fahad Al Mehalel), Hadi Sharify, Ibrahim Al Shokia, Mansour Al Mousa – Abdullah Al Karni (71. Nassip Al Ghamdi), Moussa Saib [ALG], Mohsin Harthi, Fuad Al Amin – Mehaisen Al Dosari [C], Ahmed Bahja [MAR]
Trainer: Milan Zivadinovic [SER]
[1] Fahd Al Herrefy auch Fahed Al-Harifi Al-Bishi

Tore: 0:1 Al Amin (4.), Mehaisen Al Dosari (24. ET), 1:2 Bahja (63.), 1:3 Al Husseini (64.), 2:3 El Moubarki (66.), 3:3 El Karkouri (73.), 3:4 Saib (85.)

10.01.2000
Real Madrid (Spanien) – Raja Casablanca (Marokko) 3:2 (0:1)

São Paulo (Brasilien) – Estádio Cícero Pompeu de Toledo – 18.000 Zuschauer
Schiedsrichter: Horacio Elizondo (Argentinien)

Real: Iker Cassilas – Michel Salgado (80. Aitor Karanka), Fernando Hierro [C], Christian Karembeu [FRA] (87. GRK), Roberto Carlos[1] [BRA] – Fernando Redondo, Guti[2] (62. RK), Steve McManaman [ENG] (46. Geremi[3] [CAM]), Sávio Bortolini [BRA] – Nicolas Anelka [FRA] (37. Fernando Morientes), Raúl Gonzáles
Trainer: Vicente del Bosque
[1] Roberto Carlos da Silva Rocha [2] José María Gutiérrez Hernández [3] Geremi Sorele Njitap Fotso

Raja: Mustapha Chadili [C] – Mohamed Kharbouch, Reda Ereyahi, Bouchaib El Moubarki (62. RK), Talal El Karkouri – Zakaria Aboub, Hamid Nater (93. Said Kharazi), Redouane El Haimeur, Mustapha Moustaoudia – Mohamed Khoubbache, Youssef Achami (81. Tarik Rizki)
Trainer: Luis Oscar Fulloné [ARG]

Tore: 0:1 Achami (28.), 1:1 Hierro (49.), 2:1 Morientes (53.), 2:2 Moustaoudia (59.), 3:2 Geremi (88.)

10.01.2000
Al-Nassr Riad (Saudi-Arabien) – Corinthians São Paulo (Brasilien) 0:2 (0:1)

São Paulo (Brasilien) – Estádio Cícero Pompeu de Toledo – 31.000 Zuschauer
Schiedsrichter: Dick Jol (Niederlande)

Al-Nassr: Mohammed Babkr – Fahad Al Husseini[1] (41. Abdulaziz Al Janoubi), Hadi Sharify, Ibrahim Al Shokia, Mansour Al Mousa – Mehaisen Al Dosari [C] (88. Smahi Triki [MAR]), Abdullah Al Karni, Mohsin Harthi, Fuad Al Amin – Moussa Saib [ALG] (73. Fahad Al Mehalel), Ahmed Bahja [MAR]
Trainer: Milan Zivadinovic [SER]
[1] Fahd Al Herrefy auch Fahed Al-Harifi Al-Bishi

Corinthians: Dida[1] – Daniel[2] (67. GRK), João Carlos[3] (10. Adílson Batista), Fábio Luciano, Kléber[4] – Freddy Rincón [C][COL], Vampeta[5] (73. Dinei[6]), Marcelinho Carioca, Ricardinho[7] (27. Edu[8]) – Edílson[9], Luizão[10]
Trainer: Oswaldo de Oliveira
[1] Nélson de Jesus Silva [2] Daniel Sabino Martins [3] João Carlos dos Santos [4] Kléber de Carvalho Corrêa [5] Marcos André Batista dos Santos [6] Claudinei Alexandre Pires [7] Ricardo Luís Pozzi Rodrigues [8] Eduardo César Daud Gaspar [9] Edílson da Silva Ferreira [10] Luiz Carlos Bombonato Goulart

Tore: 0:1 Ricardinho (24.), 0:2 Rincón (81.)

Abschlusstabelle Gruppe A

Mannschaft	Spiele	gewonnen	unentschieden	verloren	Tore+	Tore–	Tordifferenz	Punkte
Corinthians	3	2	1	0	6	2	+4	7
Real Madrid	3	2	1	0	8	5	+3	7
Al-Nassr	3	1	0	2	5	8	–3	3
Casablanca	3	0	0	3	5	9	–4	0

Gruppe B

06.01.2000
Manchester United (England) – Club Necaxa (Mexiko) 1:1 (0:1)

Rio de Janeiro (Brasilien) – Estádio do Maracanã – 50.000 Zuschauer
Schiedsrichter: Horacio Elizondo (Argentinien)

Manchester: Mark Bosnich [AUS] – Gary Neville, Jaap Stam [NED], Mikaël Silvestre [FRA], Denis Irwin (73. Ole Solskjær [NOR]) – Nicky Butt (73. Philip Neville), Roy Keane [C] [IRL], David Beckham (42. RK), Ryan Giggs [WAL] – Andrew Cole (73. Teddy Sheringham), Dwight Yorke [TRI]
Trainer: Alex Ferguson [SCO]

Necaxa: Hugo Piñeda – José Higareda (82. Miguel Acosta), Sergio Almaguer, Markus López, José Milian – Salvador Cabrera, Hernán Vigna (78. Ignacio Ambriz), Luis Ernesto Pérez, Alex Aguinaga [C] [ECU] – Agustín Delgado [ECU], Cristian Montecinos [CHI] (76. Sergio Vásquez [URU])
Trainer: Raúl Arias

Tore: 0:1 Montecinos (14.), 1:1 Yorke (88.)

06.01.2000
Vasco da Gama Rio de Janeiro (Brasilien) – South Melbourne FC (Australien) 2:0 (0:0)

Rio de Janeiro (Brasilien) – Estádio do Maracanã – 66.000 Zuschauer
Schiedsrichter: Dick Jol (Niederlande)

Vasco da Gama: Hélton da Silva Arruda – Jorginho[1], Júnior Baiano[2], Mauro Galvão, Gilberto da Silva Melo – Amaral[3], Felipe Loureiro, Juninho Pernambucano[4], Ramón Menezes Hubner (80. Alex Oliveira[5]) – Romário de Souza Faria, Edmundo Alves de Souza Neto [C] (91. Viola[6])
Trainer: Antonio Lopes [POR]
[1] Jorge José de Amorim Campos [2] Raimundo Ferreira Ramos Júnior [3] Alexandre da Silva Mariano [4] Antônio Augusto Ribeiro Reis Júnior [5] Alexsandro Marques de Oliveira [6] Paulo Sérgio Rosa Barroso

Melbourne: Chris Jones – Steve Iosifidis, Con Blastsic, Nick Orlic – Goran Lozanovski, Steve Panopoulos, Paul Trimboli [C] (80. John Anastasiadis), David Clarkson, Fausto de Amicis – Robert Liparoti, Michael Curcija (74. Vaughn Coveny [NZL])
Trainer: Ange Postecoglou

Tore: 1:0 Felipe (53.), 2:0 Edmundo (86.)

08.01.2000
Manchester United (England) – Vasco da Gama Rio de Janeiro (Brasilien) 1:3 (0:3)

Rio de Janeiro (Brasilien) – Estádio do Maracanã – 73.000 Zuschauer
Schiedsrichter: Saad Mane (Kuweit)

Manchester: Mark Bosnich [AUS] – Gary Neville, Jaap Stam [NED] (71. Jordi Cruijff [NED]), Mikaël Silvestre [FRA], Denis Irwin – Nicky Butt, Roy Keane [C] [IRL], Philip Neville, Ryan Giggs [WAL] (77. Quinton Fortune [RSA]) – Ole Solskjær [NOR] (46. Teddy Sheringham), Dwight Yorke [TRI]
Trainer: Alex Ferguson [SCO]

Vasco da Gama: Hélton da Silva Arruda – Jorginho[1] (69. Paulo Miranda), Júnior Baiano[2], Mauro Galvão, Gilberto da Silva Melo – Amaral[3], Felipe Loureiro, Juninho Pernambucano[4] (79. Alex Oliveira[5]), Ramón Menezes Hubner (76. Nasa[6]) – Romário de Souza Faria, Edmundo Alves de Souza Neto [C]
Trainer: Antonio Lopes [POR]
[1] Jorge José de Amorim Campos [2] Raimundo Ferreira Ramos Júnior [3] Alexandre da Silva Mariano [4] Antônio Augusto Ribeiro Reis Júnior [5] Alexsandro Marques de Oliveira [6] Paulo Sérgio Rosa Barroso

Tore: 0:1, 0:2 Romário (24., 26.), 0:3 Edmundo (43.), 1:3 Butt (81.)

08.01.2000
South Melbourne FC (Australien) – Club Necaxa (Mexiko) 1:3 (0:2)

Rio de Janeiro (Brasilien) – Estádio do Maracanã – 5.000 Zuschauer
Schiedsrichter: Daouda N'Doye (Senegal)

Melbourne: Chris Jones – Steve Iosifidis, Fausto de Amicis, Con Blastsic, Nick Orlic – David Clarkson, Steve Panopoulos (65. Michael Curcija), Paul Trimboli [C] (78. Jim Tsekinis), Vaughn Conveny [NZL] (65. George Goutzioulis) – John Anastasiadis, Richie Alagich
Trainer: Ange Postecoglou

Necaxa: Hugo Piñeda – José Higareda, Sergio Almaguer, Markus López (55. Ignacio Ambriz), José Milian – Salvador Cabrera, Hernán Vigna, Luis Ernesto Pérez, Alex Aguinaga [C] [ECU] – Agustín Delgado [ECU], (83. Sergio Vásquez [URU]), Cristian Montecinos [CHI] (46. Edgar Oliva)
Trainer: Raúl Arias

Tore: 0:1 Montecinos (19. FE), 0:2 Delgado (29.), 1:2 Anastasiadis (45.+2), 1:3 Cabrera (79.)

11.01.2000
Manchester United (England) – South Melbourne FC (Australien) 2:0 (2:0)

Rio de Janeiro (Brasilien) – Estádio do Maracanã – 25.000 Zuschauer
Schiedsrichter: Stefano Braschi (Italien)

Manchester: Raimond van der Gouw [NED] (83. Paul Rachubka) – Philip Neville, Ronnie Wallwork, Danny Higginbotham, Henning Berg [NOR] – Jordi Cruijff [NED], Jonathan Greening, Mark Wilson [SCO] (77. David Beckham), Quinton Fortune [RSA] – Ole Solskjær [NOR], Andrew Cole [C]
Trainer: Alex Ferguson [SCO]

Melbourne: Chris Jones – Steve Iosifidis, Fausto de Amicis, Con Blastsic, Robert Liparti (31. Georg Goutzioulis) – David Clarkson (71. Jim Tsenkinis), Steve Panopoulos, Goran Lozanovski, Paul Trimboli [C] – Michael Curcija, John Anastasiadis (66. Vaughn Conveny [NZL])
Trainer: Ange Postecoglou

Tore: 1:0, 2:0 Fortune (8., 20.)

11.01.2000
Club Necaxa (Mexiko) – Vasco da Gama Rio de Janeiro (Brasilien) 1:2 (1:1)

Rio de Janeiro (Brasilien) – Estádio do Maracanã – 45.000 Zuschauer
Schiedsrichter: Óscar Rúiz (Kolumbien)

Necaxa: Hugo Piñeda – José Higareda, Sergio Almaguer, Markus López, José Milian (84. Sergio Vásquez [URU]) – Salvador Cabrera, Hernán Vigna, Luis Ernesto Pérez, Alex Aguinaga [C] [ECU] – Agustín Delgado [ECU], Cristian Montecinos [CHI] (72. Ignacio Ambriz)
Trainer: Raúl Arias

Vasco da Gama: Hélton da Silva Arruda – Paulo Miranda, Júnior Baiano[1] (9. Odvan Gomes Silva), Mauro Galvão, Gilberto da Silva Melo – Amaral[2], Felipe Loureiro, Juninho Pernambucano[3], Ramón Menezes Hubner – Osmar Donizete Cândido (70. Edmundo Alves de Souza Neto), Romário de Souza Faria [C]
Trainer: Antonio Lopes [POR]
[1] Raimundo Ferreira Ramos Júnior [2] Alexandre da Silva Mariano [3] Antônio Augusto Ribeiro Reis Júnior

Tore: 1:0 Aguinaga (5.), 1:1 Odvan (14.), 1:2 Romário (69.)

Abschlusstabelle Gruppe B

Mannschaft	Spiele	gewonnen	unent- schieden	verloren	Tore+	Tore–	Tordiffe- renz	Punkte
Vasco da Gama	3	3	0	0	7	2	+5	9
Club Necaxa	3	1	1	1	5	4	+1	4
Manchester	3	1	1	1	4	4	0	4
Melbourne	3	0	0	1	1	7	–6	0

Spiel um Platz 3

14.01.2000
Real Madrid (Spanien) – Club Necaxa (Mexiko) 1:1 nV (1:1, 1:0) 3:4 iE

Rio de Janeiro (Brasilien) – Estádio do Maracanã – 35.000 Zuschauer
Schiedsrichter: Óscar Rúiz (Kolumbien)

Real: Albano Bizzarri [ARG] – Geremi[1] [CAM], Fernando Hierro [C] (52. Iván Campo), Aitor Karanka, Javier Dorado – Iván Helguera, Manuel Sanchís Hontiyuelo, Steve McManaman [ENG], Sávio Bortolini [BRA] (52. Perica Ognjenović [SRB]) – Raúl Gonzáles (66. Samuel Eto'o [CAM]), Fernando Morientes
Trainer: Vicente del Bosque
[1] Geremi Sorele Njitap Fotso

Necaxa: Hugo Piñeda – José Higareda, Sergio Almaguer, Markus López (46. Ignacio Ambriz), José Milian – Salvador Cabrera, Hernán Vigna, Luis Ernesto Pérez (82. Edgar Oliva), Alex Aguinaga [C][ECU] – Agustín Delgado [ECU], Cristian Montecinos [CHI] (46. Sergio Vásquez [URU])
Trainer: Raúl Arias

Tore: 1:0 Raúl (15.), 1:1 Delgado (58.)
Elfmeterschießen: 1:0 Eto'o, 1:1 Vásquez, 2:1 Helguera, 2:1 Cabrera (verschossen), 2:1 McManaman (verschossen), 2:2 Pérez, 3:2 Morientes, 3:3 Aguinaga, 3:3 Dorado (verschossen), 3:4 Delgado

Endspiel

14.01.2000
Corinthians São Paulo (Brasilien) – Vasco da Gama Rio de Janeiro (Brasilien) 0:0 nV 4:3 iE

Rio de Janeiro (Brasilien) – Estádio do Maracanã – 73.000 Zuschauer
Schiedsrichter: Dick Jol (Niederlande)

Corinthians: Dida[1] – Índio[2]/GK, Adílson Batista/GK, Fábio Luciano, Kléber[3] – Freddy Rincón [C][COL]/GK, Vampeta[4] (91. Gilmar Fuba[5]), Marcelinho Carioca, Ricardinho[6] (46. Edu[7]) – Edílson[8] (113. Fernando Baiano), Luizão[9]/GK
Trainer: Oswaldo de Oliveira
[1] Nélson de Jesus Silva [2] José Sátiro do Nascimento [3] Kléber de Carvalho Corrêa [4] Marcos André Batista dos Santos
[5] Gilmar de Lima Nascimento [6] Ricardo Luís Pozzi Rodrigues [7] Eduardo César Daud Gaspar [8] Edílson da Silva Ferreira
[9] Luiz Carlos Bombonato Goulart

Vasco da Gama: Hélton da Silva Arruda – Paulo Miranda/GK, Odvan Gomes Silva, Mauro Galvão, Gilberto da Silva Melo – Amaral[1]/GK, Felipe Loureiro (101. Alex Oliveira), Juninho Pernambucano[2] (95. Viola[3]), Ramón Menezes Hubner/GK (110. Osmar Donizete Cândido) – Edmundo Alves de Souza Neto [C]/GK, Romário de Souza Faria
Trainer: Antonio Lopes [POR]
[1] Alexandre da Silva Mariano [2] Antônio Augusto Ribeiro Reis Júnior [3] Paulo Sérgio Rosa Barroso

Tore:
Elfmeterschießen: 1:0 Rincón, 1:1 Romário, 2:1 Baiano, 2:2 Oliveira, 3:2 Luizão, 3:2 Gilberto (gehalten), 4:2 Edu, 4:3 Viola, 4:3 Marcelinho Carioca (gehalten), 4:3 Edmundo (verschossen)

MVP (Most Valuable Player of the Match): Martín Palermo

Klub-Weltmeister 2000 **SC Corinthians Paulista**

Schiedsrichter

Zu dem Turnier wurden acht Schiedsrichter eingesetzt. Unterstützt wurden sie von acht Linienrichtern. Aus dem deutschsprachigen Raum war kein Unparteiischer vertreten.

*Das Finale leitete der Niederländer Dick Jol (*29.03.1956) (Foto).*
2001 war er Schiedsrichter des Champions-League-Endspiels Bayern München gegen FC Valencia. Weiter Spiele u. a. WMQ: 2001 Deutschland – Finnland; 1997 Lettland – Österreich; EM 2000 Portugal – Deutschland; LS 1999 Norwegen – Deutschland; CL 2001 Olympique Lyon – Bayern München; 2000 Deportivo La Coruna – Hamburger SV; 2000 Bayern München – Real Madrid; 1998 Manchester United – Bayern München; UC 1997 Karlsruher SC – Spartak Moskau; 1996 FC Tirol – FC Metz; 1995 FC Lugano – Inter Mailand; 1994 Deportivo La Coruna – FC Tirol; ECII 1993 Real Madrid – FC Lugano; IT 1999 Montpellier HSC – Hamburger SV.

Wikimedia Commons; Foto: Autor: FaceMePLS; CC BY 2.0

.... Klub-WM **2001**

Die zweite Auflage sollte vom 28. Juli bis 12. August 2001 in Spanien stattfinden. Als Spielorte waren in Madrid das Estadio Santiago Bernabéu und das Estadio Vicente Calderón, in La Coruña das Estadio Municipal de Riazor und in Santiago de Compostela das Estadio Multiusos de San Lázaro geplant.

Am 18. Mai 2001 wurde der Wettbewerb durch die FIFA abgesagt. Hauptgrund war der Konkurs der FIFA-Vermarktungsagentur International Sport and Leisure (ISL).

Als Teilnehmer waren vorgesehen:

Gruppe A – Boca Juniors Buenos Aires [ARG], Deportivo La Coruña [ESP], Wollongong Wolves [AUS], Al-Zamalek SC Kairo [EGY]

Gruppe B – Galatasaray Istanbul [TUR], Al-Hilal Riad [KSA], Olimpia Tegucigalpa [HON], Palmeiras São Paulo [BRA]

Gruppe C – Hearts of Oak Accra [GHA], Júbilo Iwata [JPN], (Los Angeles) LA Galaxy [USA], Real Madrid [ESP]

Klub-WM **2005**

Nach der Premierenveranstaltung 2000 wurde noch bis 2004 der Weltpokal (Intercontinental Cup bzw. Europa-Südamerika-Pokal) ausgetragen. Ab 2005 bestritten die Sieger der UEFA Champions League und des Südamerika-Pokals (Copa Libertadores) gemeinsam mit den Siegern der Champions Leagues von Afrika, Asien und Mittelamerika sowie den Ozeanien Landesmeister-Cupsiegers die Vereinsweltmeisterschaft bestritten. Die Austragung der Club World Championship wurde an Japan vergeben.

Spielstätten

Tokio

Das Stadion wurde allgemein das *Olympiastadion* genannt. 1958 erfolgte die Eröffnung als Nationalstadion. Es hatte eine Zuschauerkapazität von 57.363 Besuchern. Ende 2014 wurde es abgerissen, um an gleicher Stelle ein neues Stadion zu errichten, in dem 2019 die Rugby-Weltmeisterschaft und 2020 die Olympischen Spiele stattfinden.

Kokuritsu Kasumigaoka Rikujō Kyōgijō
Nationalstadion – Olympiastadion
(Heimstätte der japanischen Fußball-Nationalmannschaft)

Toyota

Das Fußballstadion wurde 2001 eröffnet. Es hat eine Kapazität von 45.000 Besuchern. Diese wurde aber bisher noch nicht erreicht. Höchste Zuschauerzahl war 42.919 am 22.07.2013 beim Spiel Nagoya Grampus gegen Arsenal London. Das Spielfeld die Ausmasse 115 x 78 m.

Toyota Sutajiamu
Toyota-Stadion
(Heimstätte von Nagoya Grampus/Fußball und Toyota Verblitz/Rugby)

Yokohama

Das Stadion wurde 1998 als *Internationales Stadion Yokohama* (Yokohama Kokusai Sōgō Kyōgi-jō) eröffnet. Seit 2005 trägt es den Namen des japanischen Autobauers Nissan. Das Stadion hat eine Kapazität von 72.327 Besuchern. Der bisher höchste Zuschauerzuspruch datiert vom 30.Juni 2002 als beim WM-Finale Brasilien gegen Deutschland offiziell 69.029 Besucher zugegen waren. Das Spielfeld hat eine Größe von 107 x 72 m.

Nissan Sutajiamu
Nissan-Stadion
(Heimstätte von Yokohama F. Marinos/Fußball)

(cc) *Wikimedia Commons; Fotos: Autor: WAKA77; PD-CC0*

Viertelfinale

<u>11.12.2005</u>
Al-Ittihad Jeddah (Saudi-Arabien) – Al-Ahly Kairo (Ägypten) 1:0 (0:0)

Tokio (Japan) – National Olympic Stadium / Kokuritsu Kyogijo – 28.281 Zuschauer
Schiedsrichter: Graham Poll (England)

Al-Ittihad: Mabrouk Zaid – Ahmed Dokhi Al-Dosari, Redha Tukar, Adnan Falatah, Hamad Al-Montashari – Mohammed Haidar (64. Ibrahim Sowed), Manaf Abushgeer (94. Ali Al-Garni), Tcheco[1] [BRA], Saud Khariri, Mohammed Noor [C] – Mohammed Kallon [SLE]
Trainer: Anghel Iordănescu [ROM]
[1] Anderson Simas Luciano

Al-Ahly: Essam El-Hadary – Islam El-Shater (71. Hossam Ashour), Ahmed El-Sayed, Wael Gomaa, Shadi Mohammed [C] – Mohammed Barakat, Sebastião Gilberto dos Santos [ANG] (46. Ahmed Abou Moslem 84. Osama Hosni), Hassan Mostafa, Mohammed Shawqi – Mohammed Aboutrika, Emad Moteab
Trainer: Manuel José de Jesus [POR]

Tor: 1:0 Noor (78.)

<u>12.12.2005</u>
Sydney FC (Australien) – Deportivo Saprissa (Costa Rica) 0:1 (0:1)

Toyota (Japan) – Toyota Stadium / Toyota Sutajiamu – 28.538 Zuschauer
Schiedsrichter: Toru Kamigawa (Japan)

Sydney: Clint Bolton – Iain Fyfe, Alvin Ceccoli (81. RK), Mark Milligan, Steve Corica (83. David Zdrilić) – David Carney, Andrew Packer (61. Mark Rudan), Terry McFlynn [NIR] (61. John Buonavoglia) – Kazuyoshi Miura [JPN], Sasho Petrovski, Dwight Yorke [C] [TRI]
Trainer: Pierre Littbarski [GER]

Saprissa: José Francisco Porras [C] – Víctor Cordero, Ronald González, Jervis Drummond, Gabriel Badilla – Try Bennett (83. José Luis López), Christian Bolaños, Walter Centeno (89. Reynaldo Parks), Randall Azofeifa – Ronald Gómez, Álvaro Saborío (93. Gerold Drummond)
Trainer: Hernán Medford

Tor: 0:1 Bolaños (47.)

Freilose: FC São Paulo (Brasilien), FC Liverpool (England)

Halbfinale

<u>14.12.2005</u>
Al-Ittihad Jeddah (Saudi-Arabien) – FC São Paulo (Brasilien) 2:3 (1:1)

Tokio (Japan) – National Olympic Stadium / Kokuritsu Kyogijo – 31.510 Zuschauer
Schiedsrichter: Alain Sars (Frankreich) / 46. Toru Kamikawa (Japan)

Al-Ittihad: Mabrouk Zaid – Ahmed Dokhi Al-Dosari (67. Osama Al-Muwallad Al-Harbi), Redha Tukar, Adnan Falatah, Hamad Al-Montashari – Ibrahim Al-Shahrani (64. Mohammed Haidar), Manaf Abushgeer, Tcheco[1] [BRA], Saud Khariri, Mohammed Noor [C] – Mohammed Kallon [SLE]
Trainer: Anghel Iordănescu [ROM]
[1] Anderson Simas Luciano

São Paulo: Rogério Ceni [C] – Cicinho[1], Fabão[2], Edcarlos Conceição, Diego Lugano – Júnior[3], Mineiro[4], Josué Anunciado, Danilo de Andrade – Márcio Amoroso, Aloísio da Silva (89. Grafite[5])
Trainer: Paulo Autuori de Melo
[1] Cícero João de Cézare [2] José Fábio Alves Azevedo [3] Jenílson Ângelo de Souza [4] Carlos Luciano da Silva [5] Edinaldo Batista Libânio

Tore: 0:1 Amoroso (16.), 1:1 Noor (33.), 1:2 Amoroso (47.), 1:3 Rogério Ceni (57. FE), 2:3 Al-Montashari (68.)

15.12.2005
Deportivo Saprissa (Costa Rica) – FC Liverpool (England) 0:3 (0:2)

Yokohama (Japan) – International Stadium / Kokusai Sogo Kyogijo – 43.902 Zuschauer
Schiedsrichter: Carlos Chandiá (Chile)

Saprissa: José Francisco Porras [C] – Víctor Cordero, Ronald González, Jervis Drummond, Gabriel Badilla – Try Bennett (83. José Luis López), Christian Bolaños, Walter Centeno (89. Reynaldo Parks), Randall Azofeifa – Ronald Gómez, Álvaro Saborío (93. Gerold Drummond)
Trainer: Hernán Medford

Liverpool: Pepe Reina[1] [ESP] – Josemi[2] [ESP], Sami Hyypiä [FIN] (72. Luis García [ESP]), Jamie Carragher, Djimi Traoré [FRA] – Steven Gerrard [C] (64. Florent Sinama-Pongolle [FRA]), Mohamed Sissoko [MLI], Xabi Alonso[3] [ESP] (79. Dietmar Hamann [GER]), John Arne Riise [NOR] – Peter Crouch, Djibril Cissé [FRA]
Trainer: Rafael Benítez [ESP]
[1] José Manuel Reina Páez [2] José Miguel González [3] Xabier Alonso Olano

Tore: 0:1 Crouch (3.), 0:2 Gerrard (32.), 0:3 Crouch (58.)

Spiel um Platz 5

16.12.2005
Sydney FC (Australien) – Al-Ahly Kairo (Ägypten) 2:1 (1:1)

Tokio (Japan) – National Olympic Stadium / Kokuritsu Kyogijo – 15.951 Zuschauer
Schiedsrichter: Toru Kamigawa (Japan)

Sydney: Clint Bolton – Iain Fyfe, Matt Bingley, Mark Milligan, Steve Corica (64. Andrew Packer) – Mark Rudan, Ufuk Talay (78. Terry McFlynn [NIR]), David Carney, Kazuyoshi Miura [JPN] – Sasho Petrovski (89. David Zdrilić), Dwight Yorke [C] [TRI]
Trainer: Pierre Littbarski [GER]

Al-Ahly: Nader El-Sayed – Mohammed Abdelwahab (76. Flávio da Silva Amado [ANG]), Ahmed El-Sayed, Wael Gomaa, Emad El-Nahas (63. Shadi Mohammed) – Mohammed Barakat, Emad Moteab, Hassam Ashour, Mohammed Shawqi – Mohammed Aboutrika, Osama Hosni [C] (46. Islam El-Shater)
Trainer: Manuel José de Jesus [POR]

Tore: 1:0 Yorke (35.), 1:1 Moteab (45.), 2:1 Carney (66.)

Spiel um Platz 3

18.12.2005
Deportivo Saprissa (Costa Rica) – Al-Ittihad Jeddah (Saudi-Arabien) 3:2 (1:1)

Yokohama (Japan) – International Stadium / Kokusai Sogo Kyogijo – 46.453 Zuschauer
Schiedsrichter: Mohamed Guezzaz (Marokko)

Saprissa: José Francisco Porras [C] – Juan Bautista Esquivel, Ronald González (80. Allan Alemán), Reynaldo Parks, Gabriel Badilla – Alonso Solís (64. Ronald Gomez), Christian Bolaños, Walter Centeno, José Luís López – Álvaro Saborío, Gerold Drummond (90. Víctor Cordero)
Trainer: Hernán Medford

Al-Ittihad: Mabrouk Zaid – Osama Al-Muwallad Al-Harbi, Redha Tukar (69. Mesfer Al-Qahtani), Adnan Falatah, Hamad Al-Montashari (85. RK) – Manaf Abushgeer, Tcheco[1] [BRA], Saud Khariri, Mohammed Noor [C] (87. Hamzah Idris Falatah) – Mohammed Kallon [SLE], Joseph-Désiré Job [CAM]
Trainer: Anghel Iordănescu [ROM]
[1] Anderson Simas Luciano

Tore: 1:0 Saborío (13.) 1:1 Kallon (28.), 1:2 Job (53. FE), 2:2 Saborío (85. FE), 3:2 Gomez (89.)

Endspiel

18.12.2005
FC São Paulo (Brasilien) – FC Liverpool (England) 1:0 (1:0)

Yokohama (Japan) – International Stadium / Kokusai Sogo Kyogijo – 66.821 Zuschauer
Schiedsrichter: Benito Archundia (Mexiko)

São Paulo: Rogério Ceni [C]/GK– Cicinho[1], Fabão[2], Edcarlos Conceição, Diego Lugano/GK – Júnior[3], Mineiro[4], Josué Anunciado, Danilo de Andrade – Márcio Amoroso, Aloísio da Silva (75. Grafite[5])
Trainer: Paulo Autuori de Melo
[1] Cícero João de Cézare [2] José Fábio Alves Azevedo [3] Jenílson Ângelo de Souza [4] Carlos Luciano da Silva [5] Edinaldo Batista Libânio

Liverpool: Pepe Reina[1] [ESP] – Steve Finnan [IRL], Sami Hyypiä [FIN], Jamie Carragher, Stephen Warnock (79. John Arne Riise [NOR]) – Steven Gerrard [C], Mohamed Sissoko [MLI] (79. Florent Sinama-Pongolle [FRA]), Xabi Alonso[2] [ESP], Luis García [ESP] – Harry Kewell [AUS], Fernando Morientes [ESP] (85. Peter Crouch)
Trainer: Rafael Benítez [ESP]
[1] José Manuel Reina Páez [2] Xabier Alonso Olano

Tor: 1:0 Mineiro (27.)

MVP (Most Valuable Player of the Match): Rogério Ceni

Klub-Weltmeister 2005 **FC Sao Paulo**

Anläßlich des Turniers gab es noch folgende Ehrungen:

FIFA-Fair-Play-Trophäe – FC Liverpool
„adidas" **Goldener Ball** (bester Spieler des Turniers) – Rogério Ceni (São Paulo)
Silberner Ball – Steven Gerrard (FC Liverpool)
Bronzener Ball – Cristian Bolaños (Saprissa)

Schiedsrichter

Zu dem Turnier wurden sieben Schiedsrichter eingesetzt. Unterstützt wurden sie von elf Linienrichtern. Aus dem deutschsprachigen Raum war kein Unparteiischer vertreten.

Das Finale stand unter der Leitung des Mexikaners <u>Benito</u> Armando <u>Archundia</u> Téllez (*21.03.1966).
Er leitete weiterhin u. a. 2006 das WM-Spiel Schweiz gegen Ukraine, Deutschland gegen Italien und 2010 das Spiel um den dritten Platz bei der Weltmeisterschaft Deutschland gegen Uruguay.

.... Klub-WM **2006**

Die Klub-Weltmeisterschaft 2006 wurde nach dem selben Modus wie im vorhergehenden Jahr ausgetragen. Die sechs Kontinentalmeister spielten in zwei Gruppen den Sieger aus.

Spielstätten

Wie schon 2005 fanden die Spiele im Toyota-Stadion, Toyota, im Nationalen Olympiastadion, Tokio und im Internationalen Stadion von Yokohama statt.
[Informationen zu den Spielstätten siehe Klub-WM 2005]

Viertelfinale

10.12.2006
Auckland City FC (Neuseeland) – Al-Ahly Kairo (Ägypten) 0:2 (0:0)

Toyota (Japan) – Toyota Stadium / Toyota Sutajiamu – 29.912 Zuschauer
Schiedsrichter: Khalil Al-Ghamdi (Saudi-Arabien)

Auckland: Ross Nicholson – Jonathan Perry, James Pritchett, Greg Uhlmann, Riki van Steeden (52. Ben Sigmund) – Paul Seaman [WAL], Liam Mulrooney [ENG] (56. Jason Hayne), Neil Sykes [C] [ENG], Chad Coombes – Grant Young [RSA], Keryn Jordan [RSA] (56. Teruo Iwamoto [JPN])
Trainer: Allan Jones [ENG]

Kairo: Essam El-Hadary – Islam El-Shater (93. Ahmed Sediq), Wael Gomaa, Shadi Mohamed [C], Ahmed Qinawi (89. Akwety Mensah [GHA]), Mohammed Sediq – Hossam Ashour, Mohammed Shawqi, Emad Moteab (84. Tareq El-Said) – Mohammed Aboutrika, Flávio da Silva [ANG]
Trainer: Manuel José de Jesus [POR]

Tore: 0:1 Flávio (51.), 0:2 Aboutrika (73.)

10.12.2006
Jeonbuk Hyundai Motors FC (Südkorea) – Club América (Mexiko) 0:1 (0:0)

Tokio (Japan) – National Olympic Stadium / Kokuritsu Kyōgijō – 34.197 Zuschauer
Schiedsrichter: Jerome Damon (Südafrika)

Jeonbuk: Kwon Sun-tae – Choi Chul-soon (85. Kim In-ho), Choi Jin-cheul, Kim Young-sun, Kim Hyun-su [C] – Chung Jung-kwan, Wang Jung-hyun (29. Raphael José Botti [BRA]), Jeon Kwang-hwan – Zé Carlos¹ [BRA], Lim You-hwan (83. Lee Hyun-seung), Kim Hyeung-bum
Trainer: Choi Kang-hee
¹ José Carlos Ferreira Filho

América: Guillermo Ochoa – José Antonio Castro, Ricardo Rojas, Duilio Davino [C], Óscar Rojas – Fabiano Pereira (71. Juan Carlos Mosqueda), Germán Villa, Alejandro Argüello – Cuauhtémoc Blanco, Claudio López [ARG] (86. Matías Vuoso [ARG]), Salvador Cabañas [PAR]
Trainer: Luís Fernando Tena

Tor: 0:1 Rojas (79.)

Freilose: Internacional Porto Alegre (Brasilien), FC Barcelona (Spanien)

Halbfinale

13.12.2006
Al-Ahly Kairo (Ägypten) – Internacional Porto Alegre (Brasilien) 1:2 (0:1)

Tokio (Japan) – National Olympic Stadium / Kokuritsu Kyogijo – 33.690 Zuschauer
Schiedsrichter: Subkhiddin Mohd Salleh (Malaysia)

Kairo: Essam El-Hadary (82. Amir Abdelhamid) – Islam El-Shater (75. Ahmed Sediq), Tareq El-Said, Emad El-Nahas, Wael Gomaa – Shadi Mohammed [C], Hossam Ashour, Hassan Mostafa (46. Emad Moteab), Mohammed Shawqi – Mohammed Aboutrika, Flávio da Silva [ANG]
Trainer: Manuel José de Jesus

Porto Alegre: Clemer[1] – Ceará[2], Índio[3], Fabiano Eller[4], Martín Hidalgo [PER] (63. Rubens Cardoso) – Wellington Monteiro, Alex[5], Edinho[6] – Fernandão[7] [C], Pedro Iarley Lima (82. Fabian Vargas [COL]), Alexandre Pato (65. Luíz Adriano de Souza)
Trainer: Abel Braga[8]
[1] Clemer Melo da Silva [2] Marcos Venâncio de Albuquerque [3] Marcos Antônio de Lima [4] Fabiano Eller dos Santos
[5] Alexandre Raphael Meschini [6] Edimo Ferreira Campos [7] Fernando Lúcio da Costa [8] Abel Carlos da Silva Braga

Tore: 0:1 Pato (23.), 1:1 Flávio, 1:2 Luíz Adriano (72.)

14.12.2006
Club América (Mexiko) – FC Barcelona (Spanien) 0:4 (0:2)

Yokohama (Japan) – International Stadium / Kokusai Sogo Kyogijo – 62.316 Zuschauer
Schiedsrichter: Óscar Júlian Ruiz (Kolumbien)

América: Guillermo Ochoa – José Antonio Castro, Ricardo Rojas [CHI], Duilio Davino [C], Óscar Rojas – Fabiano Pereira [BRA] (74. Alvin Mendoza), Germán Villa, Alejandro Argüello – Claudio López [ARG] (74. Matías Vuoso [ARG]), Salvador Cabañas [PAR] (46. Cuauhtémoc Blanco), Nelson Cuevas [PAR]
Trainer: Luís Fernando Tena

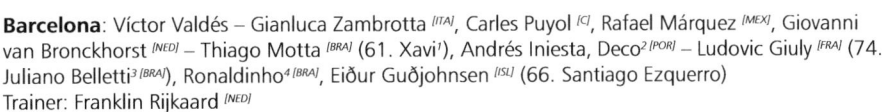

Barcelona: Víctor Valdés – Gianluca Zambrotta [ITA], Carles Puyol [C], Rafael Márquez [MEX], Giovanni van Bronckhorst [NED] – Thiago Motta [BRA] (61. Xavi[1]), Andrés Iniesta, Deco[2] [POR] – Ludovic Giuly [FRA] (74. Juliano Belletti[3] [BRA]), Ronaldinho[4] [BRA], Eiður Guðjohnsen [ISL] (66. Santiago Ezquerro)
Trainer: Franklin Rijkaard [NED]
[1] Xavier Hernández Creus [2] Anderson Luís de Souza [3] Juliano Haus Belleti [4] Ronaldo de Assis Moreira

Tore: 0:1 Guðjohnsen (11.), 0:2 Márquez (30.), 0:3 Ronaldinho (65.), 0:4 Deco (85.)

Spiel um Platz 5

15.12.2006
Jeonbuk Hyundai Motors FC (Südkorea) – Auckland City FC (Australien) 3:0 (2:0)

Tokio (Japan) – National Olympic Stadium / Kokuritsu Kyogijo – 23.528 Zuschauer
Schiedsrichter: Khalil Al-Ghamdi (Saudi-Arabien)

Jeonbuk: Kwon Sun-tae – Kim In-ho, Choi Jin-chehul (88. Shin Sang-hoon), Kim Young-sun, Kim Hyun-su [C] (81. Jeon Kwang-hwan) – Chung Jong-kwan, Jang Ji-hyun (76. Kim Young-sun), Lee Hyun-seung – Zé Carlos[1] [BRA], Lim You-hwan, Kim Hyeung-bum
Trainer: Choi Kang-hee
[1] José Carlos Ferreira Filho

Auckland: Ross Nicholson – Jonathan Perry, James Pritchett, Greg Uhlmann, Chad Coombes – Paul Seaman [WAL], Liam Mulrooney [ENG] (79. Jason Hayne), Neil Sykes [C] [ENG], Bryan Little [SCO] (59. Teruo Iwamoto [JPN]) – Grant Young [RSA] (77. Paul Urlovic), Keryn Jordan [RSA]
Trainer: Allan Jones [ENG]

Tore: 1:0 Lee Hyun-seung (17.), 2:0 Kim Hyeung-bum (31.), 3:0 Zé Carlos (73. FE)

Spiel um Platz 3

17.12.2006
Club América (Mexiko) – Al-Ahly Kairo (Ägypten) 1:2 (0:1)

Yokohama (Japan) – International Stadium / Kokusai Sogo Kyogijo – 51.641 Zuschauer
Schiedsrichter: Jerome Damon (Südafrika)

América: Guillermo Ochoa – José Antonio Castro, Ricardo Rojas [CHI] (86. Alvin Mendoza), Duilio Davino [C], Óscar Rojas – Fabiano Pereira [BRA] (46. Cuauhtémoc Blanco), Juan Carlos Mosqueda, Alejandro Argüello – Matías Vuoso [ARG] (67. Claudio López [ARG]), Salvador Cabañas [PAR], Nelson Cuevas [PAR]
Trainer: Luís Fernando Tena

Kairo: Amir Abdelhamid – Islam El-Shater (67. Ahmed Sediq), Tareq El-Said, Emad El-Nahas, Wael Gomaa – Shadi Mohamed [C], Emad Moteab (75. Mohammed Sediq), Hossam Ashour (65. Hassan Mostafa), Mohammed Shawqi – Mohammed Aboutrika, Flávio da Silva [ANG]
Trainer: Manuel José de Jesus [POR]

Endspiel

17.12.2006
Internacional Porto Alegre (Brasilien) – FC Barcelona (Spanien) 1:0 (0:0)

Yokohama (Japan) – International Stadium / Kokusai Sogo Kyogijo – 67.128 Zuschauer
Schiedsrichter: Carlos Batres (Guatemala)

Porto Alegre: Clemer[1] – Ceará[2], Índio[3], Fabiano Eller[4], Rubens Cardoso – Wellington Monteiro, Alex[5],(46. Fabián Vargas [COL]), Edinho[6]/GK – Fernandão[7][C],(76. Adriano Gabíro/GK), Pedro Iarley Lima/GK, Alexandre Pato (61. Luíz Adriano de Souza)
Trainer: Abel Braga[8]
[1] Clemer Melo da Silva [2] Marcos Venâncio de Albuquerque [3] Marcos Antônio de Lima [4] Fabiano Eller dos Santos [5] Alexandre Raphael Meschini [6] Edimo Ferreira Campos [7] Fernando Lúcio da Costa [8] Abel Carlos da Silva Braga

Barcelona: Víctor Valdés – Gianluca Zambrotta [ITA] (46. Juliano Belletti[1] [BRA]), Carles Puyol [C], Rafael Márquez [MEX], Giovanni van Bronckhorst [NED] – Thiago Motta [BRA]/GK (59. Xavi[2]), Andrés Iniesta, Deco[3] [POR] – Ludovic Giuly [FRA], Ronaldinho[4] [BRA], Eiður Guðjohnsen [ISL] (88. Santiago Ezquerro)
Trainer: Franklin Rijkaard [NED]
[1] Juliano Haus Belleti [2] Xavier Hernández Creus [3] Anderson Luís de Souza [4] Ronaldo de Assis Moreira

Tor: 1:0 Adriano Gabíro (76.)

MVP (Most Valuable Player of the Match): Deco

Klub-Weltmeister 2006 **CA Internacional Porto Alegre**

Anläßlich des Turniers gab es noch folgende Ehrungen:

FIFA-Fair-Play-Trophäe – FC Barcelona
„adidas" **Goldener Ball** (bester Spieler des Turniers) – Deco (Barcelona);
Silberner Ball – Pedro Iarley Lima (Internacional);
Bronzener Ball – Ronaldinho (Barcelona)

Schiedsrichter

Zu dem Turnier wurden fünf Schiedsrichter eingesetzt. Unterstützt wurden sie von acht Linienrichtern. Bemerkenswert ist, dass aus Europa und somit auch kein deutschsprachiger Unparteiischer eingeladen war.

*Das Finale stand unter der Leitung des Guamalteken Carlos Alberto Batres González (*02.04.1968).
Er leitete weiterhin u. a. 2002 das WM-Spiel Deutschland gegen Paraguay.*

Klub-WM 2007

Im Gegensatz zur vorhergehenden Auflage gab es eine Veränderung. Durch den Wechsel des australischen Nationalverbandes aus Ozeanien in die asiatische Fußballdachorganisation wurde festgelegt, dass nunmehr der Vertreter Ozeaniens ein Ausscheidungsspiel gegen die Vertretung des Gastgeberlandes durchzuführen hatte. Auf diesem Weg wurde einer Forderung Rechnung getragen, die schon einige Jahre aufgestellt war, nämlich dem Ausrichterverband ein automatisches Startrecht zu gewähren. Dies wurde mit einer Einschränkung versehen. Wenn der jeweilige Kontinentalmeister aus diesem Verband kam, dürfte der bestplatzierte Verein, der nicht aus dem Gastgeberland war, teilnehmen. Ein Spiel um den fünften Platz fand 2007 nicht statt.

Spielstätten

Wie schon 2005 und 2006 fanden die Spiele im Toyota-Stadion, Toyota, im Nationalen Olympiastadion, Tokio und im Internationalen Stadion von Yokohama statt.
[Informationen zu den Spielstätten siehe Klub-WM 2005]

Ausscheidungsspiel

07.12.2007
Sepahan Isfahan (Iran) – Waitakere United (Neuseeland) 3:1 (2:0)

Tokio (Japan) – National Olympic Stadium / Kokuritsu Kyogijo – 24.788 Zuschauer
Schiedsrichter: Marco Rodríguez (Mexiko)

Isfahan: Mohammad Savari – Hadi Aghili, Mohsen Bengar, Jaba Mujiri [GEO], Farshad Bahadorani – Hadi Jafari, Abdul-Wahab Abu Al-Hail [IRQ], Ehsan Hajsafi – Emad Mohammed [IRQ] (87. Kabir Bello [NGA]), Mahmoud Karimi [C] (68. Hossein Kazemi), Mehdi Seyed Salehi (60. Ebrahim Loveinian)
Trainer: Luka Bonačić [CRO]

Waitakere: Simon Eaddy – Jonathan Perry, Matt Cunneen, Danny Hay [C], Darren Bazeley – Graham Pearce (85. Commins Menapi [SOL]), Neil Sykes [ENG], Christopher Bale [WAL] (63. Jason Hayne), Neil Emblen [ENG] – Benjamin Totori [SOL], Paul Seaman [WAL] (91. Daniel Koprivčić)
Trainer: Christopher Milicich

Tore: 1:0, 2:0 Mohammed (3., 4.), 3:0 Al-Hail (47.), 3:1 Aghili (74. ET)

Viertelfinale

09.12.2007
ES Sahel Sousse (Tunesien) – Pachuca CF (Mexiko) 1:0 (0:0)

Tokio (Japan) – National Olympic Stadium / Kokuritsu Kyogijo – 34.934 Zuschauer
Schiedsrichter: Mark Shield (Australien)

Sahel: Aymen Mathlouthi – Saïf Ghezal [C], Radhouène Falhi, Saber Ben Frej, Hatem Bejaoui – Afouène Gharbi, Mohammed Ali Nafkha, Muri Ogunbiyi [BEN], Moussa Narry [GHA] – Amine Chermiti, Mehdi Ben Dhifallah (89. Mohamed Sakho [GUI])
Trainer: Bertrand Marchand [FRA]

Pachuca: Miguel Ángel Calero [C][COL] – Marvin Cabrera, Leobardo López, Julio César Manzur [PAR], Fausto Pinto – Christian Giménez [ARG], Jaime Correa, Gabriel Caballero (91. Luis Rey [COL]), Gerardo Rodríguez (87. Andrés Chitiva [COL]) – Damián Álvarez [ARG], Juan Carlos Cacho
Trainer: Enrique Meza

Tor: 1:0 Narry (85.)

10.12.2007
Sepahan Isfahan (Iran) – Urawa Red Diamonds (Japan) 1:3 (0:1)

Toyota (Japan) – Toyota Stadium / Toyota Sutajiamu – 33.263 Zuschauer
Schiedsrichter: Coffi Codjia (Benin)

Isfahan: Mohammad Savari – Hadi Aghili, Mohsen Bengar, Jaba Mujiri [GEO], Farshad Bahadorani – Hadi Jafari (46. Mahmoud Karimi), Abdul-Wahab Abu Al-Hail [IRQ] (78. Ebrahim Loveinian), Ehsan Hajsafi, Emad Mohammed [IRQ] – Kabir Bello [NGA] (46. Saeed Bayat), Mehdi Seyed Salehi [C]
Trainer: Luka Bonačić [CRO]

Urawa: Ryota Tsuzuki – Keisuke Tsuboi, Nenê[1] [BRA], Marcus Túlio Tanaka, Takahito Soma – Hajime Hosogai, Yuichiro Nagai (73. Shinji Ono), Keita Suzuki [C], Makoto Hasebe (91. Masayuki Okano) – Washington Cerqueira [BRA], Yuki Abe
Trainer: Holger Osieck [GER]
[1] Fábio Camíllo de Brito

Tore: 0:1 Nagai (32.), 0:2 Washington (54.), 0:3 Aghili (70. ET), 1:3 Karimi (80.)

Freilose: Boca Juniors Buenos Aires (Argentinien), AC Mailand (Italien)

Halbfinale

12.12.2007
ES Sahel Sousse (Tunesien) – Boca Juniors Buenoa Aires (Argentinien) 0:1 (0:1)

Tokio (Japan) – National Olympic Stadium / Kokuritsu Kyogijo – 37.255 Zuschauer
Schiedsrichter: Claus Bo Larsen (Dänemark)

Sahel: Aymen Mathlouthi – Saïf Ghezal [C], Radhouène Falhi, Saber Ben Frej, Mehdi Meriah – Mejdi Traoui (75. Gilson Silva [CPV]), Mohammed Ali Nafkha, Muri Ogunbiyi [BEN] (10. Afouène Gharbi), Moussa Narry [GHA] – Amine Chermiti, Mohamed Sakho [GUI] (56. Mehdi Ben Dhifallah)
Trainer: Bertrand Marchand [FRA]

Boca Juniors: Mauricio Caranta – Hugo Ibarra, Jonathan Maidana, Gabriel Paletta, Claudio Morel Rodríguez – Sebastián Battaglia, Neri Cardozo (68. Álvaro González [URU]), Fabián Vargas [COL] (65. GRK), Éver Banega (91. Pablo Ledesma) – Martín Palermo [C], Rodrigo Palacio (90. Mauro Boselli)
Trainer: Miguel Ángel Russo

Tor: 0:1 Cardozo (37.)

13.12.2007
Urawa Red Diamonds (Japan) – AC Mailand (Italien) 0:1 (0:0)

Yokohama (Japan) – International Stadium / Kokusai Sogo Kyogijo – 67.005 Zuschauer
Schiedsrichter: Jorge Louis Larrionda (Uruguay)

Urawa: Ryota Tsuzuki – Keisuke Tsuboi, Nenê[1] [BRA], Marcus Túlio Tanaka (76. Nobuhisa Yamada), Takahito Soma (81. Tadaaki Hirakawa) – Hajime Hosogai, Yuichiro Nagai, Keita Suzuki [C], Makoto Hasebe – Washington Cerqueira [BRA], Yuki Abe
Trainer: Holger Osieck [GER]
[1] Fábio Camíllo de Brito

Mailand: Dida[1] [BRA] – Massimo Oddo, Alessandro Nesta, Kakha Kaladze [GEO], Marek Jankulovski [CZE] (80. Paolo Maldini) – Gennaro Gattuso, Andrea Pirlo, Clarence Seedorf [NED] (92. Cristian Brocchi), Kaká[2] [BRA] – Alberto Gilardino (63. Filippo Inzaghi)
Trainer: Carlo Ancelotti
[1] Nélson de Jesus Silva [2] Ricardo Izecson dos Santos Leite

Tor: 0:1 Seedorf (68.)

Spiel um Platz 3

16.12.2007
Urawa Red Diamonds (Japan) – ES Sahel Sousse (Tunesien) 2:2 nV (2:2, 1:1) 4:2 iE

Yokohama (Japan) – International Stadium / Kokusai Sogo Kyogijo – 53.363 Zuschauer
Schiedsrichter: Peter O'Leary (Neuseeland)

Urawa: Ryota Tsuzuki – Keisuke Tsuboi, Nenê[1] [BRA], Nobuhisa Yamada, Takahito Soma – Hajime Hosogai, Yuichiro Nagai, Keita Suzuki [C], Makoto Hasebe – Washington Cerqueira [BRA], Yuki Abe
Trainer: Holger Osieck [GER]
[1] Fábio Camíllo de Brito

Sahel: Aymen Mathlouthi (93. Ahmed Jaouachi) – Saïf Ghezal [C], Radhouène Falhi, Saber Ben Frej, Mehdi Meriah – Mejdi Traoui, Mohammed Ali Nafkha, Khaled Melliti (58. Gilson Silva [CPV]), Moussa Narry [GHA] – Amine Chermiti, Mehdi Ben Dhifallah (90. Bassem Ben Nasser)
Trainer: Bertrand Marchand [FRA]

Tore: 0:1 Ben Frej (5. FE), 1:1, 2:1 Washington (35., 70.), 2:2 Chermiti (75.)
Elfmeterschießen: 1:0 Washington, 0:1 Nafkha (verschossen), 2:0 Abe, 2:1 Ghezal, 3:1 Nagai, 3:2 Ben Nasser, 4:2 Hosogai, 4:2 Traoui (gehalten)

Endspiel

16.12.2007
Boca Juniors Buenos Aires (Argentinien) – AC Mailand (Italien) 2:4 (1:1)

Yokohama (Japan) – International Stadium / Kokusai Sogo Kyogijo – 68.283 Zuschauer
Schiedsrichter: Marco Rodríguez (Mexiko)

Boca Juniors: Mauricio Caranta – Hugo Ibarra/GK, Jonathan Maidana, Gabriel Paletta/GK, Claudio Morel Rodríguez – Sebastián Battaglia/GK, Álvaro González [URU] (67. Pablo Ledesma 88. RK), Éver Banega, Neri Cardozo (68. Leandro Gracián) – Martín Palermo [C], Rodrigo Palacio
Trainer: Miguel Ángel Russo

Mailand: Dida[1] [BRA] – Daniele Bonera, Alessandro Nesta, Paolo Maldini [C], Kakha Kaladze [GEO] (77. RK) – Gennaro Gattuso (65. Émerson Ferreira [BRA]), Andrea Pirlo, Clarence Seedorf [NED] (87. Cristian Brocchi), Kaká[2] [BRA]/GK – Massimo Ambrosini/GK, Filippo Inzaghi (76. Cafu[3] [BRA])
Trainer: Carlo Ancelotti
[1] Nélson de Jesus Silva [2] Ricardo Izecson dos Santos Leite [3] Marcos Evangelista de Morae

Tore: 0:1 Inzaghi (21.), 1:1 Palacio (22.), 1:2 Nesta (50.), 1:3 Kaká (61.), 1:4 Inzaghi (71.), 2:4 Ambrosini (85. ET)

MVP (Most Valuable Player of the Match): Kaká

Klub-Weltmeister 2007 **AC Mailand**

Anläßlich des Turniers gab es noch folgende Ehrungen:

FIFA-Fair-Play-Trophäe – Urawa Red Diamonds
„adidas" **Goldener Ball** (bester Spieler des Turniers) – Kaká (Mailand);
Silberner Ball – Seedorf (Mailand);
Bronzener Ball – Palacio (Boca Juniors)

Schiedsrichter

Zu dem Turnier wurden sieben Schiedsrichter eingesetzt. Unterstützt wurden sie von zwölf Linienrichtern. Deutschsprachige Unparteiische waren nicht eingeladen.

*Das Finale stand unter der Leitung des Mexikaners Marco Antonio Rodríguez Moreno (*10.11.1973) (Foto).*
Er leitete weiterhin u. a. die WM-Spiele 2010 Deutschland gegen Australien und 2014 Brasilien gegen Deutschland.

Wikimedia Commons; Foto : Autor: Hefebreo; CC BY 2.0

Klub-WM 2008

Im Wesentlichen wurde das Turnier nach dem Modus des vergangenen Jahres ausgetragen. Einzige Veränderung war die Durchführung eines Spiels um den fünften Platz. Da für das Gastgeberland Japan der Sieger der Asien Champions League Gamba Osaka teilnahm, konnte der Endspielteilnehmer des höchsten Klubwettbewerbs Asiens, Adelaide United, den für den Ausrichter reservierten Platz einnehmen.

Spielstätten

Wie schon in den vorherigen Jahren fanden die Spiele im Toyota-Stadion, Toyota, im Nationalen Olympiastadion, Tokio und im Internationalen Stadion von Yokohama statt.
[Informationen zu den Spielstätten siehe Klub-WM 2005]

Ausscheidungsspiel

11.12.2008
Adelaide United (Australien) – Waitakere United (Neuseeland) 2:1 (2:0)

Tokio (Japan) – National Olympic Stadium / Kokuritsu Kyogijo – 19.777 Zuschauer
Schiedsrichter: Mohamed Benouza (Algerien)

Adelaide: Eugene Galeković – Robert Cornthwaite, Angelo Costanzo, Scott Jamieson, Daniel Mullen – Kristian Sarkies (70. Robert Younis), Travis Dodd [C], Fabian Barbiero, Jason Spagnuolo (57. Alemão[1] [BRA]) – Paul Reid, Cristiano[2] [BRA]
Trainer: Aurelio Vidmar
[1] Everson Arantes de Oliveira [2] Cristiano dos Santos Rodrigues

Waitakere: Richard Gillespie – Jonathan Perry, Jason Rowley, Neil Emblen [C] [ENG], Paul Seaman [WAL] (85. Benjamin Totori [SOL]) – Neil Sykes [ENG], Christopher Bale [WAL], Jake Butler, Roy Krishna [FIJ] – Daniel Koprivcic (67. Kayne Vincent), Allan Pearce (75. Adriano Pimenta)
Trainer: Christopher Milicich

Tore: 0:1 Seaman (34.), 1:1 Mullen (39.), 2:1 Dodd (83.)

Viertelfinale

13.12.2008
Al-Ahly Kairo (Ägypten) – Pachuca CF (Mexiko) 2:4 nV (2:2, 0:2)

Tokio (Japan) – National Olympic Stadium / Kokuritsu Kyogijo – 30.158 Zuschauer
Schiedsrichter: Ravshan Irmatov (Usbekistan)

Kairo: Amir Abdelhamid – Ahmed El Sayed, Shady Mohamed [C], Wael Gomaa – Mohamed Barakat, Gilberto[1] [ANG] (97. Hussein Yasser [QAT]), Ahmed Hassan(77. Ahmed Sedik), Ahmed Fathi (91. Sayed Moawad), Hossam Ashour   Mohamed Aboutrika, Flávio[2] [ANG]
Trainer: Manuel José[3] [POR]
[1] Felisberto Sebastião da Graça Amaral [2] Flávio da Silva dos Santos Amado [3] Manuel José de Jesus Silva

Pachuca: Miguel Calero [C] [COL] – Leobardo López, Julio Manzur [PAR], Carlos Gerardo Rodríguez, Fausto Pinto (46. Juan Carlos Rojas), Paul Aguilar, Jaime Correa (46. Luis Montes), José Francisco Torres [USA] (70. José María Cárdenas), Damián Álvarez [ARG], Bruno Marioni [ARG], Christian Giménez [ARG]
Trainer: Enrique Meza

Tore: 1:0 Pinto (28. ET), 2:0 Flávio (45.), 2:1 Montes (47.), 2:2 Giménez (73.), 2:3 Álvarez (98.), 2:4 Giménez (110.)

14.12.2008
Adelaide United (Australien) – Gamba Ōsaka (Japan) 0:1 (0:1)

Toyota (Japan) – Toyota Stadium / Toyota Sutajiamu – 38.141 Zuschauer
Schiedsrichter: Pablo Pozo (Chile)

Adelaide: Eugene Galeković – Robert Cornthwaite, Cássio Oliveira1 [BRA] (71. Alemão[2] [BRA]), Scott Jamieson, Daniel Mullen – Sǎsa Ognenovski, Travis Dodd [C], Fabian Barbiero, Diego Walsh[3] [BRA] (25. Robert Younis) – Paul Reid, Cristiano[4] [BRA] (77. Osama Malik)
Trainer: Aurelio Vidmar
[1] Cássio José de Abreu Oliveira [2] Everson Arantes de Oliveira [3] Diego Costa Bastos Walsh [4] Cristiano dos Santos Rodrigues

Ōsaka: Yosuke Fujigaya – Sota Nakazawa, Satoshi Yamaguchi [C], Akira Kaji – Yasuhito Endō, Takahiro Futagawa (84. Takuya Takei), Michihiro Yasuda, Hayato Sasaki (20. Ryuji Bando 81. Masato Yamazaki), Tomokazu Myojin, Hideo Hashimoto – Lucas Severino [BRA]
Trainer: Akira Nishino

Tor: 0:1 Endō (23.)

Freilose: Universitario Quito (Ekuador), Manchester United (England)

Halbfinale

17.12.2008
Universitario Quito (Ekuador) – Pachuca CF (Mexiko) 2:0 (2:0)

Tokio (Japan) – National Olympic Stadium / Kokuritsu Kyogijo – 33.366 Zuschauer
Schiedsrichter: Alberto Undiano Mallenco (Spanien)

Quito: José Cevallos – Norberto Araujo [ARG], Renán Calle, Néicer Reasco (90. Pedro Larrea), Diego Calderón, Jairo Campos – Luis Bolaños, Patricio Urrutia [C], William Araujo, Damìán Manso [ARG] – Claudio Bieler [ARG] (78. Reinaldo Navia [CHI])
Trainer: Edgardo Bauza [ARG]

Pachuca: Miguel Calero [C] [COL] – Leobardo López, Julio Manzur [PAR], Juan Carlos Rojas, Fausto Pinto – Jaime Correa (46. Paul Aguilar), José María Cárdenas (46. Luis Montes), José Francisco Torres [USA] (67. Gerardo Rodriguez) – Damián Álvarez [ARG], Bruno Marioni [ARG], Christian Giménez [ARG]
Trainer: Enrique Meza

Tore: 1:0 Bieler (4.), 2:0 Bolaños (26.)

18.12.2008
Gamba Ōsaka (Japan) – Manchester United (England) 3:5 (0:2)

Yokohama (Japan) – International Stadium / Kokusai Sogo Kyogijo – 67.618 Zuschauer
Schiedsrichter: Benito Archundia (Mexiko)

Ōsaka: Yosuke Fujigaya – Sota Nakazawa, Satoshi Yamaguchi [C], Akira Kaji – Yasuhito Endō, Michihiro Yasuda, Tomokazu Myojin, Hideo Hashimoto – Lucas Severino [BRA], Ryuji Bando (85. Shinichi Terada), Masato Yamazaki
Trainer: Akira Nishino

Manchester: Edwin van der Sar [NED] – Gary Neville [C], Rio Ferdinand, Nemanja Vidić [SRB] (70. Jonny Evans [NIR]), Patrice Evra [FRA] – Cristiano Ronaldo[1] [POR], Anderson[2] [BRA], Paul Scholes (68. Darren Fletcher [SCO]), Nani[3] [POR] – Carlos Tévez [ARG] (74. Wayne Rooney), Ryan Giggs [WAL]
Trainer: Alex Ferguson [SCO]
[1] Cristiano Ronaldo dos Santos Aveiro [2] Anderson Luís de Abreu Oliveira [3] Luís Carlos Almeida da Cunha

Tore: 0:1 Vidić, 0:2 Ronaldo (45.), 1:2 Yamazaki (74.), 1:3 Rooney (75.), 1:4 Fletcher (79.), 1:5 Rooney (79.), 2:5 Endō (85. FE), 3:5 Hashimoto (90.)

Spiel um Platz 5

18.12.2008
Al-Ahly Kairo (Ägypten) – Adelaide United (Australien) 0:1 (0:1)

Yokohama (Japan) – International Stadium / Kokusai Sogo Kyogijo – 35.154 Zuschauer
Schiedsrichter: Peter O'Leary (Neuseeland)

Kairo: Amir Abdelhamid – Shady Mohamed [C], Sayed Moawad , Rami Adel, Wael Gomaa – Mohamed Barakat, Ahmed Hassan (46. Osama Hosny), Ahmed Fathi, Hossam Ashour – Mohamed Aboutrika (46. Hussein Yasser [QAT]), Flávio[1] [ANG] (67. Hani El-Agaizy)
Trainer: Manuel José[2] [POR]
[1] Flávio da Silva dos Santos Amado [2] Manuel José de Jesus Silva

Adelaide: Eugene Galeković [C] – Robert Cornthwaite, Alemão[1] [BRA], Scott Jamieson, Daniel Mullen (54. Michael Marrone), Săsa Ognenovski – Kristian Sarkies, Diego Walsh [BRA] (24. Gyawe Salley), Paul Reid – Cristiano[2] [BRA], Robert Younis (75. Osama Malik)
Trainer: Aurelio Vidmar
[1] Everson Arantes de Oliveira [2] Cristiano dos Santos Rodrigues

Tor: 0:1 Cristiano (7.)

Spiel um Platz 3

21.12.2008
Pachuca CF (Mexiko) – Gamba Ōsaka (Japan) 0:1 (0:1)

Yokohama (Japan) – International Stadium / Kokusai Sogo Kyogijo – 62.619 Zuschauer
Schiedsrichter: Pablo Pozo (Chile)

Pachuca: Miguel Calero [C] [COL] – Leobardo López, Marco Iván Pérez, Jaime Correa, Paul Aguilar – Christian[1] [BRA], Damián Álvarez [ARG] (51. Luis Montes), Gabriel Caballero (74. Víctor Mañón), Gerardo Rodriguez – José María Cárdenas (46. José Francisco Torres [USA]), Christian Giménez [ARG]
Trainer: Enrique Meza
[1] Christian Correa Dionisio

Ōsaka: Yosuke Fujigaya – Sota Nakazawa, Satoshi Yamaguchi [C], Yasuhito Endō, Lucas Severino [BRA] (77. Takuya Takei) – Ryuji Bando (64. Takahiro Futagawa 93. RK), Michihiro Yasuda, Tomokazu Myojin, Akira Kaji – Hideo Hashimoto, Masato Yamazaki
Trainer: Akira Nishino

Tor: 0:1 Yamazaki (29.)

Endspiel

21.12.2008
Universitario Quito (Ekuador) – Manchester United (England) 0:1 (0:0)

Yokohama (Japan) – International Stadium / Kokusai Sogo Kyogijo – 68.682 Zuschauer
Schiedsrichter: Ravshan Irmatov (Usbekistan)

Quito: José Cevallos/GK – Norberto Araujo [ARG]/GK, Renán Calle/GK (77. Pául Ambrosi), Jairo Campos/GK, William Araujo – Luis Bolaños (87. Reinaldo Navia [CHI]), Néicer Reasco (82. Pedro Larrea), Damiàn Manso [ARG], Diego Calderón – Patricio Urrutia [C], Claudio Bieler [ARG]/GK
Trainer: Edgardo Bauza [ARG]

Manchester: Edwin van der Sar [NED] – Rafael Pereira (85. Gary Neville), Rio Ferdinand [C], Nemanja Vidić [SRB] (49. RK), Patrice Evra [FRA] – Park Ji-Sung [KOR], Michael Carrick, Cristiano Ronaldo[1] [POR], Anderson[2] [BRA]/GK (88. Darren Fletcher [SCO]) – Wayne Rooney, Carlos Tévez [ARG] (51. Jonny Evans [NIR])
Trainer: Alex Ferguson [SCO]
[1] Cristiano Ronaldo dos Santos Aveiro [2] Anderson Luís de Abreu Oliveira

Tor: 0:1 Rooney (73.)

MVP (Most Valuable Player of the Match): Wayne Rooney

Klub-Weltmeister 2008 **Manchester United FC**

Anläßlich des Turniers gab es noch folgende Ehrungen:

FIFA-Fair-Play-Trophäe – Adelaide United
„adidas" **Goldener Ball** (bester Spieler des Turniers) – Rooney (Manchester);
Silberner Ball – Cristiano Ronaldo (Manchester);
Bronzener Ball – Manso (Quito)

Schiedsrichter

Zu dem Turnier wurden sieben Schiedsrichter eingesetzt. Unterstützt wurden sie von 14 Linienrichtern. Deutschsprachige Unparteiische waren nicht eingeladen.

Das Finale stand unter der Leitung des Usbeken Ravshan Sayfiddinovich Irmatov [*09.08.1977] (Foto).
Er leitete weiterhin u. a. die WM-Spiele 2014 USA gegen Deutschland und Schweiz gegen Ekuador sowie 2010 Argentinien gegen Deutschland; OS 2012 Mexiko gege Schweiz.

(cc) Wikimedia Commons; Foto: Autor: Yussar; CC BY-SA 4.0

Klub-WM 2009

Gegenüber der Austragung 2008 gab es keine Veränderungen. Erstmals wurde das Turnier in den Vereinigten Arabischen Emiraten ausgetragen.

Spielstätten

Abu Dhabi

Das Stadion wurde 1980 eingeweiht. Es ist nach dem Kronprinz Scheich Mohammmed bin Zayed Al-Nahyan (*11.03.1961) benannt. Ursprünglich hatte es eine Zuschauerkapazität von 15.000 Plätzen. Anläßlich des 18. Nationenturniers um den Golf Cup wurde es 2006 umgebaut und die Kapazität auf 24.000 erhöht. Vier Jahre später erfolgte der Ausbau auf die heute gültige Zahl von 42.056 Plätzen. Künftig soll die Kapazität auf 60.000 erhöht werden. Die Spielfeldgröße beträgt 105 x 68 m.

Mohammed-Bin-Zayed-Stadion –
Al-Jazira-Mohammed-Bin-Zayed-Stadion
(Heimstätte vom Al Jazira Club Abu Dhabi)

Abu Dhabi

Das Stadion wurde Ende 1979 fertiggestellt. Es ist nach dem ersten Präsidenten der Vereinigten Arabischen Emirate Scheich Zayed bin Sultan Al-Nahyan (*06.05.1918 †02.11.2004) benannt. Ursprünglich hatte es eine Zuschauerkapazität von 60.000 Plätzen. Nach Umbauten im Jahr 2003 wurde die Anzahl der Plätze auf 49.500 reduziert. Für den Asien Nationenpokal 2019 soll die Kapazität auf 63.578 Plätze erhöht werden. Die Spielfeldgröße beträgt 105 x 68 m.

Zayed-Sports-City-Stadion
(Heimstätte der Fußballnationalmannschaft der Vereinigten Arabischen Emirate)

Wikimedia Commons; Foto oben: Autor: Neogeolegend; CC BY-SA 3.0
Foto darunter: Autor: alwahda fc; CC BY-SA 4.0

Ausscheidungsspiel

09.12.2009
Al-Ahly Dubai (UAE) – Auckland City (Neuseeland) 0:2 (0:1)

Abu Dhabi (Vereinigte Arabische Emirate) –
Al-Jazira Mohammed bin Zayed Stadium – 14.856 Zuschauer
Schiedsrichter: Carlos Simon (Brasilien)

Dubai: Yousef Abdalla – Saad Surour, Khalid Mohammed (84. Waleed Ahmed), Bader Yaqoot, Yousef Jaber – Ali Abbas al-Hawasin, Hosni Abd Rabo, Salem Khamis [C], Hassan Ali Ibrahim (54. Mehrzad Madanchi [IRN]), Ali Hussain (46. Mohammed Rashid Sarour) – Baré[1] [BRA]
Trainer: Mahdi Redha
[1] Jader Volnei Spindler

Auckland: Jacob Spoonley – Ian Hogg, Ivan Vicelich [C], Greg Uhlmann (91. Sam Campbell), Matt Williams – Lee Ki-Hyung [KOR], Chad Coombes, Jason Hayne (85. Alex Feneridis), Adam McGeorge – Daniel Koprivčić [CRO] (71. Keryn Jordan [RSA]), Adam Dickinson [ENG]
Trainer: Paul Posa

Tore: 0:1 Dickinson (45.), 0:2 Coombes (67.)

Viertelfinale

11.12.2009
TP Mazembe Lupumbashi (DR Kongo) – Pohang Steelers (Südkorea) 1:2 (1:0)

Abu Dhabi (Vereinigte Arabische Emirate) –
Al-Jazira Mohammed bin Zayed Stadium – 9.627 Zuschauer
Schiedsrichter: Peter O'Leary (Neuseeland)

Mazembe: Muteba Kidiaba – Miala Nkulukuta, Bawaka Mabele, Tshizeu Kanyimbu, Mihayo Kazembe – Mulota Kabangu, Bedi Mbenza, Lusadisu Basisila (60. Kasongo Ngandu), Narcisse Ekanga [CAM] (83. Déo Kanda-a-Mukok) – Trésor Mputu [C], Kaluyituka Dioko (82. Luyeye Mvete)
Trainer: Diego Garzitto [FRA]

Pohang: Shin Hwa-yong – Choi Hyo-jin, Kim Hyung-il, Hwang Jae-won [C], Kim Jung-kyum – Denílson[1] [BRA], Kim Tae-su, Kim Jae-sung, Shin Hyung-min (80. Ko Seul-ki), Noh Byung-jun (88. Song Chang-ho) – Namgung Do (56. Hwang Jin-sung)
Trainer: Sérgio Farias[2] [BRA]
[1] Denilson Martins Nascimento [2] Sérgio Ricardo de Paiva Farias

Tore: 1:0 Bedi (28.), 1:1, 1:2 Denílson (50., 78.)

12.12.2009
Auckland City (Neuseeland) – Atlante Cancún (Mexiko) 0:3 (0:1)

Abu Dhabi (Vereinigte Arabische Emirate) – Zayed Sports City Stadium –
7.222 Zuschauer
Schiedsrichter: Coffi Codjia (Benin)

Auckland: Jacob Spoonley – Ian Hogg, Ivan Vicelich [C], Greg Uhlmann, Matt Williams – Lee Ki-Hyung [KOR], Chad Coombes, Jason Hayne, Adam McGeorge – Daniel Koprivčić [CRO] (66. Grant Young [RSA]), Adam Dickinson [ENG] (88. Paul Urlovic)
Trainer: Paul Posa

Atlante: Federico Vilar [C] – Guillermo Rojas, Luis Velázquez, Miguel Ángel Martínez [ARG], Fernando Navarro – Joel González, Daniel Guerrero, Daniel Arreola, Christian Bermúdez – Rafael Márquez (86. Gabriel Pereyra [ARG]), Santiago Solari [ARG] (74. Lucas Silva[1] [BRA])
Trainer: José Guadalupe Cruz
[1] Lucas Antônio Silva de Oliveira

Tore: 0:1 Arreola (36.), 0:2 Bermúdez (69.), 0:3 Silva (91.)

Freilose: Estudiantes La Plata (Argentinien), FC Barcelona (Spanien)

Halbfinale

15.12.2009
Pohang Steelers (Südkorea) – Estudiantes La Plata (Argentinien) 1:2 (0:1)

Abu Dhabi (Vereinigte Arabische Emirate) –
Al-Jazira Mohammed bin Zayed Stadium – 22.626 Zuschauer
Schiedsrichter: Roberto Rosetti (Italien)

Pohang: Shin Hwa-yong (77. RK)[*] – Choi Hyo-jin, Kim Hyung-il, Hwang Jae-won [C] (56. GRK), Kim Jung-kyum – Denílson[1] [BRA], Kim Tae-su (58. Kazunari Okayama [JPN]), Kim Jae-sung (72. GRK), Shin Hyung-min, Noh Byung-jun (54. Park Hee-chul) – Namgung Do (46. Kim Mung-chung)
Trainer: Sérgio Farias[2] [BRA]
[1] Denilson Martins Nascimento [2] Sérgio Ricardo de Paiva Farias
* Nach dem Feldverweis gegen Torwart Shin ging der Brasilianer Denílson ins Tor, da das Wechselkontingent der Südkoreaner erschöpft war. Damit spielte Pohang die verbliebene Zeit mit sieben Feldspielern.

La Plata: Damián Albil – Clemente Rodríguez, Leandro Desábato (68. Christian Cellay), Germán Re, Juan Manuel Díaz [URU] – Maxi Núñez, Juan Sebastián Verón [C], Rodrigo Braña, Leandro Benítez (83. Juan Manuel Salgueiro [URU]) – Enzo Pérez, Mauro Boselli
Trainer: Alejandro Sabella

Tore: 0:1, 0:2 Benítez (45.+2, 53.), 1:2 Denílson (71.)

16.12.2009
Atlante Cancún (Mexiko) – FC Barcelona (Spanien) 1:3 (1:1)

Abu Dhabi (Vereinigte Arabische Emirate) – Zayed Sports City Stadium –
40.955 Zuschauer
Schiedsrichter: Carlos Simon (Brasilien)

Atlante: Federico Vilar [C] – Guillermo Rojas, Luis Velázquez (63. Gabriel Pereyra [ARG]), Miguel Ángel Martínez [ARG], Fernando Navarro – Joel González, Daniel Guerrero, Daniel Arreola, Christian Bermúdez – Rafael Márquez, Santiago Solari [ARG] (56. Andrés Carevic [ARG])
Trainer: José Guadalupe Cruz

Barcelona: Víctor Valdés – Dani Alves[1] [BRA], Carles Puyol [C], Rafael Márquez [MEX] (54. Gerard Piqué), Éric Abidal [FRA] – Xavi[2], Gnégnéri Yaya Touré [CIV] (53. Lionel Messi [ARG]), Sergio Busquets – Pedro Rodríguez, Zlatan Ibrahimović [SWE], Andrés Iniesta (76. Bojan Krkić)
Trainer: Josep Guardiola
[1] Daniel Alves da Silva [2] Xavier Hernández Creus

Tore: 1:0 Rojas (5.), 1:1 Busquets (35.), 1:2 Messi (55.), 1:3 Pedro (67.)

Spiel um Platz 5

16.12.2009
TP Mazembe Lubumbashi (DR Kongo) – Auckland City (Neuseeland) 2:3 (0:1)

Abu Dhabi (Vereinigte Arabische Emirate) – Zayed Sports City Stadium –
4.200 Zuschauer
Schiedsrichter: Benito Archundia (Mexiko)

Mazembe: Muteba Kidiaba (24. RK) – Kasusula Kilitsho, Bawaka Mabele, Mihayo Kazembe, Sita Milandu [CGO] – Mulota Kabangu (74. Kaluyituka Dioko), Bedi Mbenza, Narcisse Ekanga [CAM], Kasongo Ngandu – Trésor Mputu [C], Luyeye Mvete (26. Aimé Bakula)
Trainer: Diego Garzitto [FRA]

Auckland: Paul Gothard [ENG] – Ian Hogg (75. Riki van Steeden), Ivan Vicelich [C], Sam Campbell, Matt Williams – Lee Ki-Hyung [KOR], James Pritchett, Jason Hayne, Chad Coombes – Adam Dickinson [ENG] (46. Grant Young [RSA]), Daniel Koprivčić [CRO] (46. Daniel Morgan)
Trainer: Paul Posa

Tore: 0:1 Hayne (29.), 1:1 Kasongo (60.), 2:1 Kasusula (67.), 2:2 Hayne (72.), 2:3 van Steeden (94.)

Spiel um Platz 3

19.12.2009
Pohang Steelers (Südkorea) – Atlante Cancún (Mexiko) 1:1 nV (1:1, 1:0) 4:3 iE

Abu Dhabi (Vereinigte Arabische Emirate) – Zayed Sports City Stadium –
13.814 Zuschauer
Schiedsrichter: Matthew Breeze (Australien)

Pohang: Song Dong-jin – Choi Hyo-jin, Kim Tae-su, Kazunaro Okayama [JPN] [C], Kim Hyung-il – Kim Mung-chung (65. Ko Seul-gi), Song Chang-ho (60. Ryu Chang-hyun), Kim Jung-kyum (54. Park Hee-chul), Shin Hyung-min – Noh Byung-jun, Denílson[1] [BRA]
Trainer: Sérgio Farias[2] [BRA]
[1] Denilson Martins Nascimento [2] Sérgio Ricardo de Paiva Farias

Atlante: Federico Vilar [C] – Guillermo Rojas, Luis Velázquez, Miguel Ángel Martínez [ARG], Fernando Navarro (93. Santiago Solari) – Joel González, Daniel Guerrero, Daniel Arreola (46. Lucas Silva[1] [BRA]), Christian Bermúdez – Rafael Márquez, Gabriel Pereyra [ARG] (93. Horacio Peralta [URU])
Trainer: José Guadalupe Cruz
[1] Lucas Antônio Silva de Oliveira

Tore: 1:0 Denílson (42.), 1:1 Márquez (46.)
Elfmeterschießen: 0:1 Solari, 1:1 Noh Byung-Jun, 1:1 Márquez (gehalten), 2:1 Denílson, 2:1 Peralta (verschossen), 3:1 Shin Hyung-Min, 3:2 Silva, 3:2 Park Hee-Chul (verschossen), 3:3 Vilar, 4:3 Kim Hhyung-Il

Endspiel

19.12.2009
Estudiantes La Plata (Argentinien) – FC Barcelona (Spanien) 1:2 nV (1:1, 1:0)

Abu Dhabi (Vereinigte Arabische Emirate) –
Zayed Sports City Stadium – 43.050 Zuschauer
Schiedsrichter: Benito Archundia (Mexiko)

La Plata: Damián Albil – Clemente Rodríguez/GK, Christian Cellay, Leandro Desábato/GK, Germán Ré (91. Marcos Rojo/GK) – Juan Manuel Díaz [URU]/GK, Leandro Benítez (76. Matías Sánchez/GK), Juan Sebastián Verón [C], Rodrigo Braña/GK – Enzo Pérez/GK (79. Maxi Núñez), Mauro Boselli
Trainer: Alejandro Sabella

Barcelona: Víctor Valdés/GK – Dani Alves[1] [BRA], Carles Puyol [C], Gerard Piqué, Éric Abidal [FRA] – Xavi[2], Sergio Busquets (79. Gnégnéri Yaya Touré [CIV]), Seydou Keita [MLI] (46. Pedro Rodríguez) – Lionel Messi [ARG]/GK, Zlatan Ibrahimović [SWE], Thierry Henry [FRA]/GK(83. Jeffrén Suárez)
Trainer: Josep Guardiola
[1] Daniel Alves da Silva [2] Xavier Hernández Creus

Tore: 1:0 Boselli (37.), 1:1 Pedro (89.), 1:2 Messi (110.)

MVP (Most Valuable Player of the Match): Lionel Messi

Klub-Weltmeister 2009 **FC Barcelona**

Anläßlich des Turniers gab es noch folgende Ehrungen:

FIFA-Fair-Play-Trophäe – Atlante Cancún
„adidas" **Goldener Ball** (bester Spieler des Turniers) – Messi (Barcelona);

Schiedsrichter

Zu dem Turnier wurden sieben Schiedsrichter eingesetzt. Unterstützt wurden sie von 14 Linienrichtern. Deutschsprachige Unparteiische waren nicht eingeladen.

Das Finale stand unter der Leitung des Mexikaners Benito *Armando* Archundia *Téllez* (*21.03.1966).
Er leitete weiterhin u. a. die WM-Spiele 2010 Uruguay gegen Deutschland sowie 2006 Deutschland gegen Italien und Schweiz gegen Ukraine.

.... Klub-WM **2010** | Gegenüber der Austragung 2009 gab es keine Veränderungen.

Spielstätten

Wie schon 2009 fanden die Spiele im Al-Jazira-Mohammed-Bin-Zayed-Stadion, Abu Dhabi und Zayed-Sports-City-Stadion, Abu Dhabi statt.
[Informationen zu den Spielstätten siehe Klub-WM 2009]

Ausscheidungsspiel

08.12.2010
Al-Wahda Abu Dhabi (UAE) – Hekari United FC (Papua-Neuguinea) 3:0 (2:0)

Abu Dhabi (Vereinigte Arabische Emirate) –
Al-Jazira Mohammed bin Zayed Stadium – 23.895 Zuschauer
Schiedsrichter: Daniel Bennett (Südafrika)

Al-Wahda: Adel Al-Hosani – Eissa Ahmed, Bashir Saeed, Haider Ali [C], Hamdan Al-Kamali – Magrão[1] [BRA], Mahmoud Al-Hammadi, Ismail Matar (83. Amer Bazuhair), Hugo[2] [BRA] – Fahed Masoud (63. Abdulrahim Jumaa), Fernando Baiano[3] [BRA] (72. Modibo Diarra [CIV])
Trainer: Josef Hickersberger [AUT]
[1] *Márcio Rodrigues* [2] *Hugo Henrique Assis do Nascimento* [3] *João Fernando Nelo*

Hekari: Simione Tamanisau [FIJ] – Gideon Omokirio [SOL], Malakai Tiwa [FIJ], Koriak Upaiga – Abraham Iniga [SOL] (79. Niel Hans), Osea Vakatalesau [FIJ], David Muta [C], Pita Bolaitoga [FIJ], Henry Fa'arodo [SOL] – Kema Jack, Alvin Singh [FIJ]
Trainer: Tommy Mana [SOL]

Tore: 1:0 Hugo (40.), 2:0 Fernando Baiano (44.), 3:0 Jumaa (71.)

Viertelfinale

10.12.2010
TP Mazembe Lubumbashi (DR Kongo) – Pachuca CF (Mexiko) 1:0 (1:0)

Abu Dhabi (Vereinigte Arabische Emirate) –
Al-Jazira Mohammed bin Zayed Stadium – 17.960 Zuschauer
Schiedsrichter: Yuichi Nishimura (Japan)

Mazembe: Muteba Kidiaba – Joël Kimwaki, Kasusula Kilitsho, Miala Nkulukuta, Narcisse Ekanga [CAM] (46. Kasongo Ngandu) – Mihayo Kazembe [C], Bedi Mbenza, Kaluyituka Dioko (91. Déo Kanda-a-Mukok), Stopila Sunzu [ZAM] (81. GRK) – Given Singuluma [ZAM], Mulota Kabangu (85. Mukinayi Tshani)
Trainer: Lamine N'Diaye [SEN]

Pachuca: Miguel Ángel Calero [C][COL] – Paul Aguilar, Leobardo López, Javier Muñoz Mustafá [ARG], Braulio Luna (74. Hérculez Gómez [USA]) – Raúl Martínez, Carlos Peña (58. Édgar Benítez [PAR]), José Francisco Torres [USA] (73. Edy Brambila), Damián Manso [ARG] – Franco Arizala [COL], Darío Cvitanich [ARG]
Trainer: Pablo Mariní [ARG]

Tor: 1:0 Bedi (21.)

11.12.2010
Al-Wahda Abu Dhabi (UAE) – Seongnam Ilhwa Chunma (Südkorea) 1:4 (1:2)

Abu Dhabi (Vereinigte Arabische Emirate) –
Zayed Sports City Stadium – 30.625 Zuschauer
Schiedsrichter: Víctor Hugo Carrillo (Peru)

Al-Wahda: Adel Al-Hosani – Eissa Ahmed, Bashir Saeed, Haider Ali [C] (54. Mohammed Al-Shehhi), Mahmoud Al-Hammadi – Hamdan Al-Kamali, Magrão[1] [BRA] (64. Khalid Jalal), Fahed Masoud (90. Saeed Al-Kathiri), Hugo[2] [BRA] – Ismail Matar, Fernando Baiano[3] [BRA]
Trainer: Josef Hickersberger [AUT]
[1] *Márcio Rodrigues* [2] *Hugo Henrique Assis do Nascimento* [3] *João Fernando Nelo*

Seongnam: Jung Sung-ryong – Kim Sung-hwan, Saša Ognenovski [C][AUS], Cho Byung-kuk, Ko Jae-sung – Choi Sung-kuk, Cho Dong-geon, Hong Cheol, Jeon Kwang-jin (46. Jo Jae-cheol), Mauricio Molina [COL] (84. Kim Jin-jong) – Dženan Radončić [MNE] (69. Song Ho-Yyoung)
Trainer: Shin Tae-yong

Tore: 0:1 Molina (4.), 1:1 Fernando Baiano (27.), 1:2 Ognenovski (30.), 1:3 Choi Sung-kuk (71.), 1:4 Cho Dong-geon (81.)

Freilose: Internacional Porto Alegre (Brasilien), Internazionale Mailand (Italien)

Halbfinale

14.12.2010
TP Mazembe Lubumbashi (DR Kongo) – Internacional Porto Alegre (Brasilien) 2:0 (0:0)

Abu Dhabi (Vereinigte Arabische Emirate) –
Al-Jazira Mohammed bin Zayed Stadium – 22.131 Zuschauer
Schiedsrichter: Björn Kuipers (Niederlande)

Mazembe: Muteba Kidiaba – Joël Kimwaki, Kasusula Kilitsho, Miala Nkulukuta, Narcisse Ekanga [CAM] – Mihayo Kazembe [C], Bedi Mbenza, Kaluyituka Dioko, Kasongo Ngandu – Given Singuluma [ZAM], Mulota Kabangu (85. Déo Kanda-a-Mukok)
Trainer: Lamine N'Diaye [SEN]

Porto Alegre: Renan[1] – Nei[2], Bolívar[3][C], Índio[4], Kléber[5] – Wilson Mathías, Pablo Guiñazú [ARG], Tinga[6] (63. Giuliano[7]), Andrés D'Alessandro [ARG] – Rafael Sóbis[8] (76. Oscar[9]), Alecsandro[10] (63. Leandro Damião[11])
Trainer: Celso Roth
[1] Renan Brito Soares [2] Claudinei Cardoso Félix Silva [3] Fabian Guedes [4] Marcos Antônio de Lima [5] Kléber Soriano de Carvalho Corrêa [6] Paulo César Fonseca Nascimento [7] Giuliano Victor de Paula [8] Rafael Augusto Sóbis do Nascimento [9] Oscar dos Santos Emboaba Júnior [10] Alecsandro Barbosa Felisbino [11] Leandro Damião da Silva dos Santos

Tore: 1:0 Kabangu (53.), 2:0 Kaluyituka (85.)

15.12.2010
Internazionale Mailand (Italien) – Seongnam Ilhwa Chunma (Südkorea) 3:0 (2:0)

Abu Dhabi (Vereinigte Arabische Emirate) –
Zayed Sports City Stadium – 35.995 Zuschauer
Schiedsrichter: Roberto Moreno (Panama)

Mailand: Júlio César[1] [BRA] – Javier Zanetti [C][ARG], Lúcio[2] [BRA], Iván Córdoba [COL], Cristian Chivu [ROM] (79. Davide Santon) – Goran Pandev [MKD], Dejan Stanković [SRB], Esteban Cambiasso [ARG], Wesley Sneijder [NED] (4. Thiago Motta [BRA], Samuel Eto'o [CAM] – Diego Milito [ARG] (77. Sulley Muntari [GHA])
Trainer: Rafael Benítez [ESP]
[1] Júlio César Soares de Espíndola [2] Lucimar Ferreira da Silva

Seongnam: Jung Sung-ryong – Kim Sung-hwan, Saša Ognenovski [C][AUS], Cho Byung-kuk, Ko Jae-sung – Choi Sung-kuk (67. Song Ho-young), Cho Dong-geon, Hong Cheol, Jo Jae-cheol (68. Cheon Kwang-jin), Mauricio Molina [COL] – Dženan Radončić [MNE] (87. Kim Jin-yong)
Trainer: Shin Tae-yong

Tore: 1:0 Stanković (3.), 2:0 Zanetti (32.), 3:0 Milito (73.)

Spiel um Platz 5

15.12.2010
Al-Wahda Abu Dhabi (UAE) – Pachuca CF (Mexiko) 2:2 nV (2:2, 1:0) 2:4 iE

Abu Dhabi (Vereinigte Arabische Emirate) –
Zayed Sports City Stadium – 10.908 Zuschauer
Schiedsrichter: Daniel Bennett (Südafrika)

Al-Wahda: Adel Al-Hosani – Eissa Ahmed, Bashir Saeed, Mahmoud Al-Hammadi, Hamdan Al-Kamali (72. GRK) – Yaqoub Al-Hosani, Fahed Masoud (64. Mohammed Al-Shehhi), Abdulrahim Jumaa [C], Hugo[1] [BRA] – Ismail Matar (75. Omar Ahmed), Saeed Al-Kathiri (46. Modibo Diarra [CIV])
Trainer: Josef Hickersberger [AUT]
[1] Hugo Henrique Assis do Nascimento

Pachuca: Miguel Ángel Calero [C][COL] – Paul Aguilar (62. Juan Carlos Rojas), Leobardo López, Javier Muñoz Mustafá [ARG], Braulio Luna – Raúl Martínez (77. Darío Cvitanich [ARG]), Luís Montes , José Francisco Torres [USA], Damián Manso [ARG] – Franco Arizala [COL], Hérculez Gómez [USA] (62. Édgar Benítez [PAR])
Trainer: Pablo Mariní [ARG]

Tore: 1:0 Matar (44.), 2:0 Al-Hammadi (77.), 2:1, 2:2 Cvitanich (82., 89.) *
* Besonderes Vorkommnis: In der 73. Benítez verschießt Foulelfmeter
Elfmeterschießen: 0:1 Cvitanich, 1:1 Hugo, 1:2 López, 2:2 Saeed, 2:3 Muñoz Mustafá, 2:3 Jumaa (gehalten), 2:4 Luna, 2:4 Diarra (verschossen)

Spiel um Platz 3

18.12.2010
Internacionale Porto Alegre (Brasilien) – Seongnam Ilhwa Chunma (Südkorea) 4:2 (2:0)

Abu Dhabi (Vereinigte Arabische Emirate) –
Zayed Sports City Stadium – 16.563 Zuschauer
Schiedsrichter: Michael Hester (Neuseeland)

Porto Alegre: Renan[1] (74. Roberto Abbondanzieri [ARG]) – Nei[2], Bolívar[3][C], Índio[4], Kléber[5] – Wilson Mathías (81. Andrézinho[6]), Pablo Guiñazú [ARG], Tinga[7], Andrés D'Alessandro [ARG] – Rafael Sóbis[8] (62. Giuliano[9]), Alecsandro[10]
Trainer: Celso Roth
[1] Renan Brito Soares [2] Claudinei Cardoso Félix Silva [3] Fabian Guedes [4] Marcos Antônio de Lima [5] Kléber Soriano de Carvalho Corrêa [6] André Luiz Tavares [7] Paulo César Fonseca Nascimento [8] Rafael Augusto Sóbis do Nascimento [9] Giuliano Victor de Paula [10] Alecsandro Barbosa Felisbino

Seongnam: Jung Sung-ryong – Ko Jae-sung, Yoon Young-sun, Hong Chul, Jang Suk-won (34. GRK) – Kim Sung-hwan, Jo Jae-cheol, Song Ho-young (28. Dženan Radončić [MNE] 43. Kim Jin-yong), Mauricio Molina [COL], Choi Sung-kuk – Cho Dong-geon
Trainer: Shin Tae-yong

Tore: 1:0 Tinga (15.), 2:0 Alecsandro (27.), 3:0 D'Alessandro (52.), 4:0 Alecsandro (71.), 4:1, 4:2 Molina (84., 93.)

Endspiel

18.12.2010
Internazionale Mailand (Italien) – TP Mazembe Lubumbashi (DR Kongo) 3:0 (2:0)

Abu Dhabi (Vereinigte Arabische Emirate) –
Zayed Sports City Stadium – 42.174 Zuschauer
Schiedsrichter: Yuichi Nishimura (Japan)

Mailand: Júlio César[1] [BRA] – Maicon[2] [BRA], Lúcio[3] [BRA], Iván Córdoba [COL], Cristian Chivu [ROM] (54. Dejan Stanković [SRB]) – Thiago Motta [BRA]/GK (87. McDonald Mariga [KEN]), Esteban Cambiasso [ARG], Javier Zanetti [C][ARG], Samuel Eto'o [CAM] – Goran Pandev [MKD], Diego Milito [ARG] (70. Jonathan Biabiany [FRA])
Trainer: Rafael Benítez [ESP]
[1] Júlio César Soares de Espíndola [2] Maicon Douglas Sisenando [3] Lucimar Ferreira da Silva

Mazembe: Muteba Kidiaba – Joël Kimwaki, Kasusula Kilitsho/GK, Miala Nkulukuta, Narcisse Ekanga/GK [CAM] – Mihayo Kazembe [C], Bedi Mbenza/GK, Kaluyituka Dioko/GK (90. Ndonga Mianga), Kasongo Ngandu (46. Déo Kanda-a-Mukok) – Given Singuluma [ZAM], Mulota Kabangu
Trainer: Lamine N'Diaye [SEN]

Tore: 1:0 Pandev (13.), 2:0 Eto'o (17.), 3:0 Biabiany (85.)

MVP (Most Valuable Player of the Match): Samuel Eto'o

Klub-Weltmeister 2010 **FC Internazionale Mailand**

Anläßlich des Turniers gab es noch folgende Ehrungen:

FIFA-Fair-Play-Trophäe – Internazionale Mailand
„adidas" **Goldener Ball** (bester Spieler des Turniers) – Eto'o (Inter);
Silberner Ball – Kaluyituka (Mazembe);
Bronzener Ball – D'Alessandro (Inter)

Schiedsrichter

Zu dem Turnier wurden sieben Schiedsrichter eingesetzt. Unterstützt wurden sie von 14 Linienrichtern. Deutschsprachige Unparteiische waren nicht eingeladen.

Das Finale stand unter der Leitung des Japaners Yuichi Nishimura (*17.04.1972) *(Foto).*
Er leitete bisher keine Wettbewerbsspiele unter Beteiligung deutschsprachiger Mannschaften.

(cc) *Wikimedia Commons; Foto : Autor: Camw; CC BY-SA 3.0*

.... Klub-WM **2011**

Gegenüber der Austragung 2010 gab es keine Veränderungen. Der Wettbewerb wurde wieder in Japan ausgetragen.

Spielstätten

Wie schon von 2005 bis 2008 fanden die Spiele im Toyota-Stadion, Toyota und im Internationalen Stadion von Yokohama statt, lediglich das Nationale Olympiastadion in Tokio war kein Austragungsort.
[Informationen zu den Spielstätten siehe Klub-WM 2005]

Ausscheidungsspiel

08.12.2011
Kashiwa Reysol (Japan) – Auckland City (Neuseeland) 2:0 (2:0)

Toyota (Japan) – Toyota Stadium / Toyota Sutajiamu – 18.754 Zuschauer
Schiedsrichter: Nicola Rizzoli (Italien)

Kashiwa: Takanori Sugeno – Hiroki Sakai (67. Koki Mizuno), Wataru Hashimoto, Naoya Kondo, Tatsuya Masushima – Leandro Domingues[1] [BRA], Hidekazu Otani [C], Akimi Barada (82. Ryoichi Kurisawa), Jorge Wagner[2] [BRA] – Masato Kudo, Junya Tanaka (85. Hideaki Kitajima)
Trainer: Nelsinho Baptista[3] [BRA]
[1] *Leandro Domingues Barbosa* [2] *Jorge Wagner Goés Conceição* [3] *Nélson Baptista Júnior*

Auckland: Jacob Spoonley – James Pritchett, Ivan Vicelich [C], Ángel Berlanga [ESP], Ian Hogg – Alex Feneridis (49. Luis Corrales [CRC]), Albert Riera [ESP] (69. Daniel Koprivčić [CRO]), Dave Mulligan, Andreu Guerao [ESP] – Adam Dickinson [ENG] (68. Emiliano Tade [ARG]), Manel Expósito [ESP]
Trainer: Ramón Tribulietx [ESP]

Tore: 1:0 Tanaka (37.), 2:0 Kudo (40.)

Viertelfinale

11.12.2011
Espérance Tunis (Tunesien) – Al-Sadd Doha (Katar) 1:2 (0:1)

Toyota (Japan) – Toyota Stadium / Toyota Sutajiamu – 21.251 Zuschauer
Schiedsrichter: Enrique Osses (Chile)

Tunis: Moez Ben Cherifia – Idrissa Coulibaly [MLI] (46. Harrison Afful [GHA]), Yaya Banana [CAM], Walid Hichri, Khalil Chammam – Youssef Msakni, Mejdi Traoui, Khaled Mouelhi, Oussama Darragi [C] (75. Khaled Ayari), Wajdi Bouazzi – Yannick N'Djeng [CAM]
Trainer: Nabil Maâloul

Doha: Mohammed Saqr – Abdulla Koni [C], Lee Jung-Soo [KOR], Mohammed Kasola, Ibrahim Abdulmajid – Wesam Rizik (72. Taher Zakaria), Talal Al-Bouloushi, Khalfan Al-Khalfan (75. Yusef Ali), Nadir Belhadj [ALG] – Abdul Kader Keïta [CIV], Mamadou Niang [SEN] (92. Hassan Al-Haidos)
Trainer: Jorge Fossati [URU]

Tore: 0:1 Al-Khalfan (30.), 0:2 Koni (49.), 1:2 Darragi (60.)

11.12.2011
Kashiwa Reysol (Japan) – CF Monterrey (Mexiko) 1:1 (1:1, 0:0) 4:3 iE

Toyota (Japan) – Toyota Stadium / Toyota Sutajiamu – 27.525 Zuschauer
Schiedsrichter: Peter O'Leary (Neuseeland)

Kashiwa: Takanori Sugeno – Hiroki Sakai, Wataru Hashimoto, Naoya Kondo, Tatsuya Masushima – Leandro Domingues[1] [BRA], Hidekazu Otani [C], Ryoichi Kurisawa, Jorge Wagner[2] [BRA] – Masato Kudo (106. Ryohei Hayashi), Junya Tanaka
Trainer: Nelsinho Baptista[3] [BRA]
[1] *Leandro Domingues Barbosa* [2] *Jorge Wagner Goés Conceição* [3] *Nélson Baptista Júnior*

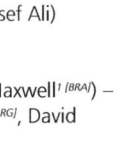

Monterrey: Jonathan Orozco – Ricardo Osorio, Hiram Mier, José María Basanta [ARG], Dárvin Chávez (91. Walter Ayoví [ECU]) – Jesús Zavala, Luis Pérez [C], Neri Cardozo [ARG] (100. Sergio Pérez), César Delgado [ARG] – Sergio Santana (97. Aldo de Nigris), Humberto Suazo [CHI]
Trainer: Víctor Vucetich

Tore: 1:0 Leandro Domingues (53.), 1:1 Suazo (58.)
Elfmeterschießen: 0:0 L. Pérez (gehalten), 1:0 Leandro Domingues, 1:1 Suazo, 2:1 Jorge Wagner, 2:2 Ayoví, 3:2 Kurisawa, 3:2 Orozco (verschossen), 3:2 Tanaka (gehalten), 3:3 Delgado, 4:3 Hayashi

Freilose: FC Santos (Brasilien), FC Barcelona (Spanien)

Halbfinale

14.12.2011
Kashiwa Reysol (Japan) – FC Santos (Brasilien) 1:3 (0:2)

Toyota (Japan) – Toyota Stadium / Toyota Sutajiamu – 29.173 Zuschauer
Schiedsrichter: Nicola Rizzoli (Italien)

Kashiwa: Takanori Sugeno – Hiroki Sakai, Wataru Hashimoto (80. Akihiro Hyodo), Naoya Kondo, Tatsuya Masushima – Leandro Domingues[1] [BRA], Hidekazu Otani [C], Ryoichi Kurisawa, Jorge Wagner[2] [BRA] – Masato Kudo (46. Hideaki Kitajima), Junya Tanaka (65. Masakatsu Sawa)
Trainer: Nelsinho Baptista[3] [BRA]
[1] Leandro Domingues Barbosa [2] Jorge Wagner Goés Conceição [3] Nélson Baptista Júnior

Santos: Rafael[1] – Danilo[2] (91. Bruno Aguiar[3]), Edu Dracena[4] [C], Durval[5], Bruno Rodrigo[6] – Henrique[7], Arouca[8], Elano[9] (59. Alan Kardec[10]), Ganso[11] – Humberlito Borges[12] (80. Ibson Barreto[13]), Neymar[14]
Trainer: Muricy Ramalho
[1] Rafael Cabral Barbosa [2] Danilo Luiz da Silva [3] Bruno Henrique Fortunato Aguiar [4] Eduardo Luís Abonízio de Souza [5] Severino dos Ramos Durval da Silva [6] Bruno Rodrigo Fenelon Palomo [7] Henrique Pacheco de Lima [8] Marcos Arouca da Silva [9] Elano Ralph Blumer [10] Alan Kardec de Souza Pereira Júnior [11] Paulo Henrique Chagas de Lima [12] Humberlito Borges Teixeira [13] Ibson Barreto da Silva [14] Neymar da Silva Santos Júnior

Tore: 0:1 Neymar (19.), 0:2 Borges (24.), 1:2 Sakai (54.), 1:3 Danilo (63.)

15.12.2011
Al-Sadd Doha (Katar) – FC Barcelona (Spanien) 0:4 (0:2)

Yokohama (Japan) – International Stadium / Kokusai Sogo Kyogijo – 66.298 Zuschauer
Schiedsrichter: Joel Anguilar (El Salvador)

Doha: Mohammed Saqr – Abdulla Koni [C], Lee Jung-Soo [KOR], Mohammed Kasola, Ibrahim Abdulmajid – Wesam Rizik, Talal Al-Boloushi (65. Mohammed Al-Yazidi), Khalfan Al-Khalfan, Nadir Belhadj [ALG] – Abdul Kader Keïta [CIV] (85. Hassan Al-Haidos), Mamadou Niang [SEN] (77. Yusef Ali)
Trainer: Jorge Fossati [URU]

Barcelona: Víctor Valdés – Carles Puyol [C], Javier Mascherano [ARG], Éric Abidal [FRA] (66. Maxwell[1] [BRA]) – Andrés Iniesta, Seydou Keita [MLI], Thiago[2], Adriano[3] [BRA] – Pedro Rodríguez, Lionel Messi [ARG], David Villa (39. Alexis Sánchez [CHI] 71. Isaac Cuenca)
Trainer: Josep Guardiola
[1] Maxwell Scherrer Cabelino Andrade [2] Thiago Alcântara do Nascimento [3] Adriano Correia Claro

Tore: 0:1, 0:2 Adriano (25., 43.), 0:3 Keita (64.), 0:4 Maxwell (81.)

Spiel um Platz 5

14.12.2011
Espérance Tunis (Tunesien) – CF Monterrey (Mexiko) 2:3 (1:2)

Toyota (Japan) – Toyota Stadium / Toyota Sutajiamu – 13.639 Zuschauer
Schiedsrichter: Ravshan Irmatov (Usbekistan)

Tunis: Moez Ben Cherifia – Idrissa Coulibaly [MLI], Yaya Banana [CAM], Walid Hichri, Khalil Chammam [C] (54. Khaled Ayari) – Harrison Afful [GHA], Youssef Msakni, Mejdi Traoui, Khaled Mouelhi, Wajdi Bouazzi (77. Oussama Darragi) – Yannick N'Djeng [CAM]
Trainer: Nabil Maâloul

Monterrey: Jonathan Orozco – Sergio Pérez, Hiram Mier, José María Basanta [ARG], Dárvin Chávez – Jesús Zavala, Luis Pérez [C] (29. Hector Morales), Neri Cardozo [ARG], Walter Ayoví [ECU] – Sergio Santana (87. Severo Meza), Aldo de Nigris
Trainer: Víctor Vucetich

Tore: 1:0 N'Djeng (31.), 1:1 Mier (39.), 1:2 de Nigris (44.), 1:3 Zavala (47.), 2:3 Mouelhi (76. FE)

Spiel um Platz 3

15.12.2011
Al-Sadd Doha (Katar) – Kashiwa Reysol (Japan) 0:0 nV 5:3 iE

Yokohama (Japan) – International Stadium / Kokusai Sogo Kyogijo – 60.527 Zuschauer
Schiedsrichter: Doué Noumandiez (Elfenbeinküste)

Doha: Mohammed Saqr – Abdulla Koni [C], Lee Jung-Soo [KOR], Ibrahim Abdulmajid – Wesam Rizik, Mohammed Al-Yazidi (83. Hassan Al-Haidos), Mesaad Al-Hamad (93. Taher Zakaria), Nadir Belhadj [ALG] – Khalfan Al-Khalfan (73. Yusef Ali), Abdul Kader Keïta [CIV], Mamadou Niang [SEN]
Trainer: Jorge Fossati [URU]

Kashiwa: Takanori Sugeno – Hiroki Sakai, Wataru Hashimoto, Naoya Kondo, Tatsuya Masushima – Koki Mizuno, Hidekazu Otani [C], Akimi Barada, Jorge Wagner[1] [BRA] – Hideaki Kitajima (81. Ryohei Hayashi), Junya Tanaka (75. Masakatsu Sawa)
Trainer: Nelsinho Baptista[2] [BRA]
[1] Jorge Wagner Goés Conceição [2] Nélson Baptista Júnior

Tore:
Elfmeterschießen: 1:0 Niang, 1:1 Jorge Wagner, 2:1 Keita, 2:2 Sawa, 3:2 Abdulmajid, 3:2 Hayashi (gehalten), 4:2 Al-Haidos, 4:3 Otani, 5:3 Belhadj

Endspiel

18.12.2011
FC Barcelona (Spanien) – FC Santos (Brasilien) 4:0 (3:0)

Yokohama (Japan) – International Stadium / Kokusai Sogo Kyogijo – 68.166 Zuschauer
Schiedsrichter: Ravshan Irmatov (Usbekistan)

Barcelona: Víctor Valdés – Carles Puyol [C],(85. Andreu Fontàs), Gerard Piqué/GK (56. Javier Mascherano [ARG]/GK), Éric Abidal [FRA] – Dani Alves[1] [BRA], Sergio Busquets, Xavi[2], Thiago[3] (79. Pedro Rodríguez) – Andrés Iniesta, Lionel Messi [ARG], Cesc Fàbregas
Trainer: Josep Guardiola
[1] Daniel Alves da Silva [2] Xavier Hernández Creus [2] Thiago Alcântara do Nascimento

Santos: Rafael[1] – Danilo[2] (31. Elano[3]), Edu Dracena[4][C]/GK, Durval[5], Bruno Rodrigo[6], Léo[7] – Henrique[8], Arouca[9], Ganso[10]/GK (83. Ibson Barreto[11]) – Humberlito Borges[12] (79. Alan Kardec[13]), Neymar[14]
Trainer: Muricy Ramalho
[1] Rafael Cabral Barbosa [2] Danilo Luiz da Silva [3] Elano Ralph Blumer [4] Eduardo Luís Abonízio de Souza [5] Severino dos Ramos Durval da Silva [6] Bruno Rodrigo Fenelon Palomo [7] Leonardo Lourenço Bastos [8] Henrique Pacheco de Lima [9] Marcos Arouca da Silva [10] Paulo Henrique Chagas de Lima [11] Ibson Barreto da Silva [12] Humberlito Borges Teixeira [13] Alan Kardec de Souza Pereira Júnior [14] Neymar da Silva Santos Júnior

Tore: 1:0 Messi (17.), 2:0 Xavi (24.), 3:0 Fàbregas (45.), 4:0 Messi (82.)

MVP (Most Valuable Player of the Match): Lionel Messi

Klub-Weltmeister 2011 **FC Barcelona**

Anläßlich des Turniers gab es noch folgende Ehrungen:

FIFA-Fair-Play-Trophäe – FC Barcelona
„adidas" **Goldener Ball** (bester Spieler des Turniers) – Messi (Barcelona);
Silberner Ball – Xavi (Barcelona);
Bronzener Ball – Neymar (Santos)

Schiedsrichter

Zu dem Turnier wurden sieben Schiedsrichter eingesetzt. Unterstützt wurden sie von 14 Linienrichtern. Deutschsprachige Unparteiische waren nicht eingeladen.

Das Finale stand unter der Leitung des Usbeken Ravshan Sayfiddinovich Irmatov (*09.08.1977) (Foto).
Er leitete weiterhin u. a. die WM-Spiele 2014 USA gegen Deutschland und Schweiz gegen Ekuador sowie 2010 Argentinien gegen Deutschland; OS 2012 Mexiko gege Schweiz.

(cc) *Wikimedia Commons; Foto links: Autor: Yussar; CC BY-SA 4.0*
Fotos unten: Autor: Christopher Johnson; CC BY 2.0

Der Torwart (Foto rechts) des FC Santos Rafael Cabral (r.) schien nichts Gutes zu ahnen. Barcelonas Weltstar Lionel Messi ließ ihn alt aussehen und bezwang den Brasilianer im Finale 2011 zweimal. Auf dem Foto unten feierten die Spieler des FC Barcelona ihren Trainer Pep Guardiola, der diese Erfahrung schon 2009 mit dem Barca-Team machen durfte.

89

.... Klub-WM **2012**

Gegenüber der Austragung 2010 gab es keine Veränderungen. Der Wettbewerb wurde wieder in Japan ausgetragen.
Erstmal wurde bei diesem Wettbewerb die Torlinientechnologie zur Torbestimmung eingesetzt. Dabei wurden zwei Systeme benutzt: das auf Kamaras basierende Hawk-Eye-System und das GoalRef-System, bei dem ein Chip im Ball eingesetzt war. Im Stadion von Toyota war das Hawk-Eye-System und in Yokohama das GoalRef-System installiert.

Spielstätten

Wie schon 2011 fanden die Spiele im Toyota-Stadion, Toyota und im Internationalen Stadion von Yokohama statt.
[Informationen zu den Spielstätten siehe Klub-WM 2005]

Ausscheidungsspiel

06.12.2012
Sanfrezze Hiroshima (Japan) – Auckland City (Neuseeland) 1:0 (0:0)

Yokohama (Japan) – International Stadium / Kokusai Sogo Kyogijo –25.174 Zuschauer
Schiedsrichter: Djamel Haimoudi (Algerien)

Hiroshima: Shusaku Nishikawa – Kazuhiko Chiba, Hiroki Mizumoto, Ryota Moriwaki – Yojiro Takahagi, Toshihiro Aoyama, Koji Morisaki (93. Naoki Ishihara), Kazuyuki Morisaki, Mihael Mikić [CRO] (82. Hwang Seok-Ho [KOR]) – Kohei Shimizu (61. Satoru Yamagishi), Hisato Sato [C]
Trainer: Hajime Moriyasu

Auckland: Tamati Williams – Takuya Iwata [JPN], Ángel Berlanga [ESP], Ivan Vicelich [C], Andrew Milne – Christopher Bale [WAL], Alex Feneridis, Albert Riera [ESP] – Xino Expósito[1] [ESP] (78. Emiliano Tade [ARG]), Adam Dickinson [ENG], Daniel Koprivčić (67. Luis Corrales [CRC])
Trainer: Ramón Tribulietx [ESP]
[1] Manel Expósito i Presseguer

Tor: 1:0 Aoyama (66.)

Viertelfinale

09.12.2012*
Ulsan Hyundai FC (Südkorea) – CF Monterrey (Mexiko) 1:3 (0:1)
* *Erstmals kam in einem FIFA-Wettbewerbsspiel mit dem Hawk-Eye-System eine Torlinientechnologie zum Einsatz*

Toyota (Japan) – Toyota Stadium / Toyota Sutajiamu – 20.353 Zuschauer
Schiedsrichter: Cüneyt Çakır (Türkei)

Ulsan: Kim Young-kwang – Lee Yong, Kwak Tae-hwi [C], Kim Chi-gon, Kim Young-sam (56. Lee Jae-sung) – Rafinha[1] [BRA], Lee Ho, Kim Seung-Yyong (71. Ko Chang-hyun), Estiven Vélez [COL], Lee Keun-ho – Kim Shin-ook (78. Maranhão[2] [BRA])
Trainer: Kim Ho-gon
[1] Rafael dos Santos de Oliveira [2] Luis Carlos dos Santos Martins

Monterrey: Jonathan Orozco[1] – Sergio Pérez, Hiram Mier[2], José María Basanta [C][ARG], Dárvin Chávez[3] – Jesús Corona[4], Severo Meza[5], Walter Ayoví[6] [ECU], Neri Cardozo [ARG] (90. Héctor Morales[7]) – César Delgado[8] [ARG] (90. Édgar Solís[9]), Aldo de Nigris[10]
Trainer: Víctor Vucetich[11]
[1] Jonathan Emmanuel Orozco Domínguez [2] Hiram Ricardo Mier Alanís [3] Dárvin Francisco Chávez Ramírez [4] Jesús Manuel Corona Ruíz [5] Severo Efraín Meza Mayorga [6] Walter Orlando Ayoví Corozo [7] Héctor Miguel Morales Llanas [8] César Fabián Delgado Godoy [9] Édgar Iván Solís Castillón [10] Jesus Aldo de Nigris Guajardo [11] Víctor Manuel Vucetich Rojas

Tore: 0:1 Corona (9.), 0:2, 0:3 Delgado (77., 84.), 1:3 Lee Keun-ho (88.)

09.12.2012
Sanfrezze Hiroshima (Japan) – Al-Ahly Kairo (Ägypten) 1:2 (1:1)

Toyota (Japan) – Toyota Stadium / Toyota Sutajiamu – 27.314 Zuschauer
Schiedsrichter: Carlos Vera (Ekuador)

Hiroshima: Shusaku Nishikawa (8. Takuya Masuda) – Kazuhiko Chiba, Hiroki Mizumoto, Ryota Moriwaki (46. Hwang Seok-Ho [KOR]), Kohei Shimizu (82. Satoru Yamagishi) – Yojiro Takahagi, Toshihiro Aoyama, Koji Morisaki, Kazuyuki Morisaki, Mihael Mikić [CRO] – Hisato Sato [C]
Trainer: Hajime Moriyasu

Kairo: Sherif Ekrami – Mohammed Naguib, Wael Gomaa, Ahmed Fathi – Hossam Ashour, Ahmed Qinawi, Hossam Ghali [C] (34. Mohammed Aboutrika), El-Sayed Hamdi (71. Trezeguet[1]), Abdallah Said – Walid Soliman (80. Mohammed Barakat), Gedo[2]
Trainer: Hossam El-Badri
[1] Mahmoud Ibrahim Hassan [2] Mohamed Nagy Ismail Afash

Tore: 0:1 Hamdi (15.), 1:1 Sato (32.), 1:2 Aboutrika (57.)

Freilose: Corinthians São Paulo (Brasilien), FC Chelsea (England)

Halbfinale

12.12.2012
Corinthians São Paulo (Brasilien) – Al-Ahly Kairo (Ägypten) 1:0 (1:0)

Toyota (Japan) – Toyota Stadium / Toyota Sutajiamu – 27.314 Zuschauer
Schiedsrichter: Marco Rodríguez (Mexiko)

São Paulo: Cássio[1] – Alessandro[2] [C], Chicão[3], Paulo André[4], Fábio Santos[5] – Ralf[6], Paulinho[7], Danilo[8], Douglas dos Santos (80. Jorge Henrique de Souza) – Emerson[9] [QAT] (75. Romarinho[10]), Paolo Guerrero[11] [PER] (92. Guilherme Andrade da Silva)
Trainer: Tite[12]
[1] Cássio Roberto Ramos [2] Alessandro Mori Nunes [3] Anderson Sebastião Cardoso [4] Paulo André Cren Benini [5] Fábio Santos Romeu [6] Ralf de Souza Teles [7] José Paulo Bezerra Maciel Júnior [8] Danilo Gabriel de Andrade [9] Márcio Passos de Albuquerque [10] Romário Ricardo da Silva [11] José Paolo Guerrero Gonzales [12] Adenor Leonardo Bacchi

Kairo: Sherif Ekrami (65. Mahmoud Aboul-Saoud) – Mohammed Naguib, Wael Gomaa [C], Ahmed Fathi, Ahmed Qinawi – Rami Rabia, Hossam Ashour, Abdallah Said (55. Mohammed Aboutrika), Walid Soliman, El-Sayed Hamdi – Gedo[1] (80. Emad Moteab)
Trainer: Hossam El-Badri
[1] Mohamed Nagy Ismail Afash

Tor: 1:0 Guerrero (30.)

12.2012
CF Monterrey (Mexiko) – FC Chelsea (England) 1:3 (0:1)

Yokohama (Japan) – International Stadium / Kokusai Sogo Kyogijo – 36.648 Zuschauer
Schiedsrichter: Carlos Vera (Ekuador)

Monterrey: Jonathan Orozco[1] – Sergio Pérez (57. Ricardo Osario), Hiram Mier[2], José María Basanta [C] [ARG], Dárvin Chávez[3] – Jesús Corona[4], Severo Meza[5] (83. Édgar Solís[6]), Walter Ayoví[7] [ECU], Neri Cardozo [ARG] – César Delgado[8] [ARG] (83. Abraham Carreño[9]), Aldo de Nigris[10]
Trainer: Víctor Vucetich[11]
[1] Jonathan Emmanuel Orozco Domínguez [2] Hiram Ricardo Mier Alanís [3] Dárvin Francisco Chávez Ramírez [4] Jesús Manuel Corona Ruíz [5] Severo Efraín Meza Mayorga [6] Édgar Iván Solís Castillón [7] Walter Orlando Ayoví Corozo [8] César Fabián Delgado Godoy [9] Abraham Darío Carreño Rohan [10] Jesus Aldo de Nigris Guajardo [11] Víctor Manuel Vucetich Rojas

Chelsea: Petr Čech [C] [CZE] – César Azpilicueta [ESP], Gary Cahill, Branislav Ivanović [SRB], Ashley Cole – Oscar[1] [BRA], John Obi Mikel [NGA], David Luiz[2] [BRA] (63. Frank Lampard) – Juan Manuel Mata [ESP] (74. Paulo Ferreira[3] [POR]), Eden Hazard [BEL], Fernando Torres[4] [ESP] (79. Victor Moses [NGA])
Trainer: Rafael Benítez [ESP]
[1] Oscar dos Santos Emboaba Júnior [2] David Luiz Moreira Marinho [3] Paulo Renato Rebocho Ferreira [4] Fernando José Torres Sanz

Tore: 0:1 Mata (17.), 0:2 Torres (46.), 0:3 Chávez (48. ET), 1:3 de Nigris (91.)

Spiel um Platz 5

<u>12.12.2012</u>
Ulsan Hyundai FC (Südkorea) – Sanfrezze Hiroshima (Japan) 2:3 (1:1)

Toyota (Japan) – Toyota Stadium / Toyota Sutajiamu – 17.581 Zuschauer
Schiedsrichter: Nawaf Shukralla (Bahrein)

Ulsan: Kim Young-kwang – Lee Yong, Kwak Tae-hwi [C], Kim Chi-gon (52. Lee Jae-sung), Kim Young-sam – Lee Keun-ho, Lee Ho, Ko Seul-gi, Kim Seung-yong (76. Maranhão[1] [BRA]), – Kim Shin-ook, Rafinha[2] [BRA]
Trainer: Kim Ho-gon
[1] *Luis Carlos dos Santos Martins* [2] *Rafael dos Santos de Oliveira*

Hiroshima: Shusaku Nishikawa – Hwang Seok-Ho [KOR], Hiroki Mizumoto, Satoru Yamagishi (75. Kohei Shimizu), Tsukasa Shiotani – Yojiro Takahagi, Toshihiro Aoyama, Koji Morisaki, Kazuyuki Morisaki (79. Naoki Ishihara), Hironori Ishikawa (95. Kazuhiko Chiba) – Hisato Sato [C]
Trainer: Hajime Moriyasu

Tore: 1:0 Mizumoto (17. ET), 1:1 Yamagishi (35.), 1:2, 1:3 Sato (56., 72.), 2:3 Lee Yong (95.)

Spiel um Platz 3

<u>16.12.2012</u>
CF Monterrey (Mexiko) – Al-Ahly Kairo (Ägypten) 2:0 (1:0)

Yokohama (Japan) – International Stadium / Kokusai Sogo Kyogijo – 56.301 Zuschauer
Schiedsrichter: Peter O'Leary (Neuseeland)

Monterrey: Jonathan Orozco[1] – Ricardo Osario, Hiram Mier[2], José María Basanta [C] [ARG], Dárvin Chávez[3] – Jesús Corona[4] (63. Abraham Carreño[5]), Severo Meza[6], Walter Ayoví[7] [ECU], Neri Cardozo [ARG] (84. Édgar Solís[8]) – César Delgado[9] [ARG] (79. Héctor Morales[10]), Aldo de Nigris[11]
Trainer: Víctor Vucetich[12]
[1] *Jonathan Emmanuel Orozco Domínguez* [2] *Hiram Ricardo Mier Alanís* [3] *Dárvin Francisco Chávez Ramírez* [4] *Jesús Manuel Corona Ruíz* [5] *Abraham Darío Carreño Rohan* [6] *Severo Efraín Meza Mayorga* [7] *Walter Orlando Ayoví Corozo* [8] *Édgar Iván Solís Castillón* [9] *César Fabián Delgado Godoy* [10] *Héctor Miguel Morales Llanas* [11] *Jesus Aldo de Nigris Guajardo* [12] *Víctor Manuel Vucetich Rojas*

Kairo: Mahmoud Aboul-Saoud – Ahmed Fathi (62. Mohammed Barakat), Wael Gomaa [C], Mohammed Naguib, Rami Rabia – Sayed Moawad, Hossam Ashour, Abdallah Said, Walid Soliman (77. Gedo[1]) – Mohammed Aboutrika, Emad Moteab (53. El-Sayed Hamdi)
Trainer: Hossam El-Badri
[1] *Mohamed Nagy Ismail Afash*

Tore: 1:0 Corona (3.), 2:0 Delgado (66.)

Zur Sache ging es im Endspiel um die FIFA-Klub-Weltmeisterschaft 2012. Dem für Chelsea agierenden Spanier Fernando Torres (dunkles Trikot) zieht es in den Strafraum. Corinthians Verteidiger Paulo André (re.) versucht alles, um ihn beim erfolgreichen Abschluss zu hindern. Unser Foto läßt da alle Optionen offen. Die Unparteiischen entschieden auf faires Spiel.

Wikimedia Commons; Foto: Autor: Christopher Johnson; CC BY 2.0

Endspiel

16.12.2012
Corinthians São Paulo (Brasilien) – FC Chelsea (England) 1:0 (0:0)

Yokohama (Japan) – International Stadium / Kokusai Sogo Kyogijo – 68.275 Zuschauer
Schiedsrichter: Cüneyt Çakır (Türkei)

São Paulo: Cássio Ramos[1] – Alessandro Mori[2] [C], Chicão[3], Paulo André[4], Fábio Santos[5] – Ralf[6], Paulinho[7], Danilo[8], Jorge Henrique de Souza/GK, Emerson[9] [QAT] (91. Wallace da Silva[10]) – Paolo Guerrero[11] [PER] (87. Juan Manuel Martínez [ARG])
Trainer: Tite[12]
[1] Cássio Roberto Ramos [2] Alessandro Mori Nunes [3] Anderson Sebastião Cardoso [4] Paulo André Cren Benini [5] Fábio Santos Romeu [6] Ralf de Souza Teles [7] José Paulo Bezerra Maciel Júnior [8] Danilo Gabriel de Andrade [9] Márcio Passos de Albuquerque [10] Wallace Reis da Silva [11] José Paolo Guerrero Gonzales [12] Adenor Leonardo Bacchi

Chelsea: Petr Čech [C] [CZE] – Branislav Ivanović [SRB] (83. César Azpilicueta [ESP]), David Luiz[1] [BRA]/GK, Gary Cahill (90. RK), , Ashley Cole – Ramires Santos [BRA], Frank Lampard [C], Victor Moses [NGA] (73. Oscar[2] [BRA]), Juan Manuel Mata [ESP] – Eden Hazard [BEL] (87. Marko Marin [GER]), Fernando Torres[3] [ESP]
Trainer: Rafael Benítez [ESP]
[1] David Luiz Moreira Marinho [2] Oscar dos Santos Emboaba Júnior [3] Fernando José Torres Sanz

Tor: 1:0 Guerrero (69.)

MVP (Most Valuable Player of the Match): Cássio

Klub-Weltmeister 2012 **SC Corinthians Paulista**

Anläßlich des Turniers gab es noch folgende Ehrungen:

FIFA-Fair-Play-Trophäe – CF Monterrey
„adidas" **Goldener Ball** (bester Spieler des Turniers) – Cássio (São Paulo);
Silberner Ball – Luiz (Chelsea);
Bronzener Ball – Guerrero (São Paulo)

Schiedsrichter

Zu dem Turnier wurden sieben Schiedsrichter eingesetzt. Unterstützt wurden sie von 14 Linienrichtern. Deutschsprachige Unparteiische waren nicht eingeladen.

Das Finale stand unter der Leitung des Türken Cüneyt Çakır (*23.11.1976) (Foto links).
Er leitete 2015 in Berlin das Finale der Champions League. Weiterhin wurde er u. a. als Schiedsrichter bei folgenden Begegnungen eingesetzt: EMQ 2019 Slowenien – Österreich; NL 2018 Niederlande – Deutschland; WMQ 2017 Portugal – Schweiz; 2016 Österreich – Wales; 2013 Schweden gegen Österreich; EMQ 2014 Schweiz – England; LS 2017 Deutschland – Frankreich; LS 2011 Deutschland – Niederlande; CL 2018 Real Madid – Bayern München; CLQ 2018 RB Salzburg – Roter Stern Belgrad; CL 2017 Bayern München – Paris SG; 2016 Bayern – Atletico Madrid, Gladbach – Manchester City und Leverkusen – Tottenham; 2015 Arsenal London – Bayern; 2014 Bayern München – AS Rom; 2013 Schalke 04 – Steaua Bukarest; 2012 Real Madrid – Dortmund; 2011 CF Villareal – Bayern; 2010 Werder Bremen – Inter Mailand; EL 2016 Borussia Dortmund – Tottenham Hotspur und Dortmund – Liverpool; 2015 SSC Neapel – VfL Wolfsburg; 2010 Sturm Graz gegen Juventus Turin und FC Fulham – HSV; 2009 Levski Sofia – Red Bull Salzburg; UC 2008 Twente Enschede gegen Schalke 04; Austria Wien – Lech Posen sowie 2006 FC Vaduz gegen Ujpest Budapest

Wikimedia Commons; Foto links: Autor: Steindy, CC BY-SA 3.0; Foto unten: Autor: Christopher Johnson; CC BY 2.0/

Gerade hatte der türkische Schiedsrichter Cüneyt Çakır das Endspiel abgepfiffen. Die Spieler von Corinthians rissen jubelnd die Arme hoch – FIFA-Klub-Weltmeister 2012.

.... Klub-WM **2013**

CLUB WORLD CUP
MOROCCO 2013
PRESENTED BY
TOYOTA

Erstmal wurde die FIFA-Klub-Weltmeisterschaft auf dem afrikanischen Kontinent ausgetragen. Marokko setzte sich dabei gegen die Mitbewerber Iran, Südafrika und Vereinigte Arabische Emirate durch. Am Turnierverlauf änderte sich gegenüber der Austragung 2012 nichts.

Bei der Torlinientechnologie, die in der vorangegangenen Klub-WM erstmals eingesetzt wurde, änderte sich der Hersteller des Systems. Mit GoalControl-4D kam ein Produkt der deutschen Firma GoalControl GmbH aus Würselen zur Anwendung.

Eine Neuigkeit brachte die Verwendung von Freistoßspray. Dieses Produkt, das den Abstand bei Freistößen kennzeichnete, wurde seit 2000 in Brasilien eingesetzt. Nach einer mehrjährigen Versuchsphase wurde 2012 der prinzipielle Einsatz freigegeben. Mit dem Einsatz des Sprays bei der Klub-Weltmeisterschaft nutzte der Weltfußballverband erstmals das Produkt in einem FIFA-Männerwettbewerb.

Spielstätten

Agadir

Das Stadion wurde 2013 eröffnet. Es hat eine Kapazität von 45.480 Plätzen. Die Spielfeldgröße beträgt 105 x 68 m.

Stade Adrar –
Großes Stadion von Agadir
(Heimstätte von Hassania Agadir)

Marrakesch

Das Stadion wurde Anfang 2011 eröffnet. Es hat eine Zuschauerkapazität von 45.240 Plätzen. Die Spielfeldgröße beträgt 105 x 68 m.

Marrakesch Stadion
(Heimstätte von Kawkab Marrakesch)

Wikimedia Commons; Foto oben: Autor: Love19886; CC BY 3.0
Foto darunter: Autor: Nilgro; CC BY 3.0

Ausscheidungsspiel

<u>11.12.2013</u>
Raja Casablanca (Marokko) – Auckland City (Neuseeland) 2:1 (1:0)

Agadir (Marokko) – Stade Adrar / Grand Stade d'Agadir – 34.875 Zuschauer
Schiedsrichter: Bakary Gassama (Gambia)

Casablanca: Khalid Askri – Zakaria El-Hachimi, Ismail Belmaalem, Mohammed Oulhaj, Adil Karrouchy – Chemseddine Chtibi (74. Déo Kanda [COD]), Issam Erraki, Kouko Guehi [CIV], Mohsine Metouali [C] – Abdelilah Hafidi (94. Ahmed Rahmani), Mohsine Iajour (85. Vianney Mabidé [CTA])
Trainer: Faouzi Benzarti [TUN]

Auckland: Tamati Williams – John Irving [ENG] (86. James Pritchett), Mario Bilen [CRO], Ángel Berlanga[1] [ESP], Takuya Iwata [JPN] – Cristóbal[2] [ESP], Christopher Bale [WAL], Ivan Vicelich [C], Roy Krishna [FIJ], Daniel Koprivčić (82. David Browne [PNG]) – Adam Dickinson [ENG] (64. Emiliano Tade [ARG])
Trainer: Ramón Tribulietx [ESP]
[1] Ángel Luis Viña Berlanga [2] Cristóbal Márquez Crespo

Tore: 1:0 Iajour (39.), 1:1 Krishna (63.), 2:1 Hafidi (92.)

Viertelfinale

<u>14.12.2013</u>
Guangzhou Evergrande (China) – Al-Ahly Kairo (Ägypten) 2:0 (0:0)

Agadir (Marokko) – Stade Adrar / Grand Stade d'Agadir – 34.579 Zuschauer
Schiedsrichter: Sandro Meira Ricci (Brasilien)

Guangzhou: Zēng Chéng – Sūn Xiáng (79. Zhào Xùrì), Kim Young-Gwon [KOR], Féng Xiāotíng, Zhāng Línpéng – Huáng Bówén, Gào Lín (63. Róng Hào), Darío Conca [ARG], Zhèng Zhì [C] – Elkeson[1] [BRA], Muriqui[2] [BRA]
Trainer: Marcello Lippi [ITA]
[1] Elkeson de Oliveira Cardoso [2] Luiz Guilherme da Conceição Silva

Kairo: Sherif Ekrami – Ahmed Qinawi, Saad el-Din Samir, Mohammed Naguib – Ahmed Fathi, Walid Soliman, Hossam Ashour (78. Trezeguet[1]), Rami Rabia, Abdallah Said – Mohammed Aboutrika (46. Dominique da Silva [MTN]), Emad Moteab [C] (64. El-Sayed Hamdi)
Trainer: Mohammed Youssef
[1] Mahmoud Hassan

Tore: 1:0 Elkeson (49.), 2:0 Conca (67.)

<u>14.12.2013</u>
Raja Casablanca (Marokko) – CF Monterrey (Mexiko) 2:1 nV (1:1, 1:0)

Agadir (Marokko) – Stade Adrar / Grand Stade d'Agadir – 34.579 Zuschauer
Schiedsrichter: Alireza Faghani (Iran)

Casablanca: Khalid Askri – Zakaria El-Hachimi, Ismail Belmaalem, Mohammed Oulhaj, Adil Karrouchy – Kouko Guehi [CIV], Issam Erraki, Mohsine Metouali [C], Chemseddine Chtibi (67. Vianney Mabidé [CTA]) – Abdelilah Hafidi (81. Yassine Salhi), Mohsine Iajour (109. Idrissa Coulibaly [MLI])
Trainer: Faouzi Benzarti [TUN]

Monterrey: Jonathan Orozco – Efraín Juárez (101. Dárvin Chávez), Leobardo López, Ricardo Osorio, José María Basanta [C] [ARG] – Severo Meza, Jesús Zavala (99. Marlon de Jesús [ECU]), Lucas Silva[1] [BRA], Neri Cardozo [ARG] – Humberto Suazo [CHI], César Delgado [ARG] (76. Omar Arellano)
Trainer: José Guadalupe Cruz
[1] Lucas Antônio Silva de Oliveira

Tore: 1:0 Chtibi (24.), 1:1 Basanta (53.), 2:1 Guehi (95.)

Freilose: Atlético Mineiro (Brasilien), Bayern München (Deutschland)

Halbfinale

<u>17.12.2013</u>
Guangzhou Evergrande (China) – Bayern München (Deutschland) 0:3 (0:2)

Agadir (Marokko) – Stade Adrar / Grand Stade d'Agadir – 27.311 Zuschauer
Schiedsrichter: Bakary Gassama (Gambia)

Guangzhou: Zēng Chéng – Zhāng Línpéng, Féng Xiāotíng, Kim Young-Gwon [KOR], Sūn Xiáng – Zhào Xùrì (76. Féng Jùnyàn), Darío Conca [ARG], Zhèng Zhì [C], Huáng Bówén (46. Róng Hào), Muriqui[1] [BRA] (72. Gào Lín) – Elkeson[2] [BRA]
Trainer: Marcello Lippi [ITA]
[1] Luiz Guilherme da Conceição Silva [2] Elkeson de Oliveira Cardoso

München: Manuel Neuer – Rafinha[1] [BRA], Daniel Van Buyten [BEL], Jérôme Boateng, David Alaba [AUT] – Philipp Lahm [C], Franck Ribéry [FRA] (72. Xherdan Shaqiri [SUI]), Thiago[2] [ESP], Mario Götze, Toni Kroos (58. Javi Martínez [ESP]) – Mario Mandžukić [CRO] (75. Claudio Pizarro [PER])
Trainer: Josep Guardiola [ESP]
[1] Márcio Rafael Ferreira de Souza [2] Thiago Alcântara do Nascimento

Tore: 0:1 Ribéry (40.), 0:2 Mandžukić (44.), 0:3 Götze (47.)

<u>18.12.2013</u>
Raja Casablanca (Marokko) – Atlético Mineiro (Brasilien) 3:1 (0:0)

Marrakesch (Marokko) – Stade de Marrakech – 35.219 Zuschauer
Schiedsrichter: Carlos Velasco Carballo (Spanien)

Casablanca: Khalid Askri – Zakaria El-Hachimi, Ismail Belmaalem, Mohammed Oulhaj, Adil Karrouchy – Mohsine Metouali [C], Kouko Guehi [CIV], Issam Erraki, Chemseddine Chtibi (56. Vianney Mabidé [CTA]), Abdelilah Hafidi (76. Déo Kanda) – Mohsine Iajour (88. Idrissa Coulibaly [MLI])
Trainer: Faouzi Benzarti [TUN]

Mineiro: Victor[1] – Marcos Rocha[2] (63. Luan[3]), Leonardo Silva[4], Réver[5] [C], Lucas Cândido (85. Alecsandro[6]) – Diego Tardelli, Pierre[7], Ronaldinho[8], Josué[9] (57. Leandro Donizete[10]), Fernandinho[11] – Jô[12]
Trainer: Cuca[13]
[1] Victor Leandro Bagy [2] Marcos Luis Rocha Aquino [3] Luan Madson Gedeão de Paiva [4] Leonardo Fabiano Silva e Silva [5] Réver Humberto Alves Araújo [6] Alecsandro Barbosa Felisbino [7] Lucas Pierre Santos Oliveira [8] Ronaldo de Assis Moreira [9] Josué Anunciado de Oliveira [10] Leandro Donizete Gonçalves da Silva [11] Luiz Fernando Pereira da Silva [12] João Alves de Assis Silva [13] Alexi Stival

Tore: 1:0 Iajour (51.), 1:1 Ronaldinho (63.), 2:1 Metouali (84. FE), 3:1 Mabidé (94.)

Spiel um Platz 5

<u>18.12.2013</u>
Al-Ahly Kairo (Ägypten) – CF Monterrey (Mexiko) 1:5 (1:4)

Marrakesch (Marokko) – Stade de Marrakech – 35.219 Zuschauer
Schiedsrichter: Mark Geiger (USA)

Kairo: Sherif Ekrami – Rami Rabia, Wael Gomaa, Ahmed Qinawi, Mohammed Naguib, Ahmed Qinawi (46. Saad el-Din Samir) – Shehab Ahmed, Walid Soliman (66. Ahmed Shoukri), Abdallah Said, Ahmed Fathi, – Trezeguet[1], Emad Moteab [C] (68. Amer Gamal)
Trainer: Mohammed Youssef
[1] Mahmoud Hassan

Monterrey: Juan de Dios Ibarra – Severo Meza, Leobardo López, Ricardo Osorio, José María Basanta [C] [ARG] – Dárvin Chávez, Efraín Juárez (86. Alejandro García), Lucas Silva[1] [BRA] (89. Jesús Zavala) – César Delgado [ARG], Humberto Suazo [CHI], Neri Cardozo [ARG] (78. Omar Arellano)
Trainer: José Guad
[1] Lucas Antônio Silva de Oliveira

Tore: 0:1 Cardozo (3.), 1:1 Moteab (8.), 1:2 Delgado (22.), 1:3 López (27.), 1:4 Suazo (45. FE), 1:5 Delgado (65.)

Spiel um Platz 3

21.12.2013
Guangzhou Evergrande (China) – Atlético Mineiro (Brasilien) 2:3 (2:2)

Marrakesch (Marokko) – Stade de Marrakech – 37.774 Zuschauer
Schiedsrichter: Alireza Faghani (Iran)

Guangzhou: Lǐ Shuài – Zhāng Línpéng, Féng Xiāotíng, Kim Young-Gwon [KOR], Sūn Xiáng (64. Róng Hào) – Darío Conca [ARG], Zhèng Zhì [C] (85. Zhào Xùrì), Huáng Bówén – Gāo Lín, Elkeson[1] [BRA] (77. Féng Jùnyàn), Muriqui[2] [BRA]
Trainer: Marcello Lippi [ITA]
[1] Elkeson de Oliveira Cardoso [2] Luiz Guilherme da Conceição Silva

Mineiro: Victor[1] – Marcos Rocha[2], Leonardo Silva[3], Réver[4] [C], Lucas Cândido[5] (33. Júnior César[6]) – Diego Tardelli[7], Pierre[8], Ronaldinho[9] (87. RK), Josué[10] (79. Leandro Donizete[11]), Fernandinho[12] – Jô[13] (60. Luan[14])
Trainer: Cuca[15]
[1] Victor Leandro Bagy [2] Marcos Luis Rocha Aquino [3] Leonardo Fabiano Silva e Silva [4] Réver Humberto Alves Araújo [5] Lucas Cândido Silva [6] Júnior César Eduardo Machado [7] Diego Tardelli Martins [8] Lucas Pierre Santos Oliveira [9] Ronaldo de Assis Moreira [10] Josué Anunciado de Oliveira [11] Leandro Donizete Gonçalves da Silva [12] Luiz Fernando Pereira da Silva [13] João Alves de Assis Silva [14] Luan Madson Gedeão de Paiva [15] Alexi Stival

Tore: 0:1 Tardelli (2.), 1:1 Muriqui (9.), 2:1 Conca (15. FE), 2:2 Ronaldinho (45.), 2:3 Luan (91.)

Endspiel

21.12.2013
Bayern München (Deutschland) – Raja Casablanca (Marokko) 2:0 (2:0)

Marrakesch (Marokko) – Stade de Marrakech – 37.774 Zuschauer
Schiedsrichter: Sandro Meira Ricci (Brasilien)

München: Manuel Neuer – Rafinha[1] [BRA], Jérôme Boateng, Dante[2] [BRA], David Alaba [AUT] – Philipp Lahm [C], Xherdan Shaqiri [SUI] (80. Mario Götze), Toni Kroos (60. Javi Martínez [ESP]), Thiago[3] [ESP], Franck Ribéry [FRA] – Thomas Müller (76. Mario Mandžukić [CRO])
Trainer: Josep Guardiola [ESP]
[1] Márcio Rafael Ferreira de Souza [2] Dante Bonfim Costa Santos [3] Thiago Alcântara do Nascimento

Casablanca: Khalid Askri – Zakaria El-Hachimi, Ismail Belmaalem, Mohammed Oulhaj/GK, Adil Karrouchy – Abdelilah Hafidi (88. Badr Kachani), Mohsine Metouali [C], Issam Erraki, Chemseddine Chtibi (50. Vianney Mabidé [CTA]) – Mohsine Iajour (78. Rachid Soulaimani/GK), Kouko Guehi [CIV]
Trainer: Faouzi Benzarti [TUN]

Tore: 1:0 Dante (7.), 2:0 Thiago (22.)

MVP (Most Valuable Player of the Match): Franck Ribéry

Klub-Weltmeister 2013 **FC Bayern München**

Anläßlich des Turniers gab es noch folgende Ehrungen:

FIFA-Fair-Play-Trophäe – Bayern München
„adidas" **Goldener Ball** (bester Spieler des Turniers) – Ribéry (München);
Silberner Ball – Lahm (München);
Bronzener Ball – Iajour (Casablanca)

Schiedsrichter

Zu dem Turnier wurden sieben Schiedsrichter eingesetzt. Unterstützt wurden sie von 14 Linienrichtern. Deutschsprachige Unparteiische waren nicht eingeladen.

*Das Finale stand unter der Leitung des Brasilianers Sandro Meira Ricci (*19.11.1974) (Foto).
Er leitete zur WM 2014 die Begegnungen Deutschland gegen Ghana und Deutschland gegen Algerien.*

Wikimedia Commons; Foto: Autor: Senado Federal; CC BY 2.0/

Klub-WM 2014

Gegenüber der Austragung des vorherigen Jahres gab es auch diesmal keine Änderungen im Turniermodus. Marokko richtete zum zweiten Mal die Meisterschaften aus, die sie für die Jahre 2013 und 2014 am 17. Dezember 2011 von der FIFA zugesprochen bekam.

Spielstätten

Wie schon 2013 fanden Spiele im Stadion von Marrakesch statt. Als zweiter Spielort fungierte diesmal das Prinz-Moulay-Abdellah-Stadion in Rabat
[Informationen zur Spielstätten in Marrakesch siehe Klub-WM 2013]

Rabat

Das Stadion wurde 1983 eröffnet. Das Stadion wurde nach Prinz Moulay Abdallah von Marokko (*30.07.1935 †20.12.1983), dem Sohn von König Mohammed V., benannt. Es hat eine Kapazität von 45.836 Plätzen. Die Spielfeldgröße beträgt 105 x 68 m.

Prinz-Moulay-Abdallah-Stadion –
Complexe Sportif Moulay Abdallah
(Heimstätte von FAR Rabat und bei bedeutenden Spielen auch von FUS Rabat)

Wikimedia Commons; Foto: Autor: WeshMani; CC BY-SA 3.0;

Ausscheidungsspiel

10.12.2014
Maghreb Tétouan (Marokko) – Auckland City (Neuseeland) 0:0 nV 3:4 iE

Rabat (Marokko) – Complexe Sportif Prince Moulay Abdallah – 35.247 Zuschauer
Schiedsrichter: Walter López (Guatemala)

Tétouan: Mohamed El Yousfi – Noussair El Maimouni (98. Said Grada), Serigne Fall [SEN], Mehdi Khallati, Mohamed Abarhoun [C] – Abdeladim Khadrouf, Ahmed Jahouh – Mohammed Faouzi (94. Salman Ouald el Haj), Abdelmauula El Hardoumi, Zouheir Naim – Mouhssine Lajour (46. Zaid Krouch)
Trainer: Abdelaziz Amri

Auckland: Tamati Williams – Ángel Berlanga[1] [ESP], John Irving [ENG], Marko Đorđević [SRB], Takuya Iwata [JPN] – Tim Payne, Ivan Vicelich [C], Mario Bilen [CRO] – Ryan de Vries, Fabrizio Iavano [ITA] (107. Sanni Issa [NGA]), Emiliano Tade [ARG] (68. Darren White [ENG])
Trainer: Ramón Tribulietx [ESP]
[1] Ángel Luis Viña Berlanga

Tore:
Elfmeterschießen: 0:1 Payne, Jahouh (gehalten), 0:2 Irving, 1:2 Krouch, 1:3 White, 2:3 Fall, Bilen (gehalten), 3:3 Naim, 3:4 Issa, Khallati (Pfosten)

Viertelfinale

13.12.2014
ES Setif (Algerien) – Auckland City (Neuseeland) 0:1 (0:0)

Rabat (Marokko) – Complexe Sportif Prince Moulay Abdallah – 22.153 Zuschauer
Schiedsrichter: Pedro Proença (Portugal)

Setif: Sofiane Khedaïria – Amine Megateli, Said Arroussi, Farid Mellouli [C], Lyes Boukria – Toufik Zerara, Mohamed Lagraâ – El Hedi Belameiri (69. Sofiane Younès), Eudes Dagoulou[1] [CTA] (46. Akram Djahnit), Ahmed Gasmi (65. Abdelmalik Ziaya) – Mohamed Benyettou
Trainer: Kheireddine Madoui
[1] Eudes Cratia Dagoulou Koziade

Auckland: Tamati Williams – Ángel Berlanga[1] [ESP], John Irving [ENG], Marko Đorđević [SRB], Takuya Iwata [JPN] – Tim Payne, Ivan Vicelich [C], Mario Bilen [CRO] – Ryan de Vries (91. Darren White [ENG]), Emiliano Tade [ARG], Fabrizio Tavano [ITA] (86. Sanni Issa [NGA])
Trainer: Ramón Tribulietx [ESP]
[1] Ángel Luis Viña Berlanga

Tor: 0:1 Irving (52.)

13.12.2014
CD Cruz Azul (Mexiko) – Western Sydney Wanderers (Australien) 3:1 (1:1, 0:0) nV

Rabat (Marokko) – Complexe Sportif Prince Moulay Abdallah – 22.153 Zuschauer
Schiedsrichter: Noumandiez Doue (Elfenbeinküste)

Cruz Azul: Jesús Corona – Gerardo Flores Zúñiga, Francisco Rodríguez, Julio César Domínguez, Fausto Pinto (78. Ismael Valadéz) – Gerardo Torrado [C], Christian Giménez – Xavier Báez (69. Joao Rojas [ECU]), Mauro Formica [ARG], Marco Fabián (106. Alejandro Vela) – Hugo Pavone [ARG]
Trainer: Luis Fernando Tena

Sydney: Ante Covic – Brendan Hamill, Matthew Spiranovic (74. GRK), Nikolai Topor-Stanley [C] (102. GRK), Seyi Adeleke [NGA] (72. Antony Golec) – Iacopo La Rocca [ITA], Mateo Poljak [CRO] – Mark Bridge, Romeo Castelen [NED] (78. Shannon Cole), Labinot Halıtı (68. Iomı Juric) – Nikita Rukavytsya
Trainer: Tony Popovic

Tore: 0:1 La Rocca (65.), 1:1 Torrado (89.), 2:1 Pavone (108.), 3:1 Torrado (118.)

Freilose: CA San Lorenzo Almagro (Argentinien), Real Madrid (Spanien)

Halbfinale

16.12.2014
CD Cruz Azul (Mexiko) – Real Madrid (Spanien) 0:4 (0:2)

Marrakesch (Marokko) – Stade de Marrakech – 34.862 Zuschauer
Schiedsrichter: Enrique Osses (Chile)

Cruz Azul: Jesús Corona – Gerardo Flores Zúñiga, Francisco Rodríguez, Julio César Domínguez, Fausto Pinto – Gerardo Torrado [C], Christian Giménez (65. Marco Fabián), Hernan Bernardello [ARG], Mauro Formica [ARG] – Joao Rojas [ECU] (76. Ismael Valadéz), Mariano Pavone [ARG] (65. Pablo Barrera)
Trainer: Luis Fernando Tena

Madrid: Iker Casillas [C] – Dani Carvajal[1], Pepe[2] [POR], Sergio Ramos[3] (64. Raphaël Varane [FRA]), Marcelo[4] [BRA] – Toni Kroos [GER] (73. Sami Khedira [GER]), Isco[5] (76. James Rodríguez[6] [COL]) – Gareth Bale [WAL], Asier Illarramendi[7], Cristiano Ronaldo[8] [POR] – Karim Benzema [FRA]
Trainer: Carlo Ancelotti [ITA]
[1] Daniel Carvajal Ramos [2] Képler Laveran Lima Ferreira [3] Sergio Ramos García [4] Marcelo Vieira da Silva Júnior
[5] Francisco Román Alarcón Suárez [6] James David Rodríguez Rubio [7] Asier Illarramendi Andonegi [8] Cristiano Ronaldo dos Santos Aveiro

Tore: 0:1 Ramos (15.), 0:2 Benzema (36.), 0:3 Bale (50.), 0:4 Isco (72.)

17.12.2014
San Lorenzo Almagro (Argentinien) – Auckland City (Neuseeland) 2:1 nV (1:1, 1:0)

Marrakesch (Marokko) – Stade de Marrakech – 18.458 Zuschauer
Schiedsrichter: Benjamin Williams (Australien)

San Lorenzo: Sebastian Torrico – Julio Buffarini, Walter Kannemann, Mario Yepes[1] [COL], Emmanuel Más – Juan Mercier [C], Néstor Ortigoza [PAR] (109. Facundo Quignon) – Gonzalo Verón (68. Leandro Romagnoli), Pablo Barrientos, Enzo Kalinski (77. Mauro Matos) – Martin Cauteruccio [URU]
Trainer: Edgardo Bauza
[1] Mario Alberto Yepes Díaz

Auckland: Tamati Williams – Ángel Berlanga[1] [ESP], John Irving [ENG], Marko Đorđević [SRB] (96. Sanni Issa [NGA]), Takuya Iwata [JPN] – Tim Payne, Ivan Vicelich [C], Mario Bilen [CRO] – Ryan De Vries, Emiliano Tade [ARG] (90.+3 David Browne [PNG]), Fabrizio Tavano [ITA] (100. Sam Burfoot [ENG])
Trainer: Ramón Tribulietx [ESP]
[1] Ángel Luis Viña Berlanga

Tore: 1:0 Barrientos (45.+2), 1:1 Ángel Berlanga (67.), 2:1 Matos (93.)

Spiel um Platz 5

17.12.2014
ES Setif (Algerien) – Western Sydney Wanderers (Australien) 2:2 nV (2:2, 0:1) 5:4 iE

Marrakesch (Marokko) – Stade de Marrakech – 18.458 Zuschauer
Schiedsrichter: Norbert Hauata (Tahiti)

Setif: Setif: Sofiane Khedaïria – Amine Megateli, Said Arroussi, Farid Mellouli [C] , Benjamin Zé Ondo [GAB] – Toufik Zerara, Sid Lamri (64. Mohamed Lagraâ) – Sofiane Younès (77. El Hedi Belameiri), Akram Djahnit, Ahmed Gasmi – Abdelmalik Ziaya
Trainer: Kheireddine Madoui

Sydney: Dejan Bouzanis – Daniel Mullen, Daniel Alessi, Antony Golec, Seyi Adeleke [NGA] – Mateo Poljak [CRO] (79.Alusine Fofanah), Jason Trifiro – Romeo Castelen [NED], Kearyn Baccus (67. Tomi Juric), Jaushua Sotirio (67. Vitor Saba [BRA]) – Labinot Haliti [C]
Trainer: Tony Popovic

Tore: 0:1 Castelen (5), 1:1 Mullen (50. ET), 1:2 Ziaya (57.), 2:2 Saba (89.)
Elfmeterschießen: 0:1 Saba, Djahnit (gehalten), Haliti (Pfosten), 1:1 Gasmi, 1:2 Trifiro, 2:2 Belameiri, 2:3 Juric, Ziaya (gehalten), Bouzanis (gehalten), 3:3 Mellouli, Mullen (gehalten), Arroussi (gehalten), 3:4 Fofanah, 4:4 Megatli, Adeleke (verschossen), 5:4 Zerara

Spiel um Platz 3

20.12.2014
CD Cruz Azul (Mexiko) – Auckland City (Neuseeland) 1:1 nV (1:1, 0:1) 2:4 iE

Marrakesch (Marokko) – Stade de Marrakech – 38.345 Zuschauer
Schiedsrichter: Pedro Proença (Portugal)

Cruz Azul: Jesús Corona – Julio César Domínguez, Maza[1], Gerardo Flores Zúñiga, Mauro Formica [ARG] – Xavier Báez (46. Christian Giménez), Gerardo Torrado [C], Marco Fabián (85. Mariano Pavone), Joao Rojas [ECU] – Ismael Valadéz, Alejandro Vela [ARG]
Trainer: Luis Fernando Tena
[1] Francisco Javier Rodríguez Pinedo

Auckland: Jacob Spoonley – John Irving [ENG], Ivan Vicelich [C] (80. Cameron Lindsay), Mario Bilen [CRO], Takuya Iwata [JPN] – Tim Payne, Darren White [ENG], Sam Burfoot [ENG] (57. Sanni Issa [NGA]) – Ryan de Vries, Fabrizio Tavano [ITA], Emiliano Tade [ARG] (90. James Pritchett)
Trainer: Ramón Tribulietx [ESP]

Tore: 0:1 de Vries (45.), 1:1 Rojas (57.)
Elfmeterschießen: 0:1 Payne, 1:1 Gimenez, Irving (Latte), Formica (verschossen), 1:2 White, 2:2 Rodriguez, 2:3 Pritchett, Valadez (gehalten), 2:4 Issa

Endspiel

20.12.2014
Real Madrid (Spanien) – San Lorenzo Almagro (Argentinien) 2:0 (1:0)

Marrakesch (Marokko) – Stade de Marrakech – 38.345 Zuschauer
Schiedsrichter: Walter López (Guatemala)

Madrid: Iker Casillas [C] – Daniel Carvajal[1]/GK (73. Álvaro Abeloa), Pepe[2] [POR], Sergio Ramos[3]/GK (89. Raphaël Varane [FRA]), Marcelo[4] [BRA] (44. Fábio Coentrão[5] [POR]) – Isco[6], Toni Kroos [GER], James Rodríguez[7] – Cristiano Ronaldo[8] [POR], Karim Benzema [FRA], Gareth Bale [WAL]
Trainer: Carlo Ancelotti [ITA]
[1] Daniel Carvajal Ramos [2] Képler Laveran Lima Ferreira [3] Sergio Ramos García [4] Marcelo Vieira da Silva Júnior [5] Fábio Alexandre da Silva Coentrão [6] Francisco Román Alarcón Suárez [7] James David Rodríguez Rubio [8] Cristiano Ronaldo dos Santos Aveiro

San Lorenzo: Sebastian Torrico – Julio Buffarini/GK, Walter Kannemann/GK, Mario Yepes[1] [COL] (61. Mauro Cetto), Emmanuel Más – Juan Mercier [C] – Gonzalo Verón (57. Leandro Romagnoli), Néstor Ortigoza [PAR]/GK, Enzo Kalinski, Pablo Barrientos/GK – Martin Cauteruccio [URU] (68. Mauro Matos)
Trainer: Edgardo Bauza
[1] Mario Alberto Yepes Díaz

Tore: 1:0 Sergio Ramos (37.), 2:0 Bale (51.)

MVP (Most Valuable Player of the Match): Sergio Ramos

Klub-Weltmeister 2014 **Real Madrid CF**

Anläßlich des Turniers gab es noch folgende Ehrungen:

FIFA-Fair-Play-Trophäe – Real Madrid
„adidas" **Goldener Ball** (bester Spieler des Turniers) – Sergio Ramos (Madrid)
Silberner Ball – Cristiano Ronaldo (Madrid)
Bronzener Ball – Vicelich (Auckland)

Schiedsrichter

Zu dem Turnier wurden sechs Schiedsrichter eingesetzt. Unterstützt wurden sie von zwölf Linienrichtern. Deutschsprachige Unparteiische waren nicht eingeladen.

Das Finale stand unter der Leitung des Guatemalteken Walter Alexander López Castellanos (*22.09.1980).
Spiele unter Beteiligung von Mannschaften aus deutschsprachigen Verbänden leitete er bisher noch nicht.

Wikimedia Commons; Foto: Autor: araizavictor; CC BY 2.0

Klub-WM 2015

Relativ spät, erst am 23. April 2015, erhielt Japan den Zuschlag der FIFA zur Ausrichtung der Klub-Weltmeisterschaft im gleichen Jahr, obwohl sich der mit bewerbende Verband Indiens schon im November 2014 zurückzog. Es gab keine Änderungen des Modus.

Die offizielle Sponsor-Bezeichnung der Wettbewerbe 2015 lautete **FIFA Club World Cup Japan 2015 presentet by Alibaba E-Auto**.

Spielstätten

Wie schon 2011 fanden Spiele im Internationalen Stadion von Yokohama statt. Weiterer Austragungsort war das Nagai Stadion in Osaka.
[Informationen zum Stadion von Yokohama siehe Klub-WM 2005]

Ōsaka

Das Stadion wurde 1964 eröffnet. Es ist Bestandteil des Nagai-Parks, nach dem es auch seinen Namen erhielt. Das Stadion hatte eine Kapazität von 23.000 Plätzen. Im Jahr 1996 wurde es erweitert und die Zuschauerzahl auf 50.000 erhöht. Die Spielfeldgröße beträgt 105 x 68 m.

Nagai-Stadion
(Heimstätte von Cerezo Osaka)

Wikimedia Commons;
Foto: Autor: J o; CC BY-SA 3.0

Ausscheidungsspiel

<u>10.12.2015</u>
Sanfrecce Hiroshima (Japan) – Auckland City (Neuseeland) 2:0 (1:0)

Yokohama (Japan) – International Stadium – 19.421 Zuschauer
Schiedsrichter: Néant Alioum (Kamerun)

Hiroshima: Takuto Hayashi – Hiroki Mizumoto, Kazuhiko Chiba, Tsukasa Shiotani, Yoshifumi Kashiwa – Gakuto Notsuda (14. Kosei Shibasaki), Kohei Shimizu (65. Sho Sasaki, Toshihiro Aoyama [C], Takuya Marutani – Takuma Asano, Yusuke Minagawa
Trainer: Hajime Moriyasu

Auckland: Jacob Spoonley   Marko Đorđević [SRB], Takuya Iwata [JPN], Mario Bilen [CRO] (71. Emiliano Tade [ARG]), Ángel Berlanga[1] [C][ESP] – Micah Lea'alafa [SOL], Te Atawhai Hudson-Wihongi, Mikel Álvaro [ESP], Kim Dae-wook [KOR] (78. Darren White [ENG]) – João Moreira[2] [POR] (84. Clayton Lewis), Ryan De Vries
Trainer: Ramón Tribulietx [ESP]
[1] Ángel Luis Viña Berlanga [2] João Vítor Rocha de Carvalho Moreira

Tore: 1:0 Minagawa (9.), 2:0 Shiotani (70.)

Viertelfinale

<u>13.12.2015</u>
Club América (Mexiko) – Guangzhou Evergrade (China) 1:2 (0:0)

Osaka (Japan) – Nagai Stadium – 18.772 Zuschauer
Schiedsrichter: Jonas Eriksson (Schweden)

América: Moisés Muñoz[1] – Paul Aguilar[2], Paolo Goltz [ARG], Pablo Aguilar [PAR], Samudio[3] [PAR] – Andrés Andrade[4] [COL], José Guerrero[5], Rubens Sambueza [C] [ARG], Darwin Quintero[6] [COL] (83. Michael Arroyo[7] [ECU]) – Darío Benedetto [ARG] (81. Osvaldo Martinez[8] [PAR]), Oribe Peralta
Trainer: Ignacio Ambríz[9]
[1] Moisés Alberto Muñoz Rodríguez [2] Paul Nicolás Aguilar Rojas [3] Miguel Ángel Ramón Samudio [4] Andrés Felipe Andrade Torres [5] José Daniel Octavio Guerrero Rodríguez [6] Carlos Darwin Quintero Villalba [7] Michael Antonio Arroyo Mina [8] Osvaldo David Martínez Arce [9] Marcos Ignacio Ambríz Espinoza

Guangzhou: Shuai Li – Bowen Huang (66. Lin Gao), Linpeng Zhang, Young-Gwon Kim [KOR], Xiaoting Feng – Ricardo Goulart [BRA], Paulinho[1] [BRA], Zheng Zou – Zhi Zheng [C], Elkeson[2] [BRA] (79. Hanchao Yu), Robinho[3] [BRA] (46. Long Zheng)
Trainer: Luiz Felipe Scolari [BRA]
[1] José Paulo Bezerra Maciel Júnior [2] Elkeson de Oliveira Cardoso [3] Robson de Souza

Tore: 1:0 Peralta (55.), 1:1 Long Zheng (80.), 1:2 Paulinho (90.+4)

<u>13.12.2015</u>
TP Mazembe (DR Kongo) – Sanfrecce Hiroshima (Japan) 0:3 (0:1)

Osaka (Japan) – Nagai Stadium – 23.609 Zuschauer
Schiedsrichter: Wilmar Roldán (Kolumbien)

Mazembe: Sylvain Gbohouo[1] [CIV] – Joël Kimwaki[2] [C], Boubacar Diarra [MLI], Salif Coulibaly [MLI], Richard Boateng [GHA] (69. Jonathan Bolingi[3]) – Nathan Sinkala [ZAM] (63. Rainford Kalaba [ZAM]), Yaw Frimpong [GHA] – Roger Assalé[4] [CIV], Given Singuluma [ZAM] (46. Thomas Ulimwengu [TAN]), Adama Traoré [MLI] – Mbwana Samatta [TAN]
Trainer: Patrice Carteron [FRA]
[1] Guelassiognon Sylvain Gbohouo [2] Joël Kimwaki Mpela [3] Jonathan Bolingi Mpangi Merikani [4] Roger Claver Djapone Assalé

Hiroshima: Takuto Hayashi – Yoshifumi Kashiwa, Tsukasa Shiotani, Kazuhiko Chiba, Sho Sasaki – Kazuyuki Morisaki, Toshihiro Aoyama [C] – Yusuke Chajima, Mihael Mikić [CRO] (82. Hiroki Mizumoto), Hisato Satō (74. Takuma Asano) – Douglas[1] [BRA] (87. Yusuke Minagawa)
Trainer: Hajime Moriyasu
[1] Dyanfres Douglas Chagas Matos

Tore: 0:1 Shiotani (44.), 0:2 Chiba (56.), 0:3 Asano (78.)

Freilose: River Plate Buenos Aires (Argentinien), FC Barcelona (Spanien)

Halbfinale

<u>16.12.2015</u>
Sanfrecce Hiroshima (Japan) – River Plate Buenos Aires (Argentinien) 0:1 (0:0)

Osaka (Japan) – Nagai Stadium – 20.133 Zuschauer
Schiedsrichter: Jonas Eriksson (Schweden)

Hiroshima: Takuto Hayashi – Kohei Shimizu, Tsukasa Shiotani, Sho Sasaki, Kazuhiko Chiba, Yoshifumi Kashiwa (61. Mihael Mikić [CRO]) – Douglas[1] [BRA], Kazuyuki Morisaki, Toshihiro Aoyama [C], Yusuke Chajima (76. Hisato Satō) – Yusuke Minagawa (66. Takuma Asano)
Trainer: Hajime Moriyasu
[1] Dyanfres Douglas Chagas Matos

Buenos Aires: Marcelo Barovero [C] – Gabriel Mercado (84. Camilo Mayada [URU]), Jonathan Maidana, Éder Álvarez Balanta [COL], Leonel Vangioni – Matías Kranevitter – Carlos Sánchez [URU], Leonardo Pisculichi (64. Tabaré Viúdez), Leonardo Ponzio (57. Lucho González[1]) – Rodrigo Mora [URU], Lucas Alario
Trainer: Marcelo Gallardo
[1] Luis Óscar González

Tor: 0:1 Alario (72.)

17.12.2015
FC Barcelona (Spanien) – Guangzhou Evergrande (China) 3:0 (1:0)

Yokohama (Japan) – International Stadium – 63.870 Zuschauer
Schiedsrichter: Joel Aguilar (El Salvador)

Barcelona: Claudio Bravo[1] [CHI] – Dani Alves[2] [BRA], Gerard Piqué[3], Javier Mascherano [ARG], Jordi Alba[4] (76. Adriano[5] [BRA]) – Ivan Rakitić [CRO], Sergio Busquets[6], Andrés Iniesta[7] [C] (81. Sergi Samper[8]) – Sergi Roberto[9] (72. Sandro[10]), Luis Suárez[11] [URU], Munir[12]
Trainer: Luis Enrique[13]
[1] Claudio Andrés Bravo Muñoz [2] Daniel Alves da Silva [3] Gerard Piqué Bernabéu [4] Jordi Alba Ramos [5] Adriano Correia Claro [6] Sergio Busquets Burgos [7] Andrés Iniesta Luján [8] Sergi Samper Montaña [9] Sergi Roberto Carnicer [10] Sandro Ramírez Castillo [11] Luis Alberto Suárez Díaz [12] Munir El Haddadi Mohamed [13] Luis Enrique Martínez García

Guangzhou: Shuai Li – Zheng Zou (35. Xuepeng Li), Young-Gwon Kim [KOR], Xiaoting Feng, Linpeng Zhang – Zhi Zheng [C], Paulinho[1] [BRA] – Bowen Huang, Ricardo Goulart [BRA], Long Zheng (56. Hanchao Yu) – Elkeson[2] [BRA] (67. Lin Gao)
Trainer: Luiz Felipe Scolari [BRA]
[1] José Paulo Bezerra Maciel Júnior [2] Elkeson de Oliveira Cardoso

Tore: 1:0, 2:0, 3:0 Luis Suárez (39., 50., 67. FE)

Spiel um Platz 5

16.12.2015
Club América (Mexiko) – TP Mazembe (DR Kongo) 2:1 (2:1)

Osaka (Japan) – Nagai Stadium – 11.686 Zuschauer
Schiedsrichter: Alireza Faghani (Iran)

América: Moisés Muñoz[1] [C] – Paul Aguilar[2], Erik Pimentel[3], Ventura Alvarado[4] [USA], Osmar Mares[5] – Osvaldo Martínez[6] [PAR], Andrés Andrade[7] [COL] (83. Paolo Goltz [ARG]), José Guerrero[8], Michael Arroyo[9] [ECU] – Darío Benedetto [ARG] (21. Martín Zúñiga[10]), Oribe Peralta (66. Rubens Sambueza [ARG])
Trainer: Ignacio Ambríz[11]
[1] Moisés Alberto Muñoz Rodríguez [2] Paul Nicolás Aguilar Rojas [3] Erik Alan Pimentel Benavides [4] Ventura Alvarado Aispuro [5] Osmar Mares Martinez [6] Osvaldo David Martínez Arce [7] Andrés Felipe Andrade Torres [8] José Daniel Octavio Guerrero Rodríguez [9] Michael Antonio Arroyo Mina [10] Martín Eduardo Zúñiga Barria [11] Marcos Ignacio Ambríz Espinoza

Mazembe: Sylvain Gbohouo[1] [CIV] – Yaw Frimpong [GHA] (61. Kabaso Chongo [ZAM]), Joël Kimwaki[2] [C], Salif Coulibaly [MLI], Patient Mwepu – Bope Bokadi (46. Boubacar Diarra [MLI]), Daniel Adjei [GHA] – Adama Traoré [MLI], Thomas Ulimwengu [TAN] (72. Roger Assalé[3] [CIV]), Rainford Kalaba [ZAM] – Mbwana Samatta [TAN]
Trainer: Patrice Carteron [FRA]
[1] Guelassiognon Sylvain Gbohouo [2] Joël Kimwaki Mpela [3] Roger Claver Djapone Assalé

Tore: 1:0 Benedetto (19.), 2:0 Zúñiga (28.), 2:1 Kalaba (43.)

Spiel um Platz 3

20.12.2015
Sanfrecce Hiroshima (Japan) – Guangzhou Evergrande (China) 2:1 (0:1)

Yokohama (Japan) – International Stadium – 47.968 Zuschauer
Schiedsrichter: Matthew Conger (Neuseeland)

Hiroshima: Takuto Hayashi – Kazuya Miyahara, Tsukasa Shiotani, Hiroki Mizumoto – Takuya Marutani, Kohei Shimizu (87. Sho Sasaki), Yusuke Chajima, Mihael Mikić [CRO] (67. Yoshifumi Kashiwa), Toshihiro Aoyama [C] – Hisato Satō (58. Douglas[1] [BRA]), Takuma Asano
Trainer: Hajime Moriyasu
[1] Dyanfres Douglas Chagas Matos

Guangzhou: Shuai Li – Xuepeng Li, Young-Gwon Kim [KOR], Linpeng Zhang, Fang Mei – Zhi Zheng [C], Paulinho[1] [BRA], Bowen Huang (85. Hanchao Yu) – Ricardo Goulart [BRA] (81. Jian Liu), Elkeson[2] [BRA] (46. Long Zheng), Lin Gao
Trainer: Luiz Felipe Scolari [BRA]
[1] José Paulo Bezerra Maciel Júnior [2] Elkeson de Oliveira Cardoso

Tore: 0:1 Paulinho (4.), 1:1, 2:1 Douglas (70., 83.)

Endspiel

20.12.2015
River Plate Buenos Aires (Argentinien) – FC Barcelona (Spanien) 0:3 (0:1)

Yokohama (Japan) – International Stadium – 66.853 Zuschauer
Schiedsrichter: Alireza Faghani (Iran)

Buenos Aires: Marcelo Barovero [C] – Gabriel Mercado, Jonathan Maidana, Éder Álvarez Balanta [COL], Leonel Vangioni – Matías Kranevitter/GK – Carlos Sánchez [URU], Tabaré Viúdez (56. Sebastián Driussi), Leonardo Ponzio/GK (46. Lucho González[1]) – Rodrigo Mora [URU] (46. Gonzalo Martínez[2]), Lucas Alario
Trainer: Marcelo Gallardo
[1] Luis Óscar González [2] Gonzalo Nicolás Martínez

Barcelona: Claudio Bravo[1] [CHI] – Dani Alves[2] [BRA], Gerard Piqué[3], Javier Mascherano [ARG] (81. Thomas Vermaelen [BEL]), Jordi Alba[4]/GK (76. Adriano[5] [BRA]) – Ivan Rakitić [CRO]/GK (66. Sergio Roberto/GK), Sergio Busquets[6], Andrés Iniesta[7] [C] – Lionel Messi [ARG], Luis Suárez[8] [URU], Neymar [BRA]/GK (88. Jérémy Mathieu [FRA])
Trainer: Luis Enrique[9]
[1] Claudio Andrés Bravo Muñoz [2] Daniel Alves da Silva [3] Gerard Piqué Bernabéu [4] Jordi Alba Ramos [5] Adriano Correia Claro [6] Sergio Busquets Burgos [7] Andrés Iniesta Luján [8] Luis Alberto Suárez Díaz [9] Luis Enrique Martínez García

Tore: 0:1 Messi (36.), 0:2, 0:3 Suárez (49., 68.)

MVP (Most Valuable Player of the Match): Luis Suárez

Klub-Weltmeister 2015 **FC Barcelona**

Anläßlich des Turniers gab es noch folgende Ehrungen:

FIFA-Fair-Play-Trophäe – FC Barcelona
„adidas" **Goldener Ball** (bester Spieler des Turniers) – Luis Suárez (Barcelona)
Silberner Ball – Lionel Messi (Barcelona)
Bronzener Ball – Andrés Iniesta (Barcelona)
Alibaba **E-Auto Award** (herausragendster Spieler) – Luis Suárez (Barcelona)

Schiedsrichter

Zu dem Turnier wurden sechs Schiedsrichter eingesetzt. Unterstützt wurden sie von zwölf Linienrichtern. Deutschsprachige Unparteiische waren nicht eingeladen.

*Das Finale stand unter der Leitung des Iraners Alireza Faghani (*21.03.1978).*
Folgende Spiele mit Beteiligung von Mannschaften des deutschsprachigen Raums leitete er: 2016 beim Olympischen Fußballturnier am 04.08. Mexiko gegen Deutschland und 20.08. das Finale Brasilien gegen Deutschland. Weiterhin wurde er als Schiedsrichter bei folgender Begegnung eingesetzt: Confed-Cup 2017 Deutschland gegen Chile.

(cc) *Wikimedia Commons; Foto: Autor: Tasnim News Agency / Hossein Zohrevand; CC BY 4.0/*

Klub-WM 2016

Am 23. April 2015 erhielt Japan den Zuschlag der FIFA zur Ausrichtung der Klub-Weltmeisterschaft in den Jahren 2015 und 2016. Der mit bewerbende Verband Indiens hatte sich schon im November 2014 zurückgezogen. Es gab keine Änderungen des Modus. Änderungen bei den Spielregeln wurden dahingehend durchgeführt, dass der Videobeweis erstmals eingesetzt wurde und bei Spielen mit Verlängerung ein vierter Spieler innerhalb der Verlängerung gewechselt werden durfte.

Die offizielle Sponsor-Bezeichnung der Wettbewerbe 2016 lautet **FIFA Club World Cup Japan 2016 presentet by YunOS Auto**.

Spielstätten

Wie schon 2011 fanden Spiele im Internationalen Stadion von Yokohama statt. Weiterer Austragungsort war das Suita City Football Stadium in Suita.
[Informationen zum Stadion von Yokohama siehe Klub-WM 2005]

Suita

Suita City Football Stadium
(Heimstätte von Gamba Osaka)

Das Stadion wurde am 14. Februar 2016 eröffnet. Es erhielt seinen Namen nach der Stadt Suita, die im Norden an Osaka angrenzt. Das Stadion hatte eine Kapazität von 39.694 Plätzen. Der bisherige Zuschauerrekord datiert vom 29. Juli 2017, als 36.177 Besucher das Osaka Derby zwischen Gamba und Cerezo verfolgten. Die Spielfeldgröße beträgt 105 x 68 m.

Wikimedia Commons; Foto: Autor: Waka; PD-CC0

Ausscheidungsspiel

08.12.2016
Kashima Antlers (Japan) – Auckland City (Neuseeland) 2:1 (0:0)

Yokohama (Japan) – International Stadium – 17.667 Zuschauer
Schiedsrichter: Janny Sikazwe (Sambia)

Kashima: Hitoshi Sogahata – Gen Shoji, Daigo Nishi, Shuto Yamamoto, Hwang Seok-ho [KOR] – Yasushi Endo (83. Atsutaka Nakamura), Gaku Shibasaki – Ryota Nagaki, Mitsuo Ogasawar [C] (63. Mu Kanazaki) – Shoma Doi, Fabricio[1] [BRA] (54. Shuhei Akasaki)
Trainer: Matsatada Ishili
[1] Fabrício dos Santos Messias

Auckland: Eñaut Zubikarai [ESP] – Takuya Iwata [JPN], Ángel Berlanga[1] [ESP][C], Kim Dae-wook [KOR], Darren White [ENG] – Fabrizio Tavano[2] [MEX], Clayton Lewis – João Moreira[3] [POR], Albert Riera [ESP] – Ryan De Vries (83. Micah Lea'alafa [SOL]), Emiliano Tade [ARG] (90. Nicolai Berry)
Trainer: Ramón Tribulietx [ESP]
[1] Ángel Luis Viña Berlanga [2] Enrico Fabrizio Vincenzu Tavanao Alonso [3] João Vítor Rocha de Carvalho Moreira

Tore: 0:1 Kim (50.), 1:1 Akasaki (67.), 2:1 Kanazaki (88.)
Player of the Match: Ryota Nagaki

Viertelfinale

11.12.2016
Jeonbuk Hyundai Motors (Südkorea) – Club America (Mexiko) 1:2 (1:0)

Suita (Japan) – Suita City Football Stadium – 14.587 Zuschauer
Schiedsrichter: Viktor Kassai (Ungarn)

Jeonbuk: Hong Jeong-nam – Lim Jong-eun, Park Won-jae, Choi Chul-soon, Kim Chang-soo (77. Ko Moo-yeol) – Shin Hyung-min [C], Jeong Hyuk (66. Leonardo[1] [BRA]) – Lee Jae-sung, Kim Bo-kyung – Edu[2] [BRA] (76. Lee Dong-gook), Kim Shin-wook
Trainer: Choi Kang-hee
[1] Leonardo Rodrígues Pereira [2] Eduardo Gonçalves de Oliveira

America: Moisés Muñoz – Paolo Goltz [ARG], Miguel Samudio [PAR], Pablo Aguilar [PAR], Bruno Valdez [PAR], Edson Álvarez (46. Michael Arroyo [ECU]) – William[1] [BRA], Osvaldo Martínez [PAR] (46. José Guerrero), Darwin Quintero [COL] (70. Ventura Alvarado [USA]) – Silvio Romero [ARG], Oribe Peralta [C]
Trainer: Ricardo La Volpe [ARG]
[1] William Fernando da Silva

Tore: 1:0 Kim Bo-kyung (23.), 1:1, 1:2 Romero (58., 74.)
Player of the Match: Silvio Romero

11.12.2016
Mamelodi Sundowns (Südafrika) – Kashima Antlers (Japan) 0:2 (0:0)

Suita (Japan) – Suita City Football Stadium – 21.702 Zuschauer
Schiedsrichter: Roberto García (Mexiko)

Mamelodi: Denis Onyango [UGA] – Tebogo Langerman, Wayne Arendse, Ricardo Nascimento[1] [BRA] – Tiyane Mabunda, Percy Tau – Hlompho Kekana [C], Keegan Dolly, Thapelo Morena (71. Anthony Laffor [LBR]) – Leonardo Castro [COL] (65. Siyanda Zwane), Khama Billiat [ZIM] (79. Sibusiso Vilakazi)
Trainer: Pitso Mosimane
[1] Ricardo dos Santos Nascimento

Kashima: Hitoshi Sogahata – Gen Shoji, Daigo Nishi, Shuto Yamamoto, Naomichi Ueda – Shoma Doi, Atsutaka Nakamura (61. Mu Kanazaki) – Ryota Nagaki [C], Gaku Shibasaki, Yasushi Endo (89. Taro Sugimoto) – Shuhei Akasaki (84. Yuma Suzuki)
Trainer: Matsatada Ishili

Tore: 0:1 Endo (63.), 0:2 Kanazaki (88.)
Player of the Match: Mu Kanazaki

Halbfinale

14.12.2016
Atletico Nacional Medellin (Kolumbien) – Kashima Antlers (Japan) 0:3 (0:1)

Suita (Japan) – Suita City Football Stadium – 15.050 Zuschauer
Schiedsrichter: Viktor Kassai (Ungarn)

Medellin: Franco Armani [ARG] – Daniel Bocanegra, Felipe Aguilar, Alexis Henríquez[1] [C], Farid Diaz – Diego Arias (60. Alejandro Guerra), Mateus Uribe – Orlando Berrio (87. Arley Rodríguez), Macnelly Torres, Jhon Mosquera (67. Cristían Dajome) – Miguel Borja
Trainer: Reinaldo Charales
[1] Alexis Hector Henríquez Charales

Kashima: Hitoshi Sogahata – Gen Shoji, Daigo Nishi, Shuto Yamamoto, Naomichi Ueda – Yasushi Endo, Gaku Shibasaki, Mitsuo Ogasawara [C] (58. Ryota Nagaki), Atsutaka Nakamura (84. Yuma Suzuki) – Shuhei Akasaki (54. Mu Kanazaki), Shoma Doi
Trainer: Matsatada Ishili

Tore: 0:1 Dori (33. FE*), 0:2 Endo (83.), 0:3 Suzuki (85.)
* Der Elfmeter wurde von Schiedsrichter Kassai nach Videobeweis gegeben.
Player of the Match: Hitoshi Sogahata

15.12.2016
Club America (Mexiko) – Real Madrid (Spanien) 0:2 (0:1)

Yokohama (Japan) – International Stadium – 50.117 Zuschauer
Schiedsrichter: Enríque Cáceres (Paraguay)

America: Moisés Muñoz – Bruno Valdez [PAR], Ventura Alvarado [USA] (54. José Guerrero), Paolo Goltz [ARG], Pablo Aguilar [PAR], Miguel Samudio [PAR] – Renato Ibarra [ECU] (61. Darwin Quintero [COL]), Rubens Sambueza [ARG] [C], William[1] [BRA] – Silvio Romero [ARG] (70. Michael Arroyo [ECU]), Oribe Peralta
Trainer: Ricardo La Volpe [ARG]
[1] William Fernando da Silva

Madrid: Keylor Navas [CRC] – Dani Carvajal[1], Raphaël Varane [FRA], Nacho[2], Marcelo[3] [BRA] – Casemiro[4] [BRA] – Toni Kroos [GER] (72. James Rodríguez [COL]), Luka Modrić [CRO] – Lucas Vázquez, Karim Benzema [FRA] (80. Álvaro Morata), Cristiano Ronaldo[5] [POR]
Trainer: Zinedine Zidane [FRA]
[1] Daniel Carvajal Ramos [2] José Ignacio Fernández Iglesias [3] Marcelo Vieira da Silva Júnior [4] Carlos Henrique José Francisco Venâncio Casimiro [5] Cristiano Ronaldo dos Santos Aveiro

Tore: 0:1 Benzema (45.+2), 0:2 Cristiano Ronaldo (90.+3*)
* Das 0:2 wurde von Schiedsrichter Cáceres nach Videobeweis gegeben (Abseitssituation).
Player of the Match: Luka Modrić

Spiel um Platz 5

14.12.2016
Jeonbuk Hyundai Motors (Südkorea) – Mamelodi Sundowns (Südafrika) 4:1 (3:0)

Suita (Japan) – Suita City Football Stadium – 5.938 Zuschauer
Schiedsrichter: Nawaf Shukralla (Bahrein)

Jeonbuk: Hong Jeong-nam – Kim Young-chan, Choi Chul-soon [C], Park Won-jae, Lim Jong-eun, – Ko Moo-yeol (62. Leonardo[1] [BRA]), Jang Yun-ho (72. Lee Han-do) – Lee Jae-sung, Han Kyo-won, Kim Bo-kyung – Lee Jong-eun (78. Kim Shin-wook)
Trainer: Choi Kang-hee
[1] Leonardo Rodrígues Pereira

Mamelodi: Denis Onyango [UGA] – Tebogo Langerman, Wayne Arendse, Ricardo Nascimento[1] [BRA] – Tiyane Mabunda, Thapelo Morena (81. Lucky Mohomi) – Hlompho Kekana [C], Keegan Dolly, Percy Tau – Leonardo Castro [COL] (46. Sibusiso Vilakazi), Khama Billiat [ZIM] (75. Asavela Mbekile)
Trainer: Pitso Mosimane
[1] Ricardo dos Santos Nascimento

Tore: 1:0 Kim Bo-kyung (18.), 2:0 Lee Jong-ho (29.), 3:0 Nascimento (41. ET), 3:1 Tau (48.), 4:1 Kim Shin-wook (89.)
Player of the Match: Lee Jae-sung

Spiel um Platz 3

18.12.2016
Club America (Mexiko) – Atletico Nacional Medellin (Kolumbien) 2:2 (2:1) 3:4 iE

Yokohama (Japan) – International Stadium – 44.625 Zuschauer
Schiedsrichter: Nawaf Shukralla (Bahrein)

America: Moisés Muñoz – Ventura Alvarado [USA] (46.Darwin Quintero [COL]), Bruno Valdez [PAR], Pablo Aguilar [PAR], Erik Pimentel, Miguel Samudio [PAR] – William[1] [BRA], José Guerrero, Rubens Sambueza [ARG] [C] (70. Osvaldo Martínez [PAR]) – Silvio Romero [ARG] (59. Oribe Peralta), Michael Arroyo [ECU]
Trainer: Ricardo La Volpe [ARG]
[1] William Fernando da Silva

Medellin: Franco Armani [ARG] – Daniel Bocanegra, Felipe Aguilar, Alexis Henríquez[1] [C], Farid Diaz – Diego Arias, Mateus Uribe (70. Juan Pablo Nieto) – Orlando Berrio (89. Arley Rodríguez), Macnelly Torres, Alejandro Guerra (78. Miguel Borja) – Jhon Mosquera
Trainer: Reinaldo Charales
[1] Alexis Hector Henríquez Charales

Tore: 0:1 Samudio (6. ET), 0:2 Guerra (26.), 1:2 Arroya (38.), 2:2 Peralta (gg. HE)
Elfmeterschießen: Martinez (Latte), 0:1 Mosquera, Samudio (verschossen), Nieto (verschossen), 1:1 Quintero, 1:2 Bocanegra, 2:2 Peralta, 2:3 Torres, 3:2 Arroyo, 3:4 Borja
Player of the Match: Orlando Berrio

Endspiel

<u>18.12.2016</u>
Real Madrid (Spanien) – Kashima Antlers (Japan) 4:2 nV (2:2, 1:1)

Suita (Japan) – Suita City Football Stadium – 68.742 Zuschauer
Schiedsrichter: Janny Sikazwe (Sambia)

Madrid: Keylor Navas [CRC] – Dani Carvaja[1]/GK, Raphaël Varane [FRA], Sergio Ramos [C]/GK (108. Nacho[2]), Marcelo[3] [BRA] – Casemiro[4] [BRA]/GK – Toni Kroos [GER], Luka Modrić [CRO] (106. Mateo Kovačić [CRO]) – Lucas Vázquez (81. Isco[5]), Karim Benzema [FRA], Cristiano Ronaldo[6] [POR] (112. Álvaro Morata)
Trainer: Zinedine Zidane [FRA]
[1] Daniel Carvajal Ramos [2] José Ignacio Fernández Iglesias [3] Marcelo Vieira da Silva Júnior [4] Carlos Henrique José Francisco Venâncio Casimiro 5 Francisco Román Alarcón Suárez [6] Cristiano Ronaldo dos Santos Aveiro

Kashima: Hitoshi Sogahata – Daigo Nishi, Naomichi Ueda, Gen Shoji, Shuto Yamamoto/GK – Ryota Nagaki (114. Shuhei Akasaki), Mitsuo Ogasawara [C] (68. Fabrizio[1] [BRA]/GK) – Yasushi Endo (103. Yukitoshi Ito), Gake Shibasaki – Mu Kanazaki, Shoma Doi (86. Yuma Suzuki)
Trainer: Matsatada Ishili
[1] Ángel Luis Viña Berlanga

Tore: 1:0 Benzema (9.), 1:1, 1:2 Shibasaki (44., 52.), 2:2, 3:2, 4:2 Cristiano Ronaldo (59. FE, 98., 104.).
Player of the Match: Cristiano Ronaldo

Klub-Weltmeister 2016 **Real Madrid**

Anläßlich des Turniers gab es noch folgende Ehrungen:

FIFA-Fair-Play-Trophäe – Kashima Antlers
„adidas" **Goldener Ball** (bester Spieler des Turniers) – Cristiano Ronaldo (Real Madrid)
Silberner Ball – Luka Modrić (Real Madrid)
Bronzener Ball – Gaku Shibasaki (Kashima Antlers)
Alibaba **E-Auto Award** (herausragendster Spieler) – Cristiano Ronaldo (Real Madrid)

Schiedsrichter

Zu dem Turnier wurden sechs Schiedsrichter eingesetzt. Unterstützt wurden sie von elf Linienrichtern und sieben Video-Assistenten. Deutschsprachige Unparteiische waren nicht eingeladen.

Das Finale stand unter der Leitung von Janny Sikazwe ([*]26.05.1979) aus Sambia.
Bisher leitete er noch keine Begegnung unter Beteiligung von Mannschaften aus dem deutschsprachigen Raum.

Klub-WM 2017

Am 21. März 2015 erhielt Japan den Zuschlag der FIFA zur Ausrichtung der Klub-Weltmeisterschaft in den Jahren 2017 und 2018. Der mit bewerbende Verband Indiens hatte sich schon im November 2014 zurückgezogen. Weiterhin bewarben sich die Verbände aus Brasilien und aus Japan. Gegenüber der Austragung im Vorjahr gab es keine Änderungen des Modus.

Die offizielle Sponsor-Bezeichnung der Wettbewerbe 2017 lautet **FIFA Club World Cup UAE 2017 presentet by Alibaba Cloud**.

Spielstätten

Wie schon 2009 und 2010 fanden Spiele im Zayed-Sports-City-Stadion von Abu Dhabi statt. Weiterer Austragungsort war das Hazza-bin-Zayed-Stadion in Al-Ain.
[Informationen zum Stadion von Abu Dhabi siehe Klub-WM 2009]

Al-Ain

Das Stadion wurde am 14. Januar 2014 eröffnet. Es erhielt seinen Namen nach dem Vereinsvorsitzenden Scheich Hazza bin Zayed bin Sultan Al Nahyan [*1965].
Das Stadion hatte eine Kapazität von 25.965 Plätzen.
Die Spielfeldgröße beträgt 105 x 68 m.

Hazza bin Zayed Stadium
(Heimstätte von Al-Ain FC)

Wikimedia Commons; Foto: Autor: Ahmedd; CC BY-SA 4.0

Ausscheidungsspiel

06.12.2017
Al-Jazira SCC (Vereinigte Arabische Emirate) – Auckland City FC (Neuseeland) 1:0 (1:0)

Al Ain (Vereinigte Arabische Emirate) – Hazza bin Zayed Stadium – 4.246 Zuschauer
Schiedsrichter: Malang Diedhiou (Senegal)

Al Jazira: Ali Khaseif [C] – Mohammed Al Attas, Mohammed Ali Ayed (90.+1 Saif Khalfan), Musallem Fayez, Salem Rashid – Fares Juma, Eissa Mohamed Al-Otaibah (80. Yaqoub Al Hosani) – Khalfan Mubarak Alrizzi (58. Ahmed Rabee), Romarinho[1] [BRA], Moubarak Boussoufa [MAR] – Ali Mabkhout
Trainer: Henk ten Cate [NED]
[1] Romário Ricardo Silva

Auckland: Eñaut Zubikarai [ESP] – Darren White [ENG], Ángel Berlanga[1] [ESP][C], Kim Dae-wook [KOR], Takuya Iwata [JPN] (84. Micah Lea'alafa [SOL]) – Fabrizio Tavano[2] [MEX], Albert Riera [ESP], Cameron Howieson – Emiliano Tade [ARG], Ryan De Vries, Callum McCowatt (60. Daniel Morgan)
Trainer: Ramón Tribulietx [ESP]
[1] Ángel Luis Viña Berlanga [2] Enrico Fabrizio Vincenzu Tavanao Alonso

Tor: 1:0 Romarinho (38.)
Alibaba Cloud Match Award: Ali Khaseif

Viertelfinale

09.12.2017
Al-Jazira SCC (Vereinigte Arabische Emirate) – Urawa Red Diamonds (Japan) 1:0 (0:0)

Abu Dhabi (Vereinigte Arabische Emirate) –
Zayed Sports City Stadium – 15.593 Zuschauer
Schiedsrichter: César Ramos (Mexiko). 4OF: Felix Brych (Deutschland)

Al Jazira: Ali Khaseif [C] – Musallem Fayez, Mohammed Ali Ayed (90. Saif Khalfan), Fares Juma, Salem Rashid – Mohammed Al Attas (89. Eisa Mohammed Al-Otaibah) – Salem Abdoulla, Yaqoub Al Hosani (84. Ahmed Rabee) – Romarinho[1] [BRA] – Ali Mabkhout, Moubarak Boussoufa [MAR]
Trainer: Henk ten Cate [NED]
[1] Romário Ricardo Silva

Urawa: Shusaku Nishikawa – Tomoya Ugajin, Yuki Abe [C], Wataru Endo (72. Ryota Moriwaki), Tomoaki Makino – Takuya Aoki – Rafael Silva[1] [BRA], Shinya Yajima (76. Zlatan Ljubijankić [SVN]), Yōsuke Kashiwagi, Yuki Muto (67. Toshiyuki Takagi) – Shinzo Koroki
Trainer: Takafumi Hori
[1] Rafael da Silva

Tor: 1:0 Mabkout (52.)
Alibaba Cloud Match Award: Ali Mabkhout

09.12.2017
CF Pachuca (Mexiko) – Wydad AC Casablanca (Marokko) 1:0 nV (0:0)

Abu Dhabi (Vereinigte Arabische Emirate) –
Zayed Sports City Stadium – 12.488 Zuschauer
Schiedsrichter: Ravshan Irmatov (Usbekistan)

Pachuca: Óscar Pérez Rojas [C] [URU] – Robert Herrera [URU], José Joaquín Martínez (105. Raúl López), Óscar Murillo [COL], Emmanuel García – VictorGuzmán (118. Omar Gonzalez [USA]), Jorge Hernández, Érick Aguirre (79. Erick Sánchez), Keisuke Honda [JPN] – Jonathan Urretaviscaya [URU], Ángelo Sagal [CHI] (58. Franco Jara [ARG])
Trainer: Diego Alonso [URU]
[1] Ricardo dos Santos Nascimento

Casablanca: Zouhair Laaroubi – Abdelatif Noussir, Zakaria El Hachimi, Amine Atouchi, Cheikh Ibrahim Comara [CIV] – Brahim Nekkach [C] (69. GRK), Salaheddine Saidi, Walid El Karti – Abdeladim Khadrouf (90. Reda Hajhouj), Achraf Bencharki – Mohamed Aoulad Youssef [BEL] (62. Ismail Haddad)
Trainer: Hussein Amotta

Tor: 1:0 Guzman (112.)
Alibaba Cloud Match Award: Jonathan Urretaviscaya

Halbfinale

12.12.2017
Gremio Porto Alegre (Brasilien) – CF Pachuca (Mexiko) 1:0 nV (0:0)

Al Ain (Vereinigte Arabische Emirate) – Hazza bin Zayed Stadium – 6.428 Zuschauer
Schiedsrichter: Felix Brych. SRA1 Mark Borsch; SRA2 Stefan Lupp (alle Deutschland)

Gremio: Marcelo Grohe – Edílson[1] (90. Léo Moura[2]), Pedro Geromel [C], Walter Kannemann [ARG], Bruno Cortez[3] – Michel[4] (72. Éverton[5]), Jailson[6] – Ramiro[7], Luan[8], Fernandinho[9] (117. Thyere[10]) – Lucas Barrios[11] [PAR] (55. Jael[12])
Trainer: Renato Portaluppi
[1] Edílson Mendes Guimarães [2] Leonardo da Silva Moura [3] Bruno Cortês Barbosa [4] Michel Ferreira dos Santos [5] Éverton Sousa Soares [6] Jailson Marques Siqueira [7] Ramiro Moschen Benetti [8] Luan Guilherme de Jesus Vieira [9] Luiz Fernando Pereira da Silva [10] Rafael Thyere Albuquerque Marques [11] Lucas Ramón Barrios Cáceres [12] Jael Ferreira Vieira

Pachuca: Óscar Pérez Rojas [C] – José Joaquín Martínez, Omar Gonzalez [USA], Óscar Murillo [COL], Emmanuel García (101. Ángelo Sagal [CHI]) – Jorge Hernández – Keisuke Honda [JPN], Victor Guzmán, Érick Aguirre (67. Erick Sánchez²) – Jonathan Urretaviscaya [URU] (105. Germán Cano³ [ARG]), Franco Jara [ARG] (90. Robert Herrera⁴ [URU])
Trainer: Diego Alonso [URU]
[1] Ricardo dos Santos Nascimento [2] Erick Daniel Sánchez Ocegueda [3] Germán Ezequiel Cano Recalde [4] Robert Fabián Herrera Rosas

Tor: 1:0 Everton (95.)
Alibaba Cloud Match Award: Everton

13.12.2017
Al-Jazira SCC (Vereinigte Arabische Emirate) – Real Madrid (Spanien) 1:2 (1:0)

Abu Dhabi (Vereinigte Arabische Emirate) –
Zayed Sports City Stadium – 36.650 Zuschauer
Schiedsrichter: Sandro Ricci (Brasilien)

Al Jazira: Ali Khaseif [C] (51. Khaled Al-Senani) – Musallem Fayez, Mohammed Ali Ayed, Fares Juma, Salem Rashid – Mohammed Al Attas – Yaqoub Al Hosani (72. Ahmed Rabee), Khalfan Mubarak (60. Eisa Mohamed Al-Otaibah) – Romarinho¹ [BRA] – Ali Mabkhout, Moubarak Boussoufa [MAR]
Trainer: Henk ten Cate (NED)
[1] Romário Ricardo Silva

Madrid: Keylor Navas [CRC] – Achraf Hakimi [MAR], Nacho¹, Raphaël Varane [FRA], Marcelo² [BRA] [C] – Luka Modrić [CRO], Casemiro³ [BRA], Mateo Kovačić [CRO] (68. Marco Asensio) – Isco⁴ (68. Lucas Vázquez), Karim Benzema [FRA] (81. Gareth Bale [WAL]), Cristiano Ronaldo⁵ [POR]
Trainer: Zinedine Zidane [FRA]
[1] José Ignacio Fernández Iglesias [2] Marcelo Vieira da Silva Júnior [3] Carlos Henrique Casimiro [4] Francisco Román Alarcón Suárez [5] Cristiano Ronaldo dos Santos Aveiro

Tore: 1:0 Romarinho (41.), 1:1 Cristiano Ronaldo (53.), 1:2 Bale (81.)
Alibaba Cloud Match Award: Luka Modrić

Spiel um Platz 5

12.12.2017
Wydad AC Casablanca (Marokko) – Urawa Red Diamonds (Japan) 2:3 (1:2)

Al Ain (Vereinigte Arabische Emirate) – Hazza bin Zayed Stadium – 4.281 Zuschauer
Schiedsrichter: Matt Conger (Neuseeland)

Casablanca: Badreddine Benachour – Abdeladim Khadrouf (74. Salaheddine Saidi), Mohamed Ouattara [BFA], Youssef Rabeh [C], Mohamed Nahiri – Reda Hajhouj, Jamel Aït Ben Idir, Walid El Karti, Ismail Haddad (87. Guillaume Daho [CIV]) – Mohammed Aoulad Youssef [BEL] (75. Amin Tighazoui), Badr Gaddarine
Trainer: Hussein Amotta

Urawa: Shusaku Nishikawa – Ryota Moriwaki, Yuki Abe [C], Tomoaki Makino, Maurício Antônio¹ [BRA] – Takuya Aoki – Yuki Muto, Yōsuke Kashiwagi, Kazuki Nagasawa, Rafael Silva² [BRA] (58. Tsukasa Umesaki 77. Zlatan Ljubijankić [SVN]) – Shinzo Koroki (90.+5 Daisuke Kikuchi)
Trainer: Takafumi Hori
[1] Mauricio de Carvalho Antônio [2] Rafael da Silva

Tore: 0:1 Mauricio Antonio (18.), 1:1 Haddad (21.), 1:2 Kashiwagi (26.), 1:3 Mauricio Antonio (60.), 2:3 Hajhouj (90.+4 HE*)
* Der Handelfmeter wurde nach der Konsultation mit dem Video-Schiedsrichterassistenten verhängt.
Alibaba Cloud Match Award: Yosuke Kashiwagi

Spiel um Platz 3

16.12.2017
Al Jazira SCC (Vereinigte Arabische Emirate) – CF Pachuca (Mexiko) 1:4 (0:1)

Abu Dhabi (Vereinigte Arabische Emirate)
– Zayed Sports City Stadium – 11.785 Zuschauer
Schiedsrichter: Malang Diedhiou (Senegal)

Al Jazira: Khaled Al Senani– Musallem Fayez, Saif Khalfan, Fares Juma, Salem Rashid – Mohammed Al Attas (46. Salim Ali) – Yaqoub Al Hosani (67. Abdalla Ramadan [EGY]), Khalfan Mubarak Alrizzi (78. Ahmed Rabee) – Romarinho[1] [BRA] – Ali Mabkhout, Moubarak Boussoufa [MAR]
Trainer: Henk ten Cate [NED]
[1] Romário Ricardo Silva

Pachuca: Alfonso Blanco [C] – Raúl López, Omar Gonzalez [USA], Óscar Murillo [COL], Emmanuel García – Jorge Hernández (85. Pablo López) – Jonathan Urretaviscaya [URU] (86. Tony Figueroa[1]), Erick Sánchez[2], Érick Aguirre – Franco Jara [ARG] (78. Roberto de la Rosa), Ángelo Sagal [CHI]
Trainer: Diego Alonso [URU]
[1] Francisco Antonio Figueroa Díaz [2] Erick Daniel Sánchez Ocegueda

Tore: 0:1 Urretaviscaya (37.), 1:1 Alrizzi (57.), 1:2 Jara (60.), 1:3 de la Rosa (79.), 1:4 Sagal (84. FE)
Alibaba Cloud Match Award: Jonathan Urretaviscaya

Endspiel

16.12.2017
Real Madrid (Spanien) – Gremio Porto Alegre (Brasilien) 1:0 (0:0)

Abu Dhabi (Vereinigte Arabische Emirate) –
Zayed Sports City Stadium – 41.094 Zuschauer
Schiedsrichter: César Ramos (Mexiko). VARA: Felix Zweyer (Deutschland)

Madrid: Keylor Navas [CRC] – Daniel Carvajal, Raphaël Varane [FRA], Sergio Ramos [C], Marcelo[1] [BRA] – Luka Modrić [CRO], Casemiro[2] [BRA]/GK, Toni Kroos [GER] – Isco[3] (73. Lucas Vázquez), Karim Benzema [FRA] (79. Gareth Bale [WAL]), Cristiano Ronaldo[4] [POR]
Trainer: Zinedine Zidane [FRA]
[1] Marcelo Vieira da Silva Júnior [2] Carlos Henrique Casimiro [3] Francisco Román Alarcón Suárez [4] Cristiano Ronaldo dos Santos Aveiro

Gremio: Marcelo Grohe – Edílson[1], Pedro Geromel [C], Walter Kannemann [ARG], Bruno Cortez[2] – Michel[3] (84. Maicon[4]), Jailson[5] – Ramiro[6] (71. Éverton[7]), Luan[8], Fernandinho[9] (117. Thyere[10]) – Lucas Barrios[11] [PAR] (63. Jael[12])
Trainer: Renato Portaluppi
[1] Edílson Mendes Guimarães [2] Bruno Cortês Barbosa [3] Michel Ferreira dos Santos [4] Maicon Thiago Pereira de Souza [5] Jailson Marques Siqueira [6] Ramiro Moschen Benetti [7] Éverton Sousa Soares [8] Luan Guilherme de Jesus Vieira [9] Luiz Fernando Pereira da Silva [10] Rafael Thyere Albuquerque Marques [11] Lucas Ramón Barrios Cáceres [12] Jael Ferreira Vieira

Tor: 1:0 Cristiano Ronaldo (53.)
Alibaba Cloud Match Award: Cristiano Ronaldo

Klub-Weltmeister 2017 **Real Madrid CF**

Anläßlich des Turniers gab es noch folgende Ehrungen:

FIFA-Fair-Play-Trophäe – Real Madrid
„adidas" **Goldener Ball** (bester Spieler des Turniers) – Luka Modrić (Real Madrid)
Silberner Ball – Cristiano Ronaldo (Real Madrid)
Bronzener Ball – Jonathan Urretaviscaya (CF Pachuca)

Schiedsrichter

Zu dem Turnier wurden sechs Schiedsrichter eingesetzt. Darunter aus Deutschland Felix Brych (*03.08.1975) als Vertreter aus Europa. Unterstützt wurden sie von zwölf Linienrichtern (aus Deutschland Mark Borsch (*16.03.1977) und Stefan Lupp (*09.09.1978)) und acht Video-Assistenten. Hier wirkte Felix Zweyer (*19.05.1981) mit.

*Das Finale stand unter der Leitung von César Arturo Ramos Palazuelos [*05.12.1983] aus Mexiko.*
Bisher leitete er noch keine Begegnung der Senioren unter Beteiligung von Mannschaften aus dem deutschsprachigen Raum.

Wikimedia Commons; Foto: Autor: Fars News Agency/Mehdi Bolourian; CC BY 3.0

Klub-WM 2018

Am 21. März 2015 erhielt Japan den Zuschlag der FIFA zur Ausrichtung der Klub-Weltmeisterschaft in den Jahren 2017 und 2018. Der mit bewerbende Verband Indiens hatte sich schon im November 2014 zurückgezogen. Weiterhin bewarben sich die Verbände aus Brasilien und aus Japan. Gegenüber der Austragung im Vorjahr gab es keine Änderungen des Modus.

Die offizielle Sponsor-Bezeichnung der Wettbewerbe 2018 lautet **FIFA Club World Cup UAE 2018 presentet by Alibaba Cloud**.

Spielstätten

Wie schon 2017 fanden Spiele im Zayed-Sports-City-Stadion von Abu Dhabi statt sowie im Hazza-bin-Zayed-Stadion in Al Ain.
[Informationen zum Stadion von Abu Dhabi siehe Klub-WM 2009 und von Al Ain Klub-WM 2017]

Ausscheidungsspiel

12.12.2018
Al-Ain FC (Vereinigte Arabische Emirate) – Team Wellington FC (Neuseeland)
                                                                        3:3 nV (3:3, 1:3) 4:3 iE

Al Ain (Vereinigte Arabische Emirate) – Hazza bin Zayed Stadium – 15.279 Zuschauer
Schiedsrichter: Ryuji Sato (Japan)

Al Ain: Khalid Eisa – Mohamed Ahmed[1], Ismail Ahmed [C], Mohanad Salem Ghazy (38. Bandar Al Ahbabi), Tsukas Shiotani [JPN] – Hussein El Shahat [EGY], Iongo Doumbia [MLI], Ahmed Barman[2] (118. Ryan Yslam), Caio[3] [BRA] – Mohamed Abdulrahman (120.+1 GRK), Jamal Maroof (78. Marcus Berg [SWE])
Trainer: Zoran Mamić [CRO]
[1] Juma Mohamed Ahmed Ali Gharib [2] Ahmed Barman Ali B Shamroukh Hammoudi [3] Caio Lucas Fernandes

Wellington: Scott Basalaj – Justin Gulley [C], Scott Hilliar, Taylor Schrijvers – Henry Cameron (57. Eric Molloy [IRL] 120. Ross Allen [ENG]), Mario Barcia [ARG], Mario Ilich, Jack-Henry Sinclair (80. Angus Kilkolly) – Aaron Clapham (74. Nathanael Hallermariam), Andrew Bevin – Hamish Watson
Trainer: Jose Figueira [ENG]

Tore: 0:1 Barcia (11.), 0:2 Clapham (15.), 0:3 Ilich (44.), 1:3 Shiotani (45.), 2:3 Doumbia (49.), 3:3 Berg (85.)
Elfmeterschießen: 1:0 Diaky, 1:1 Allen, Berg (verschossen), Kilkolly (gehalten), 2:1 El Shahat, 2:2 Ilich, 3:2 Shiotani, 3:3 Watson, 4:3 Caio, Gulley (gehalten)
Alibaba Cloud Match Award: Khalid Eisa

Viertelfinale

15.12.2018
Kashima Antlers (Japan) – CD Guadalajara (Mexiko) 3:2 (0:1)

Al Ain (Vereinigte Arabische Emirate) – Hazza bin Zayed Stadium – 3.997 Zuschauer
Schiedsrichter: Bamlak Tessema Weyesa (Äthiopien)

Kashima: Kwoun Sun-tae [KOR] – Atsuto Uchida, Jung Seung-hyun [KOR], Gen Shoji, Shuto Yamamoto – Yasushi Endo [C] (87. Daigo Nishi), Ryota Nagaki, Léo Silva[1] [BRA], Leandro[2] [BRA] (46. Hiroki Abe) – Shoma Doi (80. Koki Anzai), Serginho[3] [BRA]
Trainer: Go Oiwa
[1] Hugo Leonardo Silva Serejo [2] Weverson Leandro Oliveira Moura [3] Sérgio António Soler de Oliveira Júnior

Guadalajara: Raúl Gudiño[1] – Josecarlos Van Rankin, Jair Pereira [C], Hedgardo Marin, Miguel Ponce[2] – Isaác Brizuela, Orbelin Pineda (85. José Godínez[3]), Michael Pérez, Javier López[4] (71. Walter Sandoval[5]) – Ángel Zaldivar, Alan Pulido
Trainer: José Cardozo[6] [PAR]
[1] Raúl Manolo Gudiño Vega [2] Miguel Ángel Ponce Briseño [3] José de Jesús Godínez Navarro [4] Javier Eduardo López Ramírez [5] Walter Gael Sandoval Contreras [6] José Saturnino Cardozo Otazú

Tore: 0:1 Zaldivar (3.), 1:1 Nagaki (49.), 2:1 Serginho (69. FE*), 3:1 Abe (84.), 3:2 Leonardo (90.+4 ET)
* Der Foulelfmeter wurde nach Konsultation mit dem Video-Schiedsrichterassistenten verhängt.
Besonderes Vorkommnis: Kwoun Sun-tae hält einen von Alan Pulido geschossenen Foulelfmeter.
Alibaba Cloud Match Award: Shoma Doi

15.12.2018
Esperance Tunis (Tunesien) – Al-Ain FC (Vereinigte Arabische Emirate) 0:3 (0:2)

Al Ain (Vereinigte Arabische Emirate) – Hazza bin Zayed Stadium – 21.333 Zuschauer
Schiedsrichter: Jair Marrufo (Vereinigte Staaten von Amerika)

Tunis: Moez Ben Cherifia – Sameh Derbaly, Chamseddine Dhaouadi, Khelil Chemmam [C] (70. Ali Machani), Aymen Ben Mohamed – Fousseyni Coulibaly [CIV], Franck Kom [CAM] (64. Edem Rjaibi) – Anice Badri, Ghaylen Chaaleli (46. Mohamed Meskini), Mohamed Belaili [ALG]
Trainer: Moïne Chaâbani

Al-Ain: Khalid Eisa – Mohamed Ahmed[1], Ismail Ahmed [C], Mohammed Fayez, Tsukas Shiotani [JPN] – Bandar Al-Ahbabi (80. Marcus Berg [SWE]), Tongo Doumbia [MLI] (85. Yahia Nader), Ahmed Barman[2], Ryan Yslam Al-Jaberi (67. Amer Abdulrahman) – Hussein El Shatat [EGY], Caio[3] [BRA]
Trainer: Zoran Mamić [CRO]
[1] Juma Mohamed Ahmed Ali Gharib [2] Ahmed Barman Ali B Shamroukh Hammoudi [3] Caio Lucas Fernandes

Tore: 0:1 Ahmad (2.), 0:2 El Shahat (16.), 0:3 Al-Ahbabi (60.)
Alibaba Cloud Match Award: Hussein El Shahat

Spiel um Platz 5

18.12.2018
Esperance Tunis (Tunesien) – CD Guadalajara (Mexiko) 1:1 (1:1) 6:5 iE

Al Ain (Vereinigte Arabische Emirate) – Hazza bin Zayed Stadium – 5.883 Zuschauer
Schiedsrichter: Matthew Conger (Neuseeland)

Tunis: Rami Jeridi – Sameh Derbaly, Chamseddine Dhaouadi, Khelil Chemmam [C], Houcine Errabei (90.+6 RK) – Fousseyni Coulibaly [CIV], Franck Kom [CAM] (90.+5 Ali Machani) – Anice Badri (78. GRK), Mohamed Belaili [ALG], Aymen Ben Mohamed (90.+3 Saad Bguir) – Bilel Mejri (90.+3 Taha Khenissi)
Trainer: Moïne Chaâbani

Guadalajara: Raúl Gudiño[1] (90.+5 Miguel Jiménez) – Josecarlos Van Rankin, Jair Pereira [C], Hedgardo Marin, Miguel Ponce[2] – Isaác Brizuela, Michael Pérez, Alan Cervantes (46. Carlos Arnoldo Salcido Flores[3]), Walter Sandoval[4] (64. Orbelín Pineda) – Ángel Zaldivar, José Godínez[5]
Trainer: José Cardozo[6] [PAR]
[1] Raúl Manolo Gudiño Vega [2] Miguel Ángel Ponce Briseño [3] José de Jesús Godínez Navarro [4] Walter Gael Sandoval Contreras [5] José de Jesús Godínez Navarro [6] José Saturnino Cardozo Otazú

Tore: 0:1 Sandoval (5. FE), 1:1 Belaili (38. HE)
Elfmeterschießen: 0:1 Zaldivar, Belaili (gehalten), Marin (Latte), 1:1 Machani, 1:2 Godinez, 2:2 Chammam, Van Rankin (gehalten), Beguir (gehalten), 2:3 Salcido, 3:3 Khenissi, 3:4 Pineda, 4:4 Derbali, 4:5 Derbali, 5:5 Coulibaly, Brizuela (verschossen), 6:5 Dhaouadi
Alibaba Cloud Match Award: Rami Jeridi

Halbfinale

<u>18.12.2018</u>
River Plate Buenos Aires (Argentinien) – Al-Ain FC (UAE) 2:2 nV (2:2, 2:1) 4:5 iE

Al Ain (Vereinigte Arabische Emirate) – Hazza bin Zayed Stadium – 21.383 Zuschauer
Schiedsrichter: Gianluca Rocchi (Italien)

River Plate: Franco Armani – Gonzalo Montiel, Jonatan Maidana, Javier Pinola, Milton Casco – Ignacio Fernández (55. Juan Quintero[1] [COL]), Leonardo Ponzio [C] (87. Nicolás de la Cruz[2]), Exequiel Palacios (55. Enzo Pérez[3]), Gonzalo Martínez (91. Ignacio Scocco) – Santos Borré[4] [COL], Lucas Pratto
Trainer: Marcelo Gallardo
[1] Juan Fernando Quintero Paníagua [2] Diego Nicolás de la Cruz Arcosa [3] Enzo Nicolás Pérez Seguí [4] Rafael Santos Borré Maury

Al-Ain: Khalid Eisa – Mohamed Ahmed[1], Ismail Ahmed [C], Mohammed Fayez, Tsukas Shiotani [JPN] – Ahmed Barman[2] (82. Amer Abdulrahman[3]), Hussein El Shatat [EGY], Mohamed Abdulrahman (64. Rayan Yaslam), Caio[4] [BRA], Tongo Doumbia [MLI] (107. Yahia Nader [EGY]) – Marcus Berg [SWE] (75. Bandar Al-Ahbabi[5])
Trainer: Zoran Mamić [CRO]
[1] Juma Mohamed Ahmed Ali Gharib [2] Ahmed Barman Ali B Shamroukh Hammoudi [3] Amer Abdulrahman Abdullah Hussein Al-Hamadi [4] Caio Lucas Fernandes [5] Bandar Mohammed Saleh Al-Ahbabi

Tore: 0:1 Berg (3), 1:1, 2:1 Borré (11., 16.), 2:2 Caio (51.)
Elfmeterschießen: 0:1 Caio, 1:1 Scocco, 1:2 Shiotani, 2:2 Quintero, 2:3 Al-Ahbabi, 3:3 Pratto, 3:4 Amer Abdulrahman, 4:4 Borre, 4:5 Yaslam, Perez (gehalten)
Besonderes Vorkommnis: Martinez schießt in der 69. Foulelfmeter an die Latte.
Alibaba Cloud Match Award: Khalid Eisa

<u>19.12.2018</u>
Kashima Antlers (Japan) – Real Madrid (Spanien) 1:3 (0:1)

Abu Dhabi (Vereinigte Arabische Emirate) – Zayed Sports City Stadium –
30.554 Zuschauer
Schiedsrichter: Wilton Sampaio (Brasilien)

Kashima: Kwoun Sun-tae [KOR] – Daigo Nishi (56. Koki Anzai), Jung Seung-hyun [KOR], Gen Shoji, Shuto Yamamoto – Yasushi Endo [C] (82. Leandro[1] [BRA]), Ryota Nagaki (46. Atsuto Uchida), Léo Silva[2] [BRA], Hiroki Abe – Serginho[3] [BRA], Shoma Doi
Trainer: Go Oiwa
[1] Weverson Leandro Oliveira Moura [2] Hugo Leonardo Silva Serejo [3] Sérgio António Soler de Oliveira Júnior

Madrid: Thibaut Courtois[1] [BEL] – Dani Carvajal[2], Raphaël Varane [FRA], Sergio Ramos[3] [C], Marcelo[4] [BRA] – Luka Modrić [CRO], Marcos Llorente, Toni Kroos [GER] – Lucas Vázquez (68. Isco[5]), Karim Benzema [FRA], Gareth Bale [WAL] (60. Marco Asensio 74. Casemiro[6] [BRA])
Trainer: Santiago Solari[7] [ARG]
[1] Thibaut Nicolas Marc Courtois [2] Daniel Carvajal Ramos [3] Sergio Ramos Garcia [4] Marcelo Vieira da Silva Júnior [5] Francisco Román Alarcón Suárez [6] Carlos Henrique Casimiro [7] Santiago Hernán Solari Poggio

Tore: 0:1, 0:2, 0:3 Bale, 1:3 Doi
Alibaba Cloud Match Award: Gareth Bale

Spiel um Platz 3

<u>22.12.2018</u>
Kashima Antlers (Japan) – River Plate Buenos Aires (Argentinien) 0:4 (0:1)

Abu Dhabi (Vereinigte Arabische Emirate) – Zayed Sports City Stadium –
13.550 Zuschauer
Schiedsrichter: Gianluca Rocchi (Italien)

Kashima: Kwoun Sun-tae [KOR] (24. Hitoshi Sogahata) – Atsuto Uchida (76. Mitsuo Ogasawara), Jung Seung-hyun [KOR], Tomoya Inukai, Koki Anzai – Yasushi Endo [C] (65. Daigo Nishi), Ryota Nagaki, Léo Silva[1] [BRA], Hiroki Abe – Serginho[2] [BRA], Shoma Doi
Trainer: Go Oiwa
[1] Hugo Leonardo Silva Serejo [2] Sérgio António Soler de Oliveira Júnior

River Plate: Germán Lux – Jorge Moreira[1] [PAR] (46. Juan Quintero[2] [COL]), Lucas Martinez Quarta [C], Javier Pinola, Milton Casco – Jonatan Maidana, Bruno Zuculini, Exequiel Palacios (46. Ignacio Fernández), Nicolás de la Cruz[3] (70. Gonzalo Martinez) – Santos Borré[4] [COL], Julián Álvarez
Trainer: Marcelo Gallardo
[1] *Jorge Luis Meoreira Ferreira* [2] *Juan Fernando Quintero Paníagua* [3] *Diego Nicolás de la Cruz Arcosa* [4] *Rafael Santos Borré Maury*

Tore: 0:1 Zuculini (24.), 0:2 Martinez (73.), 0:3 Borre (89. FE), 0:4 Martinez (90.+3)
Alibaba Cloud Match Award: Santos Borre

Endspiel

<u>22.12.2018</u>
Real Madrid (Spanien) – Al-Ain FC (UAE) 4:1 (1:0)

Abu Dhabi (Vereinigte Arabische Emirate) – Zayed Sports City Stadium – 40.696 Zuschauer
Schiedsrichter: Jair Marrufo (Vereinigte Staaten von Amerika)

Madrid: Thibaut Courtois[1] [BEL] – Dani Carvajal[2], Raphaël Varane [FRA], Sergio Ramos[3] [C]/GK, Marcelo[4] [BRA] – Luka Modrić [CRO], Marcos Llorente (82. Casemiro[5] [BRA]), Toni Kroos [GER] (70. Dani Ceballos) – Lucas Vázquez (84. Vinícius Júnior[6] [BRA]), Karim Benzema [FRA], Gareth Bale [WAL]
Trainer: Santiago Solari[7] [ARG]
[1] *Thibaut Nicolas Marc Courtois* [2] *Daniel Carvajal Ramos* [3] *Sergio Ramos Garcia* [4] *Marcelo Vieira da Silva Júnior* [5] *Carlos Henrique Casimiro* [6] *Vinícius José Paixão de Oliveira Júnior* [7] *Santiago Hernán Solari Poggio*

Al-Ain: Khalid Eisa – Mohamed Ahmed[1] (64. Bandar Al-Ahbabi[2]), Ismail Ahmed [C], Mohammed Fayez, Tsukas Shiotani [JPN] – Rayan Yaslam, Mohamed Abdulrahman (67. Amer Abdulrahman[3]), Tongo Doumbia [MLI] – Hussein El Shatat [EGY], Marcus Berg [SWE] (75. Yahya Nader), Caio[4] [BRA]
Trainer: Zoran Mamić [CRO]
[1] *Juma Mohamed Ahmed Ali Gharib* [2] *Bandar Mohammed Saleh Al-Ahbabi* [3] *Amer Abdulrahman Abdullah Hussein Al-Hamadi* [4] *Caio Lucas Fernandes*

Tore: 1:0 Modric (14.), 2:0 Llorente (60.), 3:0 Ramos (79.), 3:1 Shiotani (86.), 4:1 Nader (90.+1 ET)
Alibaba Cloud Match Award: Marcos Llorente

Klub-Weltmeister 2018 **Real Madrid CF**

Anläßlich des Turniers gab es noch folgende Ehrungen:

FIFA-Fair-Play-Trophäe – Real Madrid
„adidas" **Goldener Ball** (bester Spieler des Turniers) – Gareth Bale (Real Madrid)
Silberner Ball – Caio (Al-Ain FC)
Bronzener Ball – Rafael Santos Borré (River Plate Buenos Aires)

Schiedsrichter

Zu dem Turnier wurden sechs Schiedsrichter eingesetzt. Unterstützt wurden sie von zwölf Linienrichtern und sechs Video-Assistenten. Deutschsprachige Unparteiische waren nicht eingeladen.

Das Finale stand unter der Leitung von Jair Marrufo [*07.06.1977] aus den Vereinigten Staaten von Amerika. Bisher leitete er noch keine Begegnung der Senioren unter Beteiligung von Mannschaften aus dem deutschsprachigen Raum.

Wikimedia Commons; Foto: Autor: Oleg Bkhambri (Voltmetro); CC BY-SA 3.0

.... Klub-WM **2019**

Am 3. Juni 2019 beschloss der FIFA Council, dass Katar 2019 und 2020 die Ausrichtung der FIFA-Klubweltmeisterschaft durchführt. Dies geschah mit dem Hinweis, dass dies als Testveranstaltung für die FIFA-Weltmeisterschaft 2022 zu werten ist. Gegenüber der Austragung im Vorjahr gab es keine Änderungen des Modus.

Die offizielle Sponsor-Bezeichnung der Wettbewerbe 2019 lautet **FIFA Club World Cup Qatar 2019 presentet by Alibaba Cloud**.

Spielstätten

Die Spiele fanden in Doha im Jassim bin Hamad Stadium und im Khalifa International Stadium statt. Letzteres ersetzte das ursprünglich vorgesehene Educatiob City Stadium, welches bauseitig nicht fertig wurde.

Doha

Jassim bin Hamad Stadium
(Heimstätte vom Al-Sadd SC Doha)

Das Jassim bin Hamad Stadion wurde 1975 eingeweiht und in den 2000er Jahren mehrfach modernisiert. Es erhielt seinen Namen nach dem ehemaligen Vereinspräsidenten vom Al-Sadd SC Jassim bin Hamad bin Jaber Al-Thani [*1921 †1976].
Das Stadion hatte eine Kapazität von 12.000 Plätzen.
Die Spielfeldgröße beträgt 105 x 68 m.

Wikimedia Commons; Foto: Autor: Fifimazlan; CC BY-SA 4.0

Khalifa International Stadium
(Heimstätte der Nationalmannschaft Qatars)

Das Stadion wurde am 3. März 1976 eröffnet und von 2014 bis 2017 umgebaut. Es erhielt seinen Namen nach dem ehemaligen Emir von Qatar Sheikh Khalifa bin Hamad bin Abdullah bin Jassim bin Mohammed Al Thani [*1932 †2016].
Das Stadion hatte eine Kapazität von 45.500 Plätzen.
Die Spielfeldgröße beträgt 105 x 68 m.
Das Stadion ist WM-Austragungsort 2022.

Wikimedia Commons; Foto: Autor: Preacher lad; CC BY-SA 4.0

Ausscheidungsspiel

11.12.2019
Al-Sadd SC Doha (Katar) – Hienghene Sport (Neukaledonien) 3:1 nV (1:1, 1:0)

Doha (Katar) – Jassim bin Hamad Stadium – 7.047 Zuschauer
Schiedsrichter: Mustapha Ghorbal (Algerien)

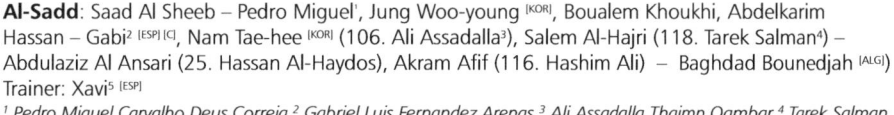

Al-Sadd: Saad Al Sheeb – Pedro Miguel[1], Jung Woo-young [KOR], Boualem Khoukhi, Abdelkarim Hassan – Gabi[2] [ESP] [C], Nam Tae-hee [KOR] (106. Ali Assadalla[3]), Salem Al-Hajri (118. Tarek Salman[4]) – Abdulaziz Al Ansari (25. Hassan Al-Haydos), Akram Afif (116. Hashim Ali) – Baghdad Bounedjah [ALG]
Trainer: Xavi[5] [ESP]
[1] *Pedro Miguel Carvalho Deus Correia* [2] *Gabriel Luis Fernandez Arenas* [3] *Ali Assadalla Thaimn Qambar* [4] *Tarek Salman Suleiman Odeh* [5] *Xavier Hernández Creus*

Hienghene: Rocky Nyikeine – Emile Bearune, Roy Kayara (112. Bruno Hyanem), Jordan Dinet, Pedro Vilela [POR] (55. Miguel Kayara) – Cedric Sansot, Joseph Athale, Geordy Gony – Antoine Roine (70. Kohei Matsumoto [JPN]), Bertrand Kai [C] (80. Antony Kai), Brice Dahite
Trainer: Felix Tagawa [TAH]

Tore: 1:0 Bouedjah (26.), 1:1 Roine (46. VAR kein Foul), 2:1 Hassan (100.), 3:1 Pedro Miguel (114.)
Besonderes: 41. VAR kein Tor Al Sadd (Abseits); 67. VAR kein Tor Al Sadd (Abseits)
Alibaba Cloud Match Award: Baghdad Bounedjah

Viertelfinale

<u>14.12.2019</u>
Al-Hilal SFC Riad (Saudi-Arabien) – Esperance Tunis (Tunesien) 1:0 (0:0)

Doha (Katar) – Jassim bin Hamad Stadium – 7.726 Zuschauer
Schiedsrichter: Roberto Tobar (Chile)

Al-Hilal: Abdullah Al-Mayouf – Mohammed Al-Breik (87. Abdullah Al-Hafith), Jang Hyun-soo [KOR], Ali Al-Bulaihi, Yasser Al-Shahrani – Gustavo Cuéllar[1] [COL] (65. Bafétimbi Gomis [FRA]), Carlos Eduardo [2] [BRA] [C], Mohamed Kanno (85. RK) – André Carrillo[3] [PER], Salem Al-Dawsari – Mohammed Jahfali (78. Abdullah Otayf
Trainer: Răzvan Lucescu [ROM]

[1] Gustavo Leonardo Cuéllar Gallego [2] Carlos Eduardo de Oliveira Alves [3] André Martín Carrillo Díaz

Tunis: Moez Ben Cherifia [C] – Sameh Derbali, Mohamed Ali Yacoubi, Abdelkader Bedrane [ALG], Ilyes Chetti [ALG] – Chamseddine Dhaouadi (81. Taha Yassine Khenissi), Fousseny Coulibaly [CIV], Raouf Benguit [ALG] (75. Raed Fedaa) – Anice Badri, Ibrahim Ouattara [CIV], Hamdou Elhouni [LBY] (87. Billel Bensaha [ALG])
Trainer: Moïne Chaâbani

Tor: 1:0 Gomis (73.)
Alibaba Cloud Match Award: André Carrillo

<u>14.12.2019</u>
CF Monterrey (Mexiko) – Al-Sadd SC Doha (Katar) 3:2 (2-0)

Doha (Katare) – Jassim bin Hamad Stadium – 4.878 Zuschauer
Schiedsrichter: Ovidiu Haţegan (Rumänien)

Monterrey: Marcelo Barovero [ARG] – Stefan Medina[1] [COL], César Montes[2] [ARG] (86. José María Basanta [ARG]), Nicolás Sánchez [ARG], Leonel Vangioni[3] [ARG] – Jonathan González[4], Rodolfo Pizarro[5] (80. Miguel Layún[6]), Carlos Rodríguez[7] – Dorlan Pabón[8] [COL] [C], Jesús Gallardo[9] – Rogelio Funes Mori [ARG]
Trainer: Antonio Mohamed[10] [ARG]

[1] John Stefan Medina Ramírez [2] César Jasib Montes Castro [3] Leonel Jesús Vangioni Rangel [4] Jonathan Alexander González Mendoza [5] Rodolfo Gilbert Pizarro Thomas [6] Miguel Arturo Layún Prado [7] Carlos Alberto Rodríguez Gómez [8] Dorlan Mauricio Pabón Ríos [9] Jesús Daniel Gallardo Vasconcelos [10] Ricardo Antonio Mohamed Matijević

Al-Sadd: Saad Al Sheeb (85. Meshaal Barsham) – Pedro Miguel[1], Tarek Salman[2], Boualem Khoukhi, Abdelkarim Hassan – Gabi[3] [ESP] [C], Nam Tae-hee [KOR], Salem Al-Hajri (71. Jung Woo-young [KOR]) – Hassan Al-Haydos, Akram Afif – Baghdad Bounedjah [ALG]
Trainer: Xavi[4] [ESP]

[1] Pedro Miguel Carvalho Deus Correia [2] Tarek Salman Suleiman Odeh [3] Gabriel Luis Fernandez Arenas [4] Xavier Hernández Creus

Tore: 1:0 Vangioni (23.), 2:0 Funes Mori (45.+1), 2:1 Bounedjah (66.), 3:1 Rodriguez (77.), 3:2 Hassan (89.)
Alibaba Cloud Match Award: Rodolfo Pizarro

Spiel um Platz 5

<u>17.12.2019</u>
Al-Sadd SC Doha (Katar) – Esperance Tunis (Tunesien) 2:6 (1:4)

Doha (Katar) – Khalifa International Stadium – 15.037 Zuschauer
Schiedsrichter: Abdelkader Zitouni (Tahiti)

Al-Sadd: Meshaal Barsham – Hamid Ismail (46. Pedro Miguel[1]), Boualem Khoukhi, Tarek Salman[2], Abdelkarim Hassan (24. RK) – Gabi[3] [ESP] [C] (58. Salem Al-Hajri), Ali Assadalla, Jung Woo-young [KOR] – Hassan Al-Haydos, Akram Afif (78. hashim Ali) – Baghdad Bounedjah [ALG]
Trainer: Xavi[4] [ESP]

[1] Pedro Miguel Carvalho Deus Correia [2] Tarek Salman Suleiman Odeh [3] Gabriel Luis Fernandez Arenas [4] Xavier Hernández Creus

Tunis: Moez Ben Cherifia – Sameh Derbali, Abdelkader Bedrane [ALG], Khalil Chemmam [C], Ilyes Chetti [ALG] – Kwame Bonsu [GHA] (82. Raed Fedaa), Fousseny Coulibaly [CIV], Mohamed Ali Ben Romdhane (57. Raouf Benguit [ALG]) – Anice Badri, Hamdou Elhouni [LBY] – Ibrahim Ouattara [CIV] (72. Taha Yassine Khenissi)
Trainer: Moïne Chaâbani

Tore: 0:1 Elhouni (6.), 0:2, 0:3 Badri (13., 25. HE VAR), 1:3 Bounedjah (32. FE), 1:4 Elhouni (42.), 2:4 Al-Haydos (49. FE), 2:5 Elhouni (74.), 2:6 Derbali (87.)
Alibaba Cloud Match Award: Hamdou Elhouni

Halbfinale

17.12.2019
Flamengo Rio de Janeiro (Brasilien) – Al-Hilal SFC Riad (Saudi-Arabien) 3:1 (0:1)

Doha (Katar) – Khalifa International Stadium – 21.588 Zuschauer
Schiedsrichter: Ismail Elfath (USA)

Flamengo: Diego Alves – Rafinha[1], Rodrigo Caio[2], Pablo Mari [ESP], Filipe Luís[3] – Willian Arão[4], Giorgian De Arrascaeta[5] [URU] (90.+3 Robert Piris Da Motta[6] [PAR]), Gerson[7] (74. Diego[8]), Éverton Ribeiro[9] [C], Bruno Henrique (89. Vitinho[10]) – Gabriel Barbosa
Trainer: Jorge Jesus[11] [POR]
[1] Márcio Rafael Ferreira de Souza [2] Rodrigo Caio Coquette Russo [3] Filipe Luís Kasmirski [4] Willian Souza Arão da Silva [5] Giorgian Daniel De Arrascaeta Benedetti [6] Robert Ayrton Piris Da Motta Mendoza [7] Gerson Santos da Silva [8] Diego Ribas da Cunha [9] Éverton Augusto de Barros Ribeiro [10] Victor Vinícius Coelho dos Santos [11] Jorge Fernando Pinheiro de Jesus

Al-Hilal: Abdullah Al-Mayouf – Mohammed Al-Breik, Jang Hyun-soo [KOR], Ali Al-Bulaihi, Yasser Al-Shahrani – Gustavo Cuéllar[1] [COL], Carlos Eduardo[2] [BRA] [C] – André Carrillo[3] [PER] (83. RK), Salem Al-Dawsari (82. Nawaf Al Abed) – Bafétimbi Gomis [FRA] (90.+2 Abdullah Otayf), Sebastian Giovinco [ITA] (71. Omar Kharbin [SYR])
Trainer: Răzvan Lucescu [ROM]
[1] Gustavo Leonardo Cuéllar Gallego [2] Carlos Eduardo de Oliveira Alves [3] André Martín Carrillo Díaz

Tore: 0:1 Al-Dawsari (18.), 1:1 De Arrascaeta (49.), 2:1 Bruno Henrique (78.), 3:1 Al-Bulaihi (82. ET)
Alibaba Cloud Match Award: Bruno Henrique

18.12.2019
CF Monterrey (Mexiko) – FC Liverpool (England) 1:2 (1:1)

Doha (Katar) – Khalifa International Stadium – 45.416 Zuschauer
Schiedsrichter: Roberto Tobar (Chile)

Monterrey: Marcelo Barovero [ARG] – Stefan Medina[1] [COL], César Montes[2] [ARG] (79. Miguel Layún[3]), Nicolás Sánchez [ARG], Leonel Vangioni[4] [ARG] – Carlos Rodríguez[5], Rodolfo Pizarro[6] (90. Jonathan González[7]), Celso Ortiz[8] [PAR] – Dorlan Pabón[9] [COL] [C] (82. Maximiliano Meza [ARG]), Jesús Gallardo[10] – Rogelio Funes Mori [ARG]
Trainer: Antonio Mohamed[11] [ARG]
[1] John Stefan Medina Ramírez [2] César Jasib Montes Castro [3] Miguel Arturo Layún Prado [4] Leonel Jesús Vangioni Rangel [5] Carlos Alberto Rodríguez Gómez [6] Rodolfo Gilbert Pizarro Thomas [7] Jonathan Alexander González Mendoza [8] Celso Fabián Ortiz Gamarra [9] Dorlan Mauricio Pabón Ríos [10] Jesús Daniel Gallardo Vasconcelos [11] Ricardo Antonio Mohamed Matijevič

Liverpool: Alisson[1] [BRA] – James Milner (74. Trent Alexander-Arnold), Jordan Henderson [C], Joe Gomez, Andrew Robertson [SCO] – Naby Keïta [GUI], Adam Lallana, Xherdan Shaqiri [SUI] (68. Sadio Mané [SEN] – Mohamed Salah[2] [EGY], Divock Origi [BEL] (85. Roberto Firmino[3] [BRA]), Alex Oxlade-Chamberlain[4]
Trainer: Jürgen Klopp [GER]
[1] Alisson Ramses Becker [2] Mohamed Salah Hamed Mahrous Ghaly [3] Roberto Firmino Barbosa de Oliveira [4] Alexander Mark David Oxlade-Chamberlain

Tore: 0:1 Keita (12.), 1:1 Funes Mori (14.), 1:2 Firmino (90.+1)
Alibaba Cloud Match Award: Mohamed Salah

Spiel um Platz 3

21.12.2019
CF Monterrey (Mexiko) – Al-Hilal SFC Riad (Saudi-Arabien) 2:2 nV (2:2, 0:1) 4:3 iE

Doha (Katar) – Khalifa International Stadium – 19.318 Zuschauer
Schiedsrichter: Ovidiu Haţegan (Rumänien)

Monterrey: Luis Cárdenas[1] – Miguel Layún[2], Johan Vásquez[3], José María Basanta [ARG] [C], Edson Gutiérrez[4] – William Mejía (72. Rodolfo Pizarro[5]), Maximiliano Meza [ARG], Jonathan González[6] – Ángel Zaldívar (68. Rogelio Funes Mori [ARG]), Alfonso González[7] (85. Stefan Medina[8] [COL]) – Jonathan Urretaviscaya[9] [URU]
Trainer: Antonio Mohamed[10] [ARG]
[1] Luis Alberto Cárdenas López [2] Miguel Arturo Layún Prado [3] Johan Felipe Vásquez Ibarra [4] Edson Antonio Gutiérrez Moreno [5] Rodolfo Gilbert Pizarro Thomas [6] Jonathan Alexander González Mendoza [7] Arturo Alfonso González González [8] John Stefan Medina Ramírez [9] Jonathan Matías Urretaviscaya da Luz [10] Ricardo Antonio Mohamed Matijević

Al-Hilal: Abdullah Al-Mayouf – Mohammed Al-Breik, Jang Hyun-soo [KOR], Ali Al-Bulaihi, Yasser Al-Shahrani – Gustavo Cuéllar[1] [COL], Carlos Eduardo[2] [BRA] [C], Abdullah Otayf (74. Mohamed Kanno), Salem Al-Dawsari – Sebastian Giovinco [ITA], Omar Kharbin [SYR] (60. Bafétimbi Gomis [FRA])
Trainer: Răzvan Lucescu [ROM]
[1] Gustavo Leonardo Cuéllar Gallego [2] Carlos Eduardo de Oliveira Alves

Tore: 0:1 Carlos Eduardo (35.), 1:1 A. Gonzalez (55.), 2:1 Meza (60.), 2:2 Gomis (66.)
Elfmeterschießen: 0:1 Gomis, 1:1 J. Gonzalez, 1:2 Giovinco, 2:2 Medina, Carlos Eduardo (gehalten), 3:2 Funes Mori, 3:3 Jang, Vasquez (verschossen), Kanno (gehalten), 4:3 Cardenas
Alibaba Cloud Match Award: Luis Cardenas

Endspiel

21.12.2019
FC Liverpool (England) – Flamengo Rio de Janeiro (Brasilien) 1:0 nV (0:0)

Doha (Katar) – Khalifa International Stadium – 45.416 Zuschauer
Schiedsrichter: Abdulrahman Al-Jassim (Katar)

Liverpool: Alisson[1] [BRA] – Trent Alexander-Arnold, Virgil van Dijk [NED], Joe Gomez, Andrew Robertson [SCO] – Naby Keïta [GUI] (100. James Milner/GK), Jordan Henderson [C], Alex Oxlade-Chamberlain[2] (75. Adam Lallana) – Mohamed Salah[3] [EGY]/GK(120.+1 Xherdan Shaqiri [SUI]), Roberto Firmino[4] [BRA] /GK (105. Divock Origi [BEL]), Sadio Mané [SEN]/GK
Trainer: Jürgen Klopp [GER]
[1] Alisson Ramses Becker [2] Alexander Mark David Oxlade-Chamberlain [3] Mohamed Salah Hamed Mahrous Ghaly [4] Roberto Firmino Barbosa de Oliveira

Flamengo: Diego Alves – Rafinha[1], Rodrigo Caio[2], Pablo Mari [ESP], Filipe Luís[3] – Willian Arão[4] (120. Orlando Berrío[5] [COL]), Giorgian De Arrascaeta[6] [URU] (77. Vitinho[7]/GK), Gerson[8] (102. Lincoln[9]) – Éverton Ribeiro[10] [C] (82. Diego[11]/GK), Bruno Henrique – Gabriel Barbosa
Trainer: Jorge Jesus[12] [POR]
[1] Márcio Rafael Ferreira de Souza [2] Rodrigo Caio Coquette Russo [3] Filipe Luís Kasmirski [4] Willian Souza Arão da Silva [5] Orlando Enrique Berrío Meléndez [6] Giorgian Daniel De Arrascaeta Benedetti [7] Victor Vinícius Coelho dos Santos [8] Gerson Santos da Silva [9] Lincoln Corrêa dos Santos [10] Éverton Augusto de Barros Ribeiro [11] Diego Ribas da Cunha [12] Jorge Fernando Pinheiro de Jesus

Tor: 1:0 Firmino (99.)
Besonderes: 90.+4 VAR-Entscheidung kein Elfmeter für Liverpool, das Foul war vor dem Strafraum
Alibaba Cloud Match Award: Roberto Firmino

Klub-Weltmeister 2019 **FC Liverpool**

Anläßlich des Turniers gab es noch folgende Ehrungen:

FIFA-Fair-Play-Trophäe – Esperance Tunis
„adidas" **Goldener Ball** (bester Spieler des Turniers) – Mohamed Salah (FC Liverpool)
Silberner Ball – Bruno Henrique (Flamengo Rio de Janeiro)
Bronzener Ball – Carlos Eduardo (Al-Hilal SFC Riad)

Schiedsrichter

Zu dem Turnier waren fünf Schiedsrichter eingeladen. Unterstützt wurden sie von zehn Assistenten und sechs Video-Assistenten. Dazu kam noch ein Support-Assistent, der allerdings im Laufe des Wettbewerbs auch als Schiedsrichter eingesetzt wurde. Deutschsprachige Unparteiische waren nicht eingeladen.

*Das Finale stand unter der Leitung von Abdulrahman Al-Jassim [*14.10.1987] aus Katar.*
Bisher leitete er noch keine Begegnung der Senioren unter Beteiligung von Mannschaften aus dem deutschsprachigen Raum.

Klub-WM 2020

Am 3. Juni 2019 beschloss der FIFA Council, dass Katar 2019 und 2020 die Ausrichtung der FIFA-Klubweltmeisterschaft durchführt. Dies geschah mit dem Hinweis, dass dies als Testveranstaltung für die FIFA-Weltmeisterschaft 2022 zu werten ist. Ursprünglich sollte der Wettbewerb im Dezember 2020 ausgetragen werden. Infolge der COVID-19-Pandemie verschob die FIFA das Turnier in den Februar 2021. Gegenüber der Austragung im Vorjahr gab es keine Änderungen des Modus. Bedingt durch die COVID-19-Pandemie waren keine Zuschauer zugelassen, auch wenn eine größere Anzahl zu den Spielen anwesend waren, gab die FIFA die Zuschauerzahl mit null an.

Die offizielle Sponsor-Bezeichnung des Wettbewerbs 2020 (auch nach der Verschiebung ins Jahr 2021) lautete **FIFA Club World Cup Qatar 2020 presentet by Alibaba Cloud**.

Spielstätten

Die Spiele fanden in Al-Rayyan im Ahmed bin Ali Stadium und im Education City Stadium statt. Beide Stadien liegen unmittelbar vor den Toren der Hauptstadt Doha.

Al-Rayyan

Ahmed bin Ali Stadium (Heimstätte vom Al-Rayyan SC und Al-Kharitiyath SC)

Das Ahmed bin Ali-Stadion wurde 2003 eingeweiht und 2014 für einen Neubau abgerissen. Am 18.12.2020 wurde es als eines der WM 2022-Stadien eingeweiht. Es hat eine Kapazität von 40.740 Plätzen. Das Spielfeld ist 105 x 68 m groß.

Wikimedia Commons; Foto: Autor: Mohaguru; CC BY-SA 4.0

Education City Stadium (Heimstätte der Nationalmannschaft Qatars)

Das Stadium erhielt seinen Namen nach der Lage im Campus der Education City, einem Bildungsareal von der Schule bis zur Universität am Rande von Doha. Das Stadion hatt eine Kapazität von 40.000 Plätzen. Es wurde am 15. Juni 2020 eröffnet und gehört zu den Austragungstätten der WM 2022.
Die Spielfeldgröße beträgt 105 x 68 m.

Wikimedia Commons; Foto: PD United States Air Force ID 191218-F-YQ866-3053

Ausscheidungsspiel

01.02.2021
Al-Duhail SC (Katar) – Auckland City FC (Neuseeland) 3:0 Wertung durch die FIFA

Al Rayyan (Katar) – Ahmad bin Ali Stadium

Bedingt durch die Quarantänebestimmungen Neuseelands konnte der Vertreter Ozeaniens nicht zum Turnier nach Katar reisen. Da die FIFA keinen Ersatzteilnehmer bestimmte, konnte das Ausscheidungsspiel nicht ausgetragen werden. Entsprechend dem Reglement wurde die Partie mit 3:0 für Al-Duhail SC gewertet.

Viertelfinale

04.02.2021
Tigres UANL (Mexiko) – Ulsan Hyundai FC (Südkorea) 2:1 (2:1)

Al Rayyan (Katar) – Ahmad bin Ali Stadium – 0 Zuschauer
Schiedsrichter: Esteban Ostojich (Uruguay)

Tigres: Nahuel Guzmán [ARG] – Luis Rodríguez[1]/GK, Diego Reyes[2], Carlos Salcedo[3], Jesús Dueñas[4]/GK (83. Hugo Ayala) – Luis Quiñones [COL]/GK (90. Jordan Sierra[5] [ECU]), Rafael Carioca[6] [BRA], Guido Pizarro[7] [ARG] [C], Javier Aquino[8] (65. Raymundo Fulgencio[9]) – Francisco Meza[10] [COL] (46. Carlos González[11] [PAR]) – André-Pierre Gignac [FRA]
Trainer: Ricardo Ferretti[12] [BRA]
[1] Luis Alfonso Rodríguez Alanís [2] Diego Antonio Reyes Rosales [3] Carlos Joel Salcedo Hernández [4] Jesús Alberto Dueñas Manzo [5] Jordan Steeven Sierra Flores [6] Rafael de Souza Pereira [7] Guido Hernán Pizarro Demestri [8] Javier Ignacio Aquino Carmona [9] Raymundo de Jesús Fulgencio Román [10] Francisco Javier Meza Palma [11] Carlos Gabriel González Espínola [12] Ricardo Ferretti de Oliveira

Ulsan: Jo Hyon-woo – Kim Tae-hwan, Kim Kee-hee [C]/GK, Dave Bulthuis [NED], Seol Young-woo – Lee Dong-jun, Won Du-jae, Shin Hyung-min (79. Kang Yun-gu), Kim In-sung (66. Kim Sung-joon) – Yoon Bit-garam – Kim Ji-hyeon (73. Lukas Hinterseer [AUT])
Trainer: Hong Myung-bo

Tore: 0:1 Kee-hee (24.), 1:2, 2:1 Gignac (38., 45.+5 HE)
Besonderes: 45.+3 VAR Elfmeter für Tigres (Handspiel)
Alibaba Cloud Match Award: André-Pierre Gignac

04.02.2021
Al-Duhail SC (Katar) – Al-Ahly Kairo (Ägypten) 0:1 (0:1)

Al Rayyan (Katar) – Education City Stadium – 0 Zuschauer
Schiedsrichter: Mario Escobar (Guatemala)

Al-Duhail: Salah Zakaria – Mohammed Musa[1], Bassam Al-Rawi[2] (46. Almoez Ali[3]), Medhi Benatia[4] [MAR]/GK, Ahmed Yasser[5] (72. Ismail Mohamad), Sultan Al-Brake – Dudu[6] [BRA], Karim Boudiaf [C], Ali Karimi [IRN] (82. Ceara[7]), Edmilson Junior[8] [BEL] – Michael Olunga [KEN]
Trainer: Sabri Lamouchi [FRA]
[1] Mohamed Mousa Abbas Ali [2] Bassam Hisham Ali al-Rawi [3] Almoez Ali Zainalabiddin Abdullah [4] Medhi Amine El Mouttaqi Benatia [5] Ahmed Yasser Elmohamady Abd Elrahman [6] Eduardo Pereira Rodrigues [7] Luiz Martin Carlos Júnior [8] Edmilson Junior Paulo da Silva

Kairo: Mohamed El Shenawy[1] [C] – Mohamed Hany[2]/GK, Badr Benoun [MAR], Ali Maâloul [TUN], Ayman Ashraf[3] – Husain El Shahat[4] (82. Salah Mohsen[5]), Hamdi Fathi[6]/GK (54. Aliou Dieng [MLI]), Amr El Solia[7], Walter Bwalya[8] [COD] (71. Marwan Mohsen [9]) – Kahraba[10] – Taher Mohamed[11] (70. Akram Tawfik[12])
Trainer: Pitso Mosimane [RSA]
[1] Mohamed El Sayed Mohamed El Shenawy Gomaai [2] Mohamed Hany Gamal el-Demerdash [3] Ayman Ashraf Elsayed Elsembeskany [4] Hussein Ali El Shahat Ali Hassan [5] Salah Mohsen Mohamed Shalaby [6] Hamdy Fathy Abdelhalim Abdelfattah [7] Amr Mohamed Eid El Soleya [8] Walter Binene Sabwa Bwalya [9] Marwan Mohsen Fahmy Tharwat Gameldin Mahmoud Fahmy [10] Mahmoud Abdel Moneim Abdel Hamid Soliman [11] Taher Mohamed Ahmed Taher Mohamed Mahmoud [12] Akram Tawfik Mohamed Hassan Elhagrasi

Tor: 0:1 El Shahat (30.)
Alibaba Cloud Match Award: Ayman Ashraf

Spiel um Platz 5

07.02.2021
Ulsan Hyundai FC (Südkorea) – Al-Duhail SC (Katar) 1:3 (0:1)

Al Rayyan (Katar) – Ahmad bin Ali Stadium – 0 Zuschauer
Schiedsrichter: Edina Alves Batista (Brasilien)

Ulsan: Jo Hyon-woo – Kim Tae-hwan/GK, Kim Kee-hee [C], Dave Bulthuis [NED], Jason Davidson [AUS] (46. Kim In-sung) – Kim Sung-joon (66. Shin Hyung-min), Won Du-jae – Lee Dong-jun (76. Kim Min-jun), Yoon Bit-garam, Seol Young-woo/GK – Lukas Hinterseer [AUT] (46. Kim Ji-hyeon)
Trainer: Hong Myung-bo

Al-Duhail: Salah Zakaria – Ismail Mohamad (90.+4 Khaled Mohammed[1]), Bassam Al-Rawi[2], Medhi Benatia[3] [MAR], Ali Afif[4] – Ali Karimi [IRN], Abdullah Al-Ahrak[5] (75. Assim Madibo[6]) – Almoez Ali[7] [C] /GK, Dudu[8] [BRA] (90.+4 Ali Karimi [IRN]), Edmilson Junior [9] [BEL] – Michael Olunga [KEN] (61. Mohammed Muntari)
Trainer: Sabri Lamouchi [FRA]
[1] Khaled Mohammed Mohammed Saleh [2] Bassam Hisham Ali al-Rawi [3] Medhi Amine El Mouttaqi Benatia [4] Ali Hassan Afif Yahya [5] Abdullah Abdulsalam Al-Ahrak [6] Assim Omer Al Haj Madibo [7] Almoez Ali Zainalabiddin Abdullah [8] Eduardo Pereira Rodrigues

Tore: 0:1 Edmilson Junior (21.), 1:1 Yoon (62.), 1:2 Muntari (66.), 1:3 Almoez Ali (82.)
Alibaba Cloud Match Award: Edmilson Junior

Halbfinale

07.02.2021
SE Palmeiras Sao Paulo (Brasilien) – Tigres UANL (Mexiko) 0:1 (0:0)

Al Rayyan (Katar) – Education City Stadium – 0 Zuschauer
Schiedsrichter: Danny Makkelele (Niederlande)

Sao Paulo: Weverton[1] – Marcos Rocha[2] (72. Mayke[3]), Luan[4]/GK, Gustavo Gómez[5] [PAR] [C], Matías Viña[6] [URU] – Danilo[7] (57. Felipe Melo[8]), Zé Rafael[9] (57. Patrick de Paula[10]) – Gabriel Menivo[11]/GK (62. Willian[12]), Raphael Veiga[13] (73. Gustavo Scarpa[14]), Rony[15] – Luiz Adriano[16]
Trainer: Abel Ferreira [17] [POR]
[1] Weverton Pereira da Silva [2] Marcos Luis Rocha Aquino [3] Mayke Rocha de Oliveira [4] Luan Garcia Teixeira [5] Gustavo Raúl Gómez Portillo 6 Matías Nicolás Viña Susperreguy [7] Danilo dos Santos de Oliveira [8] Felipe Melo de Carvalho [9] José Rafael Vivian [10] Patrick de Paula Carreiro [11] Gabriel Vinicius Menino [12] Willian Gomes de Siqueira [13] Raphael Cavalcante Veiga [14] Gustavo Henrique Furtado Scarpa [15] Ronielson da Silva Barbosa [16] Luiz Adriano de Souza da Silva [17] Abel Fernando Moreira Ferreira

Tigres: Nahuel Guzmán [ARG]/GK – Luis Rodríguez[1], Diego Reyes[2], Carlos Salcedo[3], Jesús Dueñas[4] (85. Francisco Meza[5] [COL]) – Luis Quiñones [COL]/GK (87. Raymundo Fulgencio[6]), Rafael Carioca[7] [BRA], Guido Pizarro[8] [ARG] [C], Javier Aquino[9]/GK (90. Jordan Sierra[10] [ECU]) – Carlos González[11] [PAR] – André-Pierre Gignac [FRA]
Trainer: Ricardo Ferretti[12] [BRA]
[1] Luis Alfonso Rodríguez Alanís [2] Diego Antonio Reyes Rosales [3] Carlos Joel Salcedo Hernández [4] Jesús Alberto Dueñas Manzo [5] Francisco Javier Meza Palma [6] Raymundo de Jesús Fulgencio Román [7] Rafael de Souza Pereira [8] Guido Hernán Pizarro Demestri [9] Javier Ignacio Aquino Carmona [10] Jordan Steeven Sierra Flores [11] Carlos Gabriel González Espínola [12] Ricardo Ferretti de Oliveira

Tor: 0:1 Gignac (54. FE)
Alibaba Cloud Match Award: Luis Quinones

08.02.2021
Al-Ahly Kairo (Ägypten) – FC Bayern München (Deutschland) 0:2 (0:1)

Al Rayyan (Katar) – Ahmad bin Ali Stadium – 0 Zuschauer
Schiedsrichter: Mohammed Abdulla Hassan Mohamed (Vereinigte Arabische Emirate)

Kairo: Mohamed El Shenawy[1] [C] – Mohamed Hany[2], Badr Benoun [MAR], Ayman Ashraf[3], Ali Maâloul [TUN] (28. Yasser Ibrahim[4]) – Hamdi Fathi[5] – Amr El Solia[6], Husain El Shahat[7] (82. Salah Mohsen[8]) – Taher Mohamed[9] (83. Mohamed Sherif[10]), Kahraba[11] (69. Walter Bwalya[12] [COD]), Afsha[13] (70. Aliou Dieng [MLI])
Trainer: Pitso Mosimane [RSA]
[1] Mohamed El Sayed Mohamed El Shenawy Gomaai [2] Mohamed Hany Gamal el-Demerdash [3] Ayman Ashraf Elsayed Elsembeskany [4] Yasser Ibrahim Ahmed El Hanafi [5] Hamdy Fathy Abdelhalim Abdelfattah [6] Amr Mohamed Eid El Soleya [7] Hussein Ali El Shahat Ali Hassan [8] Salah Mohsen Mohamed Shalaby [9] Taher Mohamed Ahmed Taher Mohamed Mahmoud [10] Mohamed Sherif Mohamed Ragaei Bakr [11] Mahmoud Abdel Moneim Abdel Hamid Soliman [12] Walter Binene Sabwa Bwalya [13] Mohamed Magdy Mohamed Morsy

München: Manuel Neuer [C] – Benjamin Pavard [FRA], Jérôme Boateng (77. Niklas Süle), David Alaba [AUT], Alphonso Davies [CAN] – Joshua Kimmich, Marc Roca[1] [ESP] (69. Corentin Tolisso [FRA]) – Serge Gnabry (62. Leroy Sané), Thomas Müller (62. Eric Choupo-Moting[2] [CMR]), Kingsley Coman [FRA] (78. Jamal Musiala [ENG]) – Robert Lewandowski [POL]
Trainer: Hans-Dieter Flick
[1] Marc Roca Junqué [2] Jean-Eric Maxim Choupo-Moting

Tore: 0:1, 0:2 Lewandowski (17. 86.)
Alibaba Cloud Match Award: Robert Lewandowski

Spiel um Platz 3

<u>11.02.2021</u>
Al-Ahly Kairo (Ägypten) – SE Palmeiras Sao Paulo (Brasilien) 0:0 3:2 iE

Al Rayyan (Katar) – Education City Stadium – 0 Zuschauer
Schiedsrichter: Maguette N'Diaye (Senegal)

Kairo: Mohamed El Shenawy[1] [C] – Mohamed Hany[2], Badr Benoun [MAR], Ayman Ashraf[3], Yasser Ibrahim[4] – Hamdi Fathi[5], Amr El Solia[6] – Akram Tawfik[7] (76. Aliou Dieng [MLI]), Kafsha[8] (59. Mohamed Sherif[9]), Taher Mohamed[10] (76. Marwan Mohsen[11]) – Walter Bwalya[12] [COD] (58. Junior Ajayi [NGA])
Trainer: Pitso Mosimane [RSA]
[1] Mohamed El Sayed Mohamed El Shenawy Gomaai [2] Mohamed Hany Gamal el-Demerdash [3] Ayman Ashraf Elsayed Elsembeskany [4] Yasser Ibrahim Ahmed El Hanafi [5] Hamdy Fathy Abdelhalim Abdelfattah [6] Amr Mohamed Eid El Soleya [7] Akram Tawfik Mohamed Hassan Elhagrasi [8] Mohamed Magdy Mohamed Morsy [9] Mohamed Sherif Mohamed Ragaei Bakr [10] Taher Mohamed Ahmed Taher Mohamed Mahmoud [11] Marwan Mohsen Fahmy Tharwat Gameldin Mahmoud Fahmy [12] Walter Binene Sabwa Bwalya

Sao Paulo: Weverton[1]/GK – Mayke[2], Luan[3], Gustavo Gómez[4] [PAR] [C], Matías Viña[5] [URU] – Felipe Melo[6] [C], Patrick de Paula[7]/GK (81. Danilo[8]) – Willian[9]/GK (81. Gabriel Menino), Raphael Veiga[10] (81. Gustavo Scarpa[11]), Rony[12] – Luiz Adriano[13]
Trainer: Abel Ferreira [14] [POR]
[1] Weverton Pereira da Silva [2] Mayke Rocha de Oliveira [3] Luan Garcia Teixeira [4] Gustavo Raúl Gómez Portillo [5] Matías Nicolás Viña Susperreguy [6] Felipe Melo de Carvalho [7] Patrick de Paula Carreiro [8] Danilo dos Santos de Oliveira [9] Willian Gomes de Siqueira [10] Raphael Cavalcante Veiga [11] Gustavo Henrique Furtado Scarpa [12] Ronielson da Silva Barbosa [13] Luiz Adriano de Souza da Silva [14] Abel Fernando Moreira Ferreira

Tore: Elfmeterschießen: 1:0 Benoun, Rony (gehalten), El Solia (gehalten), Luiz Adriano (verschossen), M. Mohsen (Pfosten), 1:1 Gustavo Scarpa, 2:1 Hany, 2:2 Gomez, 3:2 Ajayi, Felipe Melo (gehalten)
Alibaba Cloud Match Award: Mohamed El Shenawy

Spiel um Platz 3 – Highlights inkl. komplettem Elfmeterschießen

Endspiel

<u>11.02.2021</u>
FC Bayern München (Deutschland) – Tigres UANL (Mexiko) 1:0 (0:0)

Al Rayyan (Katar) – Education City Stadium   0 Zuschauer (lt. *Kicker* 8.000)
Schiedsrichter: Esteban Ostojich (Uruguay)

München: Manuel Neuer [C] – Benjamin Pavard [FRA], Niklas Süle, Lucas Hernandez[1] [FRA], Alphonso Davies [CAN] – Joshua Kimmich, David Alaba [AUT] – Serge Gnabry (64. Corentin Tolisso [FRA]), Leroy Sané (73. Jamal Musiala [ENG]), Kingsley Coman [FRA] (73. Douglas Costa[2] [BRA]) – Robert Lewandowski [POL] (73. Eric Choupo-Moting[3] [CMR])
Trainer: Hans-Dieter Flick
[1] Lucas François Bernard Hernandez [2] Douglas Costa de Souza [3] Jean-Eric Maxim Choupo-Moting

Tigres: Nahuel Guzmán [ARG] – Luis Rodríguez[1]/GK (80. Julian Quiñones [COL]), Diego Reyes[2], Carlos Salcedo[3], Jesús Dueñas[4]/GK – Javier Aquino[5], Rafael Carioca[6] [BRA]/GK, Guido Pizarro[7] [ARG] [C], Luis Quiñones [COL] – Carlos González[8] [PAR], André-Pierre Gignac [FRA]
Trainer: Ricardo Ferretti[9] [BRA]
[1] Luis Alfonso Rodríguez Alanís [2] Diego Antonio Reyes Rosales [3] Carlos Joel Salcedo Hernández [4] Jesús Alberto Dueñas Manzo [5] Javier Ignacio Aquino Carmona [6] Rafael de Souza Pereira [7] Guido Hernán Pizarro Demestri [8] Carlos Gabriel González Espínola [9] Ricardo Ferretti de Oliveira

Tor: 1:0 Pavard (59.)
Besonderes: 20. VAR kein Tor Bayern (Abseits), 59. VAR Tor für Bayern
Alibaba Cloud Match Award: Robert Lewandowski

Klub-Weltmeister 2020 **FC Bayern München**

Anläßlich des Turniers gab es noch folgende Ehrungen:

FIFA-Fair-Play-Trophäe – Al-Duhail SC
„adidas" **Goldener Ball** (bester Spieler des Turniers) – Robert Lewandowski (Bayern München)
Silberner Ball – André-Pierre Gignac (Tigres UANL)
Bronzener Ball – Joshua Kimmich (Bayern München)

Schiedsrichter

Zu dem Turnier waren sieben Schiedsrichter eingeladen. Unterstützt wurden sie von zwölf Assistenten und sieben Video-Assistenten. Erstmals war auch Schiedsrichterinnen-Gespann eingeladen. Die Brasilianerin Edina Alves Batista [*10.01.1980] leitete als erste Frau ein FIFA-Wettbewerbsspiel bei den Männern. Deutschsprachige Unparteiische waren nicht eingeladen.

*Das Finale stand unter der Leitung von Esteban Daniel Ostojich Vega [*12.04.1982] aus Uruguay.*
Bisher leitete er mit deutschsprachiger Beteiligung nur das Endspiel der FIFA-Klub-Weltmeisterschaft Bayern München gegen Tigres UANL 2021.

.... Klub-WM **2021**

Am 15. März 2019 beschloss der FIFA Council, dass ab 2012 eine neue Wettbewerbsform für die Klub-Weltmeisterschaft. Insgesamt 24 Mannschaften aus den sechs Konföderationen sollen dann teilnehmen. Darüber ist eine intensive Diskussion im Gang. Insbesondere die Interessensvertretung der europäischen Fußballvereine (European Club Association) spricht sich gegenwärtig dagegen aus.
Vorgesehen ist die Klub-Weltmeisterschaft vom 17. Juni bis 4. Juli 2021 auszutragen.
Am 24. Oktober 2019 wurde mit China das Austragungsland mitgeteilt.

Die Klub-WM soll alle vier Jahre ausgetragen werden. Der bisherige Nationenwettbewerb, der FIFA Konföderationen-Pokal, soll gestrichen werden.

Zwischenzeitlich hat die COVID-19-Pandemie dazu beigetragen, dass es die zeitlichen Abläufe der anderen Kontinentalwettbewerbe, wie EM 2020 und Copa America, verändert hat. Da diese Veranstaltungen in den Sommer 2021 verschoben wurden, sah sich die FIFA außerstande ihren Zeitplan weiterzuverfolgen. Am 2. Dezember 2020 wurde die bisher vorgesehene Planung aufgehoben und die Austragung entsprechend dem bekannten Austragungsschemas beizubehalten. Das bedeutet, dass im Dezember 2021 die FIFA-Klub-Weltmeisterschaft mit sieben Mannschaften (sechs Meister der Kontinentalverbände plus ein Vertreter des Ausrichterlandes) durchgeführt wird. Auch der Ausrichter wurde neu bestimmt. Zum neunten Mal wird Japan Gastgeber des Wettbewerbs sein.

Alle Sieger der FIFA-Klub-Weltmeisterscahft:

2000	Corinthians Sao Paulo	2012	Corinthians Sao Paulo
2005	FC Sao Paulo	2013	Bayern München
2006	Internacional Porto Alegre	2014	Real Madrid
2007	AC Mailand	2015	FC Barcelona
2008	Manchester United	2016	Real Madrid
2009	FC Barcelona	2017	Real Madrid
2010	Inter Mailand	2018	Real Madrid
2011	FC Barcelona	2019	FC Liverpool
		2020	Bayern München

*Damit hat **Südamerika** vier Titel gewonnen: alle Brasilien.*
***Europa** hat 13 Titel gewonnen: Spanien 7, Italien, Deutschland und England je 2 Titel.*

Die Gewinner des Welzpokals von 1960 bis 2004 sind auf Seite 56 aufgelistet.

IX. Vereinslexikon

Ägypten

[aktuell]

[historisch]

Al-Ahly Kairo

[al Ahly SC – al Ahly Sports Club]

Sportverein aus Kairo, Ägypten

gegründet am 24. April 1907

Erfolge:
Landesmeister: (42) 1949, 1950, 1951, 1953, 1954, 1956, 1957, 1958, 1959, 1961, 1962, 1975, 1976, 1977, 1979, 1980, 1981, 1982, 1985, 1986, 1987, 1989, 1994, 1995, 1996, 1997, 1998, 1999, 2000, 2005, 2006, 2007, 2008, 2009, 2010, 2011, 2014, 2016, 2017, 2018, 2019, 2020
Pokalsieger: (37) 1924, 1925, 1927, 1928, 1930, 1931, 1937, 1940, 1942, 1943, 1945, 1946, 1947, 1949, 1950, 1951, 1953, 1956, 1958, 1961, 1966, 1978, 1981, 1983, 1984, 1985, 1989, 1991, 1992, 1993, 1996, 2001, 2003, 2006, 2007, 2017, 2020
Supercup: (11) 2003, 2005, 2006, 2007, 2008 , 2010, 2011, 2014, 2015, 2017, 2018
CAF Champions League/Landesmeister-Cup: 1982, 1987, 2001, 2005, 2006, 2008, 2012, 2013, 2020
CAF Pokalsieger: 1984, 1985, 1986, 1993
CAF Confederation Cup: 2014
CAF Supercup: 2002, 2006, 2007, 2009, 2013, 2014
Arabischer Landesmeister-Pokal: 1996
Arabischer Pokalsieger-Cup: 1994
Arabischer Supercup: 1997, 1998
Afro-Asian Klubmeisterschaft: 1989

Stadion:
Stad El Qahira El Dawly / Cairo International Stadium (Nasr City, Kairo) – eröffnet am 23. Juli 1960
Zuschauerkapazität: 74.100[1], Spielfläche: 105 x 68 m
[1] *Zuschauerrekord am 21.03.1986 anläßlich des Endspiels um den Afrika-Pokal der Nationen zwischen Ägypten und Kamerun mit offiziell 95.000 Besuchern. Augenzeugen berichteten, dass das Stadion mit rund 120.000 Zuschauern besetzt gewesen war. Eine ähnliche Zuschauerzahl soll auch beim Kairoer Derby Al Ahly gegen Al Zamalek erreicht worden sein.*

Web: alahlyegypt.com

Teilnahme Weltpokal/Klub-Weltmeisterschaft:

11.12.2005	Tokio	Al-Ittihad Jeddah – Al-Ahly Kairo	1:0
16.12.2005	Tokio	FC Sydney – Al-Ahly Kairo	2:1
10.12.2006	Toyota	Al-Ahly Kairo – Auckland City	2:0
13.12.2006	Tokio	Internacional Porto Alegre – Al-Ahly Kairo	2:1
17.12.2006	Tokio	Al-Ahly Kairo – Club America	2:1
13.12.2008	Tokio	Pachuca CF – Al-Ajly Kairo	4:2 nV
18.12.2008	Tokio	Adelaide United – Al-Ahly Kairo	1:0
09.12.2012	Toyota	Al-Ahly Kairo – Sanfrezze Hiroshima	2:1
12.12.2012	Toyota	Corinthians Sao Paulo – Al-Ahly Kairo	1:0
16.12.2012	Yokohama	CF Monterrey – Al-Ahly Kairo	2:0
14.12.2013	Agadir	Guangzhou Evergrande – Al-Ahly Kairo	2:0
18.12.2013	Marrakesch	CF Monterrey – Al-Ahly Kairo	5:1
04.02.2021	Al-Rayyad	Al-Ahly Kairo – Al-Duhail	1:0
08.02.2021	Al-Rayyad	Bayern München – Al-Ahly Kairo	2:0
11.02.2021	Al-Rayyad	Al-Ahly Kairo – Plameiras Sao Paulo	0:0 3:2 iE

Algerien

[aktuell]

[historisch]

ES Sétif

[ES Sétif – <u>E</u>ntente <u>S</u>portive de Sétif]

Sportverein aus Sétif, Algerien

gegründet 1958 als Entente Sportive Sétifienne (E.S.S.); Umbenennung in Wifak Riadhi Staifi (W.R.S.); 1977 Umbenennung in Entente Pétroliers de Sétif (E.P.S.); 1984 Entente Plastique de Sétif (E.P.S.); 1988 Umbenennung in Entente de Sétif; 1990 Umbenennung in ES Sétif (E.S.S.)

Erfolge:
Landesmeister: (8) 1968, 1987, 2007, 2009, 2012, 2013, 2015, 2017
Pokalsieger: (8) 1963, 1964, 1967, 1968, 1980, 1989, 2010, 2012
Supercup: (2) 2015, 2017
CAF Champions League/Landesmeister-Cup: 1988, 2014
CAF Supercup: 2015
Arabische Champions League: 2007, 2008
Afro-Asien Klubmeisterschaft: 1989
Nordafrika Landesmeister-Cup: 2009
Nordafrika Pokalsieger-Cup: 2010
Nordafrika Supercup: 2010

Stadion:
Stade du 8 Mai 1945[1] (Sétif) – eröffnet am 3. Mai 1972
Zuschauerkapazität: 25.000, Spielfläche: 105 x 68 m
[1] *das Datum war der Beginn des Massakers von Setif, der blutigen Niederschlagung von Unruhen durch die französische Kolonialmacht, die letztendlich zum Algerienkrieg führten*

Web: ententedesetif.com

Teilnahme Weltpokal/Klub-Weltmeisterschaft:

13.12.2014	Rabat	ES Setif – Auckland City	0:1
17.12.2014	Marrakesch	ES Setif – Western Sydney Wanderers	2:2 nV 5:4 iE

Argentinien

Argentinos Juniors Buenos Aires

[AA Argentinos Juniors – Asociación Atlética Argentinos Juniors]

Sportverein aus Buenos Aires, Argentinien

gegründet am 15. August 1904 in Buenos Aires
[Anlässlich der Reduzierung der Teilnehmerzahl in der Liga Argentina 1934 kam es zur Spielunion zwischen dem Club Atletico Atlanta und den Argentinos Juniors, diese wurde nach dem 25. Spieltag am 19.09.1934 wieder gelöst. Die Argentinos spielten die Saison zu Ende und belegten den letzten Platz.]

Erfolge:
Landesmeister Primera Division: (3) 1984 (M), 1985 (N), 2010 (C)
Copa Libertadores: 1985
Copa Interamericana: 1985

Stadion:
Estadio Diego Armando Maradona[1] (Villa General Mitre, Buenos Aires) – eröffnet am 26. Dezember 2003
Zuschauerkapazität: 26.000, Spielfläche: 100 x 67 m
[1] Maradona [*1960†2020] spielte von 1976 bis 1981 für Argentinos Juniors

Web: argentinosjuniors.com.ar

Teilnahme Weltpokal/Klub-Weltmeisterschaft:

08.12.1985	Tokio	Juventus Turin – Argentinos Juniors	2:2 nV 4:2 iE

Boca Juniors Buenos Aires

[CA Boca Juniors – Club Atlético Boca Juniors]

Sportverein aus Buenos Aires, Argentinien

gegründet am 03. April 1905 in Buenos Aires

Erfolge:
Landesmeister Amateure: (6) 1919, 1920, 1923, 1924, 1926 (alle AAF), 1930
Landesmeister Profis: (29) 1931, 1934, 1935, 1940, 1943, 1944, 1954, 1962, 1964, 1965, 1969 (N), 1970 (N), 1976 (M), 1976 (N), 1981 (M), 1992 (A), 1998 (A), 1999 (C), 2000 (A), 2003 (A), 2005 (A), 2006 (C), 2008 (A), 2011 (A); 2012 (A); 2015, 2017, 2018, 2020
Pokalsieger Argentinien: (3) 1969, 2012, 2015
Superpokalgewinner Argentinien: 2018
Weltpokal: 1977, 2000, 2003
Copa Libertadores: 1977, 1978, 2000, 2001, 2003, 2007
Copa Sudamericana: 2004, 2005
Supercopa Sudamericana: 1989

Stadion:
Estadio Alberto Jacinto Armando[1] / „La Bombonera" (La Boca, Buenos Aires) – eröffnet am 25. Mai 1940
Zuschauerkapazität: 49.000[2], Spielfläche: 105 x 68 m
[1] seit 27.12.2000 wurde es nach dem ehemaligen Vereinspräsidenten Alberto J. Armando [*1910†1988] benannt; davor hieß es vom 20.04.1986 bis 2000 Estadio Camilo Cichero (Ex-Vereinspräsident) und vom 25.05.1940 bis 1986 Estadio Boca Juniors
[2] Zuschauerrekord: 57.395 am 25.05.1940 beim Spiel Boca Juniors gegen San Lorenzo

Web: bocajuniors.com.ar

131

Teilnahme Weltpokal/Klub-Weltmeisterschaft:

21.03.1978	Buenos Aires	Boca Juniors – Borussia Mönchengladbach	2:2
01.08.1978	Karlsruhe	Borussia Mönchengladbach – Boca Juniors	0:3
28.11.2000	Tokio	Boca Juniors – Real Madrid	2:1
27.11.2001	Tokio	Bayern München – Boca Juniors	1:0 nV
14.12.2003	Yokohama	Boca Juniors – AC Mailand	1:1 nV 3:1 iE
12.12.2007	Tokio	Sahel Sousse – Boca Juniors	0:1
16.12.2007	Yokohama	AC Mailand – Boca Juniors	4:2

Estudiantes La Plata

[Club Estudiantes de La Plata]

Sportverein aus La Plata, Provinz Buenos Aires, Argentinien

gegründet am 04. August 1905 in La Plata als Club Atlético Estudiantes

Erfolge:
Landesmeister Amateure: 1913 (FAF)
Landesmeister Profis: (5) 1967 (M), 1982 (M),1983 (N), 2006 (A), 2010 (A),
Weltpokal: 1968
Copa Libertadores: 1968, 1969, 1970, 2009
Copa Interamericana: 1969

Stadion:
Estadio Jorge Luis Hirschi[1] (La Plata) – eröffnet 1907, Neueröffnung 09.11.2019, Zuschauerkapazität: 30.018, Spielfläche: 105 x 66 m
[1] das Stadion ist nach dem ehemaligen Vereinspräsidenten Jorge Luis Hirschi [*1889 †?] benannt

Web: estudiantesdelaplata.com

Teilnahme Weltpokal/Klub-Weltmeisterschaft:

25.09.1968	Buenos Aires	Estudiantes La Plata – Manchester United	1:0
16.10.1968	Manchester	Manchester United – Estudiantes La Plata	1:1
08.10.1969	Mailand	AC Mailand – Estudiantes La Plata	3:0
22.10.1969	Buenos Aires	Estudiantes La Plata – AC Mailand	2:1
26.08.1970	Buenos Aires	Estudiantes La Plata – Feijenoord Rotterdam	2:2
09.09.1970	Rotterdam	Feijenoord Rotterdam – Estudiantes La Plata	1:0
15.12.2009	Abu Dhabi	Estudiantes La Plata – Pohang Steelers	2:1
19.12.2009	Abu Dhabi	FC Barcelona – Estudiantes La Plata	2:1 nV

Independiente Avellaneda

[CA Independiente – Club Atlético Independiente]

Sportverein aus Avellaneda, Provinz Buenos Aires, Argentinien

gegründet am 01. Januar 1905 in Monserrat, Buenos Aires als Independiente FC; 1907 Umzug nach Avellaneda; 1914 Umbenennung in CA Independiente

Erfolge:
Landesmeister Amateure: (2) 1922, 1926 (beide AAm)
Landesmeister Profis: (14) 1938, 1939, 1948, 1960, 1963, 1967 (N), 1970, 1971 (bd. M), 1977, 1978 (bd. N), 1983 (M), 1989, 1994 (C), 2002 (A)
Weltpokal: 1973, 1984
Copa Libertadores: 1964, 1965, 1972, 1973, 1974, 1975, 1984
Copa Interamericana: 1973, 1974, 1976

Copa Sudamericana: 2010, 2017
Supercopa Sudamericana: 1994, 1995

Stadion:
Estadio Libertadores de América, „La Doble Visera" (Avellaneda) – eröffnet am 04.03.1928; Eröffnung des Neubaus: 28.10.2009
Zuschauerkapazität: 50.655[1], Spielfläche: 105 x 68 m

[1] *Das alte Stadion hatte eine Kapazität von 52.823 Plätzen. Trotzdem wurden für das Spiel von Independiente gegen Boca Juniors am 15.08.1954 62.000 Tickets verkauft, tatsächlich sollen dann rund 70.000 Besucher im Stadion gewesen sein.*

Web: clubaindependiente.com

Teilnahme Weltpokal/Klub-Weltmeisterschaft:

09.09.1964	Avellaneda	CA Independiente – Inter Mailand	1:0
23.09.1964	Mailand	Inter Mailand – CA Independiente	2:0
26.09.1964	Madrid	Inter Mailand – CA Independiente	1:0 nV
08.09.1965	Mailand	Inter Mailand – CA Independiente	3:0
15.09.1965	Avellaneda	CA Independiente – Inter Mailand	0:0
06.09.1972	Avellaneda	CA Independiente – Ajax Amsterdam	1:1
28.09.1972	Amsterdam	Ajax Amsterdam – CA Independiente	3:0
28.11.1973	Rom	CA Independiente – Juventus Turin	1:0
12.03.1975	Avellaneda	CA Independiente – Atletico Madrid	1:0
16.04.1975	Madrid	Atletico Madrid – CA Independiente	2:0
09.12.1984	Tokio	CA Independiente – FC Liverpool	1:0

Racing Avellaneda

[Racing Club Asociación Civil]

Sportverein aus Avellaneda, Provinz Buenos Aires, Argentinien

gegründet am 25. März 1903 in La Plata als Racing Club durch Fusion von FC Barracas al Sud (gegr. 12.05.1901) und Colorados Unidos del Sud (gegr. 16.03.1902)

Erfolge:
Landesmeister Amateure: (9) 1913, 1914, 1915, 1916, 1917, 1918 (alle AAF), 1919, 1921, 1925 (alle AAm)
Landesmeister Profis: (9) 1949, 1950, 1951, 1958, 1961, 1966, 2001 (A), 2014, 2019
Weltpokal: 1967
Copa Libertadores: 1967
Supercopa Interamericana: 1988
Supercopa Sudamericana: 1988

Stadion:
Estadio Presidente Juan Domingo Perón[1] (Avellaneda) – eröffnet am 03.09.1950, Zuschauerkapazität: 51.389[2], Spielfläche: 105 x 78 m

[1] *das Stadion trägt den Namen des zweimaligen argentinischen Staatspräsidenten Juan Perón [*1895 †1974]* [2] *ursprünglich hatte es eine offizielle Kapazität von 100.000 Zuschauern; beim Weltpokalfinale 1967 sollen sich sogar 125.000 Besucher Zutritt verschafft haben, später sank die Kapazität nach Umbauarbeiten auf 64.161 bzw. dem heutigen Stand von 51.289 Plätzen*

Web: racingclub.com.ar

Teilnahme Weltpokal/Klub-Weltmeisterschaft:

18.10.1967	Glasgow	Celtic Glasgow – Racing Club	1:0
01.11.1967	Avellaneda	Racing Club – Celtic Glasgow	2:1
04.11.1967	Montevideo	Racing Club – Celtic Glasgow	1:0

River Plate Buenos Aires

[CA River Plate – <u>C</u>lub <u>A</u>tlético River Plate]

Sportverein aus Núñez, Buenos Aires, Argentinien

gegründet am 25. Mai 1901 in La Boca, Buenos Aires als Club Atlético River Plate durch Fusion der Klubs Santa Rosa und La Rosales

[aktuell]

[historisch]

Erfolge:
Landesmeister Amateure: 1920 (AAm)
Landesmeister Profis: (35) 1932 (LAF), 1936 (CC), 1936 (CO), 1937, 1941, 1942, 1945, 1947, 1952, 1953, 1955, 1956, 1957, 1975 (M), 1975 (N), 1977, 1979 (bd. M), 1979 (N), 1980 (M), 1981 (N), 1986, 1990, 1991 (A), 1993 (A), 1994 (A), 1996 (A), 1997 (C), 1997 (A), 1999 (A), 2000 (C), 2002 (C), 2003 (C), 2004 (C), 2008 (C), 2014 (F)
Weltpokal: 1986
Copa Libertadores: 1986, 1996, 2015, 2018
Copa Interamericana: 1986
Supercopa Sudamericana: 1997
Copa Sudamericana: 2014

Stadion:
Estadio Monumental Antonio Vespucio Liberti[1] (Núñez) – eröffnet am 25.05.1938, Zuschauerkapazität: 70.074[2], Spielfläche: 105 x 68 m
[1] ehemaliger Präsident von River Plate, Antonio Vespucio Liberti [*1882 †1949]
[2] ursprüngliche Kapazität lag bei 100.000 Plätzen, diese wurden 1975 zum Spiel gegen Racing Avellaneda erreicht

Web: cariverplate.com

Teilnahme Weltpokal/Klub-Weltmeisterschaft:

14.12.1986	Tokio	CA River Plate – Steaua Bukarest	2:1 nV
26.11.1996	Tokio	Juventus Turin – CA River Plate	1:0
16.12.2015	Osaka	CA River Plate – Sanfrecce Hiroshima	1:0
20.12.2015	Yokohama	FC Barcelona – CA River Plate	3:0
18.12.2018	Al-Ain	CA River Plate – Al-Ain FC	2:2 nV 4:5 iE
22.12.2018	Abu Dhabi	Kashima Antlers – CA River Plate	0:4

San Lorenzo Almagro

[CA San Lorenzo Almagro – <u>C</u>lub <u>A</u>tlético San Lorenzo de Almagro]

Sportverein aus Almagro, Buenos Aires, Argentinien

gegründet am 01. April 1908 in Almagro, Buenos Aires als Club Atlético San Lorenzo[1]
[1] benannt nach dem katholischen Priester Lorenzo Massa [*1882 †1949]

[aktuell]

[historisch]

Erfolge:
Landesmeister Amateure: (3) 1923, 1924, 1927 (alle AAm)
Landesmeister Profis: (12) 1933 (LAF), 1936 (CH), 1946, 1959, 1968 (M), 1972 (M), 1972 (N), 1974 (N), 1995, 2001, 2007 (alle C), 2013 (TI)
Supercopa Argentina: 2015
Copa Libertadores: 2014
Copa Sudamericana: 2002

Stadion:
Estadio Pedro Bidegain[1] (Liniers, Buenos Aires) – eröffnet am 16.12.1993, Zuschauerkapazität: 47.964, Spielfläche: 110 x 70 m
[1] das Stadion trägt den Namen des ehemaligen Vereinspräsidenten Pedro Bidegain [*1882 †1949]

Web: sanlorenzo.com.ar

Teilnahme Weltpokal/Klub-Weltmeisterschaft:

17.12.2014	Marrakesch	CA San Lorenzo – Auckland City	2:1 nV
20.12.2014	Marrakesch	Real Madrid – CA San Lorenzo	2:0

Velez Sarsfield

[CA Vélez Sársfield – <u>C</u>lub <u>A</u>tlético Vélez Sársfield]

Sportverein aus Liniers, Buenos Aires, Argentinien

gegründet am 01. Januar 1910 in Floresta, Buenos Aires als Club Atlético Argentinos de Vélez Sarsfield; 23.11.1913 Verkürzung des Vereinsnamens auf Club Atlético Vélez Sarsfield

Erfolge:
Landesmeister Profis: (19) 1968 (N), 1993 (C), 1995 (A), 1996 (C), 1998 (C), 2005 (C), 2009 (C), 2011 (C), 2012 (TI), 2013
Weltpokal: 1994
Copa Libertadores: 1994
Copa Interamericana: 1994
Supercopa Sudamericana: 1996
Supercopa Argentina: 2013

Stadion:
Estadio José Amalfitani[1] (Liniers, Buenos Aires) – eröffnet am 22.04.1951, Zuschauerkapazität: 49.540, Spielfläche: 105 x 70 m
[1] *benannt nach dem ehemaligen Vereinspräsidenten José Amalfitani [*1884 †1969]*

Web: velezsarsfield.com.ar

Teilnahme Weltpokal/Klub-Weltmeisterschaft:

11.12.1994	Tokio	Velez Sarsfield – AC Mailand	2:0

Australien

Adelaide United

[Adelaide United FC – Adelaide United Football Club]

Fußballverein aus Adelaide, South Australia, Australien

gegründet am 12. September 2003 in Adelaide

Erfolge:
- Landesmeister: 2016
- Pokalsieger: 2014, 2018, 2019

Stadion:
Coopers Stadium[1] (Hindmarsh, Adelaide) – eröffnet 1960, Zuschauerkapazität: 16.500[2], Spielfläche: 120 x 80 m

[1] das Stadion hieß vorher Hindmarsh Stadium, nach dem gleichnamigen Stadtteil, in dem es beheimatet ist; seit 01.07.2013 Coopers Stadium, da die Coopers Brewery (Brauerei) die Namensrechte erworben hatte

[2] Rekordbesuch (durch Zusatztribünen) war während der Olympischen Spiele 2000 bei der Begegnung Italien gegen Nigeria mit 18.430 Zuschauern

Web: adelaideunited.com.au

Teilnahme Weltpokal/Klub-Weltmeisterschaft:

11.12.2008	Tokio	Adelaide United – Waitakere United	2:1
14.12.2008	Toyota	Gamba Osaka – Adelaide United	1:0
18.12.2008	Yokohama	Adelaide United – Al-Ahly Kairo	1:0

South Melbourne FC

[South Melbourne FC – South Melbourne Football Club]

Fußballverein aus South Melbourne, Victoria, Australien

gegründet am 02. März 1959 in South Melbourne, Victoria als South Melbourne Hellas FC durch Fusion von South Melbourne United, Yarra Park Aias und Hellenic; am 28. September 1981 schlossen sich Melbourne Hakoah und Hellas zu South Melbourne Gunners zusammen; 1996 Namensänderung in South Melbourne Lakers SC; 1999 Namensänderung in South Melbourne Soccer Club; 2005 Namensänderung in South Melbourne FC

Erfolge:
- Landesmeister: (4) 1984, 1991, 1998, 1999
- Pokalsieger: (2) 1990, 1996
- OFC Club Champions Cup: 1999

Stadion:
Lakeside Stadium[1] (Albert Park, Victoria) – eröffnet 1878, Eröffnung nach Umbau 1995 und Oktober 2011, Zuschauerkapazität: 12.000[2], Spielfläche: 105 x 68 m

[1] das Stadion hieß vorher Lake Oval, von 1995 bis 2011 Bob Jane Stadium, seit Oktober 2011 Lakeside Stadium

[2] Zuschauerrekord 41.000 anläßlich des Australian Football-Spiels South Melbourne Swans gegen Carlton Blues am 30.07.1932

Web: smfc.com.au

Teilnahme Weltpokal/Klub-Weltmeisterschaft:

06.01.2000	Rio de Janeiro	Vasco da Gama – South Melbourne	2:0
08.01.2000	Rio de Janeiro	Club Necaxa – South Melbourne	3:1
11.01.2000	Rio de Janeiro	Manchester United – South Melbourne	2:0

Sydney FC

[Sydney FC – Sydney Football Club]

Fußballverein aus Sydney, New South Wales, Australien

gegründet am 01.November 2004[1] in Sydney, New South Wales
 [1] Der 01.11.2004 war der Tag der Bestätigung, dass Sydney FC zu den acht Gründungsmitgliedern der neuen A-League gehört. Ab diesem Zeitpunkt begann der Aufbau der Mannschaft, die ihr erstes Spiel am 25.03.2005 gegen Manly United FC (6:1) austrug.

Erfolge:
 Landesmeister: (5) 2006, 2010, 2017, 2019 , 2020
 Pokalsieger: 2017
 OFC Cup Landesmeister: 2005

Stadion:
 Sydney Cricket Ground[1] (Sydney) – eröffnet 1848, mehrfache Umbauten, Zuschauerkapazität: 48.601[2], Spielfläche: 105 x 68 m
 [1] das Stadion ist nur eine vorübergehende Lösung; Ende 2018 wurde das Allianz Stadium geschlossen und an seiner Stelle wird ein neues Stadion errichtet, welches 2022 fertiggestellt sein soll
 [2] Der Zuschauerrekord datiert vom 18.09.1965, als zum Rugby-Meisterschaftsspiel St. George gegen South Sydney 78.056 Besucher kamen. Der Rekord bei einem Fußballspiel wurde am 02.05.1964 bei der Begegnung New South Wales IX gegen den FC Everton mit 51.566 Zuschauern aufgestellt

Web: sydneyfc.com

Teilnahme Weltpokal/Klub-Weltmeisterschaft:

12.12.2005	Toyota	Deportivo Saprissa – Sydney FC	1:0
16.12.2005	Tokio	Sydney FC – Al-Ahly Kairo	2:1

Western Sydney Wanderers

[Western Sydney Wanderers FC – Western Sydney Wanderers Football Club]]

Fußballverein aus Sydney, New South Wales, Australien

gegründet am 4. April 2012

Erfolge:
 AFC Champions League: 2014

Stadion:
 Bankwest Stadium[1], (Parramatta, New South Wales) – eröffnet am 14.04.2019
 Zuschauerkapazität: 30.000[2], Spielfläche: 140 x 80[3] m
 [1] benannt nach dem australischen Finanzhaus Bankwest, ehemals The Bank of Western Australia
 [2] Zuschauerrekord mit 29.372 Besuchern beim Rugbyspiel Parramatta Eels gegen Brisbane Broncos am 15.09.2019
 [3] Gesamtfläche

Web: wswanderersfc.com.au

Teilnahme Weltpokal/Klub-Weltmeisterschaft:

13.12.2014	Rabat	CD Cruz Azul – Western Sydney Wanderers	3:1 nV
17.12.2014	Marrakesch	ES Setif – Western Sydney Wanderers	2:2 nV 5:4 iE

Brasilien

Atlético Mineiro

[Clube Atlético Mineiro]

Sportverein aus Lourdes, Belo Horizonte, Brasilien

gegründet am 25. März 1908 als Athletico Mineiro Foot Ball Club; seit 1913 Clube Atlético

Erfolge:
- Landesmeister: 1971
- Pokalsieger: 2014
- Copa Libertadores: 2013
- Copa CONMEBOL: 1992, 1997

Stadion:
Estádio Governador Magalhães Pinto[1], „Mineirão" (Pampulha, Belo Horizonte) – eröffnet am 05. September 1965, nach Umbau 21. Dezember 2012
Zuschauerkapazität: 62.160[2], Spielfläche: 110 x 75 m
[1] nach dem früheren Gouverneur und Mitinitiator des Militärputsches von 1964 benannt
[2] Zuschauerrekord am 22.06.1997 mit 132.834 Besuchern bei der Partie Cruzeiro gegen Villa Nova AC (Finale um die Meisterschaft des Staates Minas Gerais)

Web: atletico.com.br

Teilnahme Weltpokal/Klub-Weltmeisterschaft:

18.12.2013	Marrakesch	Raja Casablanca – Atletico Mineiro	3:1
21.12.2013	Marrakesch	Atletico Mineiro – Guangzhou Evergrande	3:2

Corinthians São Paulo

[SC Corinthians Paulista – Sport Club Corinthians Paulista]

Sportverein aus Tatuapé, São Paulo, Brasilien

gegründet am 01. September 1910

Erfolge:
- Landesmeister: (7) 1990, 1998, 1999, 2005, 2011, 2015, 2017
- Pokalsieger: (3) 1995, 2002, 2009
- Superpokalgewinner: 1991
- Klub-Weltmeister: 2000, 2012
- Copa Libertadores: 2012

Stadion:
Arena Corinthians (Itaquera, São Paulo) – eröffnet am 10. April 2014
Zuschauerkapazität: 49.205[1], Spielfläche: 105 x 68 m
[1] Anläßlich der Fußball-Weltmeisterschaft 2014 wurde die Zuschauerkapazität erhöht. Der Zuschauerrekord wurde am 09.07.2014 mit 63.267 Besuchern beim Spiel Argentinien gegen die Niederlande aufgestellt

Web: corinthians.com.br

Teilnahme Weltpokal/Klub-Weltmeisterschaft:

05.01.2000	São Paulo	Corinthians – Raja Casablanca	2:0
07.01.2000	São Paulo	Real Madrid – Corinthians	2:2
10.01.2000	São Paulo	Corinthians – Al-Nassr Riad	2:0
14.01.2000	São Paulo	Corinthians – Vasco da Gama	0:0 nV 4:3 iE
12.12.2012	Toyota City	Corinthians – Al-Ahly Kairo	1:0
16.12.2012	Yokohama	Corinthians – FC Chelsea	1:0

Cruzeiro Belo Horizonte

[Cruzeiro EC – Cruzeiro Esporte Clube]

Sportverein aus Barro Breto, Belo Horizonte, Brasilien

gegründet am 02. Januar 1921 als Societá Sportiva Palestra Itália, ab 1925 Sociedade Sportiva Palestra Itália, ab 30. Januar 1942 SE Palestra Mineiro, vom 01. bis 07. Oktober 1942 Ypiranga, danach dann Cruzeiro Esporte Clube

Erfolge:

Landesmeister: (4) 1966, 2003, 2013, 2014
Pokalsieger: (6) 1993, 1996, 2000, 2003, 2017, 2018
Copa Libertadores: 1976, 1997
Supercopa Sudamericana: 1991, 1992

Stadion:

Estádio Governador Magalhães Pinto[1], „Mineirão„ (Pampulha, Belo Horizonte) – eröffnet am 05. September 1965, nach Umbau 21. Dezember 2012
Zuschauerkapazität: 64.000[2], Spielfläche: 105 x 68 m

[1] *nach dem früheren Gouverneur und Mitinitiator des Militärputsches von 1964, José de Magalhães Pinto [*1909 †1996], benannt*
[2] *Zuschauerrekord am 22.06.1997 mit 132.834 Besuchern bei der Partie Cruzeiro gegen Villa Nova AC (Finale um die Meisterschaft des Staates Minas Gerais)*

Web: cruzeiro.com.br

Teilnahme Weltpokal/Klub-Weltmeisterschaft:

23.11.1976	München	Bayern München – Cruzeiro	2:0
21.12.1976	Belo Horizonte	Cruzeiro – Bayern München	0:0
02.12.1997	Tokio	Borussia Dortmund – Cruzeiro	2:0

Flamengo Rio de Janeiro

[CR Flamengo – Clube de Regatas do Flamengo]

Sportverein aus Flamengo, Rio de Janeiro, Brasilien

gegründet am 17. November 1895 als Grupo de Regatas do Flamengo, 1902 Namensänderung in Club de Regatas do Flamengo; 1911 Änderung in die heute gültige Schreibweise Clube de Regatas do Flamengo; Fußballabteilung ab 24. Dezember 1911

Erfolge:

Landesmeister: (6) 1980, 1982, 1983, 1987, 1992, 2009, 2019
Pokalsieger: (3) 1990, 2006, 2013
Superpokal: 2020
Weltpokal: 1981
Copa Libertadores: 1981, 2019

Stadion:

Estádio Jornalista Mário Filho[1], „Maracanã" (Maracanã, Rio de Janeiro) – eröffnet am 16. Juni 1950
Zuschauerkapazität: 78.838[2], Spielfläche: 110 x 75 m

[1] *seit 1966 nach dem Journalisten Mário Filho [*1908 †1966] benannt, davor Estádio Municipal do Maracanã*
[2] *Zuschauerrekord am 16.07.1950 mit 199.854 Besuchern beim WM-Finale Brasilien gegen Uruguay*

Web: flamengo.com.br

Teilnahme Weltpokal/Klub-Weltmeisterschaft:

13.12.1981	Tokio	Flamengo – FC Liverpool	3:0
17.13.2019	Doha	Flamengo – Al-Hilal Riad	3:1
21.12.2019	Doha	FC Liverpool – Flamengo	1:0 nV

Gremio Porto Alegre

[Grêmio FBPA – Grêmio Foot-Ball Porto Alegrense]

Fußballverein aus Porto Alegre, Rio Grande do Sul, Brasilien

gegründet am 15. September 1903

Erfolge:
 Landesmeister: (2) 1981, 1996
 Pokalsieger: (5) 1989, 1994, 1997, 2001, 2016
 Supercupgewinner: 1990
 Weltpokal: 1983
 Copa Libertadores: 1983, 1995, 2017

Stadion:
 Arena do Grêmio, (Porto Alegre) – eröffnet am 08. Dezember 2012 mit dem Spiel Gremio Porto Alegre gegen den Hamburger SV (2:1)
 Zuschauerkapazität: 55.225[1], Spielfläche: 105 x 68 m
 [1] Zuschauerrekord jeweils am 08. und 19.12.1972 mit 60.540 Besuchern bei den Spielen Gremio gegen den HSV und der Benifizveranstaltung Ronaldo XI gegen Zidane XI

Web: gremio.net

Teilnahme Weltpokal/Klub-Weltmeisterschaft:

11.12.1983	Tokio	Gremio – Hamburger SV	2:1 nV
28.11.1995	Tokio	Ajax Amsterdam – Gremio	0:0 nV 4:3 iE
12.12.2017	Al Ain	Gremio – CF Pachuca	1:0 nV
16.12.2017	Abu Dhabi	Real Madrid – Gremio	1:0

Internacional Porto Alegre

[SC Internacional Porto Alegre– Sport Club Internacional Porto Alegre]

Fußballverein aus Porto Alegre, Rio Grande do Sul, Brasilien

gegründet am 04. April 1909

Erfolge:
 Landesmeister: (3) 1975, 1976, 1979
 Pokalsieger: 1992
 FIFA-Klub-Weltmeister: 2006
 Copa Libertadores: 2006, 2010
 Copa Sudamericana: 2008

Stadion:
 Estádio José Pinheiro Borda[1], auch Estádio Beira-Rio (Praia de Belas, Porto Alegre) – eröffnet am 06. April 1969
 Zuschauerkapazität: 50.128[2], Spielfläche: 105 x 68 m
 [1] benannt nach dem portugisischen Ingenieur José Pinheiro Borda [*1897 †1965], der den Stadionbau überwachte, aber noch vor Fertigstellung verstarb
 [2] Zuschauerrekord am 17.06.1972 mit 106.554 Besuchern beim Spiel Rio Grande do Sul All-Stars gegen die Nationalmannschaft Brasiliens

Web: internacional.com.br

Teilnahme Weltpokal/Klub-Weltmeisterschaft:

13.12.2006	Tokio	Al-Ahly Kairo – Internacional Porto Alegre	1:2
17.12.2006	Yokohama	Internacional Porto Alegre – FC Barcelona	1:0

Palmeiras Sao Paulo

[SE Palmeiras – Sociedade Esportiva Palmeiras]

Sportverein aus São Paulo, Brasilien

gegründet am 26. August 1914 als Società Sportiva Palestra Italia, 1942 Umbenennung in Sociedade Esportiva Palmeiras

Erfolge:
Landesmeister: (10) 1960 (TB), 1967 (TB), 1967, 1969 (TP), 1972, 1973, 1993, 1994, 2016, 2018
Pokalsieger: (3) 1998, 2012, 2015
Copa Libertadores: 1999, 2020

Stadion:
Allianz Parque[1], (São Paulo, Brasilien) – Eröffnung 19. November 2014
Zuschauerkapazität: 43.713[2], Spielfläche: 105 x 68 m
[1] Namensgeber des Stadions ist der Versicherungskonzern Allianz SE
[2] Zuschauerrekord am 02.12.2018 mit 41.256 Besuchern bei der Partie Palmeiras gegen Vitoria

Web: palmeiras.com.br

Teilnahme Weltpokal/Klub-Weltmeisterschaft:

30.11.1999	Tokio	Manchester United – Palmeiras	1:0
07.02.2021	Al-Rayyan	Tigres UANL – Palmeiras	1:0
11.02.2021	Al-Rayyan	Al-Ahly Kairo – Palmeiras	0:0 3:2 iE

FC Santos

[Santos FC – Santos Futebol Clube]

Sportverein aus Vila Belmiro, Santos, Brasilien

gegründet am 14. April 1912 als Santos Foot-Ball Club, 1915 Namensänderung in União Futebol Clube, 1916 Umbenennung in Santos Futebol Clube

Erfolge:
Landesmeister: (8) 1961, 1962, 1963, 1964, 1965, 1968 (alle TB), 2002, 2004
Pokalsieger: 2010
Weltpokal: 1962, 1963
Copa Libertadores: 1962, 1963, 2011
Copa CONMEBOL: 1998

Stadion:
Estádio Urbano Caldeira[1], (Vila Belmiro, Santos) – eröffnet am 12. Oktober 1916
Zuschauerkapazität: 21.256[2], Spielfläche: 106 x 70 m
[1] nach dem früheren Spieler und Funktionär des FC Santos Urbano Caldeira [*1890 †1933] benannt
[2] Zuschauerrekord am 20.09.1964 mit 32.989 Besuchern bei der Partie Santos gegen Corinthians

Web: santosfc.com.br

Teilnahme Weltpokal/Klub-Weltmeisterschaft:

19.09.1962	Rio de Janeiro	FC Santos – Benfica Lissabon	3:2
11.10.1962	Lissabon	Benfica Lissabon – FC Santos	2:5
16.10.1963	Mailand	AC Mailand – FC Santos	4:2
14.11.1963	Rio de Janeiro	FC Santos – AC Mailand	4:2
16.11.1963	Rio de Janeiro	FC Santos – AC Mailand	1:0
14.12.2011	Toyota City	FC Santos – Kashiwa Reysol	3:1
18.12.2011	Yokohama	FC Barcelona – FC Santos	4:0

FC Sao Paulo

[São Paulo FC – São Paulo Futebol Clube]

Sportverein aus São Paulo, Brasilien

gegründet am 25. Januar 1930 durch Fusion von Club Athletico Paulistano (gegr. 29.12.1900) und Associação Atlética das Palmeiras (09.11.1902); 1935 Anschluss von Clube de Regatas Tietê (gegr. 1907), am 14. Mai 1935 Auflösung Fußballabteilung, 04. Juni 1935 Gründung Clube Atlético São Paulo; 16. Dezember 1935 Wiedergründung São Paulo FC, 1938 Anschluss von Clube Atlético Estudantes Paulista (gegr. 02.06.1937)

Erfolge:
Landesmeister: (6) 1977, 1986, 1991, 2006, 2007, 2008
Weltpokal/Klub-WM: 1992, 1993, 2005
Copa Libertadores: 1992, 1993, 2005
Copa Sudamericana: 2012
Copa CONMEBOL: 1994
Supercopa Sudamericana: 1993

Stadion:
Estádio Cícero Pompeu de Toledo[1], (Morumbi, São Paulo) – eröffnet am 02. Oktober 1960
Zuschauerkapazität: 72.039[2], Spielfläche: 105 x 68 m
[1] nach dem früheren Vereinsvorsitzenden benannt
[2] Zuschauerrekord am 09.10.1977 mit 146.072 Besuchern bei der Partie AA Ponte Petra gegen Corinthians

Web: saopaulofc.net

Teilnahme Weltpokal/Klub-Weltmeisterschaft:

13.12.1992	Tokio	FC Sao Paulo – FC Barcelona	2:1
12.12.1993	Tokio	FC Sao Paulo – AC Mailand	3:2
14.12.2005	Tokio	FC Sao Paulo – Al-Ittihad Jeddah	3:2
18.12.2005	Yokohama	FC Sao Paulo – FC Liverpool	1:0

Vasco da Gama Rio de Janeiro

[CR Vasco da Gama – Clube de Regatas Vasco da Gama]

Sportverein aus Rio de Janeiro, Brasilien

gegründet am 21. August 1898; Fußballabteilung ab 05. November 1915

Erfolge:
Landesmeister: (4) 1974, 1989, 1997, 2000
Pokalsieger: 2011
Copa Libertadores: 1998

Stadion:
Estádio Vasco da Gama[1], (Rio de Janeiro) – eröffnet am 21. April 1927
Zuschauerkapazität: 21.880[2], Spielfläche: 105 x 68 m
[1] auch Estádio Januário, benannt nach der gleichnamigen Straße an der es liegt
[2] Zuschauerrekord am 19.02.1978 beim Spiel Vasco da Gama gegen Londrina EC mit 40.209 Besuchern

Web: vasco.com.br

Teilnahme Weltpokal/Klub-Weltmeisterschaft:

01.12.1998	Tokio	Real Madrid – Vasco da Gama	2:1
06.01.2000	Rio de Janeiro	Vasco da Gama – South Melbourne FC	2:0
08.01.2000	Rio de Janeiro	Manchester United – Vasco da Gama	1:3
11.01.2000	Rio de Janeiro	Club Necaxa – Vasco da Gama	1:2
14.01.2000	Rio de Janeiro	Corinthians Sao Paulo – Vasco da Gama	0:0 nV 4:3 ES

Chile

[aktuell]

[historisch]

Colo-Colo Santiago de Chile

[CSD Colo-Colo – **C**lub **S**ocial y **D**eportivo Colo-Colo]

Fußballverein aus Santiago de Chile, Chile

gegründet am 19. April 1925

Erfolge:

Landesmeister: (32) 1937, 1939, 1941, 1944, 1947, 1953, 1956, 1960, 1963, 1970, 1972, 1979, 1981, 1983, 1986, 1989, 1990, 1991, 1993, 1996, 1997 (C), 1998, 2002 (C), 2006 (C), 2006 (A), 2007 (C), 2007 (A), 2008 (C), 2009 (C), 2014 (C), 2015 (A), 2017 (T)
Pokalsieger: (12) 1958, 1974, 1981, 1982, 1985, 1988, 1989, 1990, 1994, 1996, 2016, 2019
Supercup: 2017, 2018
Copa Libertadores: 1991
Copa Interamericana: 1992

Stadion:

Estadio Monumental David Arellano[1], (Macul, Santiago de Chile) – eröffnet am 20. April 1975
Zuschauerkapazität: 47.347[2], Spielfläche: 105 x 68 m
[1] *benannt nach dem Vereinsgründer David Alfonso Arellano Mayorga [*1902 †1927]*
[2] *Zuschauerrekord 69.305 Besucher 1992 bei der Begegnung Colo-Colo gegen Universidad de Chile*

Web: colocolo.cl

Teilnahme Weltpokal/Klub-Weltmeisterschaft:

08.12.1991	Tokio	Roter Stern Belgrad – Colo-Colo	3:0

China

[aktuell]

[historisch – Guangzhou Baiyunshan]

Guangzhou Evergrande Taobao FC

[Guangzhou Evergrande Taobao FC – Guangzhou Evergrande Taobao Football Club]

Sportverein aus Guangzhou, Guangdong, China

gegründet im Juni 1954 als Guangzhou Football Team, 1984 Umbenennung in Guangzhou Baiyunshan FC, von 1993 bis 2000 Guangzhou Apollo FC; 2001 Guangzhou Geely FC, von 2002-03 Guangzhou Xiangxue FC, von 2004-05 Guangzhou Sunray Cave FC, von 2006 bis 2010 Guangzhou GPC FC (GPC = Guangzhou Pharmaceutical), ab 01.03.2010 Guangzhou Evergrande FC, seit dem 01.01.2015 Guangzhou Evergrande Taobao FC

Erfolge:
Landesmeister: (8) 2011, 2012, 2013, 2014, 2015, 2016, 2017, 2019
Pokalsieger: (2) 2012, 2016
Supercupgewinner: (4) 2012, 2016, 2017, 2018
AFC Champions League: 2013, 2015

Stadion:
Tianhe Stadium[1], (Guangzhou) – eröffnet am 20. November 1987
Zuschauerkapazität: 58.500[2], Spielfläche: 105 x 68 m
[1] benannt nach dem gleichnamigen Distrikt
[2] Der Zuschauerrekord wurde am 30.11.1991 zum Finale der ersten Frauen-Weltmeisterschaft aufgestellt. Die FIFA gibt die Zuschauerzahl mit 63.000 Besuchern an.

Web: gzevergrandefc.com

Teilnahme Weltpokal/Klub-Weltmeisterschaft:

14.12.2013	Agadir	Guangzhou – Al-Ahly Kairo	2:0
17.12.2013	Agadir	Bayern München – Guangzhou	3:0
21.12.2013	Marrakesch	Atletico Mineiro – Guangzhou	3:2
13.12.2015	Osaka	Guangzhou – Club America	2:1
17.12.2015	Yokohama	FC Barcelona – Guangzhou	3:0
20.12.2015	Yokohama	Sanfrecce Hiroshima – Guangzhou	2:1

Costa Rica

[aktuell]

[historisch]

CD Saprissa

[CD Saprissa SAD – Club Deportivo Saprissa Sociedad Anónima Deportiva]

Fußballverein aus San Juan de Tibás (San José, Costa Rica)

gegründet am 16. Juli 1935 als Saprissa[1] FC, später CD Saprissa
  [1] *benannt nach dem Mitbegründer des Vereins Ricardo Juan Antonio Saprissa Aymá* [*1901 †1990]

Erfolge:

Landesmeister: (35) 1952, 1953, 1957, 1962, 1964, 1965, 1967, 1968, 1969, 1972, 1973, 1974, 1975, 1976, 1977, 1982, 1988, 1989, 1994, 1995, 1998, 1999, 2004, 2006, 2007, 2007 (I), 2008 (V), 2008 (I), 2010 (V), 2014 (V), 2014 (I), 2015 (I), 2016 (I), 2018 (A), 2020 (C)
Pokalsieger*: (8) 1950, 1960, 1963, 1963, 1970, 1972, 1976, 2013
 * *kein einheitliches Pokalsystem; jährlich verschiedene Wettbewerbe (1950 Copa Gran Bretana; 1960, 1963 Copa Presidente; 1963, 1976 Copa Campeon de Campeones; 1970 Copa Costa Rica; 1972 Copa Juan Santamaria; 2013 Copa Banco Nacional)*
CONCACAF Champions League: 1993, 1995, 2005
CONCACAF League: 2019

Stadion:

Estadio Ricardo Saprissa Aymá[1] (San Juan de Tibás) – eröffnet am 27. August 1972
Zuschauerkapazität: 23.112, Spielfläche: 105 x 68 m[2]
  [1] *benannt nach dem Mitbegründer des Vereins Ricardo Juan Antonio Saprissa Aymá* [*1901 †1990]
  [2] *Kunstrasen*

Web: deportivosaprissa.com

Teilnahme Weltpokal/Klub-Weltmeisterschaft:

12.12.2005	Toyota	CD Saprissa – Sydney FC	1:0
15.12.2005	Yokohama	FC Liverpool – CD Saprissa	3:0
18.12.2005	Yokohama	CD Saprissa – Al-Ittihad Jeddah	3:2

Deutschland

Borussia Dortmund

[BVB 09 Dortmund – Ballspielverein Borussia 1909 Dortmund]

Sportverein aus Dortmund, Deutschland

gegründet am 19. Dezember 1909 in Dortmund; 1912 die Vereine Rhenania, Britannia und Deutsche Flagge schlossen sich an

Erfolge:
Landesmeister: (8) 1956, 1957, 1963, 1995, 1996, 2002, 2011, 2012
Pokalsieger: (4) 1965, 1989, 2012, 2017
Supercup: (6) 1989, 1995, 1996, 2008 *(inoffiziell)*, 2013, 2014, 2019
Weltpokal: 1997
UEFA Champions League: 1997
UEFA Pokalsieger: 1966

Stadion:
Signal Iduna Park[1] (Dortmund) – eröffnet 02.04.1974
Zuschauerkapazität: 81.365[2], Spielfläche: 105 x 68 m
[1] die Signal Iduna Gruppe (Versicherungen und Finanzdienstleistungen) erwarb ab dem 01.12.2005 das Namensrecht, welches bis 2021 gilt, davor Westfalenstadion
[2] der Zuschauerrekord wurde mit 83.000 Besuchern erstmals am 30.01.2004 beim Spiel Borussia Dortmund gegen Schalke 04 aufgestellt

Web: bvb.de

Teilnahme Weltpokal/Klub-Weltmeisterschaft:

02.12.1997	Tokio	Borussia Dortmund – Cruzeiro Belo Horizonte	2:0

Borussia Mönchengladbach

[Borussia VfL 1900 Mönchengladbach –
Borussia Verein für Leibesübungen 1900 Mönchengladbach]

Sportverein aus Mönchengladbach, Deutschland

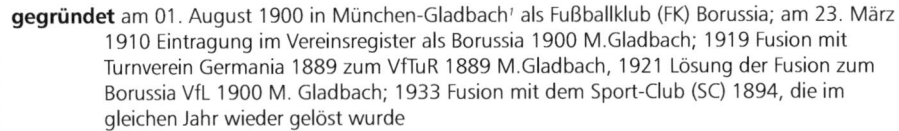

gegründet am 01. August 1900 in München-Gladbach[1] als Fußballklub (FK) Borussia; am 23. März 1910 Eintragung im Vereinsregister als Borussia 1900 M.Gladbach; 1919 Fusion mit Turnverein Germania 1889 zum VfTuR 1889 M.Gladbach, 1921 Lösung der Fusion zum Borussia VfL 1900 M. Gladbach; 1933 Fusion mit dem Sport-Club (SC) 1894, die im gleichen Jahr wieder gelöst wurde
[1] Die Stadt Mönchengladbach hieß bis 10.10.1960 München-Gladbach oder auch M. Gladbach

Erfolge:
Landesmeister: (5) 1970, 1971, 1975, 1976, 1977
Pokalsieger: (3) 1960, 1973, 1995
Supercup: 1977 *(inoffiziell)*
UEFA Pokal: 1975, 1979

Stadion:
Stadion im Borussia-Park (Mönchengladbach) – eröffnet am 30.07.2004
Zuschauerkapazität: 54.022, Spielfläche: 105 x 68 m

Web: borussia.de

Teilnahme Weltpokal/Klub-Weltmeisterschaft:

21.03.1978	Buenos Aires	Boca Juniors – Mönchengladbach	2:2
01.08.1978	Karlsruhe	Mönchengladbach – Boca Juniors	0:3

Bayern München

[FC Bayern München – <u>F</u>ußball-<u>C</u>lub Bayern München]

Sportverein aus München, Deutschland

gegründet am 27. Februar 1900 in Schwabing, München, 1906 Übertritt zum Münchner Sport-Club (gegr. 1896) als Fußballabteilung (F.A.) Bayern im Münchner SC, im Oktober 1919 Austritt aus dem Münchner SC und Fusion mit TV Jahn zum TuSpV Bayern, 1924 Trennung, nun wieder FC Bayern München

Erfolge:

Landesmeister: (30) 1932, 1969, 1972, 1973, 1974, 1980, 1981, 1985, 1986, 1987, 1989, 1990, 1994, 1997,1999, 2000, 2001, 2003, 2005, 2006, 2008, 2010, 2013, 2014, 2015, 2016, 2017, 2018, 2019, 2020
Pokalsieger: (20) 1957, 1966, 1967, 1969, 1971, 1982, 1984, 1986, 1998, 2000, 2003, 2005, 2006, 2008, 2010, 2013, 2014, 2016, 2019, 2020
Supercup: (8) 1983 *(inoffiziell)*, 1987, 1990, 2010, 2012, 2016, 2017, 2018, 2020
Weltpokal/Klub-Weltmeister: 1976, 2001, 2013, 2020
UEFA Landesmeister/Champions League: 1974, 1975, 1976, 2001, 2013, 2020
UEFA Pokalsieger: 1967
UEFA Cup: 1996
UEFA Supercup: 2013, 2020

Stadion:

Allianz Arena[1] (Schwabing-Freimann, München) – eröffnet 30.05.2005
(am 19. Mai fand ein Testspiel statt)
Zuschauerkapazität: 75.000, Spielfläche: 105 x 68 m
[1] *der Versicherungs- und Finanzdienstleistungskonzern Allianz SE erwarb für dreißig Jahre das Namensrecht*

Web: fcbayern.de

Teilnahme Weltpokal/Klub-Weltmeisterschaft:

23.11.1976	München	Bayern München – Cruzeiro Belo Horizonte	2:0
21.12.1976	Belo Horizonte	Cruzeiro Belo Horizonte – Bayern München	0:0
27.11.2001	Tokio	Bayern München – Boca Juniors	1:0 nV
17.12.2013	Agadir	Bayern München – Guangzhou Evergrande	3:0
21.12.2013	Marrakesch	Bayern München – Raja Casablanca	2:0
08.02.2021	Al-Rayyan	Bayern München – Al-Ahly Kairo	2:0
11.02.2021	Al-Rayyan	Bayern München – Tigres UANL	1:0

Hamburger SV

[aktuell]

[historisch –
SC Germania von 1897]

[HSV – Hamburger Sport-Verein]

Sportverein aus Hamburg, Deutschland

gegründet am 29. September 1887 wurde in Hamburg der SC Germania von 1887 gegründet, dieses Datum wird als Gründungsdatum des HSV verwand, da Germania der älteste der drei Stammvereine des Hamburger SV ist, der am 2. Juni 1919 vom SC Germania, Hamburger SV 1888 (bis 1914 Hamburger FC) und FC Falke 1906 gebildet wurde

Erfolge:
Landesmeister: (6) 1923, 1928, 1960, 1979, 1982, 1983
Pokalsieger: (3) 1963, 1976, 1987
UEFA Landesmeister: 1983
UEFA Pokalsieger: 1977

Stadion:
Volksparkstadion[1] (Bahrenfeld, Hamburg) – eröffnet 12.07.1953
Zuschauerkapazität: 57.439[2], Spielfläche: 105 x 68 m
[1] *seit 01.07.2015 trägt das Stadion wieder seinen ursprünglichen Namen (zuvor 2010-15 Imtech Arena, 2007-10 HSH Nordbank Arena, von 2001 bis 2007 AOL Arena, davor Volksparkstadion)*
[2] *Zuschauerrekord am 26.04.1961 mit 77.000 Besuchern beim Spiel HSV gegen FC Barcelona*

Web: hsv.de

Teilnahme Weltpokal/Klub-Weltmeisterschaft:

11.12.1983	Tokio	Gremio Porto Alegre – HSV	2:1 nV

Ekuador

[aktuell]

[historisch – Club Universitario]

LDU Quito

[LDU Quito – Liga Deportiva Universitaria de Quito]

Fußballverein aus Quito, Ekuador

gegründet am 23.10.1918 Gründung Club Universitario der Zentraluniversität von Ekuador; am 11. Januar 1930 Umwandlung in Liga Deportiva Universitaria Quito

Erfolge:
Landesmeister: (11) 1969, 1974, 1975, 1990, 1998, 1999, 2003, 2005 (A), 2007, 2010, 2018
Pokalsieger: 2019
Superpokalgewinner: 2020
Copa Libertadores: 2008
Copa Sudamericana: 2009

Stadion:
Estadio Rodrigo Paz Delgado[1] "La Casa Blanca" (Quito[2]) – eröffnet am 06. März 1997
Zuschauerkapazität: 41.575[3], Spielfläche: 105 x 68 m
[1] *benannt nach dem ehemaligen Bürgermeister Rodrigo Paz Delgado [*1933]*
[2] *Quito liegt 2.850 m hoch*
[3] *Zur Stadioneröffnung am 06.03.1997 kamen 55.000 Zuschauer und sahen die Begegnung LDU Quito gegen Atletico Mineiro*

Web: ldu.com.ec

Teilnahme Weltpokal/Klub-Weltmeisterschaft:

17.12.2008	Tokio	LDU Quito – Pachuca CF	2:0
21.12.2005	Yokohama	Manchester United – LDU Quito	1:0

England

Aston Villa

[Aston Villa FC – Aston Villa Football Club]

Fußballverein aus Witton, Birmingham, England

gegründet am 21. November 1874 in Handsworth (heute zu Birmingham)

Erfolge:
- Landesmeister: (7) 1894, 1896, 1897, 1899, 1900, 1910, 1981
- Pokalsieger: (7) 1887, 1895, 1897, 1905, 1913, 1920, 1957
- Ligapokal: (5) 1961, 1975, 1977, 1994, 1996
- Supercup: 1981 (geteilt)
- UEFA Landesmeister: 1982
- UEFA Supercup: 1982

Stadion:
Villa Park[1] (Witten, Birmingham) – eröffnet 1897
Zuschauerkapazität: 42.785[2], Spielfläche: 105 x 68 m
[1] hieß in den Anfangsjahren Aston Lower Grounds
[2] Zuschauerrekord 76.588 Besucher am 02.03.1946 beim FA-Cup-Spiel Aston Villa gegen Derby County

Web: avfc.co.uk

Teilnahme Weltpokal/Klub-Weltmeisterschaft:

| 12.12.1982 | Tokio | Penarol Montevideo – Aston Villa | 2:0 |

Chelsea London

[Chelsea FC – Chelsea Football Club]

Fußballverein aus Fulham, London, England

gegründet im 10. März 1905 in Fulham (London)

Erfolge:
- Landesmeister: (6) 1955, 2005, 2006, 2010, 2015, 2017
- Pokalsieger: (8) 1970, 1997, 2000, 2007, 2009, 2010, 2012, 2018
- Ligapokal: (5) 1965, 1998, 2005, 2007, 2015
- Supercup: (4) 1955, 2000, 2005, 2009
- UEFA Champions League: 2012
- UEFA Pokalsieger: 1971, 1998
- UEFA Europa League: 2013, 2019
- UEFA Supercup: 1998

Stadion:
Stamford Bridge[1] (Fulham, London) – eröffnet 28. April 1877 (nur Leichtathletik), Fußball ab 1905
Zuschauerkapazität: 40.834[2], Spielfläche: 103 x 67 m
[1] Der Name bezog sich auf den Fluss Stanford Creek, später wandelte sich die Schreibweise in Stamford
[2] Zuschauerrekord (inoffiziell) 100.000 Besucher am 13.11.1945 beim Spiel Chelsea gegen Dynamo Moskau; (offiziell) 82.905 am 12.10.1935 Chelsea gegen Arsenal

Web: chelseafc.com

Teilnahme Weltpokal/Klub-Weltmeisterschaft:

| 13.12.2012 | Yokohama | Chelsea – CF Monterrey | 3:1 |
| 16.12.2012 | Yokohama | Corinthians Sao Paulo – Chelsea | 1:0 |

FC Liverpool

[Liverpool FC – Liverpool Football Club]

Fußballverein aus Liverpool, Nottinghamshire, England

gegründet am 03. Juni 1892 in Liverpool; Vorläufer war die am 04.02.1892 gegründete Everton F.C. and Athletic Grounds, Ltd., die am 15.03.1892 in Liverpool F.C. and Athletic Grounds, Ltd. umbenannt wurde

Erfolge:

Landesmeister: (19) 1901, 1906, 1922, 1923, 1947, 1964, 1966, 1973, 1976, 1977, 1979, 1980, 1982, 1983, 1984, 1986, 1988, 1990, 2020
Pokalsieger: (7) 1965, 1974, 1986, 1989, 1992, 2001, 2006
Ligapokal: (8) 1981, 1982, 1983, 1984, 1995, 2001, 2003, 2012
Supercup: (15) 1964 (geteilt), 1965 (geteilt), 1966, 1974, 1976, 1977 (geteilt), 1979, 1980, 1982, 1986, 1988, 1989, 1990, 2001, 2006
FIFA-Klub-Weltmeister: 2019
UEFA Landesmeister/Champions League: 1977, 1978, 1981, 1984, 2005, 2019
UEFA-Cup: 1973, 1976, 2001
UEFA Supercup: 1977, 2001, 2005 2019

Stadion:

Anfield (Liverpool) – eröffnet 1884, erstes Fußballspiel am 28.09.1884
Zuschauerkapazität: 53.394[1], Spielfläche: 101 x 68 m
[1] *Zuschauerrekord 61.905 Besucher am 02.02.1952 beim Spiel Liverpool gegen Wolverhampton Wanderers; gegenwärtig wird das Stadion auf rund 60.000 Plätze erweitert*

Web: liverpoolfc.com

Teilnahme Weltpokal/Klub-Weltmeisterschaft:

13.12.1981	Tokio	Flamengo Rio de Janeiro – Liverpool	3:0
09.12.1984	Tokio	Independiente Avellaneda – Liverpool	1:0
15.12.2005	Yokohama	Liverpool – Saprissa	3:0
18.12.2005	Yokohama	FC Sao Paulo – Liverpool	1:0
18.12.2019	Doha	CF Monterrey – Liverpool	1:2
21.12.2019	Doha	Liverpool – Flamengo Rio de Janeiro	1:0 nV

[aktuell]

[historisch]

Manchester United

[Manchester United FC – Manchester United Football Club]

Fußballverein aus Trafford, Greater Manchester, England

gegründet 1878 in Newton Heath (Manchester) als Newton Heath LYR FC (LYR = Lancashire and Yorkshire Railway), ab 1892 Newton Heath FC, seit 24.04.1902 Manchester United FC

Erfolge:
Landesmeister: (20) 1908, 1911, 1952, 1956, 1957, 1965, 1967, 1993, 1994, 1996, 1997, 1999, 2000, 2001, 2003, 2007, 2008, 2009, 2011, 2013
Pokalsieger: (12) 1909, 1948, 1963, 1977, 1983, 1985, 1990, 1994, 1996, 1999, 2004, 2016
Ligapokal: (5) 1992, 2006, 2009, 2010, 2017
Supercup: (21) 1908, 1911, 1952, 1956, 1957, 1965 (geteilt), 1967 (geteilt), 1977 (geteilt), 1983, 1990 (geteilt), 1993, 1994, 1996, 1997, 2003, 2007, 2008, 2010, 2011, 2013, 2016
Weltpokal/Klub-WM: 1999, 2008
UEFA Landesmeister/Champions League: 1968, 1999, 2008
UEFA Europa League: 2017
UEFA Pokalsieger: 1991
UEFA Supercup: 1991

Stadion:
Old Trafford (Trafford, Greater Manchester) – eröffnet am 19. Februar 1910
Zuschauerkapazität: 74.879[1], Spielfläche: 105 x 68 m
[1] Zuschauerrekord 76.962 Besucher am 25.03.1939 beim Spiel Wolverhampton Wanderers gegen Grimsby Town

Web: manutd.com

Teilnahme Weltpokal/Klub-Weltmeisterschaft:

25.09.1968	Buenos Aires	Estudiantes La Plata – Manchester United	1:0
16.10.1968	Manchester	Manchester United – Estudiantes La Plata	1:1
30.11.1999	Tokio	Manchester United – Palmeiras Sao Paulo	1:0
18.12.2008	Yokohama	Manchester United – Gamba Osaka	5:3
21.12.2008	Yokohama	Manchester United – LDU Quito	1:0

Nottingham Forest

[Nottingham Forest FC – Nottingham Forest Football Club]

Fußballverein aus Nottingham, Nottinghamshire, England

gegründet 1865 in Nottingham als Nottingham Forest Football and Bandy Club; einige Zeit später verzichtete man auf die Zusatzbezeichnung Bandy

Erfolge:
Landesmeister: 1978
Pokalsieger: 1898, 1959
Ligapokal: 1978, 1979, 1989, 1990
Supercup: 1978
UEFA Landesmeister: 1979, 1980
UEFA Supercup: 1979

Stadion:
City Ground (West Bridgford, Nottinghamshire) – eröffnet 1898
Zuschauerkapazität: 30.446[1], Spielfläche: 105 x 71 m
[1] Zuschauerrekord 47.804 Besucher am 12.10.1957 beim Spiel Nottingham Forest gegen Manchester United

Web: nottinghamforest.co.uk

Teilnahme Weltpokal/Klub-Weltmeisterschaft:

11.02.1981	Tokio	Nacional Montevideo – Nottingham Forest	1:0

Griechenland

[aktuell]

[historisch – PPO]

Panathinaikos Athen

[Panathinaikos A.O. – Panathinaikos Athlitikos Omilos]

Sportverein aus Athen, Griechenland

gegründet am 03. Februar 1908 als Podosferikos Omilos Athinon (POA) gegründet; 07.03.1910 Umbenennung in Panellinios Podosferikos Omilos (PPO); ab 1918 Panellinios Podosferikos kai Agonistikos Omilos (PPAO); 15.03.1924 Umbenennung in Panathinaikos Athlitikos Omilos (PAO)

Erfolge:

Landesmeister: (20) 1930, 1949, 1953, 1960, 1961, 1962, 1964, 1965, 1969, 1970, 1972, 1977, 1984, 1986, 1990, 1991, 1995, 1996, 2004, 2010
Pokalsieger: (18) 1940, 1948, 1955, 1967, 1969, 1977, 1982, 1984, 1986, 1988, 1989, 1991, 1993, 1994, 1995, 2004, 2010, 2014
Supercup: (4) 1970, 1988, 1993, 1994
Balkan Cup: 1977

Stadion:

Apóstolos-Nikolaïdis-Stadion[1] (Ampelokipi, Athen) – eröffnet 1922
Zuschauerkapazität: 16.620[2], Spielfläche: 105 x 70 m
[1] benannt nach dem ehemaligen Sportler und Vereinspräsidenten Apostolos Nikolaidis [*1896 †1980]
[2] Zuschauerrekord am 18.10.1968 mit 29.665 Besuchern bei der Begegnung Panathinaikos gegen Bayern München

Web: panathinaikos1908.gr

Teilnahme Weltpokal/Klub-Weltmeisterschaft:

15.12.1971	Piräus	Panathinaikos – Nacional Montevideo	1:1
28.12.1971	Montevideo	Nacional Montevideo – Panathinaikos	2:1

Iran

[aktuell]

[historisch –
Shahin Isfahan]

Sepahan Isfahan

[Foolad Mobarekeh Sepahan SC Isfahan – Foolad Mobarekeh Sepahan Sport Club Isfahan]

Sportverein aus Isfahan, Iran

gegründet am 02. Juli 1953 als Shahin Isfahan, Schwesterverein vom Shahin FC Teheran (gegr. 1944); 1967 Lösung der Verbindung und Bildung von Sepahan Isfahan; 1993 Sponsoring durch eine Zementfabrik und Umbenennung in Siman Sepahan Isfahan und ab 2000 Foolad Mobarekeh Sepahan Isfahan (Sponsoring durch ein Stahlwerk)

Erfolge:
Landesmeister: (5) 2003, 2010, 2011, 2012, 2015
Pokalsieger: (4) 2004, 2006, 2007, 2013

Stadion:
Naghsh-e-Jahan-Stadion (Isfahan) – eröffnet am 11. Februar 2003[1]
Zuschauerkapazität: 75.000[2], Spielfläche: 105 x 68 m
[1] das Stadion wurde ab 2007 grundlegend umgebaut und 2016 fertiggestellt
[2] die Zuschauerkapazität betrug bis 2007 45.000 Plätze

Web: fooladsepahansport.com

Teilnahme Weltpokal/Klub-Weltmeisterschaft:

07.12.2007	Tokio	Sepahan Isfahan – Waitakere United	3:1
10.12.2007	Toyota	Urawa Red Diamonds – Sepahan Isfahan	3:1

Italien

[aktuell]

[historisch – Milan CFC]

AC Mailand

[AC Milan – <u>A</u>ssociazione <u>C</u>alcio Milan]

Fußballverein aus Mailand, Italien

gegründet am 13. Dezember 1899 als Milan Cricket and Football Club gegründet; 1919 Namensänderung in Milan Football Club; 1936 Milan Associazione Sportiva und 1939 Umbenennung in Associazione Calcio Milano; ab 1945 Associazione Calcio Milan

Erfolge:
Landesmeister: (18) 1901, 1906, 1907, 1951, 1955, 1957, 1959, 1962, 1968, 1979, 1988, 1992, 1993, 1994, 1996, 1999, 2004, 2011
Pokalsieger: (5) 1967, 1972, 1973, 1977, 2003
Supercup: (7) 1988, 1992, 1993, 1994, 2004, 2011, 2016
Weltpokal/Klub-Weltmeister: 1969, 1989, 1990, 2007
UEFA Landesmeister/Champions League: 1963, 1969, 1989, 1990, 1994, 2003, 2007
UEFA Pokalsieger: 1968, 1973
UEFA Supercup: 1989, 1990, 1994, 2003, 2007

Stadion:
Stadio Giuseppe Meazza[1] (Mailand) – eröffnet am 19. September 1926
Zuschauerkapazität: 75.923[2], Spielfläche: 105 x 68 m
[1] trägt seit dem 02.03.1980 den Namen des Fußballers Guiseppe Meazza [*1910 †1979]; davor Stadio San Siro
[2] Zuschauerrekord am 25.04.1956 beim Spiel Italien gegen Brasilien mit 100.000 Besuchern

Web: acmilan.com

Teilnahme Weltpokal/Klub-Weltmeisterschaft:

16.10.1963	Mailand	AC Mailand – FC Santos	4:2
14.11.1963	Rio de Janeiro	FC Santos – AC Mailand	4:2
16.11.1963	Rio de Janeiro	FC Santos – AC Mailand	1:0
08.10.1969	Mailand	AC Mailand – Estudiantes La Plata	3:0
22.10.1969	Buenos Aires	Estudiantes La Plata – AC Mailand	2:1
17.12.1989	Tokio	AC Mailand – Nacional Medellin	1:0 nV
09.12.1990	Tokio	AC Mailand – Olimpia Asuncion	3:0
11.12.1994	Tokio	Velez Sarsfield – AC Mailand	2:0
14.12.2003	Yokohama	Boca Juniors – AC Mailand	1:1 nV 3:1 iE
13.12.2007	Yokohama	AC Mailand – Urawa Red Diamonds	1:0
16.12.2007	Yokohama	AC Mailand – Boca Juniors	4:2

[aktuell]

[historisch – AS Ambrosiana-Inter]

Inter Mailand

[FC Inter Milano – <u>F</u>ootball <u>C</u>lub <u>I</u>nternazionale Milano]

Fußballverein aus Mailand, Italien

gegründet am 09. März 1908; 31.08.1928 Fusion mit US Milanese zu Società Sportiva (SS) Ambrosiana; 1929 dann Associazione Sportiva (AS) Ambrosiana; 1931 AS Ambrosiana-Inter; ab 1945 wieder FC Internazionale Milano

Erfolge:
Landesmeister: (18) 1910, 1920, 1930, 1938, 1940, 1953, 1954, 1963, 1965, 1966, 1971, 1980, 1989, 2006, 2007, 2008, 2009, 2010
Pokalsieger: (7) 1939, 1978, 1982, 2005, 2006, 2010, 2011
Supercup: (5) 1989, 2005, 2006, 2008, 2010
Weltpokal/Klub-Weltmeister: 1964, 1965, 2010
UEFA Landesmeister/Champions League: 1964, 1965, 2010
UEFA Pokal: 1991, 1994, 1998

155

Stadion:

Stadio Giuseppe Meazza[1] (Mailand) – eröffnet am 19. September 1926
Zuschauerkapazität: 75.923[2], Spielfläche: 105 x 68 m
[1] trägt seit dem 02.03.1980 den Namen des Fußballers Guiseppe Meazza [*1910 †1979]; davor Stadio San Siro
[2] Zuschauerrekord am 25.04.1956 beim Spiel Italien gegen Brasilien mit 100.000 Besuchern

Web: inter.it

Teilnahme Weltpokal/Klub-Weltmeisterschaft:

09.09.1964	Avellaneda	Independiente Buenos Aires – Inter Mailand	1:0
23.09.1964	Mailand	Inter Mailand – Independiente Buenos Aires	2:0
26.09.1964	Madrid	Inter Mailand – Independiente Buenos Aires	1:0 nV
08.09.1965	Mailand	Inter Mailand – Independiente Buenos Aires	3:0
15.09.1965	Avellaneda	Independiente Buenos Aires – Inter Mailand	0:0
15.12.2010	Abu Dhabi	Inter Mailand – Ilhwa Chunma	3:0
18.12.2010	Abu Dhabi	Inter Mailand – TP Mazembe	3:0

Juventus Turin

[Juventus FC – Juventus Football Club]

Fußballverein aus Turin, Italien

[aktuell]

[historisch]

gegründet am 01. November 1897 als Sport-Club (SC) Juventus ; 1899 Änderung in Foot-Ball Club (FC) Juventus

Erfolge:

Landesmeister*: (36) 1905, 1926, 1931, 1932, 1933, 1934, 1935, 1950, 1952, 1958, 1960, 1961, 1967; 1972, 1973, 1975, 1977, 1978, 1981, 1982, 1984, 1986, 1995, 1997, 1998, 2002, 2003, 2012, 2013, 2014, 2015, 2016, 2017, 2018, 2019, 2020
* die Meistertitel 2005 und 2006 wurden nachträglich aberkannt (Manipulationsskandal)
Pokalsieger: (13) 1938, 1942, 1959, 1960, 1965, 1979, 1983, 1990, 1995, 2015, 2016, 2017, 2018
Supercup: (9) 1995, 1997, 2002, 2003, 2012, 2013, 2015 2018, 2020
Weltpokal: 1985, 1996
UEFA Landesmeister: 1985, 1996
UEFA Pokalsieger: 1984
UEFA Pokal: 1977, 1990, 1993
UEFA Supercup: 1984, 1996

Stadion:

Allianz Stadium[1] (Turin) – eröffnet am 08. September 2011
Zuschauerkapazität: 41.507[2], Spielfläche: 105 x 68 m
[1] die Namensrechte besitzt der Sportrechte-Vermarkter Sportfive, der ab dem 1. Juli 2017 die Rechte an die Allianz SE für sechs Jahre verkauft hat
[2] den Zuschauerrekord hält die Begegnung Juventus Turin gegen AS Rom am 17.12.2016 mit 41.470 Besuchern

Web: juventus.com

Teilnahme Weltpokal/Klub-Weltmeisterschaft:

08.12.1985	Tokio	Juventus Turin – Argentinos Juniors	2:2 nV 4:2 iE
26.11.1996	Tokio	Juventus Turin – River Plate Buenos Aires	2:0

Japan

Gamba Osaka

[Gamba Ōsaka]

Fußballverein aus Suita, Osaka, Japan

gegründet 1980 als Matsushita Denki Sangyō Soccer-bu (Matsushita Soccer-Club) Nara gegründet; 1991 Umwandlung in Gamba Ōsaka

Erfolge:
Landesmeister: (2) 2005, 2014
Pokalsieger: (4) 2008, 2009, 2014, 2015
Ligapokal: (2) 2007, 2014
Supercup: (2) 2007, 2015
AFC Champions League: 2008

Stadion:
Panasonic Stadium Suita (Suita, Osaka) – eröffnet am 10. Oktober 2015 als Suita City Football Stadium; ab 01.01.2018 Panasonic Stadium; erstes Fußballspiel am 14.02.2016
Zuschauerkapazität: 39.694, Spielfläche: 105 x 68 m

Web: gamba-osaka.net

Teilnahme Weltpokal/Klub-Weltmeisterschaft:

14.12.2008	Toyota	Gamba Osaka – Adelaide United	1:0
18.12.2008	Yokohama	Manchester United – Gamba Osaka	5:3
21.12.2008	Yokohama	Gamba Osaka – Pachuca CF	1:0

Kashima Antlers

[Kashima Antlers F.C. – Kashima Antlers Football Club]

Fußballverein aus Kashima, Ibaraki, Japan

gegründet 1947 als Sumitomo Metal Industries Factory Football Club in Osaka gegründet; ab 1959 spielte man nur noch unter der Bezeichnung Sumitomo; 1975 Umzug des Vereins nach Kashima; im Juli 1979 Umbenennung in Kashima Antlers; im Oktober 1991 offizielle Gründung des Kashima Antlers F.C.

Erfolge:
Landesmeister: (8) 1996, 1998, 2000, 2001, 2007, 2008, 2009, 2016
Pokalsieger: (5) 1997, 2002, 2007, 2010, 2016
Ligapokal: (6) 1997, 2000, 2002, 2011, 2012, 2015
Supercup: (6) 1997, 1998, 1999, 2009, 2010, 2017
AFC Champions League: 2018

Stadion:
Kashima Soccer Stadium (Kashima) –
eröffnet am 04. Mai 1993
Zuschauerkapazität: 40.728, Spielfläche: 105 x 68 m

Web: so-net.ne.jp/antlers

Teilnahme Weltpokal/Klub-Weltmeisterschaft:

08.12.2016	Yokohama	Kashima Antlers – Auckland City	2:1
11.12.2016	Osaka	Mamelodi Sundowns – Kashima Antlers	0:2
14.12.2016	Osaka	Nacional Medellin – Kashima Antlers	0:3
18.12.2016	Yokohama	Real Madrid – Kashima Antlers	4:2 nV
15.12.018	Al-Ain	Kashima Antlers – CD Guadalajara	3:2
19.12.2018	Abu Dhabi	Kashima Antlers – Real Madrid	1:3
22.12.2018	Abu Dhabi	Kashima Antlers – CA River Plate	0:4

Sanfrecce Hiroshima

[Sanfrecce Hiroshima F. C. – Sanfrecce Hiroshima Football Club]

Fußballverein aus Asaminami-ku, Hiroshima, Japan

gegründet 1938 als Toyo Kogyo Syukyu Club gegründet; ab 1971 Toyo Kogyo Soccer Club; 1981 Mazda Sports Club Toyo Kogyo Soccer Club; 1984 Mazda Sports Club Soccer Club; 1986 Mazda Soccer Club; 1992 Sanfrecce Hiroshima F. C.

Erfolge:
Landesmeister: (8) 1965, 1966, 1967, 1968, 1970, 2012, 2013, 2015
Pokalsieger: (3) 1965, 1967, 1969
Supercup: (5) 1967, 2008, 2013, 2014, 2016

Stadion:
Edion Stadium[1] – Edion Sutajiamu Hiroshima (Hiroshima) – eröffnet 1992
Zuschauerkapazität: 36.894[2], Spielfläche: 107 x 73 m
[1] das Hiroshima Park Main Stadium trägt seit 2013 die Sponsorbezeichnung Edion (Elektronik-Einzelhandelskette)
[2] am 08.11.1992 besuchten 60.000 Zuschauer das Finalspiel der Asien-Meisterschaft Japan gegen Saudi-Arabien

Web: sanfrecce.co.jp

Teilnahme Weltpokal/Klub-Weltmeisterschaft:

06.12.2012	Yokohama	Sanfrecce Hiroshima – Auckland City	1:0
09.12.2012	Toyota	Al-Ahly Kairo – Sanfrecce Hiroshima	2:1
12.12.2012	Toyota	Sanfrecce Hiroshima – Ulsan Hyundai	3:2
10.12.2015	Yokohama	Sanfrecce Hiroshima – Auckland City	2:0
13.12.2015	Osaka	TP Mazembe – Sanfrecce Hiroshima	0:3
16.12.2015	Osaka	River Plate – Sanfrecce Hiroshima	1:0
20.12.2015	Yokohama	Sanfrecce Hiroshima – Guangzhou	2:1

Kashiwa Reysol

[Hitachi Kashiwa Reysol]

Fußballverein aus Kashiwa, Shiba, Japan

gegründet 1940 als Hitachi Soccer-Club Kodaira gegründet (seit 1935 spielte das Hitachi-Fußballteam am Kanto Fußballturnier mit und wurde 1938 bei der siebten Auflage Sieger); 1986 Verlegung nach Kashiwa als Hitachi Football Club; am 01.04.1992 Umwandlung in Hitachi Kashiwa Reysol

Erfolge:
Landesmeister: (2) 1972, 2011
Pokalsieger: (3) 1972, 1975, 2012
Ligapokal: (3) 1976, 1999, 2013
Supercup: 2012

Stadion:
Hitachi Kashiwa Soccer Stadium – Hitachi Kashiwa Soccer-jō[1] (Hitachidai, Kashiwa) – eröffnet 1985
Zuschauerkapazität: 15.349, Spielfläche: 105 x 68 m
[1] der japanische Konzern Hitachi ist Eigentümer des Stadions

Web: reysol.co.jp

Teilnahme Weltpokal/Klub-Weltmeisterschaft:

08.12.2011	Toyota	Kashiwa Reysol – Auckland City	2:0
11.12.2011	Toyota	Kashiwa Reysol – CF Monterrey	1:1 nV 4:3 iE
14.12.2008	Toyota	FC Santos – Kashiwa Reysol	3:1
15.12.2008	Yokohama	Al-Sadd Doha – Kashiwa Reysol	0:0 nV 5:3 iE

Urawa Red Diamonds

[Urawa Red Diamonds]

Fußballverein aus Urawe, Saitama, Japan

gegründet 1950 als Naka-Nihon Jūkōgyō Sakkā-bu; 1952 Umwandlung in Shin-Mitsubishi Jūkōgyō Kōbe Sakkā-bu; 1958 Umzug nach Tokio; 1964 Umbenennung in Mitsubishi Jūkōgyō Sakkā-bu (Mitsubishi FC); 1990 Änderung in Mitsubishi Jidōsha Kōgyō Sakkā-bu (Mitsubishi Motors FC); 1992 Umwandlung in Urawa Red Diamonds

Erfolge:
- Landesmeister: (5) 1969, 1973, 1978, 1982, 2006
- Pokalsieger: (7) 1971, 1973, 1978, 1980, 2005, 2006, 2018
- Ligapokal: (4) 1978, 1981, 2003, 2016
- Supercup: (4) 1979, 1980, 1983, 2006
- AFC Champions League: 2007, 2017

Stadion:
Saitama Stadium 2002 – Saitama Sutajiamu Niimarumarunii (Saitama) – eröffnet am 06. Oktober 2001
Zuschauerkapazität: 63.718[1], Spielfläche: 105 x 68 m
[1] höchster Zuschauerzuspruch am 26.06.2002 zum WM-Spiel Brasilien – Türkei mit 61.058 Besuchern

Web: urawa-reds.co.jp

Teilnahme Weltpokal/Klub-Weltmeisterschaft:

10.12.2007	Toyota	Urawa Red Diamonds – Sepahan Isfahan	3:1
13.12.2007	Yokohama	AC Mailand – Urawa Red Diamonds	1:0
16.12.2007	Yokohama	Urawa Red Diamonds – Sahel Soussa	2:2 nV 4:2 iE
09.12.2017	Abu Dhabi	Al Jazira Club – Urawa Red Diamonds	1:0
12.12.2017	Al Ain	Wydad Casablanca – Urawa Red Diamonds	2:3

[aktuell]

[historisch – Mitsubishi FC]

Jugoslawien[1]

[1] heute Serbien

[aktuell]

[historisch]

Roter Stern Belgrad

[SD Crvena Zvezda Beograd – **S**portsko **D**ruštvo Crvena Zvezda Beograd]

Sportverein aus Belgrad, Serbien

gegründet am 04. März 1945, die Fußballabteilung tritt als Fudbalski Klub (FK) Crvena Zvezda (dt. Roter Stern) auf

Erfolge:

Landesmeister: (30) 1951*[1], 1953, 1956, 1957, 1959, 1960, 1964, 1968, 1969, 1970, 1973, 1977, 1980, 1981, 1984, 1988, 1990, 1991, 1992*[1], 1995*[2], 2000, 2001, 2004, 2006*[2], 2007*[3], 2014, 2016, 2018, 2019, 2020
*[1] 1951 bis 1992 Meister Jugoslawiens; *[2] 1995 bis 2006 Meister Serbien/Montenegros; *[3] ab 2007 Meister Serbiens
Pokalsieger: (24) 1948*[1], 1949, 1950, 1958, 1959, 1964, 1968, 1970, 1971, 1982, 1985, 1990*[1], 1993*[2], 1995, 1996, 1997, 1999, 2000, 2002, 2004, 2006*[2], 2007*[3], 2010, 2012
*[1] 1948 bis 1990 Pokalsieger Jugoslawiens; *[2] 1993 bis 2006 Pokalsieger Serbien/Montenegros; *[3] ab 2007 Pokalsieger Serbiens
Ligapokal Jugoslawien: (1) 1973
Supercupgewinner Jugoslawien: (2) 1969, 1971
Weltpokal: 1991
UEFA Landesmeister: 1991
MITROPA-Pokal: 1958, 1968

Stadion:

Stadion Rajko Mitić[1] (Belgrad) – eröffnet am 01. September 1963
Zuschauerkapazität: 55.538[2], Spielfläche: 110 x 73 m
[1] das Stadion Crvena Zvezda wurde im Dezember 2014 nach dem Fußballer Rajko Mitić [*1922 †2008] benannt; wegen seiner Größe erhilt es den Beinamen Marakana (in Anlehnung an das Maracanã-Stadion in Rio de Janeiro)
[2] der Zuschauerrekord wurde am 23.04.1975 mit offiziell 96.070 Besuchern (inoffiziell 110.000) beim Spiel Roter Stern gegen Ferencvaros Budapest aufgestellt

Web: crvenazvezdafk.com

Teilnahme Weltpokal/Klub-Weltmeisterschaft:

08.12.1991	Tokio	Roter Stern Belgrad – Colo-Colo Santiago	3:0

Katar

[aktuell]

[historisch]

Al-Sadd Doha

[Al-Sadd SC – Al-Sadd Sports Club]

Sportverein aus Doha, Katar

gegründet am 21. Oktober 1969

Erfolge:
Landesmeister: (14) 1972, 1974, 1978, 1980, 1981, 1987, 1988, 1989, 2000, 2004, 2006, 2007, 2013, 2019
Pokalsieger: (17) 1975, 1978, 1982, 1985, 1986, 1988, 1991, 1994, 2000, 2001, 2003, 2005, 2007, 2014, 2015, 2017, 2020
Supercupgewinner: (15) 1977, 1978, 1979, 1981, 1985, 1986, 1988, 1990, 1997, 1999, 2001, 2006, 2014, 2017, 2019
AFC Champions League: 1989, 2011
Arabische Champions League: 2001
Golfregion Champions League: 1991

Stadion:
Jassim-Bin-Hamad-Stadium[1] (Al-Rayyan, Doha) – eröffnet 1975
Zuschauerkapazität: 12.946[2], Spielfläche: 105 x 68 m
[1] das Stadion wurde nach Scheich Jassim bin Hamad bin Khalifa Al Thani [*1978], dem dritten Sohn des ehemaligen Emirs von Katar, benannt
[2] der Zuschauerrekord datiert vom 22.12.2014 als der Supercup Italiens zwischen Juventus Turin und SSC Neapel ausgetragen wurde und 14.000 Besucher ins Stadion kamen

Web: al-saddclub.com

Teilnahme Weltpokal/Klub-Weltmeisterschaft:

11.12.2011	Toyota	Al-Sadd – Esperance Tunis	2:1
15.12.2011	Yokohama	FC Barcelona – Al-Sadd	4:0
18.12.2011	Yokohama	Al-Sadd – Kashiwa Reysol	0:0 nV 5:3 iE
11.12.2019	Doha	Al-Sadd – Hienghene Sport	4:1 nV
14.12.2019	Doha	CF Monterrey – Al-Sadd	3:2
17.12.2019	Doha	Al-Sadd – Esperance Tunis	2:6

Al-Duhail SC

[Al-Duhail SC – Al-Duhail Sports Club]

Sportverein aus Duhail, Katar

gegründet 1938 als Al-Shorta Doha; 2009 Umbenennung in Lekhwiya SC; 2017 Fusion mit Al-Jaish SC zum Al-Duhail SC

Erfolge:
Landesmeister: (7) 2011, 2012, 2014, 2015, 2017, 2018, 2020
Pokalsieger: (3) 2016, 2018, 2019
Supercupgewinner: (2) 2015, 2016

Stadion:
Abdullah-Bin-Khalifa-Stadium[1] (Duhail, Doha) – eröffnet 15.02.2013
Zuschauerkapazität: 9.000, Spielfläche: 105 x 68 m
[1] das Stadion wurde nach Scheich Abdullah bin Khalifa Al Thani [*1959], dem ältesten Sohn des ehemaligen Emirs von Katar, benannt; er u. a. Innenminister und Ministerpräsident von Katar

Web: duhailsc.qa

Teilnahme Weltpokal/Klub-Weltmeisterschaft:

04.02.2021	Al-Rayyan	Al-Ahly Kairo – Al-Duhail SC	1:0
07.02.2021	Al-Rayyan	Al-Duhail SC – Ulsan Hyundai	3:1

[aktuell]

[historisch – Lekhwiya SC]

Kolumbien

[aktuell]

[historisch – Atletico Municipal]

Atlético Nacional Medellín

[CA Nacional S.A. – **C**lub **A**tlético Nacional **S**ociedad **A**nónima]

Sportverein aus Medellín (Kolumbien)

gegründet 07. März 1947 als Club Atlético Municipal de Medellín, August 1950 Umbenennung in Club Atlético Nacional, 1996 Umwandlung in Club Atlético Nacional S.A.

Erfolge:
Landesmeister: (16) 1954, 1973, 1976, 1981, 1991, 1994, 1999, 2005 (A), 2007 (A), 2007 (F), 2011 (A), 2013 (A), 2013 (F), 2014 (A), 2015 (F), 2017 (A)
Pokalsieger: (4) 2012, 2013, 2016, 2018
Superliga: (2) 2012, 2016
Copa Libertadores: 1989, 2016
Copa Interamericana: 1990, 1995

Stadion:
Estadio Atanasio Girardot[1] (Medellín) – eröffnet am 19. März 1953
Zuschauerkapazität: 40.043[2], Spielfläche: 110 x 73,5 m
[1] benannt nach dem kolumbianischen Freiheitskämpfer Atanasio Girardot [*1791 †1813]
[2] ursprüngliche Kapazität betrug 52.872 Plätze

Web: atlnacional.com.co

Teilnahme Weltpokal/Klub-Weltmeisterschaft:

17.12.1989	Tokio	AC Mailand – Nacional Medellin	1:0 nV
13.12.2016	Osaka	Nacional Medellin – Kashima Antlers	0:3
18.12.2016	Yokohama	Club America – Nacional Medellin	2:2 nV 3:4 iE

[aktuell]

[historisch – Deportes Caldas]

Once Caldas

[CD Once Caldas S.A. – **C**orporación **D**eportiva Once Caldas **S**ociedad **A**nónima]

Sportverein aus Manizales (Caldas, Kolumbien)

gegründet 15.01.1961 als Corporación Deportiva Once Caldas durch Fusion von Deportes Caldas (gegr. 16.04.1947) und Once Deportivo (gegr. 1948), 1972 Umbenennung in Cristal Caldas, 1979 Varta Caldas, 1983 Rückbenennung in Cristal Caldas, 1991 Philips Once, 1994 Once Caldas, 2012 Überführung in eine Aktiengesellschaft (S.A.)

Erfolge:
Landesmeister: (4) 1950 (Deportes Caldas), 2003 (A), 2009 (A), 2010 (F)
Copa Libertadores: 2004

Stadion:
Estadio Palogrande[1] (Manizales[2]) – eröffnet am 30. Juli 1994
Zuschauerkapazität: 28.678, Spielfläche: 110 x 70 m
[1] der Name geht auf einen Baum zurück, der in den 1930er Jahren hier stand
[2] Manizales liegt 2.160 m hoch

Web: oncecaldas.com.co

Teilnahme Weltpokal/Klub-Weltmeisterschaft:

12.12.2004	Tokio	FC Porto – Once Caldas	0:0 nV 8:7 iE

Kongo, DR

[aktuell]

[historisch]

TP Mazembe

[TP Mazembe Englebert Lubumbashi – Tout Puissant Mazembe Englebert Lubumbashi]

Sportverein aus Lubumbashi (DR Kongo)

gegründet 1939 als Saint Georges FC in Élisabethville, 1944 Umbenennung in Saint Paul FC, ca. 1950 Umbenennung in FC Englebert* Élisabethville (seit dieser Zeit wird auch der Spitzname Mazembe *(= die Krähen)* geführt, der offiziellen Eingang in den Vereinsnamen fand, 1966 Namenszusatz Tout Puissant *(= allmächtig)*, 1996 Umbenennung von Élisabethville in Lubumbashi

* Englebert war ein belgischer Autoreifenproduzent (u. a. für Ferrari 1955 bis 1958 in der Formel 1) und obwohl das Unternehmen nicht mehr existiert und die Marke aufgegeben wurde wird der Begriff auch weiterhin im Vereinsnamen und -logo geführt

Erfolge:
Landesmeister: (17) 1966, 1967, 1969, 1976, 1987, 2000, 2001, 2006, 2007, 2009, 2011, 2012, 2013, 2014, 2016, 2017, 2019
Pokalsieger: (5) 1966, 1967, 1976, 1979, 2000
Supercup: (3) 2013, 2014, 2016
CAF Landesmeister/Champions League: 1967, 1968, 2009, 2010, 2015
CAF Pokalsieger: 1980
CAF Conferation Cup: 2016, 2017
CAF Supercup: 2010, 2011, 2016

Stadion:
Stade TP Mazembe (Lubumbashi) – eröffnet am 12. Juli 2012
Zuschauerkapazität: 18.500, Spielfläche: 105 x 68 m[1]
[1] *Kunstrasen*

Web: tpmazembe.com

Teilnahme Weltpokal/Klub-Weltmeisterschaft:

11.12.2009	Abu Dhabi	Pohang Steelers – TP Mazembe	2:1
16.12.2009	Abu Dhabi	Auckland City – TP Mazembe	3:2
10.12.2010	Abu Dhabi	TP Mazembe – Pachuca CF	1:0
14.12.2010	Abu Dhabi	TP Mazembe – Internacionale Porte Alegre	2:0
18.12.2010	Abu Dhabi	Inter Mailand – TP Mazembe	3:0
13.12.2015	Osaka	TP Mazembe – Sanfrecce Hiroshima	0:3
16.12.2015	Osaka	Club America – TP Mazembe	2:1

Marokko

Raja Casablanca

[RCA Casablanca – Raja Club Athletic de Casablanca]

Sportverein aus Casablanca, Marokko

gegründet am 20. März 1949

[aktuell]

[historisch]

Erfolge:
- Landesmeister: (12) 1988, 1996, 1997, 1998, 1999, 2000, 2001, 2004, 2009, 2011, 2013, 2020
- Pokalsieger: (8) 1974, 1977, 1982, 1996, 2002, 2005, 2012, 2017
- CAF Champions League: 1989, 1997, 1999
- CAF Confederation Cup: 2018
- CAF Cup: 2003
- CAF Supercup: 2000, 2019
- Arabische Champions League: 2006

Stadion:

Stade Mohammed V[1] (Casablanca) – eröffnet am 06. März 1955
Zuschauerkapazität: 67.000[2], Spielfläche: 105 x 68 m
[1] seit 1981 benannt nach dem ersten König des unabhängigen Marokkos Mohammed V. [*1909 †1961]; davor 1955 Stade Marcel Cedan und 1956 bis 1980 Stade D'honneur
[2] erstmals kamen 1997 rund 110.000 Zuschauer zum Casablanca-Derby Raja gegen Wydad ins Stadion

Web: rajaclubathletic.ma

Teilnahme Weltpokal/Klub-Weltmeisterschaft:

11.12.2013	Agadir	Raja Casablanca – Auckland City	2:1
14.12.2013	Agadir	Raja Casablanca – CF Monterrey	2:1 nV
18.12.2013	Marrakesch	Raja Casablanca – Atletico Mineiro	3:1
21.12.2013	Marrakesch	Bayern München – Raja Casablanca	2:0

Maghreb Tétouan

[MAT – Maghreb Athletic de Tétouan]

Sportverein aus Tétouan, Marokko

gegründet am 12. März 1922 als Athletic Club Tetuán *(ein Verein gleichen Namens existierte kurzzeitig im Jahr 1918 nach Fusion der 1917 gegründeten Vereine Sporting Tetuán, el-Hispano-Marroqui sowie el-Radio)*; 1939 Umbenennung in Club Atlético Tetuán; 1956 Aufspaltung in Moghreb Atlético Tetuán und Club Atlético Ceuta *(gehört zu Spanien)*; 1996 Umbenennung in Maghreb Athletic de Tétouan

[aktuell]

[historisch – Club Atletico Tetuan]

Erfolge:
- Landesmeister: (2) 2012, 2014

Stadion:

Estadio Saniat Rmel[1] (Tétouan) – eröffnet 1913
Zuschauerkapazität: 15.000, Spielfläche: 105 x 68[2] m
[1] hieß bis 1956 Estadio de Varela, benannt nach dem Bauingenieur des Stadions Marquez de Varela, danach Umbenennung in Estadio Saniat Rmel
[2] Kunstrasen

Web: matfoot.com

Teilnahme Weltpokal/Klub-Weltmeisterschaft:

10.12.2014	Rabat	Maghreb Tetouan – Auckland City	0:0 nV 3:4 iE

Wydad Casablanca

[Wydad AC Casablanca – Wydad Athletic Club Casablanca]

Sportverein aus Casablanca, Marokko

gegründet am 08. Mai 1937

Erfolge:
- Landesmeister: (20) 1948, 1949, 1950, 1951, 1955, 1957, 1966, 1969, 1976, 1977, 1978, 1986, 1990, 1991, 1993, 2006, 2010, 2015, 2017, 2019
- Pokalsieger: (9) 1970, 1978, 1979, 1981, 1989, 1994, 1997, 1998, 2001
- CAF Champions League: 1992, 2017, 2019
- CAF Pokalsieger Cup: 2002
- CAF Supercup: 2018
- Arabische Champions League: 1989
- Arabischer Supercup: 1992

Stadion:
Stade Mohammed V[1] (Casablanca) – eröffnet am 06. März 1955
Zuschauerkapazität: 67.000[2], Spielfläche: 105 x 68 m
[1] *seit 1981 benannt nach dem ersten König des unabhängigen Marokkos Mohammed V. [*1909 †1961]; davor 1955 Stade Marcel Cedan und 1956 bis 1980 Stade D'honneur*
[2] *erstmals kamen 1997 rund 110.000 Zuschauer zum Casablanca-Derby Raja gegen Wydad ins Stadion*

Web: wac.ma

Teilnahme Weltpokal/Klub-Weltmeisterschaft:

09.12.2017	Abu Dhabi	CF Pachuca – Wydad Casablanca	1:0 nV
12.12.2017	Al Ain	Wydad Casablanca – Urawa Red Diamonds	2:3

[aktuell]

[historisch]

Mexiko

Atlante Cancún

[CF Atlante – Club de Fútbol Atlante]

Fußballverein aus Cancun, Mexiko

gegründet am 8. Dezember 1916 als Club Sinaloa in Mexiko-Stadt; 1919 Umbenennung in Lusitania und 1920 in U-53 *(zu Ehren eines deutschen U-Bootes)* und letztendlich 1921 in Atlante geändert; 1989/90 Umzug nach Santiago de Querétaro, 2002 bis 2004 nach Nezahualcóyotl; ab August 2007 in Cancún *(dazwischen spielte der Verein immer wieder in Mexiko-Stadt)*

Erfolge:
Landesmeister: (5) 1932, 1941, 1947, 1993, 2007 (A)
Pokalsieger: (3) 1942, 1951, 1952
Supercup: (2) 1942, 1952
CONCACAF Landesmeister/Champions League: 1983, 2009

Stadion:
Estadio Olímpico Andrés Quintana Roo[1] (Cancún) – eröffnet am 11. August 2007
Zuschauerkapazität: 17.289, Spielfläche: 105 x 68 m
[1] benannt nach dem Politiker Andrés Quintana Roo [*1787 †1851]

Web: atlantecf.mx

Teilnahme Weltpokal/Klub-Weltmeisterschaft:

12.12.2009	Abu Dhabi	CF Atlante – Auckland City	3:0
16.12.2009	Abu Dhabi	FC Barcelona – CF Atlante	3:1
19.12.2009	Abu Dhabi	Pohang Steelers – CF Atlante	1:1 nV 4:3 iE

Club América

[CF América – Club de Fútbol América]

Fußballverein aus Mexico-Stadt, Mexiko

gegründet am 12. Oktober 1916 durch Fusion der 1916 gegründeten Vereine Récord und Colón; 1918 Umbenennung in Centro Unión; 1920 Rückbenennung in Club América

Erfolge:
Landesmeister: (17) 1925, 1926, 1927, 1928, 1966, 1971, 1976, 1984, 1985, 1985 (Prode)*, 1988, 1989, 2002 (V), 2005 (C), 2013 (C), 2014 (A), 2018 (A)
* in der Saison 1985/86 wurden wegen der bevorstehenden Weltmeisterschaft zwei selbständige Wettbewerbe zur Austragung gebracht „Prode" 1985 und „México" 1986
Pokalsieger: (7) 1938, 1954, 1955, 1964, 1965, 1974, 2019 (C)
Supercup: (6) 1955, 1976, 1988, 1989, 2005, 2019
CONCACAF Landesmeister/Champions League: 1977, 1987, 1990, 1992, 2006, 2015, 2016

Stadion:
Estadio Azteca (Santa Ursula, Mexiko-Stadt) – eröffnet 29. Mai 1966
Zuschauerkapazität: 87.523[1], Spielfläche: 105 x 68 m
[1] die Rekordzuschauerzahl von 119.853 Besuchern wurde am 07.07.1968 beim Spiel Mexiko gegen Brasilien am erzielt

Web: clubamerica.com.mx

Teilnahme Weltpokal/Klub-Weltmeisterschaft:

10.12.2006	Tokio	Club America – Jeonbuk Hyundai Motors	1:0
14.12.2006	Yokohama	FC Barcelona – Club America	4:0
17.12.2006	Yokohama	Al-Ahly Kairo – Club America	2:1
13.12.2015	Osaka	Club America – Guangzhou	1:2
16.12.2015	Osaka	Club America – TP Mazembe	2:1
11.12.2017	Osaka	Jeonbuk Hyunday Motors – Club America	1:2
15.12.2017	Yokohama	Club America – Real Madrid	0:2

Cruz Azul FC

[Cruz Azul FC, A.C. – Cruz Azul Futbol Club, Asociación Civil]

Fußballverein aus Mexiko-Stadt, Mexiko

gegründet am 22. Mai 1927 als Club Deportivo (CD) Cruz Azul in Jasso, Hidalgo; später dann Club Deportivo Social y Cultural Cruz Azul A.C.; im April 2012 Umbenennung in Cruz Azul Futbol Club, A.C.

Erfolge:
Landesmeister: (8) 1969, 1970*, 1972, 1973, 1974, 1979, 1980, 1997 (I)
*im Jahr der Weltmeisterschaft wurde 1970 eine spezielle Meisterschaft ausgetragen; der Wettbewerb fand vor der WM (Februar bis Mai) und danach (Juli bis Oktober) statt.
Pokalsieger: (4) 1969, 1997, 2013 (C), 2018 (A)
Supercup: (3) 1969, 1974, 2019
CONCACAF Landesmeister/Champions League: 1969, 1970, 1971, 1996, 1997, 2014

Stadion:
Estadio Azteca (Santa Ursula, Mexiko-Stadt) – eröffnet 29. Mai 1966
Zuschauerkapazität: 87.523[1], Spielfläche: 105 x 68 m
[1] die Rekordzuschauerzahl von 119.853 Besuchern wurde am 07.07.1968 beim Spiel Mexiko gegen Brasilien am erzielt

Web: cruzazulfc.com.mx

Teilnahme Weltpokal/Klub-Weltmeisterschaft:

13.12.2014	Rabat	Cruz Azul – Western Sydney Wanderers	3:1 nV
16.12.2014	Marrakesch	Cruz Azul – Real Madrid	0:4
20.12.2014	Marrakesch	Cruz Azul – Auckland City	1:1 nV 2:4 iE

CF Monterrey

[CF Monterrey – Club de Fútbol Monterrey]

Fußballverein aus Monterrey, Mexiko

gegründet am 28. Juni 1945

Erfolge:
Landesmeister: (5) 1986* (Mexico), 2003 (C), 2009 (A), 2010 (A), 2019 (A)
* in der Saison 1985/86 wurden wegen der bevorstehenden Weltmeisterschaft zwei selbständige Wettbewerbe zur Austragung gebracht „Prode" 1985 und „México" 1986
Pokalsieger: (3) 1992 2017 (A), 2020
CONCACAF Champions League: 2011, 2012, 2013, 2019
CONCACAF Pokalsieger: 1993

Stadion:
Estadio BBVA Bancomer[1] (Guadelupe, Monterrey) – eröffnet am 02. August 2015
Zuschauerkapazität: 53.500, Spielfläche: 105 x 68 m
[1] die Namensrechte hält der Finanzdienstleister Banco Bilbao Vizcaya Argentaria (BBVA) Bancomer

Web: rayados.com

Teilnahme Weltpokal/Klub-Weltmeisterschaft:

11.12.2011	Toyota	Kashiwa Reysol – CF Monterrey	1:1 nV 4:3 iE
14.12.2011	Toyota	CF Monterrey – Esperance Tunis	3:2
14.12.2019	Doha	CF Monterrey – Al-Sadd Doha	3:2
18.12.2019	Doha	CF Monterrey – FC Liverpool	1:2
21.12.2019	Doha	CF Monterrey – Al-Hilal Riad	2:2 nV 4:3 iE

Club Necaxa

[Necaxa FC – Necaxa Fútbol Club, Asociación Civil]

Fußballverein aus Aguascalientes, Mexiko

gegründet am 21. August 1923 als Necaxa* Fútbol Club in Mexiko-Stadt durch Fusion der Betriebsmannschaften Luz y Fuerza und Tranvias; 1971 Umbenennung in Atlético Español FC Mexico und 1982 Rückbenennung in Necaxa FC; 2003 Umzug aus Mexiko-Stadt nach Aguascalientes
  * Necaxa ist der Name von einem Fluß

Erfolge:
  Landesmeister: (7) 1933, 1935, 1937, 1938, 1995, 1996, 1998 (I)
  Pokalsieger: (8) 1925, 1926, 1933, 1936, 1960, 1966, 1995, 2018 (C)
  Supercup: (2) 1966, 1995
  CONCACAF Landesmeister/Champions League: 1975, 1999
  CONCACAF Pokalsieger Cup: 1994

Stadion:
  Estadio Victoria[1] (Aguascalientes) – eröffnet 26. Juli 2003
  Zuschauerkapazität: 23.851, Spielfläche: 105 x 68 m
  [1] der Braukonzern Grupo Modelo besitzt für 25 Jahre die Namensrechte und gab dem Stadion den Namen Victoria (älteste noch existierende Biermarke Mexikos)

Web: clubnecaxa.mx

Teilnahme Weltpokal/Klub-Weltmeisterschaft:

06.01.2000	Rio de Janeiro	Manchester United – Club Necaxa	1:1
08.01.2000	Rio de Janeiro	Club Necaxa – South Melbourne	3:1
11.01.2000	Rio de Janeiro	Club Necaxa – Vasco da Gama	1:2
14.01.2000	Rio de Janeiro	Club Necaxa – Real Madrid	1:1 nV 4:3 iE

CF Pachuca

[CF Pachuca– Club de Fútbol Pachuca]

Fußballverein aus Pachuca, Mexiko

gegründet am 28. November 1895 als Pachuca Athletic Club durch Fusion der Vereine The Pachuca Cricket Club, The Valasen Cricket Club und Pachuca Football Club (am 01.11.1892 erstes Spiel); 1921 zerfiel der Klub und löste sich auf; 1950 Wiedergründung als Club de Futbol Pachuca

Erfolge:
  Landesmeister: (9) 1905, 1918, 1920, 1999 (I), 2001 (I), 2003 (A), 2006 (C), 2007 (C), 2016 (C)
  Pokalsieger: (2) 1908, 1912
  CONCACAF Landesmeister/Champions League: 2002, 2007, 2008, 2010, 2017
  Copa Sudamericana: 2006

Stadion:
  Estadio Miguel Hidalgo[1] (Pachuca) – eröffnet 14. Februar 1993
  Zuschauerkapazität: 27.512, Spielfläche: 105 x 68 m
  [1] benannt nach dem mexikanischen Revolutionär Miguel Gregorio Antonio Ignacio Hidalgo y Costilla y Gallaga Mondarte Villaseñor [*1753 †1811]

Web: tuzos.com.mx

Teilnahme Weltpokal/Klub-Weltmeisterschaft:

09.12.2007	Tokio	Sahel Sousse – Pachuca CF	1:0
13.12.2008	Tokio	Pachuca CF – Al-Ahly Kairo	4:2 nV
17.12.2008	Tokio	LDU Quito – Pachuca CF	2:0
21.12.2008	Yokohama	Gamba Osaka – Pachuca CF	1:0
10.12.2010	Abu Dhabi	TP Mazembe – Pachuca CF	1:0
15.12.2010	Abu Dhabi	Pachuca CF – Al-Wahda Abu Dhabi	2:2 nV 4:2 iE
09.12.2017	Abu Dhabi	Pachuca CF – Wydad Casablanca	1:0 nV
12.12.2017	Al Ain	Gremio Porto Alegre – Pachuca CF	1:0 nV
16.12.2017	Abu Dhabi	Al Jazira Club – Pachuca CF	1:4

CD Guadalajara

[CD Guadalajara – Club Deportivo Guadalajara]

Fußballverein aus Guadalajara, Mexiko

gegründet am 8. Mai 1906 als Unión Fútbol Club in Guadalajara; am 26. Februar 1908 Umbenennung in Guadalajara Football Club; 1920 Umbenennung in Club Deportivo Guadalajara ACJM (Asociación Católica de la Juventud Mexicana); ab 1921 wurde auf den Zusatz ACJM verzichtet

Erfolge:
Landesmeister: (12) 1957, 1959, 1960, 1961, 1962, 1964, 1965, 1970, 1987, 1997 (V), 2006 (A), 2017 (C)
Pokalsieger: (4) 1963, 1970, 2015 (A), 2017 (C)
Supercup: 2016
CONCACAF Landesmeister/Champions League: 1962, 2018

Stadion:
Estadio Akron (Zapopan, Guadalajara) – eröffnet 29. Juli 2010
Zuschauerkapazität: 46.232[1], Spielfläche: 105 x 68 m
[1] der Zuschauerrekord wurde zum Eröffnungsspiel am 30.07.2010 zwischen CD Guadalajara und Manchester United mit 49.850 Besuchern aufgestellt

Web: chivasdecorazon.com.mx

Teilnahme Weltpokal/Klub-Weltmeisterschaft:

15.12.2018	Al-Ain	Kashima Antlers – CD Guadalajara	3:2
18.12.2018	Al-Ain	Esperance Tunis – CD Guadalajara	1:1 6:5 iE

[aktuell]

[historisch – Guadalajara FC]

Tigres UANL

[CF Tigres UANL – Club Fútbol Tigres Universidad Autónoma Nuevo León]

Fußballverein aus San Nicolás de los Garza, Nuevo León, Mexiko

gegründet am 7. März 1960 durch die Übernahme des CF Nuevo Leon (1957 gegründet) durch die UANL als Tigres UANL; am 21. September 1962 wurde die Lizenz wieder an den CF Nuevo Leon zurückgegeben; 1967 Neugründung der Tigres UANL

Erfolge:
Landesmeister: (7) 1978, 1982, 2011 (A), 2015 (A), 2016 (A), 2017 (A), 2019 (C)
Pokalsieger: (3) 1976, 1996, 2014 (C)
CONCACAF Landesmeister/Champions League: 2020

Stadion:
Estadio Universitario (San Nicolás de los Garza, Nuevo León) – eröffnet 30. Mai 1967
Zuschauerkapazität: 41.615[1], Spielfläche: 105 x 68 m
[1] der Zuschauerrekord im Fußball wurde am 21.06.1986 während der WM zum Spiel Deutschland gegen Mexiko mit 41.700 Besuchern aufgestellt

Web: tigres.com.mx

Teilnahme Weltpokal/Klub-Weltmeisterschaft:

04.02.2021	Al-Rayyan	Tigres UANL – Ulsan Hyundai	2:1
07.02.2021	Al-Rayyan	Tigres UANL – Palmeiras Sao Paulo	1:0
11.02.2021	Al-Rayyan	Bayern München – Tigres UANL	1:0

[aktuell]

[historisch – CF Nuevo Leon]

Neukaledonien

[aktuell]

Hienghène Sport

Fußballverein aus Hienghene, Neukaledonien

gegründet 1997

Erfolge:
　　　　Landesmeister: (2) 2017, 2019
　　　　Pokalsieger: (4) 2013, 2015, 2019, 2020
　　　　OFC Landesmeister/Champions League: 2019

Stadion:
　　　　Stade de Hienghene (Hienghene)
　　　　Zuschauerkapazität: 1.800, Spielfläche: 90 x 45 m

Web: zur Zeit ohne

Teilnahme Weltpokal/Klub-Weltmeisterschaft:

11.12.2019	Doha	Al-Sadd Doha – Hienghene Sport	3:1 nV

Neuseeland

Auckland City

[aktuell]

[Auckland City FC – Auckland City Football Club]

Fußballverein aus Auckland, Neuseeland

gegründet am 07. April 2004

Erfolge:
- Landesmeister: (8) 2005, 2006, 2007, 2009, 2014, 2015, 2018, 2020
- OFC Landesmeister/Champions League: 2006, 2009, 2011, 2012, 2013, 2014, 2015, 2016, 2017

Stadion:
Freyberg Field Kiwitea Street[1] (Auckland) – eröffnet 1965
Zuschauerkapazität: 3.500, Spielfläche: 105 x 68 m
[1] die Anlage ist nach dem Generalgouverneur Bernard Cyril Freyberg, 1. Baron Freyberg [*1889 †1963] benannt

Web: aucklandcityfc.com

Teilnahme Weltpokal/Klub-Weltmeisterschaft:

10.12.2006	Toyota	Al-Ahly Kairo – Auckland City	2:0
15.12.2006	Tokio	Jeonbuk Hyundai Motors – Auckland City	3:0
09.12.2009	Abu Dhabi	Auckland City – Al-Ahly Dubai	2:0
12.12.2009	Abu Dhabi	Atlante Cancun – Auckland City	3:0
16.12.2009	Abu Dhabi	Auckland City – TP Mazembei	3:2
08.12.2011	Toyota	Kashiwa Reysol – Auckland City	2:0
06.12.2012	Yokohama	Sanfrecce Hiroshima – Auckland City	1:0
11.12.2013	Agadir	Raja Casablanca – Auckland City	2:1
10.12.2014	Rabat	Maghreb Tetouan – Auckland City	0:0 nV 3:4 iE
13.12.2014	Rabat	ES Setif – Auckland City	0:1
17.12.2014	Marrakesch	CA San Lorenzo – Auckland City	2:1 nV
20.12.2014	Marrakesch	Cruz Azul – Auckland City	1:1 nV 2:4 iE
10.12.2015	Yokohama	Sanfrecce Hiroshima – Auckland City	2:0
08.12.2016	Yokohama	Kashima Antlers – Auckland City	2:0
06.12.2017	Al Ain	Al Jazira Club – Auckland City	1:0

Waitakere United

[aktuell]

[Waitakere United FC – Waitakere United Football Club]

Fußballverein aus Waitakere City, Neuseeland

gegründet am 07. April 2004 als Franchise für Profifußball durch zwölf Vereine aus der Region West Auckland: Bay Olympic FC (gegr. 1972), Glen Eden United SC (gegr. 1947), Lynn Avon United AFC (gegr. 1996), Metro FC (gegr. 1899), Norwest United FC (gegr. 1984), Oratia United FC (gegr. 1973), Ranui Swanson FC (gegr. 1983), Te Atatu AFC (gegr. 1959), Waitakere City FC (gegr. 1989), Waitemata FC (gegr. 1959), West Auckland AFC (gegr. 1966 als Kelston West AFC), Mount Albert-Ponsonby AFC (gegr. 1931)

Erfolge:
- Landesmeister: (5) 2008, 2010, 2011, 2012, 2013
- OFC Champions League: 2007, 2008

Stadion:
Douglas Track and Field (Auckland) – eröffnet 2004
Zuschauerkapazität: 3.000, Spielfläche: 105 x 68 m

Web: waitakereunited.co.nz

Teilnahme Weltpokal/Klub-Weltmeisterschaft:

07.12.2007	Tokio	Sepahan Isfahan – Waitakere United	3:1
11.12.2008	Tokio	Adelaide United – Waitakere United	2:1

Team Wellington

Team Wellington FC – Team Wellington Football Club]

Fußballverein aus Miramar, Wellington, Neuseeland

gegründet 2004

Erfolge:
>Landesmeister: (2) 2016, 2017
>OFC Landesmeister/Champions League: 2018

Stadion:
>David Farrington Park[1] (Miramar, Wellington) – eröffnet 2012
>Zuschauerkapazität: 2.250, Spielfläche: 105 x 68 m
>[1] *die Anlage ist nach der Fußballlegende der Miramar Rangers David Farrington [*1948 †2008] benannt*

Web: teamwellington.co.nz

Teilnahme Weltpokal/Klub-Weltmeisterschaft:

12.12.2018	Toyota	Al-Ain FC – Team Wellington	3:3 nV 4:3 iE

Niederlande

[aktuell]

[historisch]

Ajax Amsterdam

[AFC Ajax – Amsterdamsche Football Club Ajax]

Fußballverein aus Amsterdam, Niederlande

gegründet am 18. März 1900 als Amsterdamsche Football Club Ajax[1]
[1] *wurde nach dem der griechischen Mythologie entstammenden Haupthelden des Trojanischen Krieges benannt*

Erfolge:
Landesmeister: (34) 1918, 1919, 1931, 1932, 1934, 1937, 1939, 1947, 1957, 1960, 1966, 1967, 1968, 1970, 1972, 1973, 1977, 1979, 1980, 1982, 1983, 1985, 1990, 1994, 1995, 1996, 1998, 2002, 2004, 2011, 2012, 2013, 2014, 2019
Pokalsieger: (19) 1917, 1943, 1961, 1967, 1970, 1971, 1972, 1979, 1983, 1986, 1987, 1993, 1998, 1999, 2002, 2006, 2007, 2010, 2019
Supercup: (9) 1993, 1994, 1995, 2002, 2005, 2006, 2007, 2013, 2019
Weltpokal: 1972, 1995
UEFA Landesmeister/Champions League: 1971, 1972, 1973, 1995
UEFA Pokalsieger: 1987
UEFA Cup: 1992
UEFA Supercup: 1972, 1973, 1995

Stadion:
Johann Cruijff ArenA[1] (Amsterdam) – eröffnet am 14. Juni 1996
Zuschauerkapazität: 54.990, Spielfläche: 105 x 68 m
[1] *Eigenschreibweise; benannt nach dem Spieler und Trainer Johann Cruijff [*1947 †2016]*

Web: ajax.nl

Teilnahme Weltpokal/Klub-Weltmeisterschaft:

06.09.1972	Avellaneda	Independiente – Ajax Amsterdam	1:1
28.09.1972	Amsterdam	Ajax Amsterdam – Independiente	3:0
18.11.1995	Tokio	Ajax Amsterdam – Gremio Porto Alegre	0:0 nV 4:3 iE

PSV Eindhoven

[aktuell]

[historisch]

[Eindhovense VV PSV – Eindhovense Voetbal Vereniging Philips' Sport Vereniging]

Fußballverein aus Eindhoven, Niederlande

gegründet am 31. August 1913

Erfolge:
Landesmeister: (24) 1929, 1935, 1951, 1963, 1975, 1976, 1978, 1986, 1987, 1988, 1989, 1991, 1992, 1997, 2000, 2001, 2003, 2005, 2006, 2007, 2008, 2015, 2016, 2018
Pokalsieger: (9) 1950, 1974, 1976, 1988, 1989, 1990, 1996, 2005, 2012
Supercup: (11) 1992, 1996, 1997, 1998, 2000, 2001, 2003, 2008, 2012, 2015, 2016
UEFA Landesmeister: 1988
UEFA Cup: 1978

Stadion:
Philips Stadion[1] (Eindhoven, Rotterdam) – eröffnet am 12. Dezember 1910
Zuschauerkapazität: 35.000[2], Spielfläche: 105 x 68 m
[1] *Eigentümer ist der Elektronikkonzern Koninklijke Philips N.V.*
[2] *der Zuschauerrekord wurde bei der Partie Middlesbrough gegen FC Sevilla am 10.05.2006 mit 36.500 Besuchern aufgestellt*

Web: psv.nl

Teilnahme Weltpokal/Klub-Weltmeisterschaft:

11.12.1988	Tokio	Nacional Montevideo – PSV Eindhoven	2:2 nV 7:6 iE

Feyenoord Rotterdam

[Feyenoord Rotterdam]

Fußballverein aus Rotterdam, Niederlande

gegründet am 19. Juli 1908 als Wilhelmina Rotterdam gegründet; 1909 Umbenennung in Hillesluise Feijenoord Combinatie (HFC), wenig später in RVV Celeritas; 1912 Umbenennung in RVV Feijenoord; im gleichen Jahr Änderungen in RV&AV Feijenoord und dann in Sportclub (SC) Feijenoord; 1973 Änderung der Schreibweise in Feyenoord; 1978 Trennung von Amateuren und Profis (Amateure als SC Feyenoord, Profis als Feyenoord Rotterdam)

Erfolge:

Landesmeister: (15) 1924, 1928, 1936, 1938, 1940, 1961, 1962, 1965, 1969, 1971, 1974, 1984, 1993, 1999, 2017
Pokalsieger: (13) 1930, 1935, 1965, 1969, 1980, 1984, 1991, 1992, 1994, 1995, 2008, 2016, 2018
Supercup: (4) 1991, 1999, 2017, 2018
Weltpokal: 1970
UEFA Landesmeister: 1970
UEFA Cup: 1974, 2002

Stadion:

Feijenoord-Stadion „De Kuip"[1] (Rotterdam-Zuid) – eröffnet am 23. Juli 1937
Zuschauerkapazität: 51.117[2], Spielfläche: 105 x 68 m
[1] *umgangssprachlich hat sich der Begriff „De Kuip" (Die Wanne) behauptet*
[2] *Rekord beim Meisterschaftsspiel Schiedamse VV gegen SC Heerenveen am 04.06.1949 mit 69.300 Besuchern*

Web: feyenoord.nl

Teilnahme Weltpokal/Klub-Weltmeisterschaft:

26.08.1970	Buenos Aires	Estudiantes La Plata – Feijenoord Rotterdam	2:2
09.09.1970	Rotterdam	Feijenoord Rotterdam – Estudiantes La Plata	1:0

[aktuell]

[historisch]

Papua-Neuguinea

HEKARI UNITED FC
[aktuell]

[historisch – PRK Souths United]

Hekari United

[PRK Hekari United FC – Petroleum Resources Kutubu Hekari United Football Club]

Fußballverein aus Port Moresby, Papua-Neuguinea

gegründet 2003 als PRK Souths United FC; Umwandlung 2007 in PRK Hekari United FC

Erfolge:
- Landesmeister: (8) 2006, 2008, 2009, 2010, 2011, 2012, 2013, 2014
- OFC Champions League: 2010

Stadion:
PNG Football Stadium (Port Moresby) – eröffnet 1975
Zuschauerkapazität: 14.800[1], Spielfläche: 105 x 68 m
[1] *das Spiel Papua-Neuguinea gegen Australien im Rugby League World Cup am 04.10.1986 zog 17.000 Zuschauer an*

Web: zur Zeit ohne

Teilnahme Weltpokal/Klub-Weltmeisterschaft:

08.12.2010	Abu Dhabi	Al-Wahda Abu Dhabi – Hekari United	3:0

Paraguay

[aktuell]

Olimpia Asunción

[Club Olimpia]

Sportverein aus Asunción, Paraguay

gegründet am 25. Juli 1902

Erfolge:

    Landesmeister: (45) 1912, 1914, 1916, 1925, 1927, 1928, 1929, 1931, 1936, 1937, 1938, 1947, 1948, 1956, 1957, 1958, 1959, 1960, 1962, 1965, 1968, 1971, 1975, 1978, 1979, 1980, 1981, 1982, 1983, 1985, 1988, 1989, 1993, 1995, 1997, 1998, 1999, 2000, 2011 (C), 2015 (C), 2018 (A), 2018 (C), 2019 (A), 2019 (C), 2020 (C)
    Weltpokal: 1979
    Copa Libertadores: 1979, 1990, 2002
    Copa Interamericana: 1979
    Supercopa Sudamericana: 1990

Stadion:

    Estadio Manuel Ferreira[1] (Asunción) – eröffnet im 15. Mai 1965
    Zuschauerkapazität: 23.732, Spielfläche: 105 x 70 m
    [1] *benannt nach dem früheren Vereinspräsidenten Manuel Ferreira Sosa* [*1889 †1964]

Web: clubolimpia.com.py

Teilnahme Weltpokal/Klub-Weltmeisterschaft:

18.11.1979	Malmö	Malmö FF – Olimpia Asuncion	0:1
02.03.1980	Asuncion	Olimpia Asuncion – Malmö FF	2:1
09.12.1990	Tokio	AC Mailand – Olimpia Asuncion	3:0
03.12.2002	Yokohama	Real Madrid – Olimpia Asuncion	2:0

Portugal

[aktuell]

[historisch – Grupo Sport Lisboa]

Benfica Lissabon

[SL Benfica – Sport Lisboa e Benfica]

Sportverein aus Lissabon, Portugal

gegründet am 28. Februar 1904 als Grupo Sport Lisboa in Belem; am 13.09.1908 Fusion mit Grupo Sport Benfica (gegr. 26.06.1906) zu Sport Lisboa e Benfica

Erfolge:
Landesmeister: (37) 1936, 1937, 1938, 1942, 1943, 1945, 1950, 1955, 1957, 1960, 1961, 1963, 1964, 1965, 1967, 1968, 1969, 1971, 1972, 1973, 1975, 1976, 1977, 1981, 1983, 1984, 1987, 1989, 1991, 1994, 2005, 2010, 2014, 2015, 2016, 2017, 2019
Pokalsieger: (26) 1940, 1943, 1944, 1949, 1951, 1952, 1953, 1955, 1957, 1959, 1962, 1964, 1969, 1970, 1972, 1980, 1981, 1983, 1985, 1986, 1987, 1993, 1996, 2004, 2014, 2017
Supercup: (8) 1980, 1985, 1989, 2005, 2014, 2016, 2017, 2019
UEFA Landesmeister: 1961, 1962

Stadion:
Estádio do Sport Lisboa e Benfica – Estádio da Luz[1] (Lissabon) – eröffnet 25.10.2003
Zuschauerkapazität: 64.642, Spielfläche: 105 x 68 m
[1] „Stadion des Lichts", benannt nach der Kirche Nossa Senhora da Luz (Unserer Lieben Frau des Lichts) in der Nachbargemeinde Carnide

Web: slbenfica.pt

Teilnahme Weltpokal/Klub-Weltmeisterschaft:

04.09.1961	Lissabon	Benfica Lissabon – Penarol Montevideo	1:0
17.09.1961	Montevideo	Penarol Montevideo – Benfica Lissabon	5:0
19.09.1961	Montevideo	Penarol Montevideo – Benfica Lissabon	2:1
19.09.1962	Rio de Janeiro	FC Santos – Benfica Lissabon	3:2
11.10.1962	Lissabon	Benfica Lissabon – FC Santos	2:5

FC Porto

[aktuell]

[historisch]

[FC Porto – Futebol Clube do Porto]

Sportverein aus Porto, Portugal

gegründet am 28. September 1893 als Foot-Ball Club do Porto; ab 02.08.1906 Futebol Clube

Erfolge:
Landesmeister: (29) 1935, 1939, 1940, 1956, 1959, 1978, 1979, 1985, 1986, 1988, 1990, 1992, 1993, 1995, 1996, 1997, 1998, 1999, 2003, 2004, 2006, 2007, 2008, 2009, 2011, 2012, 2013, 2018, 2020
Pokalsieger: (17) 1956, 1958, 1968, 1977, 1984, 1988, 1991, 1994, 1998, 2000, 2001, 2003, 2006, 2009, 2010, 2011, 2020
Supercup: (22) 1980, 1982, 1983, 1985, 1989, 1990, 1992, 1993, 1995, 1997, 1998, 2000, 2002, 2003, 2005, 2009, 2010, 2011, 2012, 2013, 2018, 2020
Weltpokal: 1987, 2004
UEFA Landesmeister/Champions League: 1987, 2004
UEFA Cup/Europa League: 2003, 2011
UEFA Supercup: 1987

Stadion:
Estádio do Dragão[1] (Lissabon) – eröffnet 16. November 2003
Zuschauerkapazität: 50.035[2], Spielfläche: 105 x 68 m
[1] der Drache (Dragão) im Vereinslogo gab dem Stadion seinen Namen
[2] Zuschauerrekord anläßlich des Eröffnungsspiels am 16.11.2003 mit 52.000 Besuchern bei der Partie FC Porto gegen FC Barcelona

Web: fcporto.pt

Teilnahme Weltpokal/Klub-Weltmeisterschaft:

13.12.1987	Tokio	FC Porto – Penarol Montevideo	2:1 nV
12.12.2004	Yokohama	FC Porto – Once Caldas	0:0 nV 8:7 iE

Rumänien

[aktuell]

[historisch – ASA Bucuresti]

FC FCSB Bukarest

[SC FCSB SA – Sport Club Fotbal Club Steaua București Societate pe acțiuni]

Sportverein aus Bukarest, Rumänien

gegründet am 07. Juni 1947 als Asociația Sportivă Armata (ASA); 1948 Namensänderung in Clubul Sportiv Central al Armatei (CSCA) und 1950 in Casa Centrală a Armatei (CCA); Ende 1961 Änderung in Clubul Sportiv al Armatei (CSA) Steaua; 1998 Fotbal Club Steaua; seit 31.03.2017 SC Fotbal Club FCSB SA *(dies geschah im Ergebnis eines Rechtsstreits mit dem rumänischen Verteidigungsministeriums, welches das Tragen von Name, Emblem und Farben untersagte, da der Verein nicht mehr dem Ministerium untersteht)*

Erfolge:

Landesmeister: (26) 1951, 1952, 1953, 1956, 1960, 1961, 1968, 1976, 1978, 1985, 1986, 1987, 1988, 1989, 1993, 1994, 1995, 1996, 1997, 1998, 2001, 2005, 2006, 2013, 2014, 2015
Pokalsieger: (24) 1949, 1951, 1952, 1955, 1962, 1966, 1967, 1969, 1970, 1971, 1976, 1979, 1985, 1987, 1988, 1989, 1992, 1996, 1997, 1999, 2011, 2015, 2020
Supercup: (6) 1994, 1995, 1998, 2001, 2006, 2013
UEFA Landesmeister: 1986
UEFA Supercup: 1986

Stadion:

Arena Națională (Bukarest) – eröffnet 06.09.2011
Zuschauerkapazität: 55.634[1], Spielfläche: 105 x 68 m
[1] am 16.10.2012 kamen zum Spiel Rumänien gegen die Niederlande 53.329 Zuschauer ins Stadion

Web: fcsb.ro

Teilnahme Weltpokal/Klub-Weltmeisterschaft:

14.12.1986	Tokio	River Plate – Steaua Bukarest	1:0

178

Saudi-Arabien

[aktuell]

[historisch]

Al-Ittihad Dschidda

[Al-Ittihad Club Saudi Arabia]

Fußballverein aus Dschidda, Saudi-Arabien

gegründet am 04. Januar 1927

Erfolge:
Landesmeister: (8) 1982, 1997, 1999, 2000, 2001, 2003, 2007, 2009
Pokalsieger: (9) 1958, 1959, 1960, 1963, 1967, 1988, 2010, 2013, 2018
AFC Champions League: 2004, 2005
AFC Pokalsieger: 1999
Arabische Champions League: 2005
Golf Region Champions League: 1999

Stadion:
King Abdullah Sports City [1] (Jeddah) – eröffnet am 01. Mai 2014
Zuschauerkapazität: 62.241[2], Spielfläche: 105 x 68 m
[1] benannt nach Abdullah bin Abdulaziz Al Saud [*1924 †2015], damaliger König und Ministerpräsident
[2] Zuschauerrekord anläßlich der Einweihung am 01.05.2014 zum Endspiel um den King's Cup zwischen Al-Ahli und Al-Shabab mit 62.241 (andere Quellen 84.115) Besuchern bei freiem Eintritt

Web: ittihadfc.com

Teilnahme Weltpokal/Klub-Weltmeisterschaft:

11.12.2005	Tokio	Al-Ittihad – Al-Ahly Kairo	1:0
14.12.2005	Tokio	FC Sao Paulo – Al-Ittihad	3:2
18.12.2005	Yokohama	Deportivo Saprissa – Al-Ittihad	3:2

Al-Nassr Riad

[aktuell]

[historisch]

[al-Nassr FC – al-Nassr Football Club]

Fußballverein aus Riad, Saudi-Arabien

gegründet am 24. Oktober 1955

Erfolge:
Landesmeister: (9) 1976, 1980, 1981, 1989, 1994, 1995, 2014, 2015, 2019
Pokalsieger: (8) 1974, 1976, 1981, 1986, 1987, 1990
AFC Pokalsieger: 1998
AFC Supercup: 1998
Golf Region Champions League: 1996, 1997

Stadion:
King Saud University Stadium (Riad) – eröffnet am 07. Mai 2015
Zuschauerkapazität: 25.000, Spielfläche: 105 x 68 m

Web: nassr.com

Teilnahme Weltpokal/Klub-Weltmeisterschaft:

05.01.2000	Sao Paulo	Real Madrid – Al-Nassr	3:1
07.01.2000	Sao Paulo	Al-Nassr – Raja Casablanca	4:3
10.01.2000	Sao Paulo	Corinthians Sao Paulo – Al-Nassr	2:0

Al-Hilal Riad

[aktuell]

[historisch]

[Al-Hilal SFC Riad = Al-Hilal Saudi Football Club Riad]

Sportverein aus Riad, Saudi-Arabien

gegründet am 16. Oktober 1957

Erfolge:
- Landesmeister: (16) 1977, 1979, 1985, 1986, 1988, 1990, 1996, 1998, 2002, 2005, 2008, 2010, 2011, 2017, 2018, 2020
- Pokalsieger: (8) 1961, 1964, 1980, 1982, 1984, 1989, 2015, 2017
- AFC Champions League: 1991, 2000, 2019
- AFC Pokalsieger: 1997, 2002
- AFC Supercup: 1997, 200
- Arabische Champions League: 1994, 1995
- Golf Region Champions League: 1986, 1998

Stadion:
King Fahd International Stadium[1] (Riad) – eröffnet 1987
Zuschauerkapazität: 68.752[2], Spielfläche: 105 x 68 m
[1] benannt nach König Fahd bin Abdulaziz Al Saud [*1921 †2005]
[2] der Zuschauerrekord wurde mit 75.000 Besuchern am 20.10.1992 bei der Begegnung Saudi-Arabien gegen Argentinien aufgestellt

Web: alhilal.com

Teilnahme Weltpokal/Klub-Weltmeisterschaft:

14.12.2019	Doha	Al-Hilal Riad – Esperance Tunis	1:0
17.12.2019	Doha	Flamengo Rio de Janeiro – Al-Hilal Riad	3:1
21.12.2019	Doha	CF Monterrey – Al-Hilal Riad	2:2 nV 4:3 iE

Schottland

[aktuell]

[historisch]

Celtic Glasgow

[The Celtic FC – The Celtic Football Club]

Fußballverein aus Glasgow, Schottland

gegründet am 06. November 1887

Erfolge:

Landesmeister: (51) 1893, 1894, 1896, 1898, 1905, 1906, 1907, 1908, 1909, 1910, 1914, 1915, 1916, 1917, 1919, 1922, 1926, 1936, 1938, 1954, 1966, 1967, 1968, 1969, 1970, 1971, 1972, 1973, 1974, 1977, 1979, 1981, 1982, 1986, 1988, 1998, 2001, 2002, 2004, 2006, 2007, 2008, 2012, 2013, 2014, 2015, 2016, 2017, 2018, 2019, 2020
Pokalsieger: (40) 1892, 1899, 1900, 1904, 1907, 1908, 1911, 1912, 1914, 1923, 1925, 1927, 1931, 1933, 1937, 1951, 1954, 1965, 1967, 1969, 1971, 1972, 1974, 1975, 1977, 1980, 1985, 1988, 1989, 1995, 2001, 2004, 2005, 2007, 2011, 2013, 2017, 2018, 2019, 2020
Ligapokal: (19) 1957, 1958, 1966, 1967, 1968, 1969, 1970,1975, 1983, 1998, 2000, 2001, 2006, 2009, 2015, 2017, 2018, 2019, 2020
UEFA Landesmeister: 1967

Stadion:

Celtic Park (Glasgow) – eröffnet 20.08.1982
Zuschauerkapazität: 60.411[1], Spielfläche: 105 x 68 m
[1] *am 01.01.1938 kamen 92.975 Besucher zum Derby Celtic gegen Rangers*

Web: celticfc.net

Teilnahme Weltpokal/Klub-Weltmeisterschaft:

18.10.1967	Glasgow	Celtic Glasgow – Racing Avellaneda	1:0
01.11.1967	Avellaneda	Racing Avellaneda – Celtic Glasgow	2:1
04.11.1967	Montevideo	Racing Avellaneda – Celtic Glasgow	1:0

Schweden

[aktuell]

[historisch]

Malmö FF

[Malmö FF – Malmö Fotboll Förening]

Fußballverein aus Malmö, Schweden

gegründet am 24. Februar 1910

Erfolge:
Landesmeister: (21) 1944, 1949, 1950, 1951, 1953, 1965, 1967, 1970, 1971, 1974, 1975, 1977, 1986, 1988, 2004, 2010, 2013, 2014, 2016, 2017, 2020
Pokalsieger: (14) 1944, 1946, 1947, 1951, 1953, 1967, 1973, 1974, 1975, 1977, 1980, 1984, 1986, 1989
Supercup: 2013, 2014

Stadion:
Eleda Stadion[1] (Malmö) – eröffnet 13. April 2009
Zuschauerkapazität: 24.000[2], Spielfläche: 105 x 68 m
[1] *das Unternehmen Eleda Group erwarb die Namensrechte ab 2020*
[2] *am 07.11.2010 besuchten 24.148 Zuschauer die Begegnung Malmö gegen Mjällby AIF*

Web: mff.se

Teilnahme Weltpokal/Klub-Weltmeisterschaft:

18.11.1979	Malmö	Malmö FF – Olimpia Asuncion	0:1
02.03.1980	Asuncion	Olimpia Asuncion – Malmö FF	2:1

Spanien

[aktuell]

[historisch – Athletic Club Sucursal]

Atletico Madrid

[Club Atlético de Madrid S.A.D. – Club Atlético de Madrid Sociedad Anónima Deportiva]

Sportverein aus Madrid, Spanien

gegründet am 26. April 1903 als Athletic Club Sucursal de Madrid[1], ab 1911 Athletic Club de Madrid, 14.09.1939 Fusion mit Aviación *(Mannschaft der Luftwaffe)* zu Athletic-Aviación Club Madrid, Januar 1941 Namensänderung in Club Atlético-Aviación, am 14.01.1947 Trennung von Aviación und Umbenennung in Club Atlético de Madrid
[1] *durch Abspaltung der madrilenischen Spieler bei Athletic de Bilbao*

Erfolge:
Landesmeister: (19) 1940, 1941, 1950, 1951, 1966, 1970, 1973, 1977, 1996, 2014
Pokalsieger: (10) 1960, 1961, 1965, 1972, 1976, 1985, 1991, 1992, 1996, 2013
Supercup: (2) 1985, 2014
Weltpokal: 1974
UEFA Pokalsieger: 1962
UEFA Europa League: 2010, 2012, 2018
UEFA Supercup: 2010, 2012, 2018

Stadion:
Wanda Metropolitano[1] (San Blas-Canillejas, Madrid) – eröffnet 06. September 1994
Zuschauerkapazität: 68.456[2], Spielfläche: 105 x 68 m
[1] *die Namensrechte hat der chinesische Konzern Dalian Wanda Group erworben*
[2] *Zuschauerrekord 66.591 Besucher am 18.11.2017 beim Spiel Atletico Madrid gegen Real Madrid*

Web: clubatleticodemadrid.com

Teilnahme Weltpokal/Klub-Weltmeisterschaft:

12.03.1975	Avellaneda	Independiente Avellaneda – Atletico	1:0
16.04.1975	Madrid	Atletico – Independiente Avellaneda	2:0

FC Barcelona

[FC Barcelona – Futbol Club Barcelona]

Sportverein aus Barcelona, Spanien

gegründet am 29. November 1899 in Barcelona als Football Club Barcelona, am 23.07.1920 Umbenennung in Futbol Club Barcelona, am 15.01.1941 Änderung des Namens in Club de Fútbol Barcelona, ab 08.11.1973 wieder Futbol Club Barcelona

[aktuell]

[historisch]

Erfolge:
Landesmeister: (28) 1929, 1945, 1948, 1949, 1952, 1953, 1959, 1960, 1974, 1985, 1991, 1992, 1993, 1994, 1998, 1999, 2005, 2006, 2009, 2010, 2011, 2013, 2015, 2016, 2018, 2019
Pokalsieger: (30) 1910, 1912, 1913, 1920, 1922, 1925, 1926, 1928, 1942, 1951, 1952, 1953, 1957, 1959, 1963, 1968, 1971, 1978, 1981, 1983, 1988, 1990, 1997, 1998, 2009, 2012, 2015 2016, 2017, 2018
Supercup: (13) 1983, 1991, 1992, 1994, 1996, 2005, 2006, 2009, 2010, 2011, 2013, 2016, 2018
Klub-Weltmeister: 2009, 2011, 2015
UEFA Landesmeister/Champions League: 1992, 2006, 2009, 2011, 2015
UEFA Pokalsieger: 1979, 1982, 1989, 1997
Messecup: 1958, 1960, 1966
UEFA Supercup: 1992, 1997, 2009, 2011, 2015

Stadion:
Camp Nou (Barcelona)[1] – eröffnet 24. September 1957
Zuschauerkapazität: 99.354[2], Spielfläche: 105 x 68 m
[1] *seit 2000 Camp Nou, davor Estadi del Futbol Club Barcelona*
[2] *Zuschauerrekord 120.000 Besucher am 17.12.1980 beim UNICEF-Benefizspiel FC Barcelona gegen die „Human Stars"*

Web: fcbarcelona.com

Teilnahme Weltpokal/Klub-Weltmeisterschaft:

13.12.1992	Tokio	FC Sao Paulo – Barcelona	2:1
14.12.2006	Yokohama	Barcelona – Club America	4:0
17.12.2006	Yokohama	Internacional Porto Alegre – Barcelona	1:0
16.12.2009	Abu Dhabi	Barcelona – Atlante Cancun	3:1
19.12.2009	Abu Dhabi	Barcelona – Estudiantes La Plata	2:1 nV
15.12.2011	Yokohama	Barcelona – Al-Sadd Doha	4:0
18.12.2011	Yokohama	Barcelona – FC Santos	4:0
17.12.2015	Yokohama	Barcelona – Guangzhou	3:0
18.12.2015	Yokohama	Barcelona – River Plate	3:0

Real Madrid

[aktuell]

[historisch – Madrid FC]

[Real Madrid CF – Real Madrid Club de Fútbol]

Sportverein aus Madrid, Spanien

gegründet am 06. März 1902 in Madrid als Madrid Foot Ball Club, Januar 1904 Fusion mit Moderno FC (gegr. 1902) zum Madrid-Moderno FC sowie Anschluss vom AS Amicale (gegr. 1897), Rückkehr zum Namen Madrid FC, 1907 Anschluss von Moncloa FC; 29. Juni 1920 Verleihung des Titels „Königlich", dadurch Real Madrid FC (in der Zeit der „Zweiten Republik" vom 14.4.1931 bis 1939 nur Madrid FC), ab 1941 Real Madrid CF

Erfolge:
Landesmeister: (34) 1932, 1933, 1954, 1955, 1957, 1958, 1961, 1962, 1963, 1964, 1965, 1967, 1968, 1969, 1972, 1975, 1976, 1978, 1979, 1980, 1986, 1987, 1988, 1989, 1990, 1995, 1997, 2001, 2003, 2007, 2008, 2012, 2017, 2020
Pokalsieger: (19) 1905, 1906, 1907, 1908, 1917, 1934, 1936, 1946, 1947, 1962, 1970, 1974, 1975, 1980, 1982, 1989, 1993, 2011, 2014
Supercup: (11) 1988, 1989, 1990, 1993, 1997, 2001, 2003, 2008, 2012, 2017, 2020
Weltpokal/Klub-Weltmeister: 1960, 1998, 2002, 2014, 2016, 2017, 2018
UEFA Landesmeister/Champions League: 1956, 1957, 1958, 1959, 1960, 1966, 1998, 2000, 2002, 2014, 2016, 2017, 2018
UEFA Cup: 1985, 1986
Messecup: 1958, 1960, 1966
UEFA Supercup: 2002, 2014, 2016, 2017

Stadion:
Estadio Santiago Bernabéu (Chamartin, Madrid)[1] – eröffnet 14.12.1947
Zuschauerkapazität: 81.044[2], Spielfläche: 105 x 68 m
[1] am 14. Januar 1955 nach dem ehemaligen Präsidenten benannt, davor Nuevo Estadio Chamartín
[2] Zuschauerrekord 125.000 Besucher am 30.05.1957 beim Finale der Landesmeister zwischen Real und Fiorentina Florenz sowie am 04.09.1960 beim Weltpokalendspiel Real gegen Penarol Montevideo

Web: realmadrid.com

Teilnahme Weltpokal/Klub-Weltmeisterschaft:

03.07.1960	Montevideo	Penarol Montevideo – Real Madrid	0:0
04.09.1960	Madrid	Real Madrid – Penarol Montevideo	5:1
12.10.1966	Montevideo	Penarol Montevideo – Real Madrid	2:0
26.10.1966	Madrid	Real Madrid – Penarol Montevideo	0:2
01.12.1998	Tokio	Real Madrid – Vasco da Gama	2:1
05.01.2000	Sao Paulo	Real Madrid – Al-Nassr Riad	3:1
07.01.2000	Sao Paulo	Real Madrid – Corinthians Sao Paulo	2:2
10.01.2000	Sao Paulo	Real Madrid – Raja Casablanca	3:2
14.01.2000	Rio de Janeiro	Club Necaxa – Real Madrid	1:1 nV 4:3 iE
28.11.2000	Tokio	Boca Juniors – Real Madrid	2:1
03.12.2002	Yokohama	Real Madrid – Olimpia Asuncion	2:0
16.12.2014	Rabat	Cruz Azul – Real Madrid	0:4
20.12.2014	Marrakesch	Real Madrid – CA San Lorenzo	2:0
15.12.2016	Yokohama	Club America – Real Madrid	0:2
18.12.2016	Yokohama	Real Madrid – Kashima Antlers	4:2 nV
13.12.2017	Abu Dhabi	Al Jazira Club – Real Madrid	1:2
16.12.2017	Abu Dhabi	Real Madrid – Gremio Porto Alegre	1:0
19.12.2018	Abu Dhabi	Kashima Antlers – Real Madrid	1:3
22.12.2018	Abu Dhabi	Real Madrid – Al-Ain FC	4:1

Südafrika

[aktuell]

[historisch – Sundowns FC]

Mamelodi Sundowns

[Mamelodi Sundowns FC – Mamelodi Sundowns Football Club]

Sportverein aus Pretoria, Südafrika

gegründet 1960 in Marabastad als Sundowns FC gegründet; 1970 Eintragung als Verein; 2006 Umbenennung im Mamelodi Sundowns FC

Erfolge:
Landesmeister: (13) 1988, 1990, 1993 (alles NSL), 1998, 1999, 2000, 2006, 2007, 2014, 2016, 2018, 2019, 2020
Pokalsieger: (5) 1986, 1998, 2008, 2015, 2020
Ligapokal: (4) 1990, 1999, 2015, 2019
CAF Champions League: 2016
CAF Supercup: 2017

Stadion:
Loftus Versfield Stadium[1] (Pretoria, Gauteng) – eröffnet 1923
Zuschauerkapazität: 51.762, Spielfläche: 105 x 68 m
[1] benannt nach Robert Loftus Owen Versfield [*07.12.1862 †15.05.1932], einem südafrikanischen Rugbyspieler und Funktionär

Web: sundownsfc.co.za

Teilnahme Weltpokal/Klub-Weltmeisterschaft:

11.12.2016	Osaka	Mamelodi Sundowns – Kashima Antlers	0:2
14.12.2016	Osaka	Jeonbuk Hyundai – Mamelodi Sundowns	4:1

Südkorea

[aktuell]

[historisch – Jeonbuk Hyundai Dinos]

Jeonbuk Hyundai Motors

[Jeonbuk Hyundai Motors FC – Jeonbuk Hyundai Motors Football Club]

Fußballverein aus Jeonju, Südkorea

gegründet im Januar 1993 als Wansa Puma FC in Jeonju: 1994 Umbenennung in Jeonbuk Buffalo FC; Gründung 12. Dezember 1994 Chonbuk Dinos; von 1997 bis 1999 Jeonbuk Hyundai Dinos; seit 2000 Jeonbuk Hyundai Motors FC

Erfolge:
Landesmeister: (8) 2009, 2011, 2014, 2015, 2017, 2018, 2019, 2020
Pokalsieger: (4) 2000, 2003, 2005, 2020
Supercup: 2004
AFC Champions League: 2006, 2016

Stadion:
Jeonju World Cup Stadium – Jeonju-si (Jeonju) – eröffnet 08. November 2001
Zuschauerkapazität: 42.477[1], Spielfläche: 105 x 68 m
[1] dieser Zuschauerzuspruch wurde am 05.11.2011 zum AFC Champions League-Finale Jeonbuk gegen Al-Sadd erreicht

Web: hyundai-motorsfc.com

Teilnahme Weltpokal/Klub-Weltmeisterschaft:

10.12.2006	Tokio	Club America – Jeonbuk Hyundai Motors	1:0
15.12.2006	Tokio	Jeonbuk Hyundai Motors – Auckland City	3:0
11.12.2016	Osaka	Jeonbuk Hyundai Motors – Club America	1:2
14.12.2016	Osaka	Jeonbuk Hyundai M. – Mamelodi Sundowns	4:1

Pohang Steelers

[aktuell]

[historisch – POSCO FC]

[Pohang Steelers FC – Pohang Steelers Football Club]

Fußballverein aus Pohang, Südkorea

gegründet am 01. April 1973 als POSCO[1] FC gegründet; 1983 Umwandlung in POSCO Dolphins; 1985 Umbenennung in POSCO Atoms; 1995 Pohang Atoms; seit 1997 Pohang Steelers
[1] POSCO = Pohang Iron and Steel Company

Erfolge:
Landesmeister: (5) 1986, 1988, 1992, 2007, 2013
Pokalsieger: (4) 1996, 2008, 2012, 2013
Supercup: 1979, 1980, 1983, 2006
AFC Landesmeister/Champions League: 1997, 1998, 2009

Stadion:
Pohang Steel Yard (Pohang) – eröffnet 10. November 1990
Zuschauerkapazität: 17.443, Spielfläche: 105 x 68 m

Web: steelers.co.kr

Teilnahme Weltpokal/Klub-Weltmeisterschaft:

11.12.2009	Abu Dhabi	Pohang Steelers – TP Mazembe	2:1
15.12.2009	Abu Dhabi	Estudiantes La Plata – Pohang Steelers	2:1
19.12.2009	Abu Dhabi	Pohang Steelers – Atlante Cancun	1:1 nV 4:3 iE

Seongnam FC

[Seongnam FC – Seongnam Football Club]

Fußballverein aus Seongnam, Südkorea

gegründet am 18. März 1989 als Ilhwa Chunma Football Club Seoul; 1996 Umwandlung in Cheonan Ilhwa Chunma; 1999 erneuter Umzug und Umwandlung in Seongnam Ilhwa Chunma; ab Dezember 2013 Seongnam FC

Erfolge:
- Landesmeister: (7) 1993, 1994, 1995, 2001, 2002, 2003, 2006
- Pokalsieger: (3) 1999, 2011, 2014
- Supercup: (1) 2002
- AFC Landesmeister/Champions League: 1995, 2010
- AFC Supercup: 1996

Stadion:
Seongnam Tancheon Sports Complex[1] (Seongnam) – eröffnet 01. April 2002
Zuschauerkapazität: 16.146, Spielfläche: 105 x 68 m
[1] benannt nach dem Fluss an dem der Sportkomplex liegt

Web: seongnamfc.com

Teilnahme Weltpokal/Klub-Weltmeisterschaft:

11.12.2009	Abu Dhabi	Seongnam Ilhwa – Al-Wahda	4:1
15.12.2009	Abu Dhabi	Inter Mailand – Seongnam Ilhwa	3:0
18.12.2009	Abu Dhabi	Internacionale Porto Alegre – Seongnam Ilhwa	4:2

[aktuell]

[historisch – Cheonan Ilhwa Chunma]

Ulsan Hyundai

[Ulsan Hyundai FC – Ulsan Hyundai Football Club]

Fußballverein aus Ulsan, Südkorea

gegründet am 06. Dezember 1983 als Hyundai Horangi FC Incheon; 1986 Hyundai FC Gangwon; 1996 Umzug nach Ulsan und Namensänderung in Ulsan Hyundai FC

Erfolge:
- Landesmeister: (2) 1996, 2005
- Pokalsieger: (1) 2017
- Supercup: (1) 2006
- AFC Champions League: 2012, 2020

Stadion:
Ulsan Munsu Football Stadium (Ulsan) – eröffnet 30. Juni 2001
Zuschauerkapazität: 44.474, Spielfläche: 105 x 68 m

Web: uhfc.tv

Teilnahme Weltpokal/Klub-Weltmeisterschaft:

09.12.2012	Toyota	CF Monterrey – Ulsan Hyundai	3:1
12.12.2012	Toyota	Sanfrecce Hiroshima – Ulsan Hyundai	3:2
04.02.2021	Al-Rayyan	Tigres UANL – Ulsan Hyundai	2:1
07.02.2021	Al-Rayyan	Al-Duhail SC – Ulsan Hyundai	3:1

[aktuell]

[historisch – Hyundai Horangi FC]

Tunesien

Sahel Sousse

[ESS Sousse – Étoile Sportive du Sahel Sousse]

Sportverein aus Sousse, Tunesien

gegründet am 11. Mai 1925

Erfolge:
Landesmeister: (10) 1950, 1958, 1963, 1966, 1972, 1986, 1987, 1997, 2007, 2016
Pokalsieger: (10) 1959, 1963, 1974, 1975, 1981, 1983, 1996, 2012, 2014, 2015
Supercup: (3) 1973, 1986, 1987
CAF Champions League: 2007
CAF Pokalsieger: 1997, 2003
CAF Cup: 1995, 1999
CAF Supercup: 1998, 2008
CAF Confederation Cup: 2006, 2015
Arabischer Landesmeister Cup: 2019

Stadion:
Stade Olympique de Sousse (Sousse) – eröffnet im September 1973
Zuschauerkapazität: 28.000, Spielfläche: 105 x 68 m

Web: www.etoile-du-sahel.com

Teilnahme Weltpokal/Klub-Weltmeisterschaft:

Datum	Ort	Spiel	Ergebnis
09.12.2007	Tokio	Sahel Sousse – Pachuca CF	1:0
12.12.2007	Tokio	Boca Juniors – Sahel Sousse	1:0
16.12.2007	Yokohama	Urawa Red Diamonds – Sahel Sousse	2:2 nV 4:2 iE

Esperance Tunis

[ES Tunis – Espérance Sportive de Tunis]

Sportverein aus Tunis, Tunesien

gegründet am 15. Januar 1919

Erfolge:
Landesmeister: (30) 1942, 1959, 1960, 1970, 1975, 1976, 1982, 1985, 1988, 1989, 1991, 1993, 1994, 1998, 1999, 2000, 2001, 2002, 2003, 2004, 2006, 2009, 2010, 2011, 2012, 2014, 2017, 2018, 2019, 2020
Pokalsieger: (15) 1939, 1957, 1964, 1979, 1980, 1986, 1989, 1991, 1997, 1999, 2006, 2007, 2008, 2011, 2016
Supercup: (5) 1960, 1993, 2001, 2019, 2020
CAF Champions League: 1994, 2011, 2018, 2019
CAF Pokalsieger: 1998
CAF Cup: 1997
CAF Supercup: 1995
Arabischer Landesmeister Cup: 1993, 2009, 2017
Arabischer Supercup: 1996

Stadion:
Stade Olympique d'El Menzah (El Menzah, Tunis)* – eröffnet 1967
Zuschauerkapazität: 39.858, Spielfläche: 105 x 68 m
* bedeutende Spiele trägt Esperance im Stade 14 Janvier aus

Web: est.org.tn

Teilnahme Weltpokal/Klub-Weltmeisterschaft:

Datum	Ort	Spiel	Ergebnis
11.12.2011	Toyota	Al-Sadd Doha – ES Tunis	2:1
14.12.2011	Toyota	CF Monterrey – ES Tunis	3:2
15.12.2018	Al-Ain	ES Tunis – Al-Ain FC	0:3
18.12.2018	Al-Ain	ES Tunis – CD Guadalajara	1:1 6:5 iE
14.12.2019	Doha	Al-Hilal Riad – ES Tunis	1:0
17.12.2019	Doha	ES Tunis – Al-Sadd Doha	6:2

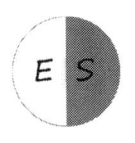

Uruguay

[aktuell]

[historisch]

Nacional Montevideo

[CF Nacional – Club Nacional de Football]

Fußballverein aus Montevideo, Uruguay

gegründet am 14. Mai 1899 durch Zusammenschluss der Vereine Uruguay Athletic Club (gegr. 1898) und Montevideo Football Club

Erfolge:
Landesmeister: (47) 1902, 1903, 1912, 1915, 1916, 1917, 1919, 1920, 1922, 1923, 1924, 1933, 1934, 1939, 1940, 1941, 1942, 1943, 1946, 1947, 1950, 1952, 1955, 1956, 1957, 1963, 1966, 1969, 1970, 1971, 1972, 1977, 1980, 1983, 1992, 1998, 2000, 2001, 2002, 2005, 2006, 2009, 2011, 2012, 2015, 2016, 2019
Weltpokal: 1971, 1980, 1988
Copa Libertadores: 1971, 1980, 1988
Copa Interamericana: 1972, 1989

Stadion:
Estadio Gran Parque Central (Montevideo) – eröffnet 25.05.1900
Zuschauerkapazität: 28.000, Spielfläche: 105 x 68 m

Web: nacional.uy

Teilnahme Weltpokal/Klub-Weltmeisterschaft:

15.12.1971	Piräus	Panathinaikos Athen – Nacional	1:1
28.12.1971	Montevideo	Nacional – Panathinaikos Athen	2:1
11.02.1981	Tokio	Nacional – Nottingham Forest	1:0
11.12.1988	Tokio	Nacional – PSV Eindhoven	2:2 nV 7:6 iE

Penarol Montevideo

[CA Peñarol – Club Atlético Peñarol]

Sportverein aus Montevideo, Uruguay

gegründet am 28. September 1891 als Central Uruguay Railway Cricket Club (CURCC); 13. Dezember 1913 Herauslösung der Fußballsportabteilung zum CURCC Peñarol; am 12. März 1914 Umbenennung in Club Atlético Peñarol

[aktuell]

[historisch – CURCC]

Erfolge:
Landesmeister: (50) 1900, 1901, 1905, 1907, 1911, 1918, 1921, 1928, 1929, 1932, 1935, 1936, 1937, 1938, 1944, 1945, 1949, 1951, 1953, 1954, 1958, 1959, 1960, 1961, 1962, 1964, 1965, 1967, 1968, 1973, 1974, 1975, 1978, 1979, 1981, 1982, 1985, 1986, 1993, 1994, 1995, 1996, 1997, 1999, 2003, 2010, 2013, 2016, 2017, 2018
Weltpokal: 1961, 1966, 1982
Copa Libertadores: 1960, 1961, 1966, 1982, 1987

Stadion:
Estadio Campeón del Siglo (Montevideo) – eröffnet 28.03.2016
Zuschauerkapazität: 40.005, Spielfläche: 105 x 68 m

Web: penarol.org

Teilnahme Weltpokal/Klub-Weltmeisterschaft:

03.07.1960	Montevideo	Penarol – Real Madrid	0:0
04.09.1960	Madrid	Real Madrid – Penarol	5:1
04.09.1961	Lissabon	Benfica Lissabon – Penarol	1:0
17.09.1961	Montevideo	Penarol – Benfica Lissabon	5:0
19.09.1961	Montevideo	Penarol – Benfica Lissabon	2:1
12.10.1966	Montevideo	Penarol – Real Madrid	2:0
26.10.1966	Madrid	Real Madrid – Penarol	0:2
12.12.1982	Tokio	Penarol – Aston Villa	2:0
13.12.1987	Tokio	FC Porto – Penarol	2:1 nV

Vereinigte Arabische Emirate

Al-Ahli Dubai

[Shabab Al-Ahli Dubai Club]

Fußballverein aus Dubai, Vereinigte Arabische Emeirate

gegründet 1970 durch Fusion von Al-Wehdah und Al-Shabab Club (gegr. 1962); 1974 schließt sich Al-Najah dem Verein an; 2017 erfolgt die Fusion mit Al-Shabab Al Arabi Club, der 1958 gegründet wurde, und dem 1996 gegründeten Dubai Cultural Sports Club zum Shabab Al-Ahli Dubai FC; das Gründungsjahr des neu gebildeten Vereins wird mit 1958 angegeben

Erfolge:
Landesmeister: (7) 1975, 1976, 1980, 2006, 2009, 2014, 2016
Pokalsieger: (9) 1975, 1977, 1988, 1996, 2002, 2004, 2008, 2013, 2019
Ligapokal: (4) 2012, 2014, 2017, 2019
Supercup: (5) 2008, 2013, 2014, 2016, 2020

Stadion:
Al-Rashid Stadium (Dubai) – eröffnet 1948
Zuschauerkapazität: 8.844, Spielfläche: 105 x 68 m

Web: shababalahli.ae

Teilnahme Weltpokal/Klub-Weltmeisterschaft:

09.12.2009	Abu Dhabi	Auckland City – Al-Ahli	2:0

Al-Wahda Abu Dhabi

[Al-Wahda FC – Al-Wahda Football Club]

Fußballverein aus Abu Dhabi, Vereinigte Arabische Emeirate

gegründet am 03. Juni 1974 durch Zusammenschluss der Vereine Ahli Club (gegr. 1966) und Al-Falah entsteht der Emirates Club; 1984 Zusammenschluss mit Abu Dhabi Club zu Al-Wahda Sports Cultural Club (SCC); Mitte der 2010er Jahre Hervorhebung als Fußballclub (FC)

Erfolge:
Landesmeister: (4) 1999, 2001, 2005, 2010
Pokalsieger: (2) 2000, 2017
Ligapokal: (2) 2016, 2018
Supercup: (4) 2002, 2011, 2017, 2018

Stadion:
Al-Nahyan Stadium (Abu Dhabi) – eröffnet 1995
Zuschauerkapazität: 11.456, Spielfläche: 105 x 68 m

Web: alwahda-fc.com

Teilnahme Weltpokal/Klub-Weltmeisterschaft:

08.12.2010	Abu Dhabi	Al-Wahda – Hekari United	3:0
11.12.2010	Abu Dhabi	Ilhwa Chunma – Al-Wahda	4:1
15.12.2010	Abu Dhabi	Pachuca CF – Al-Wahda	2:2 nV 4:2 iE

Al-Jazira Club

[Al-Jazira Sports & Culture Club Abu Dhabi]

Fußballverein aus Abu Dhabi, Vereinigte Arabische Emeirate

gegründet am 19. März 1974 durch Fusion der beiden Vereine Al-Khalidiyah (1969 gegründet) und Al-Bateen (1973 gegründet)

Erfolge:
Landesmeister: (2) 2011, 2017
Pokalsieger: (3) 2011, 2012, 2016
Ligapokal: (1) 2010
Golf Region Champions League: 2007

Stadion:
Al-Jazira Mohammed bin Zayed Stadium[1] (Abu Dhabi) – eröffnet 1980
Zuschauerkapazität: 42.056[2], Spielfläche: 105 x 68 m
[1] benannt nach Scheich Mohammed bin Zayed bin Sultan Al-Nahyan [*11.03.1961], Kronprinz der Emirate
[2] Zuschauerrekord am 06.09.2016 mit 40.893 Besuchern beim Spiel Vereinigte Arabische Emirate gegen Australien

Web: jc.ae

Teilnahme Weltpokal/Klub-Weltmeisterschaft:

06.12.2017	All-Ain	Al-Jazira – Auckland City	1:0
09.12.2017	Abu Dhabi	Al-Jazira – Urawa Red Diamonds	1:0
13.12.2017	Abu Dhabi	Al-Jazira – Real Madrid	1:2

Al-Ain FC

[Al-Ain FC – Al-Ain Football Club]

Fußballverein aus Al-Ain, Vereinigte Arabische Emeirate

gegründet im August 1968 als Fußballsektion des Al-Ain Sports and Cultural Club (SCC)

Erfolge:
Landesmeister: (13) 1977, 1981, 1984, 1993, 1998, 2000, 2002, 2003, 2004, 2012, 2013, 2015, 2018
Pokalsieger: (7) 1999, 2001, 2005, 2006, 2009, 2014, 2018
Ligapokal: (1) 2009
Supercup: (5) 1995, 2003, 2009, 2012, 2015
AFC Champions League: 2003
Golf Region Champions League: 2001

Stadion:
Hazza bin Zayed Stadium[1] (Abu Dhabi) – eröffnet am 14.01.2014
Zuschauerkapazität: 25.965, Spielfläche: 105 x 68 m
[1] benannt nach Scheich Hazza bin Zayed Al-Nahyan [*1965], Vereinspräsident und Chef der nationalen Sicherheitsbehörde

Web: alainclub.ae

Teilnahme Weltpokal/Klub-Weltmeisterschaft:

12.12.2018	All-Ain	Al-Ain FC – Team Wellington	3:3 nV 4:3 iE
15.12.2018	All-Ain	Al-Ain – ES Tunis	3:0
18.12.2018	Al-Ain	Al-Ain – CA River Plate	2:2 nV 5:4 iE
22.12.2018	Abu Dhabi	Real Madrid – Al-Ain FC	4:1

X. Personenlexikon

Aufgeführt werden alle Spieler, Trainer und Schiedsrichter die Österreicher, Deutsche und Schweizer sind.

Alaba

David Alaba 2016
Wikimedia Commons; Autor: Steindy; CC BY-SA 3.0

David Olatukunbo **Alaba**

Österreicher (mit nigerianisch-philippinischen Wurzeln)
24.06.1992 in Wien (AUT) geboren
Verteidiger/Mittelfeld-Spieler

Vereine:
2001-2002 SV Aspern (Wien)
2002-2008 FK Austria Magna Wien (bis 2004 FK Austria Memphis Magna Wien)
seit 2008 FC Bayern München
2011 TSG 1899 Hoffenheim (Leihe)

Bestritt am 18.01.2008 als 15-Jähriger sein erstes Spiel in der Profimannschaft von Austria Wien; am 10.02.2010 erster Einsatz in einem Profi-Pflichtspiel bei Bayern München; spielte in der U17- (24 Sp./fünf T.), U19- (5/1) und U21-Auswahl (5/0) von Österreich; am 14.10.2009 erster Einsatz in der A-Nationalmannschaft Österreichs (in Paris gegen Frankreich); bisher 76 A-Einsätze (14 Tore).

Erfolge:
FIFA-Klub-Weltmeister: 2013, 2020
UEFA-Champions-League-Gewinner: 2013, 2020
UEFA-Supercupsieger: 2013, 2020
Deutscher Meister: 2010, 2013, 2014, 2015, 2016, 2017, 2018, 2019, 2020
Deutscher Pokalsieger: 2010, 2013, 2014, 2016, 2019, 2020
Deutscher Supercupsieger: 2010, 2012, 2016, 2017, 2018, 2020

Auszeichnungen (Auswahl):
Österreichs Sportler des Jahres: 2013, 2014
Österreichs Fußballer des Jahres: 2011, 2012, 2013, 2014, 2015, 2016, 2020

Spieler bei der FIFA-Klub-Weltmeisterschaft:
01	17.12.2013	Guangzhou Evergrande – *Bayern München*
02	21.12.2013	*Bayern München* – Raja Casablanca
03	08.02.2021	*Bayern München* – Al-Ahly Kairo
04	11.02.2021	*Bayern München* – Tigres UANL

Arbinger

Alfred „Fred" Arbinger

Deutscher
06.06.1957 in Aldersbach (GER) geboren
Mittelfeld-Spieler; Trainer

Vereine (Spieler):
bis 1975 FC Alkofen und FC Vilshofen
1975-1978 FC Bayern München
1978-1979 Tennis Borussia Berlin
von 1980-1990 verschiedene Stationen im Amateurfußball
Vereine (Trainer):
von 1986-2008 verschiedene Stationen im Amateurfußball außer
2006-2007 Wacker Burghausen

Am 09.10.1976 erstes Bundesligaspiel (Bayern München – Schalke 04).

Erfolge:
Weltpokalsieger: 1976

Spieler beim Weltpokal:
| 01 | 21.12.1976 | Cruzeiro Belo Horizonte – *Bayern München* |

Beckenbauer

Franz Beckenbauer 1967

Wikimedia Commons; Autor: Bundesarchiv, B 145 Bild-F025341-0010 / Gräfingholt, Detlef; CC BY-SA 3.0

Franz Anton Beckenbauer

Deutscher
11.09.1945 in München (GER) geboren
Verteidiger; Trainer; Funktionär

Vereine (Spieler):
1951-1959 SC 1906 München
1959-1977 FC Bayern München
1977-1980 New York Cosmos
1980-1982 Hamburger SV
1983 New York Cosmos
Vereine (Trainer):
1984-1990 Deutschland (Nationalmannschaft)/Teamchef
1990-1991 Olympique Marseille
1994 + 1996 FC Bayern München

Spielte am 06.06.1964 erstmals für die Profimannschaft des FC Bayern (gegen FC St. Pauli); spielte in der Jugendauswahl (3 Sp./3 T.) und zweimal in der B-Elf (kein Tor); am 26.09.1965 erster Einsatz in der deutschen Nationalmannschaft (in Stockholm gegen Schweden); spielte 103-mal für Deutschland (14 Tore); 1966, 1970 und 1974 Teilnehmer bei der Weltmeisterschaft; seit 1984 arbeitete er als Trainer (Teammanager) u. a. bei der WM 1986 und 1990; später in verschiedenen Positionen als Funktionär (u. a. Präsident von Bayern München).

Erfolge (Spieler):
Weltmeister: 1974
Europameister: 1972
Weltpokalsieger: 1976
UEFA Europapokalsieger der Landesmeister: 1974, 1975, 1976
UEFA Europacupgewinner der Pokalsieger: 1967
Deutscher Meister: 1969, 1972, 1973, 1974, 1982
Deutscher Pokalsieger: 1966, 1967, 1969, 1971
US-Meister (NASL): 1977, 1978, 1980
Erfolge (Trainer):
Weltmeister: 1990
UEFA-Pokalsieger: 1996
Französischer Meister: 1991

Auszeichnungen (Auswahl):
Fußballer des Jahres Europa: 1972, 1976
Fußballer des Jahres Deutschland: 1966, 1968, 1974, 1976
Fußballer des Jahrhunderts Deutschland: 2000

Spieler beim Weltpokal:
01	23.11.1976	*Bayern München* – Cruzeiro Belo Horizonte
02	21.12.1976	Cruzeiro Belo Horizonte – *Bayern München*

Blankenburg

Horst Blankenburg 1972

Wikimedia Commons; Autor: Anefo, Nationaal Archief 2.24.01.05, item number 925-7441; CC BY-SA 3.0 nl

Horst Blankenburg

Deutscher
10.07.1947 in Heidenheim an der Brenz (GER) geboren
Verteidiger

Vereine:
bis 1967 VfL Heidenheim
1967-1968 1. FC Nürnberg
1968-1969 Wiener Sport-Club
1969-1970 TSV 1860 München
1970-1975 Ajax Amsterdam
1975-1977 Hamburger SV
1977-1978 Neuchatel Xamax
1978-1979 Chicago Sting
1979-1980 KSC Hasselt
1980 Chicago Sting
1980-1982 Preußen Münster
1982-1983 Hummelsbütteler SV
1985 Lüneburger SK

Begann seine Profilaufbahn 1967; am 16.08.1969 erstes Bundesligaspiel (Aachen gegen 1860 München); war nach seinem Karriereende kurzzeitig als Trainer (Lüneburger SK, Atlas Delmenhorst) tätig.

Erfolge:
Weltpokal-Sieger: 1972
UEFA Europapokalsieger der Landesmeister: 1971, 1972, 1973
UEFA Supercup-Gewinner: 1972
UEFA Europacupgewinner der Pokalsieger: 1977
Deutscher Meister: 1968
Deutscher Pokalsieger: 1976
Niederländischer Meister: 1972, 1973
Niederländischer Pokalsieger: 1971, 1972

Spieler beim Weltpokal:
01	06.09.1972	Independiente Avellaneda – *Ajax Amsterdam*
02	28.09.1972	*Ajax Amsterdam* – Independiente Avellaneda

Boateng

Jérôme Agyenim **Boateng**

Deutscher (mit ghanaischen Wurzeln)
03.09.1988 in Berlin (GER) geboren
Verteidiger

Vereine:
1998-2002 Tennis Borussia Berlin
2002-2007 Hertha BSC
2007-2010 Hamburger SV
2010-2011 Manchester City
seit 2011 FC Bayern München

Jerome Boateng 2012
Wikimedia Commons;
Autor: Michael Kranewitter;
CC BY-SA 3.0

Am 31.01.2007 bestritt er sein erstes Bundesligaspiel (Hannover 96 – Hertha BSC); spielte in der U17-Auswahl (4 Sp./1 T.), in der U19 (17/2) und in der U21(15/1); sein erstes Länderspiel in der deutschen A-Auswahl war am 10.10.2009 (in Moskau gegen Russland); bisher 76 Einsätze (ein Tor).

Erfolge:
Weltmeister: 2014
U21-Europameister: 2009
FIFA-Klub-Weltmeister: 2013, 2020
UEFA-Champion-League-Sieger: 2013, 2020
UEFA Supercupsieger 2013, 2020
Deutscher Meister: 2013, 2014, 2015, 2016, 2017, 2018, 2019, 2020
Deutscher Pokalsieger: 2013, 2014, 2016, 2019, 2020
Englischer Pokalsieger: 2011
Deutscher Supercupsieger: 2012, 2016, 2017, 2018

Auszeichnungen (Auswahl):
Fußballer des Jahres Deutschland: 2016

Spieler beim Weltpokal:
01	17.12.2013	Guangzhou Evergrande – *Bayern München*
02	21.12.2013	*Bayern München* – Raja Casablanca
03	08.02.2021	*Bayern München* – Al-Ahly Kairo

Bonhof

Rainer **Bonhof**

Deutscher (mit niederländischen Wurzeln)
29.03.1952 in Emmerich (NED) geboren
Mittelfeld-Spieler; Trainer; Funktionär

Vereine (Spieler):
1963-1970 TuS Emmerich
1970-1978 Borussia Mönchengladbach
1978 1980 FC Valencia
1980-1983 1. FC Köln
1983 Hertha BSC

Rainer Bonhof 1975
Wikimedia Commons; Autor:
Anefo, Nationaal Archief
2.24.01.05, item number
927-9341; CC BY-SA 3.0 nl

Vereine (Trainer):
1990-1998 Deutschland (Nationalmannschaft Co-Trainer)
1998 Deutschland (U21)

194

1998-1999 Borussia Mönchengladbach
2001-2001 Al-Kuwait SC
2002-2005 Schottland (Co-Trainer + U21)

Am 15.08.1970 hatte er seinen ersten Einsatz in der Bundesliga; spielte in der Jugendauswahl (10 Sp./5 T.) und in der U23 (5/0); für die A-Nationalmannschaft kam er ab dem 26.05.1972 (in München Deutschland – Sowjetunion) zum Einsatz; insgesamt 53-mal trug er das Trikot der A-Auswahl (neun Tore); er nahm 1974 und 1978 an der Weltmeisterschaft teil; arbeitete später als Trainer und Funktionär (Vizepräsident Borussia Mönchengladbach).

Erfolge (Spieler):
Weltmeister: 1974
Europameister: 1972, 1980
UEFA Europacupgewinner der Pokalsieger: 1980
UEFA-Cup-Sieger: 1975
Deutscher Meister: 1971, 1975, 1976, 1977
Deutscher Pokalsieger: 1973
Spanischer Pokalsieger: 1979
Deutscher Supercup-Gewinner: 1976

Spieler beim Weltpokal:
01   21.03.1978   Boca Juniors – *Borussia Mönchengladbach*

Bruns

Hans-Günter Bruns

Deutscher
15.11.1954 in Mühlheim an der Ruhr (GER) geboren
Verteidiger/Mittelfeld-Spieler; Trainer

Vereine (Spieler):
1965-1971 RSV Mühlheim + Rot-Weiß Mühlheim a.d.R.
1971-1976 FC Schalke 04
1976-1978 SG Wattenscheid 09
1978-1979 Borussia Mönchengladbach
1979-1980 Fortuna Düsseldorf
1980-1990 Borussia Mönchengladbach

Vereine (Trainer):
seit 2003 im Amateurbereich tätig außer
2006-2011 Rot-Weiß Oberhausen

Hans-Günter Bruns 1975
© *powerplay / Schirner Sportfoto*

Bestritt sein erstes Bundesligaspiel am 14.06.1975 (Schalke – Tennis Borussia); am 29.02.1984 wurde er erstmals in der deutschen Nationalmannschaft, für die er viermal auflief (kein Tor), eingesetzt; gehörte 1984 zum Aufgebot der Deutschen bei der Europameisterschaft; arbeitete später als Trainer.

Erfolge (Spieler):
UEFA-Cup-Sieger: 1979
Deutscher Pokalsieger: 1980

Spieler beim Weltpokal:
01   01.08.1978   *Borussia Mönchengladbach* – Boca Juniors

Brych

Felix Brych

Deutscher
03.08.1975 in München (GER) geboren
Schiedsrichter

Seit 1999 Schiedsrichter (ab 2004 in der höchsten Spielklasse); seit 2007 FIFA-Schiedsrichter.
2013, 2015, 2016 und 2018 Schiedsrichter des Jahres in Deutschland; 2017 Weltschiedsrichter

Bedeutende Einsätze:
30.05.2015 DFB-Pokalfinale (Dortmund – Wolfsburg)
12.05.2017 Finale UEFA Champions League (Juventus Turin – Real Madrid)
2012 Olympische Spiele (29.07. Senegal – Uruguay; 04.08. Brasilien – Honduras)
2013 Konföderationen-Pokal (22.06. Japan – Mexiko)
2014 Weltmeisterschaft (14.06. Uruguay – Costa Rica; 22.06. Belgien – Russland)
2016 Europameisterschaft (16.06. England – Wales; 22.06. Schweden – Belgien; 30.06. Polen – Portugal)
2018 Weltmeisterschaft (22.06. Serbien – Schweiz)

Felix Brych 2009
© *Wikimedia Commons;
Autor: Pascua Theus aka
Körnerbrötchen; CC BY-SA 2.0*

Einsätze unter Beteiligung von Mannschaften aus deutschsprachigen Ländern:
08.02.2006 England – Schweiz [Freundschaftsspiel]
09.02.2011 Niederlande – Österreich [Freundschaftsspiel]
12.11.2017 Schweiz – Nordirland [WM'18 Qualifikation]
22.06.2018 Serbien – Schweiz [Weltmeisterschaft]
27.11.2018 Manchester United – Young Boys Bern [Champions League]
05.06.2019 Portugal – Schweiz [Ntions League]
28.08.2019 Club Brügge – Linzer ASK [Champions League Qualifikation]
12.12.2019 Glasgow Rangers – Young Boys Bern [Europa League]

Schiedsrichter bei der FIFA-Klub-Weltmeisterschaft:
01   12.12.2017   Halbfinale   Gremio Porto Alegre – CF Pachuca

Chapuisat

Stephane Chapuisat 2014
Wikimedia Commons; Autor: Christophe95; CC BY-SA 3.0

Stéphane „Chappi" Chapuisat

Schweizer
am 28.06.1969 in Lausanne (SUI) geboren
Stürmer

Vereine:
1978-1980 Red Star Zürich
1980-1985 FC Lausanne-Sport
1985-1987 ES FC Malley
1987-1990 FC Lausanne-Sport
1991 Bayer Uerdingen
1991-1999 Borussia Dortmund
1999-2002 Grasshopper Zürich
2002-2005 Young Boys Bern
2005-2006 FC Lausanne-Sport

Am 13.04.1991 erster Einsatz in der Bundesliga (Uerdingen – Düsseldorf); sein erstes Spiel in der Schweizer A-Nationalmannschaft bestritt er am 21.06.1989 in Basel (gegen Brasilien); insgesamt 103 Spiele (21 Tore).

Erfolge:
Weltpokalsieger: 1997
UEFA Champions-League-Sieger: 1997
Deutscher Meister: 1995, 1996
Deutscher Supercupsieger: 1995, 1996
Schweizer Meister: 2001

Auszeichnungen (Auswahl):
Fußballer des Jahres Schweiz: 1992, 1993, 1994, 2001

Spieler beim Weltpokal:
01   02.12.1997   Borussia Dortmund – Cruzeiro Belo Horizonte

Cramer

Dettmar Cramer 1974
© powerplay / Schirner Sportfoto

Dettmar Cramer

Deutscher
04.04.1925 in Dortmund (GER) geboren – 17.09.2015 in Reit im Winkl (GER) gestorben
Trainer

Vereine (Auswahl):
1948-1963 Westdeutscher Fußball-Verband
1963 Japan (Nationalmannschaft)
1964-1974 Deutschland (Co-Trainer)
1971-1974 Ägypten (Nationalmannschaft)
1974 Hertha BSC
1974-1975 USA (Nationalmannschaft)
1975-1977 FC Bayern München
1977-1978 Eintracht Frankfurt
1978-1980 Saudi-Arabien (Nationalmannschaft) + Al-Ittihad
1980-1981 Aris Saloniki
1982-1985 Bayer Leverkusen
1985-2002 mehre Funktionen bei asiatischen Fußballverbänden

War FIFA-Ausbilder; hatte bei Verbänden und Vereinen auch beratende Aufgaben.

Erfolge:
Weltpokalsieger: 1976
UEFA Europapokalsieger der Landesmeister: 1975, 1976

Trainer beim Weltpokal:
01	23.11.1976	Bayern München – Cruzeiro Belo Horizonte
02	21.12.1976	Cruzeiro Belo Horizonte – Bayern München

Danner

Dietmar Danner

Deutscher
am 29.11.1950 in Mannheim (GER) geboren
Mittelfeld-Spieler

Vereine:
bis 1966 Eintracht Plankstadt
1966-1971 VfR Mannheim
1971-1980 Borussia Mönchengladbach
1980-1981 FC Schalke 04
1981-1982 1. FC Saarbrücken
1982-1983 LASK Linz

Dietmar Danner 1973
© powerplay / Schirner Sportfoto

Am 21.08.1971 erster Bundesligaeinsatz (Mönchengladbach – Bielefeld); bestritt in Moskau am 05.09.1973 sein erstes A-Länderspiel (gegen die Sowjetunion); insgesamt sechs Länderspiele (kein Tor); spielte 1976 bei der EM.

Erfolge:
UEFA-Pokalsieger: 1975, 1979
Deutscher Meister: 1975, 1976, 1977
Deutscher Pokalsieger: 1973

Spieler beim Weltpokal:
01	21.03.1978	Boca Juniors – Borussia Mönchengladbach

Del'Haye

Karl „Kalle" Del'Haye

Deutscher
18.08.1955 in Aachen (GER) geboren
Stürmer

Vereine:
1962-1974 Alemannia Aachen
1974-1980 Borussia Mönchengladbach
1980-1985 FC Bayern München
1985-1987 Fortuna Düsseldorf
1987-1988 Lobbericher SC

Kalle Del'Haye 1974
© powerplay / Schirner Sportfoto

Am 10.09.1974 erster Bundesligaeinsatz (Mönchengladbach – Tennis Borussia); spielte in der Jugendauswahl elfmal (drei Tore), in der B-Auswahl (6 Sp./2 T.) und dreimal in der Olympiaauswahl (kein Tor); erster Einsatz in der deutschen A-Nationalmannschaft am 02.04.1980 (in München – Österreich); insgesamt wurde er zweimal im Nationalteam eingesetzt (kein Tor).

Erfolge:
Europameister: 1980
UEFA-Pokalsieger: 1975, 1979
Deutscher Meister: 1975, 1976, 1977, 1981, 1985
Deutscher Pokalsieger: 1982, 1984
Deutscher Supercupsieger: 1982 (inoffiziell)
Amateur-Länderpokalsieger: 1974

Spieler beim Weltpokal:
01	21.03.1978	Boca Juniors – Borussia Mönchengladbach

Dürnberger

Bernhard „Bernd" Dürnberger

Deutscher
17.09.1953 in Kirchanschöring (GER) geboren
Mittelfeld-Spieler

Vereine:
bis 1972 SV Kirchanschöring + ESV Freilassing
1972-1985 FC Bayern München

Am 16.09.1972 erstes Bundesligaspiel (Rot-Weiß Oberhausen – Bayern); spielte in der deutschen Jugendauswahl (18 Sp./8. T.), in der Amateurauswahl (1/0) und in der B-Elf (5/1).

Erfolge:
Weltpokal-Sieger: 1976
UEFA Europapokalsieger der Landesmeister: 1974, 1975, 1976
Deutscher Meister: 1973, 1974, 1980, 1981, 1985
Deutscher Pokalsieger: 1982, 1984

Spieler beim Weltpokal:
01   23.11.1976   *Bayern München – Cruzeiro Belo Horizonte*

Bernd Dürnberger 1974
© powerplay / Schirner Sportfoto

Feiersinger

Wolfgang „Sali" Feiersinger

Österreicher
30.01.1965 in Saalfelden (AUT) geboren
Verteidiger/Mittelfeld-Spieler

Vereine:
1971-1986 1. Saalfeldner SK
1986-1996 SV Casino Salzburg
1996-2000 Borussia Dortmund
2000-2001 Linzer ASK
2001-2002 SV Wüstenrot Salzburg
2002-2004 PSV Salzburg

1986 erster Profivertrag; erstes Spiel in der österreichischen Bundesliga am 21.07.1989 (Salzburg – Grazer AK); in der höchsten deutschen Spielklasse wurde er erstmals am 21.08.1996 (Dortmund – Düsseldorf) eingesetzt; am 21.08.1990 erstes Spiel in der A-Nationalmannschaft Österreichs (in Wien gegen die Schweiz); trug 46-mal das Nationaltrikot (kein Tor) und war Teilnehmer der Weltmeisterschaft 1998.

Erfolge:
Weltpokalsieger: 1997
UEFA-Champions-League-Gewinner: 1997
Österreichischer Meister: 1994, 1995, 1997
Österreichischer Supercupgewinner: 1994, 1995

Spieler beim Weltpokal:
01   02.12.1997   *Borussia Dortmund – Cruzeiro Belo Horizonte*

Wolfgang Feiersinger 1998
© powerplay / Schirner Sportfoto

Fink

Thorsten Fink

Deutscher
29.10.1967 in Dortmund-Marten (GER) geboren
Mittelfeld-Spieler; Trainer

Vereine (Spieler):
1976-1983 SV Roland Marten
1983-1989 Borussia Dortmund
1989-1994 SG Wattenscheid 09
1994-1997 Karlsruher SC
1997-2006 FC Bayern München

Thorsten Fink 2013
Wikimedia Commons; Autor: Salmaline; CC BY-SA 4.0

Vereine (Trainer):
2006-2008 Red Bull Salzburg (Juniors und Co-Trainer)
2008-2009 FC Ingolstadt
2009-2011 FC Basel
2011-2013 Hamburger SV
2015 APOEL Nikosia
2015-2018 FK Austria Wien
2018-2019 Grasshopper Zürich
2019-2020 Vissel Kobe

Am 11.08.1990 erstes Bundesligaspiel (Wattenscheid – Werder Bremen); ein Einsatz (kein Tor) in der U21-Auswahl.

Erfolge (Spieler):
Weltpokalsieger: 2001
UEFA Champions-League-Sieger: 2001
Deutscher Meister: 1999, 2000, 2001, 2003
Deutscher Pokalsieger: 1998, 2000, 2003

Erfolge (Trainer):
Schweizer Meister: 2010, 2011
Schweizer Pokalsieger: 2010

Spieler beim Weltpokal:
01 27.11.2001 *Bayern München – Boca Juniors*

Flick

Hans-Dieter "Hansi" Flick

Deutscher
24.02.1965 in Heidelberg (GER) geboren
Mittelfeld; Trainer

Vereine (Spieler):
1971-1976 BSC Mückenloch
1976-1981 SpVgg Neckargemünd
1994-1985 SV Sandhausen
1985-1990 FC Bayern München
1990-1993 1. FC Köln
1994-2000 FC Victoria Bammental

Hansi Flick 2011
Wikimedia Commons; Autor: Steindy; CC BY-SA 3.0

Vereine (Trainer):
1996-2000 FC Victoria Bammental
2000-2005 TSG Hoffenheim
2006-2014 Co-Trainer (Red Bull Salzburg, Deutschland)
ab 2019 FC Bayern München

Sein Bundesliga-Debüt gab er am 20.11.1985 beim Auftritt der Bayern in Leverkusen. In der Auswahl wurde er zweimal für die U18 (kein Tor) eingesetzt. 2006 wurde Assistenztrainer der deutschen Nationalmannschaft.

Erfolge (Spieler):
Deutscher Meister: 1986, 1987, 1989, 1990
Deutscher Pokalsieger: 1986
Deutscher Superpokalgewinner: 1987

Erfolge (Trainer):
FIFA-Klub-Weltmeister: 2020
UEFA-Champions-League-Sieger: 2020
UEFA-Superpokalgewinner: 2020
Deutscher Meister: 2020
Deutscher Pokalsieger: 2020
Deutscher Superpokalgewinner: 2020

Auszeichnungen (Auswahl):
Trainer des Jahres Europa: 2020
Trainer des Jahres Deutschland: 2020

Trainer beim Weltpokal:
01 08.02.2021 *Bayern München – Al-Ahly Kairo*
01 11.02.2021 *Bayern München – Tigres UANL*

Glöckner

Rudi Glöckner 1973
Wikimedia Commons;
Autor: Hans Peters/Anefo,
Nationaal Archief 2.24.01.05,
item number 926-3388;
CC BY-SA 3.0 nl

Rudolf „Rudi" Glöckner

Deutscher
20.03.1929 in Markranstädt (GER) geboren – 25.01.1999 in Markranstädt (GER) gestorben
Schiedsrichter

Seit 1952 Schiedsrichter (ab 1959 in der höchsten Spielklasse der DDR); von 1963 bis 1977 FIFA-Schiedsrichter.

Bedeutende Einsätze:
01.05.1963 Pokalfinale DDR (Motor Zwickau – Chemie Zeitz)
09.06.1968 Pokalfinale DDR (1. FC Union Berlin – FC Carl Zeiss Jena)
20.06.1971 Pokalfinale DDR (Dynamo Dresden – Berliner FC Dynamo)
13.04.1974 Pokalfinale DDR (FC Carl Zeiss Jena – Dynamo Dresden)
03.06.1971 Finale Messepokal (Rückspiel, Leeds United – Juventus Turin)
16.01.1974 Finale UEFA-Supercup (Ajax Amsterdam – AC Mailand)
19.05.1976 Finale UEFA-Pokal (Rückspiel, FC Brügge – FC Liverpool)
1964 Olympische Spiele (12.10. Brasilien – Ägypten; 16.10. Ägypten – Südkorea; 18.10. Ägypten – Ghana)
1970 Weltmeisterschaft (06.06. Uruguay – Italien; 21.06. Finale Brasilien – Italien)
1972 Olympische Spiele (27.08. Marokko – USA)
1972 Europameisterschaft (14.06. Sowjetunion – Ungarn)
1974 Weltmeisterschaft (30.06. Polen – Jugoslawien)

Einsätze unter Beteiligung von Mannschaften aus deutschsprachigen Ländern:
17.09.1969 FC Basel – Celtic Glasgow [EC Landesmeister]
04.09.1971 Österreich – Schweden [EM'72 Qualifikation]
29.09.1971 FC Liverpool – Servette Genf [UEFA-Cup]
10.05.1972 Polen – Schweiz [Freundschatsspiel]
10.10.1972 Österreich – Ungarn [WM'74 Qualifikation]
03.10.1973 Inter Mailand – Admira/Wacker Wien [UEFA-Cup]
27.11.1973 Schweden – Österreich [WM'74 Qualifikation]
20.10.1976 FC Basel – Athletic Bilbao [UEFA-Cup]

Schiedsrichter beim Weltpokal:
01   26.08.1970   Finale, Rückspiel   Estudiantes La Plata – Feijenoord Rotterdam

Gnabry

Serge Gnabry 2019
Wikimedia Commons; Autor:
Rufus46; CC BY-SA 3.0

Serge David Gnabry

Deutscher (mit ivorischen Wurzeln)
14.071995 in Stuttgart geboren
Stürmer

Vereine (Spieler):
1999 bis 2005 TSV Weissach, TSF Ditzingen, GSV Hemmingen, SpVgg Feuerbach
2005-2006 Stuttgarter Kickers
2006-2011 VfB Stuttgart
2012-2016 Arsenal London
2015-2016 West Bromwich Albion (Leihe)
2016-2017 Werder Bremen
ab 2017 FC Bayern München
2017-2018 TSG Hoffenheim (Leihe)

Am 11.09.2016 erster Bundesligaeinsatz (Bremen – Augsburg), nachdem er seit 2012 in der Premier League spielte; seit 2010 Nachwuchs-Nationalspieler: U16 fünf Spiele (ein Tor), U17 zwölf Spiele (drei Tore), U18 zwei Spiele (drei Tore), U19 funf Spiele (drei Tore), U21 15 Spiele (4 Tore) ehe er 2016 in der Olympia-Auswahl sechsmal (sechs Tore) und der A-Nationalmannschaft am 11.11 2016 (in San Marino) erstmals eingesetzt wurde; bisher 17 Spiele (14 Tore).

Erfolge (Spieler):
U21- Europameister 2017
Silber Olympische Spiele 2016
FIFA-Klub-Weltmeister: 2020
UEFA-Champions-Leage-Sieger: 2020
UEFA-Supercup-Sieger: 2020
Deutscher Meister: 2019, 2020
Deutscher Pokalsieger: 2019, 2020
Deutscher Superpokalgewinner: 2018, 2020
Englischer Pokalsieger: 2014, 2015
Englischer Superpokalgewinner: 2014, 2015

Spieler beim Weltpokal:
01	08.02.2021		Bayern München – Al-Ahly Kairo
02	11.02.2021		Bayern München – Tigres UANL

Gores

Rudolf „Rudi" Gores

Deutscher
05.09.1957 in Gerolstein (GER) geboren
Stürmer; Trainer

Vereine (Spieler):
bis 1976 SV Gerolstein
1976-1980 Borussia Mönchengladbach
1980-1982 MSV Duisburg
1982-1983 Fortuna Düsseldorf
1983-1985 Fortuna Köln
1985-1986 Tennis Borussia Berlin
1986-1987 Viktoria Aschaffenburg
Vereine (Trainer):
1995-1997 Rot-Weiß Essen
1997 FC Rot-Weiß Erfurt
1997-1999 Wuppertaler SV
2005-2006 Baniyas SC (Co-Trainer)
2006 CD Teneriffa (Co-Trainer)

Am 12.08.1978 erstes Bundesligaspiel (Hamburg – Mönchengladbach).

Erfolge (Spieler):
UEFA-Pokal-Sieger: 1979
Deutscher Meister: 1977

Spieler beim Weltpokal:
01	01.08.1978	Borussia Mönchengladbach – Boca Juniors

Götze

Mario Götze

Deutscher
am 03.06.1992 in Memmingen (GER) geboren
Mittelfeld-Spieler

Vereine:
1995-1998 SC Ronsberg
1998-2001 Eintracht Hombruch
2001-2013 Borussia Dortmund
2013-2016 FC Bayern München
2016-2020 Borussia Dortmund
ab 2020   PSV Eindhoven

Mario Götze 2012

Wikimedia Commons;
Autor: Michael Kranewitter;
CC BY-SA 3.0

Am 21.11.2009 erster Bundesligaeinsatz (Dortmund – Mainz); spielte zweimal (kein Tor) in der U15-Auswahl, in der U16 achtmal (drei Tore), in der U17 dreizehnmal (fünf Tore) und in der U21-Auswahl zweimal (kein Tor); erster Einsatz in der deutschen A-Nationalmannschaft am 10.11.2010 in Göteborg (gegen Schweden); bisher 63 Einsätze in der Auswahl (17 Tore).

Erfolge:
Weltmeister: 2014
U17-Europameister: 2009
FIFA-Klub-Weltmeister: 2013
UEFA Supercupgewinner: 2013
Deutscher Meister: 2011, 2012, 2014, 2015, 2016
Deutscher Pokalsieger: 2012, 2014, 2016, 2017
Deutscher Supercupgewinner: 2019

Spieler beim Weltpokal:
01	17.12.2013	Guangzhou Evergrande – *Bayern München*
02	21.12.2013	*Bayern München* – Raja Casablanca

Groh

Jürgen „Joschi" Groh

Deutscher
am 17.07.1956 in Heppenheim (GER) geboren
Verteidiger

Vereine:
bis 1974 Starkenburgia Heppenheim
1974-1976 VfR Bürstadt
1976-1980 1. FC Kaiserslautern
1980-1985 Hamburger SV
1985-1986 Trabzonspor
1986-1989 1. FC Kaiserslautern
1989-1990 SV Edenkoben

Am 14.08.1976 erster Einsatz in der Bundesliga (1. FC Köln – Kaiserslautern); spielte in der B-Auswahl (9 Sp./1 T.) und in der Olympiaauswahl (14/0); in Reykjavik am 26.05.1979 Debüt in der deutschen Nationalmannschaft (gegen Island); wurde zweimal in der A-Elf eingesetzt (kein Tor).

Erfolge:
UEFA Europapokalsieger der Landesmeister: 1983
Deutscher Meister: 1982, 1983
Deutscher Amateurmeister: 1975

Spieler beim Weltpokal:
01   11.12.1983   Gremio Porto Alegre – *Hamburger SV*

Haberfellner

Alfred Haberfellner

Österreicher
1925 in Wien (AUT) geboren
Schiedsrichter

Von 1960 bis 1965 FIFA-Schiedsrichter.

Einsätze unter Beteiligung von Mannschaften aus deutschsprachigen Ländern:
21.06.1961 DDR – Marokko [Freundschaftsspiel]
07.10.1964 Galatasaray Istanbul – SC Magdeburg [EC Pokalsieger]
20.04.1965 FC Turin – 1860 München [EC Pokalsieger]

Schiedsrichter beim Weltpokal:
01   16.10.1963 Finale, Hinspiel   AC Mailand – FC Santos

Hamann

Didi Hamann 2011
Wikimedia Commons; Autor: Jonesy702; CC BY-SA 3.0

Dietmar Johann Wolfgang „Didi" **Hamann**

Deutscher
am 27.08.1973 in Waldsassen (GER) geboren
Mittelfeld-Spieler; Trainer

Vereine (Spieler):
1978-1989 FC Wacker München
1989-1998 FC Bayern München
1998-1999 Newcastle United
1999-2006 FC Liverpool
2006 Bolton Wanderers
2006-2009 Manchester City
2010-2011 Milton Keynes Dons

Wurde am 13.05.1994 erstmals für den FC Bayern in der Bundesliga eingesetzt (gegen Stuttgart); bestritt in der U20-Auswahl drei Einsätze (kein Tor) und in der U21 zehn (zwei Tore); sein Länderspieldebüt gab er am 15.11.1997 in Düsseldorf (gegen Südafrika); bis zu seinem Karriereende wurde er 59-mal (fünf Tore) in der deutschen A-Elf eingesetzt; arbeitete kurzzeitig als Trainer (2011 Stockport County).

Erfolge:
UEFA Champions-League-Sieger: 2005
UEFA-Pokalsieger: 1996, 2001
UEFA Supercupgewinner: 2001, 2005

Deutscher Meister: 1994, 1997
Deutscher Pokalsieger: 1998
Englischer Pokalsieger: 2001, 2006
Englischer Supercupgewinner (Charity Shield): 2001
Englischer Ligapokalsieger: 2001, 2003

Spieler beim Weltpokal:
01   15.12.2005   Deportivo Saprissa – *FC Liverpool*

Hannes

Wilfried Hannes

Deutscher
am 17.05.1957 in Düren-Echtz (GER) geboren
Verteidiger; Trainer

Vereine (Spieler):
bis 1975 Sportfreunde Düren und SG Düren 99
1975-1986 Borussia Mönchengladbach
1986-1988 FC Schalke 04
1988 AC Bellinzona
1989 FC Aarau

Wilfried Hannes 2014
Wikimedia Commons; Autor: Linksfuss; CC BY-SA 3.0

Erster Einsatz in der Bundesliga am 26.08.1975 (Mönchengladbach – Duisburg); spielte einmal (kein Tor) in der U21-Auswahl und sechsmal (ein Tor) in der B-Elf; am 01.04.1981 in Tirana erstes Spiel für die deutsche A-Nationalmannschaft (gegen Albanien); insgesamt acht Länderspiel-Einsätze (kein Tor); später Trainer im Amateurbereich.

Erfolge:
UEFA-Pokal-Sieger: 1979
Deutscher Meister: 1976, 1977

Spieler beim Weltpokal:
01   21.03.1978   Boca Juniors – *Borussia Mönchengladbach*
02   01.08.1978   *Borussia Mönchengladbach* – Boca Juniors

Happel

Ernst Franz Hermann Happel

Österreicher
29.11.1925 in Wien (AUT) geboren – 14.11.1992 in Innsbruck (AUT) gestorben
Verteidiger; Trainer

Vereine (Spieler):
1938-1954 SK Rapid Wien
1955-1956 Racing Club Paris
1956-1959 SK Rapid Wien
Vereine (Trainer):
1962-1968 ADO Den Haag
1968-1973 Feijenoord Rotterdam
1973-1975 FC Sevilla
1975-1978 FC Brügge
1978 Niederlande (Nationalmannschaft)
1979 KRC Harelbeke
1979-1981 Standard Lüttich
1981-1987 Hamburger SV
1987-1991 FC Swarovski Tirol
1991-1992 Österreich (Nationalmannschaft)

Ernst Happel 1978
Wikimedia Commons;
Autor: Hans Peters/Anefo,
Nationaal Archief 2.24.01.06,
item number 253-8015;
CC BY-SA 3.0 nl

Spielte seit 1942 in der 1. Männermannschaft von Rapid Wien; am 14.09.1947 erstes Spiel in der A-Nationalmannschaft Österreichs (in Wien gegen Ungarn); trug 51-mal das Nationaltrikot (fünf Tore) und war Teilnehmer der Weltmeisterschaften 1954 und 1958; nach Beendigung seiner Spielerlaufbahn wurde er Sektionsleiter bei Rapid Wien und ab 1962 Trainer (in den Niederlanden).

Erfolge (Spieler):
Zentropapokalsieger: 1951
Österreichischer Meister: 1946, 1948, 1951, 1952, 1954, 1957
Österreichischer Pokalsieger: 1946
Erfolge (Trainer):
Weltpokalsieger: 1970

UEFA Europapokalsieger der Landesmeister: 1970, 1983
Niederländischer Meister: 1969, 1971
Belgischer Meister: 1976, 1977, 1978
Deutscher Meister: 1982, 1983
Österreichischer Meister: 1989, 1990
Niederländischer Pokalsieger: 1968, 1969
Belgischer Pokalsieger: 1977, 1981
Deutscher Pokalsieger: 1987
Österreichischer Pokalsieger: 1989

Trainer beim Weltpokal:
01	26.08.1970	Estudiantes La Plata – *Feijenoord Rotterdam*
02	09.09.1970	*Feijenoord Rotterdam* – Estudiantes La Plata
03	11.12.1983	Gremio Porto Alegre – *Hamburger SV*

Hartwig

William Georg „Jimmy" Hartwig

Deutscher (mit afroamerikanischen Wurzeln)
am 05.10.1954 in Offenbach a.M. (GER) geboren
Verteidiger, Mittelfeld-Spieler; Trainer

Vereine (Spieler):
1972-1973 Kickers Offenbach
1973 VfL Osnabrück (Leihe)
1974-1978 TSV 1860 München
1978-1984 Hamburger SV
1984-1986 1. FC Köln
1986 SV Austria Salzburg
1986-1988 FC Homburg

Jimmy Hartwig 1990

Wikimedia Commons; Autor: Bundesarchiv, Bild 183-1990-0516-027 / Kluge, Wolfgang; CC BY-SA 3.0

Am 06.08.1977 erster Einsatz in der Bundesliga (1860 – Schalke); spielte achtmal (ein Tor) in der Olympiaauswahl; zwei Einsätze in der deutschen Nationalmannschaft (kein Tor); Debüt am 22.05.1979 in Dublin gegen Irland; später kurzzeitig als Trainer (u. a. 1989 FC Augsburg; 1990 Chemie Böhlen und Sachsen Leipzig) tätig.

Erfolge:
UEFA Europapokalsieger der Landesmeister: 1983
Deutscher Meister: 1979, 1982, 1983

Spieler beim Weltpokal:
01	11.12.1983	Gremio Porto Alegre – *Hamburger SV*

Hasil

Franz Hasil

Österreicher
28.07.1944 in Wien (AUT) geboren
Stürmer/Mittelfeld-Spieler; Trainer

Vereine (Spieler):
bis 1956 1. Schwechater SC
1956-1968 SK Rapid Wien
1968-1969 FC Schalke 04
1969-1973 Feijenoord Rotterdam
1973-1977 SK Austria Klagenfurt
1977-1980 Polizei-SV Klagenfurt
1980-1981 SV Spittal
Vereine (Trainer):
1982-1983 First Vienna FC (Wien)
1987-1988 Wiener Sport-Klub

Franz Hasil 1970

Wikimedia Commons; Autor: Bert Verhoeff/Anefo, Nationaal Archief 2.24.01.05, item number 923-3674; CC BY-SA 3.0 nl

Seit 1962 spielte er in der 1. Männermannschaft von Rapid Wien; am 27.10.1963 Länderspieldebüt für Österreich (in Budapest gegen Ungarn); wurde 21-mal (zwei Tore) in der A-Nationalmannschaft eingesetzt; nach dem Ende seiner Spielerkarriere arbeitete er bis 1988 als Trainer.

Erfolge (Spieler):
Weltpokalsieger: 1970
UEFA Europapokalsieger der Landesmeister: 1970
Österreichischer Meister: 1964, 1967, 1968
Niederländischer Meister: 1971
Österreichischer Pokalsieger: 1968

Spieler beim Weltpokal:
01	26.08.1970	*Estudiantes La Plata – Feijenoord Rotterdam*
02	09.09.1970	*Feijenoord Rotterdam – Estudiantes La Plata*

Heinrich

Jörg Heinrich

Deutscher
am 06.12.1969 in Böhne-Wilhelminenhof (GDR) geboren
Verteidiger, Mittelfeld-Spieler; Trainer

Vereine (Spieler):
1977-1982 BSG Motor Rathenow
1982-1984 FC Vorwärts Frankfurt/O.
1984-1989 BSG Motor Rathenow
1989-1990 BSG Chemie Velten
1990-1994 Kickers Emden
1994-1996 SC Freiburg
1996-1998 Borussia Dortmund
1998-2000 AC Florenz
2000-2003 Borussia Dortmund
2003-2004 1. FC Köln
2004-2005 Ludwigsfelder FC
2005-2006 1. FC Union Berlin
2006-2007 TSV Chemie Premnitz
Vereine (Trainer):
2013-2015 BSC Rathenow 1994
2015-2016 FSV 63 Luckenwalde
2017 SV Falkensee-Finkenkrug
2017-2018 Borussia Dortmund (Co-Trainer)

Bestritt am 20.08.1994 sein erstes Bundesligaspiel (Karlsruhe – Freiburg); am 21.06.1995 in Zürich erster Einsatz für die deutsche A-Auswahl (gegen die Schweiz); trug 37-mal das Trikot der Nationalmannschaft (zwei Tore); nach seinem Karriereende als Trainer tätig.

Erfolge:
Weltpokalsieger: 1997
UEFA Champions-League-Sieger: 1997
Deutscher Meister: 1996, 2002

Spieler beim Weltpokal:
01	02.12.1997	*Borussia Dortmund – Cruzeiro Belo Horizonte*

Herrlich

Heiko Herrlich

Deutscher
am 03.12.1971 in Mannheim (GER) geboren
Stürmer; Trainer

Vereine (Spieler):
1978-1984 FC Kollnau
1984-1986 FC Emmendingen
1986-1989 SC Freiburg
1989-1993 Bayer 04 Leverkusen
1993-1995 Borussia Mönchengladbach
1995-2004 Borussia Dortmund
Vereine (Trainer):
Nachwuchs 2005-2007 Borussia Dortmund (U19); 2007-2009 Deutschland (bis 2008 U17; ab 2008 U19); 2013-2015 Bayern München (U17)
2009-2010 VfL Bochum
2011-2012 SpVgg Unterhaching
2016-2017 SSV Jahn Regensburg
2017-2018 Bayer 04 Leverkusen
ab 2020 FC Augsburg

Am 23.08.1989 erster Bundesligaeinsatz (Leverkusen – Karlsruhe); spielte in der U18-Auswahl (13 Spiele/acht Tore), in der U19 (4/3), in der U21 (20/17) und in der Olympiaauswahl (5/0); in Tiflis erstes A-Länderspiel für Deutschland am 29.03.1995 (gegen Georgien); insgesamt fünf Länderspieleinsätze (ein Tor); nach seiner Spielerlaufbahn als Trainer tätig.

Erfolge:
Weltpokalsieger: 1997
UEFA Champions-League-Sieger: 1997
Deutscher Meister: 1996, 2002
Deutscher Pokalsieger: 1993, 1995

Spieler beim Weltpokal:
01   02.12.1997   Borussia Dortmund – Cruzeiro Belo Horizonte

Hickersberger

Josef „Pepi" Hickersberger

Österreicher
27.04.1948 in Amstetten (AUT) geboren
Mittelfeld-Spieler; Trainer

Vereine (Spieler):
1960-1966 ASK Amstetten
1966-1972 FK Austria Wien
1972-1976 Kickers Offenbach
1976-1978 Fortuna Düsseldorf
1978-1980 SpG Swarovski Wacker Innsbruck
1980-1982 SK Rapid Wien
1983-1984 Badener AC
1984-1986 UFC Pama
1986 SV Forchtenstein
1986 WSV Traisen

Vereine (Trainer – Auswahl):
1987-1990 Österreich (Nationalmannschaft, 1987 Co-Trainer + U21)
1991 Fortuna Düsseldorf
1993-1994 FK Austria Wien
1995-2013 im arabischen Raum außer
2002-2005 SK Rapid Wien und 2006-2008 Österreich (Nationalmannschaft)
2010-2012 Al-Wahda Abu Dhabi

Pepi Hickersberger 2015
Wikimedia Commons; Autor: Steindy; CC BY-SA 3.0

1966 erster Einsatz in der 1. Männermannschaft von Austria Wien; am 01.05.1968 Länderspieldebüt für Österreich (in Linz gegen Rumänien); trug 39 mal (fünf Tore) das Nationaltrikot seines Heimatlandes; war 1978 Teilnehmer der Weltmeisterschaft; arbeitete später als Trainer u. a. 1990 bei der WM in Italien.

Erfolge (Spieler):
Österreichischer Meister: 1969, 1970, 1982
Österreichischer Pokalsieger: 1967, 1971, 1979
UEFA Amateur-Cupsieger: 1967

Erfolge (Trainer):
Österreichischer Meister: 2005
Meister der Vereinigten Arabischen Emirate: 2010
Bahrainischer Meister: 1996
Katarischer Meister: 2002
Österreichischer Pokalsieger: 1994
Katarischer Pokalsieger: 2002
Österreichischer Supercupgewinner: 1994

Trainer beim Weltpokal:
01   08.12.2010   *Al-Wahda Abu Dhabi* – Hekari United
02   11.12.2010   *Al-Wahda Abu Dhabi* – Seongnam Ilhwa Chunma
03   15.12.2010   *Al-Wahda Abu Dhabi* – Pachuca CF

Hieronymus

Holger Hieronymus

Deutscher
am 22.02.1959 in Hamburg (GER) geboren
Verteidiger, Mittelfeld-Spieler; Funktionär

Vereine:
bis 1979 TuS Hamburg 1880 und FC St. Pauli
1979-1984 Hamburger SV

Am 06.10.1979 Bundesligadebüt für den Hamburger SV (zu Hause gegen Köln); spielte sechsmal (ein Tor) in der U21-Auswahl; erster Einsatz in der deutschen A-Nationalmannschaft am 02.09.1981 in Königshütte (gegen Polen); insgesamt drei Länderspiele (kein Tor); von 1998 bis 2002 Sportdirektor beim HSV; von 1998 bis 2002 HSV-Sportdirektor und 2005 bis 2012 Geschäftsführer der DFL.

Erfolge:
UEFA Europapokalsieger der Landesmeister: 1983
Deutscher Meister: 1982, 1983

Spieler beim Weltpokal:
01	11.12.1983	Gremio Porto Alegre – *Hamburger SV*

Holger Hieronymus 1981
© *powerplay / Schirner Sportfoto*

Hinterseer

Lukas Hinterseer

Österreicher
am 28.03.1991 in Kitzbühel (AUT) geboren
Stürmer, Mittelfeld-Spieler

Vereine:
2001-2008 FC Kitzbühel
2008-2014 FC Wacker Innsbruck
2012   FC Lustenau und First Vienna FC (Leihe)
2014-2017 FC Ingolstadt
2017-2019 VfL Bochum
2019-2021 Hamburger SV
ab 2021   Ulsan Hyundai

Am 15.08.2015 wird er erstmals in der deutschen Bundesliga eingesetzt. Für den FC Ingolstadt spielt er in Mainz. Zuvor spielte er in der Bundesliga Österreichs. Seit 2013 spielt er für die Nationalmannschaft seines Heimatlandes (bisher 13 Spiele, kein Tor).012 Geschäftsführer der DFL.

Spieler beim Weltpokal:
01	04.02.2021	Tigres UANL – *Ulsan Hyundai*
02	07.02.2021	Al-Duhail SC – *Ulsan Hyundai*

Lukas Hinterseer 2016
© *Wikimedia Commons; Autor: Steindy; CC BY-SA 3.0*

Hitzfeld

Ottmar Hitzfeld

Deutscher
am 12.01.1949 in Lörrach (GER) geboren
Stürmer; Trainer

Vereine (Spieler):
1960-1967 TuS Stetten
1967-1971 FV Lörrach
1971-1975 FC Basel
1975-1978 VfB Stuttgart
1978-1980 FC Lugano
1980-1983 FC Luzern
Vereine (Trainer):
1983-1984 SC Zug
1984-1988 FC Aarau
1988-1991 Grasshopper Club Zürich
1991-1997 Borussia Dortmund
1998-2004/2007-2008 FC Bayern München
2008-2014 Schweiz (Nationalmannschaft)

Am 06.08.1977 Debüt in der deutschen Bundesliga (Stuttgart – Bayern); spielte für die deutsche Amateurelf (acht Sp./fünf T.) und einmal für die B-Auswahl (ein Tor).

Erfolge (Spieler):
Schweizer Meister: 1972, 1973
Schweizer Pokalsieger: 1975
Erfolge (Trainer):
Weltpokal-Sieger: 2001
UEFA Champions-League-Sieger: 1997, 2001

Ottmar Hitzfeld 2011
© *Wikimedia Commons; Autor: Biser Todorov; CC BY 3.0*

Deutscher Meister: 1995, 1996, 1999, 2000, 2001, 2003, 2008
Deutscher Pokalsieger: 2000, 2003, 2008
Deutscher Supercupgewinner: 1995, 1996
Deutscher Ligapokalsieger: 1998, 1999, 2000, 2007
Schweizer Meister: 1990, 1991
Schweizer Pokalsieger: 1985, 1989, 1990
Schweizer Supercupgewinner: 1989

Auszeichnungen (Auswahl):
Trainer des Jahres Welt: 1997, 2001
Trainer des Jahres Europa: 2001
Trainer des Jahres Deutschland: 2008
Trainer des Jahres Schweiz: 1985, 2014

Trainer beim Weltpokal:
01	27.11.2001	Bayern München – Boca Juniors

Hoeneß

Ulrich „Uli" Hoeneß

Deutscher
am 05.01.1952 in Ulm (GER) geboren
Mittelfeld-Spieler, Stürmer; Funktionär

Vereine:
bis 1967 VfB Ulm
1967-1970 TSG Ulm 1846
1970-1979 FC Bayern München
1978-1979 1. FC Nürnberg (Leihe)

Erster Bundesligaeinsatz am 15.08.1970 (Stuttgart – Bayern); spielte in der deutschen Schülerauswahl (3 Sp./4 T.), in der Jugendauswahl (17/5), in der Amateurauswahl (22/3) und der U23 (2/1); in Budapest erstes Spiel in der deutschen A-Nationalmannschaft am 29.03.1972 (gegen Ungarn); insgesamt 35 Einsätze für Deutschland (fünf Tore); später als Funktionär tätig (u. a. Manager, Präsident und Aufsichtsratsvorsitzender bei Bayern München).

Erfolge:
Weltmeister: 1974
Europameister: 1972
Weltpokalsieger: 1976
UEFA Europapokalsieger der Landesmeister: 1974, 1975, 1976
Deutscher Meister: 1972, 1973, 1974
Deutscher Pokalsieger: 1971

Spieler beim Weltpokal:
01	23.11.1976	Bayern München – Cruzeiro Belo Horizonte
02	21.12.1976	Cruzeiro Belo Horizonte – Bayern München

Uli Hoeneß 2013
Wikimedia Commons;
Autor: Harald Bischoff;
CC BY-SA 3.0 de

Horsmann

Udo Horsmann

Deutscher
am 30.03.1952 in Beckum (GER) geboren
Verteidiger

Vereine:
bis 1975 SpVgg Beckum
1975-1983 FC Bayern München
1983-1984 Stade Rennes
1984-1985 1. FC Nürnberg
1985-1986 TSV 1860 München

Erster Bundesligaeinsatz am 16.08.1975 (Karlsruhe – Bayern).

Erfolge:
Weltpokalsieger: 1976
UEFA Europapokalsieger der Landesmeister: 1976
Deutscher Meister: 1980, 1981
Deutscher Pokalsieger: 1982
Deutscher Supercupgewinner (inoffiziell): 1982

Spieler beim Weltpokal:
01	23.11.1976	Bayern München – Cruzeiro Belo Horizonte
02	21.12.1976	Cruzeiro Belo Horizonte – Bayern München

Huber

Othmar Huber

Schweizer
1923 in Thun (SUI) geboren
Schiedsrichter

Von 1958 bis 1970 FIFA-Schiedsrichter.

Bedeutende Einsätze:
19.04.1959 Pokalfinale SUI (FC Grenchen – Servette Genf)
Einsätze unter Beteiligung von Mannschaften deutschsprachiger Länder:
16.03.1960 Wiener SC – Eintracht Frankfurt [Messecup]
30.10.1962 Grazer AK – B 1909 Odense [Messecup]
24.04.1963 Atletico Madrid – 1. FC Nürnberg [Messecup]
11.12.1963 Hamburger SV – FC Barcelona [Messecup]
23.09.1964 1. FC Köln – Partizan Belgrad [Messecup]
05.05.1965 TSV 1860 München – FC Turin [Messecup]
30.10.1966 Ungarn – Österreich [Freundschaftsspiel]
06.09.1967 Österreich – Ungarn [Freundschaftsspiel]
03.10.1968 Grazer AK – ADO Den Haag [EC Pokalsieger]
16.09.1969 Wiener SC – Ruch Königshütte [Messecup]

Schiedsrichter beim Weltpokal:
01	04.09.1961	Finale, Hinspiel	Benfica Lissabon – Penarol Montevideo

Illgner

Bodo Illgner

Deutscher
am 07.04.1967 in Koblenz (GER) geboren
Torwart

Vereine:
1973-1983 1. FC Hardtberg
1983-1996 1. FC Köln
1996-2001 Real Madrid
Sein Bundesligadebüt gab er am 22.02.1986 (Bayern – Köln); war Jugendauswahlspieler und spielte siebenmal in der U21 (kein Tor); erster Einsatz in der A-Nationalmannschaft am 23.09.1987 in Hamburg (gegen Dänemark); er stand 54-mal im Tor der deutschen Auswahl (kein Tor).

Bodo Illgner 2012
Wikimedia Commons; Autor: Udo Grimberg; CC BY-SA 3.0 de

Erfolge:
Weltmeister: 1990
Weltpokalsieger: 1998
U16-Europameister: 1984
UEFA Champions-League-Sieger: 1998, 2000
Spanischer Meister: 1997, 2001

Auszeichnungen (Auswahl):
Torhüter des Jahres Europa: 1991
Torhüter des Jahres Deutschland: 1989, 1990, 1991, 1992
Torhüter des Jahres Spanien: 1997

Spieler beim Weltpokal:
01	01.12.1998	Real Madrid – Vasco da Gama

Jakobs

Klaus **Ditmar Jakobs**

Deutscher
am 28.08.1953 in Oberhausen (GER) geboren
Verteidiger

Vereine:
1967-1971 Arminia Lirich
1971-1974 Rot-Weiß Oberhausen
1974-1977 Tennis Borussia Berlin

Jakobs

Ditmar Jakobs 1986
© powerplay / Schirner Sportfoto

1977-1979 MSV Duisburg
1979-1989 Hamburger SV

Erster Einsatz in der Bundesliga am 06.05.1972 (Oberhausen – Hertha); am 13.05.1980 National-
mannschaftsdebüt (Deutschland – Polen); 20 Länderspiel-Einsätze (ein Tor).

Erfolge:
UEFA Europapokalsieger der Landesmeister: 1983
Deutscher Meister: 1982, 1983
Deutscher Pokalsieger: 1987

Spieler beim Weltpokal:
01   11.12.1983   Gremio Porto Alegre – Hamburger SV

Jancker

Carsten Jancker 2009
© Wikimedia Commons; Autor: Steindy; CC BY-SA 2.0 de

Carsten Jancker

Deutscher
am 28.08.1974 in Grevesmühlen (GDR) geboren
Stürmer; Trainer

Vereine (Spieler):
1981-1986 TSG Wismar
1986-1991 FC Hansa Rostock
1991-1995 1. FC Köln
1995-1996 SK Rapid Wien
1996-2002 FC Bayern München
2002-2004 Udinese Calcio
2004-2006 1. FC Kaiserslautern
2006 Schanghai Shenhua
2007-2009 SV Mattersburg

Erster Bundesligaeinsatz am 25.09.1993 (Köln – Leipzig); spielte in der U14-Auswahl (DDR 15-mal), in der U16 (15/6), U17 (10/7), U18 (14/8), U19 (6/4), U20 (6/4) und in der U21 (2/0); am 14.10.1998 A-Länderspiel-Debüt in Kischinew (Moldawien – Deutschland); insgesamt 33 Einsätze (zehn Tore); nach seiner Spielerkarriere als Trainer in Österreich (hauptsächlich im Nachwuchsbereich) tätig; von 2013 bis 2016 Co-Trainer bei Rapid Wien, 2017 bis 2018 beim SV Horn.

Erfolge:
Weltpokalsieger: 2001
UEFA Champions-League-Sieger: 2001
Deutscher Meister: 1997, 1999, 2000, 2001
Deutscher Pokalsieger: 1998, 2000
Deutscher Ligapokalsieger: 1997, 1998, 1999, 2000
Österreichischer Meister: 1996

Spieler beim Weltpokal:
01   27.11.2001   Bayern München – Boca Juniors

Kahn

Oliver Kahn 2016
© Wikimedia Commons; Autor: Ralf Roletschek / roletschek.at; GFDL 1.2

Oliver Rolf „Oli" **Kahn**

Deutscher
am 15.06.1969 in Karlsruhe geboren
Torwart

Vereine:
1975-1994 Karlsruher SC
1994-2008 FC Bayern München

Bundesligadebüt am 27.11.1987 (Köln – Karlsruhe); erstes A-Länderspiel am 23.06.1995 in Bern (Schweiz – Deutschland); 86 A-Länderspiele für Deutschland (kein Tor).

Erfolge:
Europameister: 1996
Weltpokalsieger: 2001
UEFA Champions-League-Sieger: 2001
UEFA-Pokalsieger: 1996
Deutscher Meister: 1997, 1999, 2000, 2001, 2003, 2005, 2006, 2008

Deutscher Pokalsieger: 1998, 2000, 2003, 2005, 2006, 2008
Deutscher Ligapokalsieger: 1997, 1998, 1999, 2000, 2004, 2007

Auszeichnungen (Auswahl):
Fußballer des Jahres Deutschland: 2000, 2001
Torhüter des Jahres Welt: 1999, 2001, 2002
Torhüter des Jahres Europa: 1999, 2000, 2001, 2002

Spieler beim Weltpokal:
01	27.11.2001	Bayern München – Boca Juniors

Kapellmann

Hans-Josef „Jupp" Kapellmann

Deutscher
am 19.12.1949 in Bardenberg (GER) geboren
Verteidiger, Mittelfeld-Spieler

Vereine:
1957-1968 SC 1930 Bardenberg
1968-1970 Alemannia Aachen
1970-1973 1. FC Köln
1973-1979 FC Bayern München
1979-1981 TSV 1860 München

Jupp Kapellmann 1972
© powerplay / Schirner Sportfoto

Bundesligadebüt am 17.08.1969 (Nürnberg – Aachen); spielte in der Jugendauswahl (7 Sp./1 T.), U23 (6/0) und in der B-Elf (3/0); erster Einsatz in der A-Nationalmannschaft am 12.05.1971 in Hamburg (gegen Bulgarien); fünf Einsätze im A-Team (kein Tor).

Erfolge:
Weltmeister: 1974
Weltpokalsieger: 1976
UEFA Europapokalsieger der Landesmeister: 1974, 1975, 1976
Deutscher Meister: 1974

Spieler beim Weltpokal:
01	23.11.1976	Bayern München – Cruzeiro Belo Horizonte
02	21.12.1976	Cruzeiro Belo Horizonte – Bayern München

Khedira

Sami Khedira

Deutscher (mit tunesischen Wurzeln)
am 04.04.1987 in Stuttgart (GER) geboren
Mittelfeld-Spieler

Vereine:
1992-1995 TV Oeffingen
1995-2010 VfB Stuttgart
2010-2015 Real Madrid
2015-2021 Juventus Turin
ab 2021   Hertha BSC

Sami Khedira 2011
Wikimedia Commons; Autor: Steindy; CC BY-SA 3.0

Seinen ersten Bundesligaeinsatz hatte er am 01.10.2006 (Hertha – Stuttgart); spielte in der U16-Auswahl (10 Sp./3 T.) und in der U21 (15/5); Nationalmannschaftsdebüt am 05.09.2009 in Leverkusen (gegen Südafrika); 77 A-Länderspieleinsätze (sieben Tore).

Erfolge:
Weltmeister: 2014
U-21-Europameister: 2009
FIFA Klub-Weltmeister: 2014
UEFA Champions-League-Sieger: 2014
UEFA Supercupgewinner: 2014
Deutscher Meister: 2007
Spanischer Meister: 2012
Spanischer Pokalsieger: 2011, 2014
Spanischer Supercupgewinner: 2012
Italienischer Meister: 2016, 2017, 2018, 2019, 2020
Italienischer Pokalsieger: 2016, 2017, 2018
Italienischer Supercupgewinner: 2015, 2018, 2020

Spieler beim Weltpokal:
01	16.12.2014	CD Cruz Azul – *Real Madrid*

Kimmich

Joshua Kimmich 2017
Wikimedia Commons; Autor: Rufus46; CC BY-SA 3.0

Joshua Walter **Kimmich**

Deutscher
am 08.02.1995 in Rottweil (GER) geboren
Verteidigung, Mittelfeld

Vereine:
bis 2007   VfB Bösingen
2007-2013 VfB Stuttgart
2013-2015 RB Leipzig
ab 2015   FC Bayern München

Am 12.09.2015 wurde er in der Partie Bayern gegen Augsburg erstmals in der Bundesliga eingesetzt. Von 2011 bis 2016 spielte er in den Nachwuchs-Nationalmannschaften (U17 zwei Spiele/kein Tor, U18 fünf/0, U19 neun/1 und U21 14/2). Sein Debüt in der A-Auswahl gab er 29.05.2016 im Heimspiel gegen die Slowakei. Bisher bestritt er 50 Länderspiele (drei Tore).

Erfolge:
Sieger FIFA-Konföderationspokal: 2017
U19-Europameister: 2014
FIFA-Klub-Weltmeister: 2020
UEFA-Champions-League-Sieger: 2020
UEFA-Superpokalgewinner: 2020
Deutscher Meister: 2016, 2017, 2018, 2019, 2020
Deutscher Pokalsieger: 2016, 2019, 2020
Deutscher Superpokalgewinner: 2016, 2017, 2018, 2020

Spieler beim Weltpokal:
01   08.02.2021   Bayern München – Real Madrid
02   11.02.2021   Bayern München – Tigres UANL

Kleff

Wolfgang Kleff 1972
© powerplay / Schirner Sportfoto

Wolfgang „Otto" **Kleff**

Deutscher
am 16.11.1946 in Schwerte (GER) geboren
Torwart

Vereine:
1952-1968 VfL Schwerte
1968-1979 Borussia Mönchengladbach
1979-1980 Hertha BSC
1980-1982 Borussia Mönchengladbach
1982-1984 Fortuna Düsseldorf
1984-1985 Rot-Weiß Oberhausen
1985-1986 VfL Bochum
1986-1987 FSV Salmrohr
1987-1992 SV Straelen
1999-2000 KFC Uerdingen
2007-2008 1. FC Rheinbach

Am 07.09.1968 erster Einsatz in der Bundesliga (Mönchengladbach – Aachen); 22.06.1971 in Oslo Länderspieldebüt (gegen Norwegen); insgesamt sechs Einsätze im A-Team (kein Tor).

Erfolge:
Weltmeister: 1974
Europameister: 1972
UEFA-Pokalsieger: 1975, 1979
Deutscher Meister: 1970, 1971, 1975, 1976, 1977
Deutscher Pokalsieger: 1973

Spieler beim Weltpokal:
01   21.03.1978   Boca Juniors – *Borussia Mönchengladbach*

Klopp

Jürgen Norbert „Kloppo" **Klopp**

Deutscher
am 16.06.1967 in Stuttgart (GER) geboren
Verteidiger, Stürmer, Trainer

Jürgen Klopp 2019
Wikimedia Commons;
Autor: Fars News Agency/
Mehdi Bolourian; CC BY 4.0

Vereine (Spieler):
1972-1983 SV Glatten
1983-1987 TuS Ergenzingen
1987 1. FC Pforzheim
1987-1988 Eintracht Frankfurt A.
1988-1989 Viktoria Sindlingen
1989-1990 Rot-Weiß Frankfurt
1990-2001 1. FSV Mainz 05
Vereine (Trainer):
2001-2008 1. FSV Mainz 05
2008-2015 Borussia Dortmund
ab 2015 FC Liverpool

Keine Einsätze in der Bundesliga oder in einer deutschen Auswahl.

Erfolge (Trainer):
FIFA Klub-Weltmeister: 2019
UEFA Champions-League-Sieger: 2019
UEFA Supercupgewinner: 2019
Deutscher Meister: 2011, 2012
Deutscher Pokalsieger: 2012
Deutscher Supercupgewinner: 2013, 2014
Englischer Meister: 2020

Auszeichnungen (Auswahl):
Trainer des Jahres Welt: 2019, 2020
Trainer des Jahres Deutschland: 2011, 2012, 2019
Trainer des Jahres England: 2020

Trainer beim Weltpokal:
01	18.12.2019	*FC Liverpool* – CF Monterrey
02	21.12.2019	*FC Liverpool* – Flamengo Rio de Janeiro

Klos

Stefan Klos

Deutscher
am 16.08.1971 in Dortmund (GER) geboren
Torwart

Vereine:
1978-1984 TuS Eving-Lindenhorst
1984-1988 TSC Eintracht Dortmund
1988-1998 Borussia Dortmund
1998-2007 Glasgow Rangers

Am 04.05.1991 Bundesligadebüt (Dortmund – Wattenscheid); spielte zweimal in der Olympia- und 17-mal in der Amateurauswahl (jeweils kein Tor).

Stefan Klos 2005
Wikimedia Commons; Autor:
Christophe95; CC BY-SA 3.0

Erfolge:
Weltpokal-Gewinner: 1997
UEFA Champions-League-Sieger: 1997
Deutscher Meister: 1995, 1996
Deutscher Supercupgewinner: 1995, 1996
Schottischer Meister: 1999, 2000, 2003, 2005
Schottischer Pokalsieger: 1999, 2002, 2003
Schottischer Ligapokalsieger: 2002, 2003, 2005

Spieler beim Weltpokal:
01	02.12.1997	*Borussia Dortmund* – Cruzeiro Belo Horizonte

Kneib

Wolfgang Kneib

Deutscher
am 20.11.1952 in Zornheim (GER) geboren
Torwart

Vereine:
bis 1969 TSV Zornheim
1969-1975 1. FSV Mainz 05

1975-1976 SV Wiesbaden
1976-1980 Borussia Mönchengladbach
1980-1993 Arminia Bielefeld

Am 14.08.1976 erster Bundesligaeinsatz (Mönchengladbach – MSV Duisburg).

Erfolge:
UEFA-Pokalsieger: 1979
Deutscher Meister: 1977

Spieler beim Weltpokal:
01   01.08.1978   Borussia Mönchengladbach – Boca Juniors

Kreitlein

Rudolf Kreitlein

Deutscher
am 14.11.1919 in Fürth (GER) geboren – am 31.07.2012 in Stuttgart (GER) gestorben
Schiedsrichter

seit 1937 Schiedsrichter (von 1963-1969 in der Bundesliga); von 1957 bis 1967 FIFA-Schiedsrichter

Bedeutende Einsätze:
14.08.1963 Pokalfinale Deutschland (Hamburger SV – Borussia Dortmund)
11.05.1966 Finale Landesmeister-Cup (Real Madrid – Partizan Belgrad)
1966 Weltmeisterschaft (16.07. Sowjetunion – Italien, 23.07. England – Argentinien)
Einsätze bei Spielen unter Beteiligung von Mannschaften aus deutschsprachigen Ländern:
03.10.1963 Aris Bonneweg – Sampdoria Genua [Messecup]
04.09.1963 Aris Bonneweg – FC Lüttich [Messecup]
15.10.1963 Lausanne Sports – Heart of Midlothian [Messecup]
09.02.1964 Wiener SC – SC Leipzig [Messecup]
21.09.1966 FC Basel – DOS Utrecht [Messecup]

Schiedsrichter beim Weltpokal:
01   08.09.1965   Finale, Hinspiel   Inter Mailand – CA Independiente

Rudolf Kreitlein 1966
© powerplay / Schirner Sportfoto

Kroos

Toni Kroos

Deutscher
am 04.01.1990 in Greifswald (GDR) geboren
Mittelfeld-Spieler

Vereine:
1997-2002 Greifswalder SC
2002-2006 FC Hansa Rostock
2006-2014 FC Bayern München
2009-2010 Bayer Leverkusen (Leihe)
ab 2014 Real Madrid

Am 26.09.2007 erstes Bundesligaspiel (Bayern – Cottbus); am 03.03.2010 Länderspieldebüt in München (Deutschland – Argentinien); spielte 36-mal in der U17-Auswahl (18 Tore), fünfmal in der U19 (drei Tore) und zehnmal in der U21 (vier Tore); bisher 101 Einsätze in der A-Elf (17 Tore).

Erfolge:
Weltmeister: 2014
FIFA-Klub-Weltmeister: 2013, 2014, 2016, 2017, 2018
UEFA Champions-League-Sieger: 2013, 2016, 2017, 2018
UEFA Supercupgewinner: 2013, 2014, 2016, 2017
Deutscher Meister: 2008, 2013, 2014
Deutscher Pokalsieger: 2008, 2013, 2014
Deutscher Supercupgewinner: 2010, 2012
Deutscher Ligapokalsieger: 2007
Spanischer Meister: 2017
Spanischer Supercupsieger: 2017, 2020
Spanischer Superpokalgewinner: 2017, 2019

Auszeichnungen (Auswahl):
Fußballer des Jahres Deutschland: 2018

Toni Kroos 2012
© Wikimedia Commons;
Autor: Michael Kranewitter;
CC BY-SA 3.0

Spieler beim Weltpokal:
01	17.12.2013	Guangzhou Evergrande – *Bayern München*
02	21.12.2013	*Bayern München* – Raja Casablanca
03	16.12.2014	CD Cruz Azul – *Real Madrid*
04	20.12.2014	*Real Madrid* – San Lorenzo Almagro
05	15.12.2016	Club America – *Real Madrid*
06	18.12.2016	*Real Madrid* – Kashima antlers
07	16.12.2017	*Real Madrid* – Gremio Porto Alegre
08	19.12.2018	*Real Madrid* – Kashima Antlers
09	22.12.2018	*Real Madrid* – Al-Ain FC

Krug

Hellmut Krug

Deutscher
am 19.05.1956 in Gelsenkirchen (GER) geboren
Schiedsrichter

Seit 1984 Schiedsrichter (von 1986-2003 in der Bundesliga); von 1991 bis 2001 FIFA-Schiedsrichter; 1994, 1999, 2002 und 2003 als Deutschlands Schiedsrichter des Jahres ausgezeichnet.

Bedeutende Einsätze:
25.05.1996 Pokalfinale Deutschland (Karlsruher SC – 1. FC Kaiserslautern)
19.05.1990 Pokalfinale Frauen Deutschland (FSV Frankfurt – Bayern München)
20.05.1998 Finale UEFA-Champions-League (Real Madrid – Juventus Turin)
08.02.1995 Finale UEFA Supercup, Rückspiel (AC Mailand – Arsenal London)
1994 Weltmeisterschaft (23.06. Italien – Norwegen, 29.06. Belgien – Saudi-Arabien)
1996 Europameisterschaft (10.06. Frankreich – Rumänien, 23.06. Tschechien – Portugal)
Einsätze bei Spielen unter Beteiligung von Mannschaften aus deutschsprachigen Ländern:
30.09.1992 Sporting Lissabon – Grasshopper Zürich [UEFA-Cup]
13.10.1993 Portugal – Schweiz [WM-Qualifikation]
20.10.1993 FC Barcelona – Austria Wien [Champions League]
06.12.1994 FC Sion – FC Nantes [UEFA-Cup]
10.09.1997 Norwegen – Schweiz [WM-Qualifikation]

Schiedsrichter beim Weltpokal:
01	30.11.1999	Finale	Manchester United – Palmeiras Sao Paulo

Hellmut Krug 1994
© powerplay / Schirner Sportfoto

Kulik

Christian Kulik

Deutscher (mit polnischen Wurzeln)
am 06.12.1952 in Zabrze (POL) geboren
Mittelfeld-Spieler

Vereine:
bis 1971 Alemannia Aachen
1971-1981 Borussia Mönchengladbach
1981-1982 FC Antwerpen
1982-1984 SG Düren 99
1984-1985 FC Mendrisio-Stabio
1985-1986 ASV Chur
1986-1987 FSV Salmrohr

Am 02.10.1971 Bundesligadebüt (Köln – Mönchengladbach).

Erfolge:
UEFA-Cup-Gewinner: 1975, 1979
Deutscher Meister: 1975, 1976, 1977
Deutscher Pokalsieger: 1973

Spieler beim Weltpokal:
01	21.03.1978	Boca Juniors – *Borussia Mönchengladbach*
02	01.08.1978	*Borussia Mönchengladbach* – Boca Juniors

Lahm

Philipp Lahm 2013
Wikimedia Commons; Autor: Harald Bischoff; CC BY-SA 3.0

Philipp Lahm

Deutscher
am 11.11.1963 in München geboren
Verteidiger, Mittelfeld-Spieler

Vereine:
1989-1995 FT Gern
1995-2017 FC Bayern München
2003-2005 VfB Stuttgart (Leihe)

Wurde am 03.08.2003 erstmals in der Bundesliga eingesetzt (Rostock – Stuttgart); spielte je einmal in der U17- und in der U18-Auswahl (keine Tore), neunmal in der U19 (ein Tor), sechsmal in der U20 (kein Tor) und dreimal in der U21-Auswahl (kein Tor); am 18.02.2004 in Split erster Einsatz für die deutsche A-Nationalmannschaft (gegen Kroatien); bestritt 113 Länderspiele (fünf Tore).

Erfolge:
Weltmeister: 2014
FIFA Klub-Weltmeister: 2013
UEFA Champions-League-Sieger: 2013
UEFA Supercupgewinner: 2013
Deutscher Meister: 2006, 2008, 2010, 2013, 2014, 2015, 2016, 2017
Deutscher Pokalsieger: 2006, 2008, 2010, 2013, 2014, 2016
Deutscher Supercupgewinner: 2010, 2012, 2016
Deutscher Ligapokal-Sieger: 2007

Auszeichnungen (Auswahl):
Fußballer des Jahres Deutschland: 2017

Spieler beim Weltpokal:
01	17.12.2013	Guangzhou Evergrande – *Bayern München*
02	21.12.2013	*Bayern München* – Raja Casablanca

Lattek

Udo Lattek 1973
Wikimedia Commons; Autor: Rob Mieremet/Anefo, Nationaal Archief 2.24.01.05, item number 926-2606; CC BY-SA 3.0 nl

Udo Lattek

Deutscher
am 16.01.1935 in Bosemb (GER) geboren – am 31.01.2015 in Köln (GER) gestorben
Trainer; Funktionär

Vereine:
1965 VfR Wipperfürth
1965-1970 Deutschland (Jugend und Assitenztrainer)
1970-1975 FC Bayern München
1975-1979 Borussia Mönchengladbach
1979-1981 Borussia Dortmund
1981-1983 FC Barcelona
1983-1987 FC Bayern München
1991 1. FC Köln
1992-1993 FC Schalke 04
2000 Borussia Dortmund

Bis 1965 Amateurspieler (u. a. VfL Osnabrück 1962-65); von 1987-1991 Sportdirektor beim 1. FC Köln.

Erfolge:
UEFA Europapokalsieger der Landesmeister: 1974
UEFA Europacupgewinner der Pokal-Sieger: 1982
UEFA-Pokal-Gewinner: 1979
Deutscher Meister: 1972, 1973, 1974, 1976, 1977, 1985, 1986, 1987
Deutscher Pokalsieger: 1971, 1984, 1986

Trainer beim Weltpokal:
01	21.03.1978	Boca Juniors – *Borussia Mönchengladbach*
02	01.08.1978	*Borussia Mönchengladbach* – Boca Juniors

Lausen

Helmut Lausen

Deutscher
am 09.06.1952 geboren
Stürmer

Vereine:
1970-1974 Schwarz-Weiß Essen
1974-1978 Wuppertaler SV
1978-1980 Borussia Mönchengladbach
1980-1981 SV Holzwickede
1981-1983 Schwarz-Weiß Essen

Bestritt am 09.10.1974 für den Wuppertaler SV sein erstes Bundesligaspiel (in Stuttgart).

Erfolge:
UEFA-Pokal-Gewinner: 1979

Spieler beim Weltpokal:
01   01.08.1978   Borussia Mönchengladbach – Boca Juniors

Lienen

Ewald Lienen

Deutscher
am 28.11.1953 in Schloß Holte-Stukenbrock (GER) geboren
Stürmer; Trainer; Funktionär

Vereine (Spieler):
1961-1974 VfB Schloß Holte
1974-1977 Arminia Bielefeld
1977-1981 Borussia Mönchengladbach
1981-1983 Arminia Bielefeld
1983-1987 Borussia Mönchengladbach
1987-1992 MSV Duisburg
Vereine (Trainer):
1989-1994 MSV Duisburg
1995-1997 CD Teneriffa (Co)
1997-1999 FC Hansa Rostock
1999-2002 1. FC Köln
2002-2003 CD Teneriffa
2003 Borussia Mönchengladbach
1983-1987 Borussia Mönchengladbach
1987-1992 MSV Duisburg
Vereine (Trainer):
1989-1994 MSV Duisburg
1995-1997 CD Teneriffa (Co)
1997-1999 FC Hansa Rostock
1999-2002 1. FC Köln
2002-2003 CD Teneriffa
2003 Borussia Mönchengladbach
2004-2005 Hannover 96
2006-2008 Panionios Athen
2009-2010 TSV 1860 München
2010 Olympiakos Athen
2010-2011 Arminia Bielefeld
2012-2013 AEK Athen
2013-2014 Otelul Galati
2014-2017 FC St. Pauli

Am 06.08.1977 erster Bundesligaeinsatz für Gladbach (in Bochum). Seit 2017 Technischer Direktor Beim FC St. Pauli.

Erfolge (Spieler):
UEFA-Pokal-Gewinner: 1979

Auszeichnungen (Auswahl):
Trainer des Jahres Griechenland: 2007

Spieler beim Weltpokal:
01   21.03.1978   Boca Juniors – *Borussia Mönchengladbach*
02   01.08.1978   *Borussia Mönchengladbach* – Boca Juniors

Ewald Lienen 2016
Wikimedia Commons;
Autor: Frank Schwichtenberg;
CC BY-SA 3.0

Littbarski

Pierre Michael „Litti" Littbarski

Deutscher
am 16.04.1960 in Berlin (GER) geboren
Mittelfeld-Spieler; Trainer

Pierre Littbarski 2006
Wikimedia Commons; Autor:
Ryosuke Yagi; CC BY 2.0

Vereine (Spieler):
1967-1976 VfL Schöneberg
1976-1978 Hertha Zehlendorf
1978-1986 1. FC Köln
1986-1987 Racing Club Paris
1987-1993 1. FC Köln
1993-1995 JEF United Chiba
1996-1997 Brummell Sendai
Vereine (Trainer):
1999-2000 Yokohama FC
2001 Bayer Leverkusen (Co-Trainer)
2001-2002 MSV Duisburg
2003-2004 Yokohama FC
2005-2006 Sydney FC
2007-2008 Avispa Fukuoka
2008 Saipa Teheran
2008-2010 FC Vaduz
2010-2012 VfL Wolfsburg (Co-Trainer)

Am 26.08.1978 erster Bundesligaeinsatz (Kaiserslautern – Köln); spielte 21-mal in der U21-Auswahl (18 Tore) und einmal in der B-Elf (kein Tor); am 14.10.1981 Länderspieldebüt für die A-Nationalmannschaft in Wien (gegen Österreich); insgesamt 73 Länderspiele (18 Tore).

Erfolge (Spieler):
Weltmeister: 1990
Deutscher Pokalsieger: 1983
Erfolge (Trainer):
OFC Champions-League-Sieger: 2005
Japanischer Meister: 1999, 2000
Australischer Meister: 2006
Liechtensteiner Pokalsieger: 2008, 2009

Trainer beim Weltpokal:
01	12.12.2005	Sydney FC – Deportivo Saprissa
02	16.12.2005	Sydney FC – Al-Ahly Kairo

Magath

Wolfgang **Felix Magath**

Felix Magath 2006
Wikimedia Commons; Autor:
Dierk Andresen; CC BY-SA 3.0

Deutscher
am 26.07.1953 in Aschaffenburg (GER) geboren
Mittelfeld-Spieler; Funktionär; Trainer

Vereine (Spieler):
1960-1964 VfR Nilkheim
1964-1972 TV 1860 Aschaffenburg
1972-1974 VfR Aschaffenburg
1974-1976 1. FC Saarbrücken
1976-1986 Hamburger SV
Vereine (Trainer):
1992-1993 FC Bremerhaven
1993-1997 Hamburger SV
1997-1998 1. FC Nürnberg
1998-1999 Werder Bremen
1999-2001 Eintracht Frankfurt
2001-2004 VfB Stuttgart
2004-2007 FC Bayern München
2007 2009 VfL Wolfsburg
2009-2011 FC Schalke 04
2011-2012 VfL Wolfsburg
2014 FC Fulham
2016-2017 Shendong Luneng

Am 21.08.1976 erster Bundesligaeinsatz für den HSV (in Bremen); spielte fünfmal für die deutsche B-Elf (zwei Tore); bestritt am 30.04.1977 in Belgrad sein erstes Spiel für die A-Nationalmannschaft (gegen Jugoslawien); insgesamt 43 Einsätze (drei Tore); arbeitete als Manager bzw. Sportdirektor.

Erfolge (Spieler):
Europameister: 1980
UEFA Europapokalsieger der Landesmeister: 1983
UEFA Europacupgewinner der Pokalsieger: 1977
Deutscher Meister: 1979, 1982, 1983

Erfolge (Trainer):
UI-Cup-Gewinner: 2002
Deutscher Meister: 2005, 2006, 2009
Deutscher Pokalsieger: 2005, 2006

Auszeichnungen (Auswahl):
Trainer des Jahres Deutschland: 2003, 2005, 2009

Spieler beim Weltpokal:
01 11.12.1983 Gremio Porto Alegre – *Hamburger SV*

Maier

Josef Dieter „Sepp" **Maier**

Deutscher
am 28.02.1944 in Metten (GER) geboren
Torwart; Trainer

Vereine:
1952-1959 TSV Haar
1959-1979 FC Bayern München

Zum Münchner Derby am 14.08.1965 Bundesligadebüt; spielte elfmal in der deutschen Jugendauswahl und viermal in der Amateurauswahl (jeweils keine Tore); am 04.05.1966 in Dublin erster Länderspieleinsatz für Deutschland (gegen Irland); insgesamt 95 A-Spiele (kein Tor); arbeitete später als Torwart-Trainer.

Erfolge:
Weltmeister: 1974
Europameister: 1972
Weltpokal-Gewinner: 1976
UEFA Europapokalsieger der Landesmeister: 1974, 1975, 1976
UEFA Europacupgewinner der Pokalsieger: 1967
Deutscher Meister: 1969, 1972, 1973, 1974
Deutscher Pokalsieger: 1966, 1967, 1969, 1971

Spieler beim Weltpokal:
01 23.11.1976 *Bayern München* – Cruzeiro Belo Horizonte
02 21.12.1976 Cruzeiro Belo Horizonte – *Bayern München*

Marin

Marko Marin

Deutscher (mit bosnischen Wurzeln)
am 13.03.1989 in Bosanska Gradiska (YUG) geboren
Mittelfeld-Spieler

Vereine:
bis 1996 SG 01 Hoechst
1996-2005 Eintracht Frankfurt
2005-2009 Borussia Mönchengladbach
2009-2012 Werder Bremen
2012-2016 FC Chelsea
2013-2014 FC Sevilla (Leihe)
2014-2015 AC Florenz (Leihe)
2015 RSC Anderlecht (Leihe)
2015-2016 Trabzonspor (Leihe)
2016-2018 Olympiakos Piräus
2018-2019 Roter Stern Belgrad
ab 2020 Al-Ahli Dschidda
ab 2021 Al-Raed Buraida (Leihe)

Am 31.03.2007 erster Bundesligaeinsatz für Gladbach (gegen Frankfurt); spielte neunmal in der U16-Auswahl (kein Tor), 16-mal in der U17 (fünf Tore), viermal in der U18 (zwei Tore) und zwölfmal in der U21 (ein Tor); erster Einsatz in der deutschen A-Auswahl am 27.05.2008 (in Kaiserslautern gegen Weißrussland); insgesamt 16 A-Länderspieleinsätze (ein Tor).

Erfolge:
U21-Europameister: 2009
UEFA Europa-League-Sieger: 2013, 2014

Griechischer Meister: 2017
Serbischer Meister: 2019

Spieler beim Weltpokal:
01	16.12.2012	Corinthians Sao Paulo – FC Chelsea

Möller

Andy Möller 2005
Wikimedia Commons; Autor: Christophe95; CC BY-SA 3.0

Andreas „Andy" Möller

Deutscher
am 02.07.1967 in Frankfurt a. M. (GER) geboren
Mittelfeld-Spieler; Funktionär; Trainer

Vereine (Spieler):
1973-1981 BSC Schwarz-Weiß Frankfurt
1981-1987 Eintracht Frankfurt
1988-1990 Borussia Dortmund
1990-1992 Eintracht Frankfurt
1992-1994 Juventus Turin
1994-2000 Borussia Dortmund
2000-2003 FC Schalke 04
2003-2004 Eintracht Frankfurt
Vereine (Trainer):
2007-2008 Viktoria Aschaffenburg
2015-2017 Ungarn (Nationalmannschaft Co-Trainer)

Am 26.04.1986 erster Bundesligaeinsatz (Hamburg – Frankfurt); spielte viermal in der U21-Auswahl (zwei Tore); am 21.09.1988 A-Länderspieldebüt in Düsseldorf (gegen Sowjetunion); insgesamt 85 Spiele (29 Tore); später als Trainer und Funktionär tätig (2008-2011 Manager Kickers Offenbach).

Erfolge:
Weltmeister: 1990
Europameister: 1996
Weltpokalsieger: 1997
UEFA Champions-League-Sieger: 1997
UEFA-Pokal-Gewinner: 1993
Deutscher Meister: 1995, 1996
Deutscher Pokal-Sieger: 1989, 2001, 2002
Deutscher Supercup-Gewinner: 1995, 1996

Spieler beim Weltpokal:
01	02.12.1997	Borussia Dortmund – Cruzeiro Belo Horizonte

Müller, G.

Gerd Müller 1973
Wikimedia Commons; Autor: Rob Mieremet/Anefo, Nationaal Archief 2.24.01.05, item number 926-2606; CC BY-SA 3.0 nl

Gerhard „Gerd" Müller

Deutscher
am 03.11.1945 in Nördlingen (GER) geboren
Stürmer

Vereine:
1954-1964 TSV 1861 Nördlingen
1964-1979 FC Bayern München
1979-1981 Fort Lauderdale Strikers
1981-1982 Smiths Brothers Lounge Fort Lauderdale

Im Münchner Derby am 14.08.1965 erster Bundesligaeinsatz für die Bayern; spielte einmal in der U21-Auswahl und erzielte einen Treffer; erstes Länderspiel am 12.10.1966 in Ankara (gegen die Türkei); insgesamt 62 Einsätze in denen er 68 Treffer erzielte; arbeitete im Trainerbereich.

Erfolge:
Weltmeister: 1974
Europameister: 1972
Weltpokal-Gewinner: 1976
UEFA Europacupgewinner der Landesmeister: 1974, 1975, 1976
UEFA Europacupgewinner der Pokalsieger: 1967
Deutscher Meister: 1969, 1972, 1973, 1974
Deutscher Pokalsieger: 1966, 1967, 1969, 1971

Auszeichnungen:
Fußballer des Jahres Europa: 1970
Fußballer des Jahres Deutschland: 1967, 1969

Spieler beim Weltpokal:
01	23.11.1976	Bayern München – Cruzeiro Belo Horizonte
02	21.12.1976	Cruzeiro Belo Horizonte – Bayern München

Müller, T.

Thomas Müller 2012
Wikimedia Commons;
Autor: Michael Kranewitter;
CC BY-SA 3.0 at

Thomas Müller

Deutscher
am 13.09.1989 in Weilheim in Oberbayern (GER) geboren
Stürmer

Vereine:
1993-2000 TSV Pähl
ab 2000 FC Bayern München

Am 15.08.2008 Bundesligadebüt (Bayern – Hamburg); spielte sechsmal in der U16-Auswahl (kein Tor), dreimal in der U19 (kein Tor), einmal in der U20 (ein Tor) und sechsmal in der U21 (ein Tor); 03.03.2010 erster A-Länderspieleinsatz in München (gegen Argentinien); bisher 100 Spiele (38 Tore).

Erfolge:
Weltmeister: 2014
FIFA-Klub-Weltmeister: 2013, 2020
UEFA Champions-League-Sieger: 2013, 2020
UEFA Supercupgewinner: 2013, 2020
Deutscher Meister: 2010, 2013, 2014, 2015, 2016, 2017, 2018, 2019, 2020
Deutscher Pokalsieger: 2010, 2013, 2014, 2016, 2019, 2020
Deutscher Supercupgewinner: 2010, 2012, 2016, 2017, 2018, 2020

Spieler beim Weltpokal:
01	21.12.2013	Bayern München – Raja Casablanca
02	08.02.2021	Bayern München – Al-Ahly Kairo

Neuer

Manuel Neuer 2011
Wikimedia Commons;
Autor: Steindy; CC BY-SA 3.0

Manuel Peter Neuer

Deutscher
am 27.03.1986 in Gelsenkirchen (GER) geboren
Torwart

Vereine:
1991-2011 FC Schalke 04
ab 2011 FC Bayern München

Am 19.08.2006 erster Bundesligaeinsatz (Aachen – Schalke); spielte einmal in der U18-Auswahl; elfmal in der U19, viermal in der U20 und 20-mal in der U21 (jeweils kein Tor); erstes A-Länderspiel am 02.06.2009 in Dubai (gegen Vereinigte Arabische Emirate); bisher 96 Einsätze (kein Tor).

Erfolge:
Weltmeister: 2014
U21-Europameister: 2009
FIFA Klub-Weltmeister: 2013, 2020
UEFA Champions-League-Sieger: 2013, 2020
UEFA Supercupgewinner: 2013, 2020
Deutscher Meister: 2013, 2014, 2015, 2016, 2017, 2018, 2019, 2020
Deutscher Pokalsieger: 2011, 2013, 2014, 2016, 2019, 2020
Deutscher Supercupgewinner: 2012, 2016, 2017, 2018, 2020

Auszeichnungen (Auswahl):
Torhüter des Jahres Welt: 2013, 2014, 2015, 2016, 2020
Sportler des Jahres Welt (AIPS): 2014
Sportler des Jahres Europa (UEPS): 2014
Fußballer des Jahres Deutschland: 2011, 2014

Spieler beim Weltpokal:
01	17.12.2013	Guangzhou Evergrande – Bayern München
02	21.12.2013	Bayern München – Raja Casablanca
03	08.02.2021	Bayern München – Al-Ahly Kairo
04	11.02.2021	Bayern München – Tigres UANL

Osieck

Holger Osieck 2010
Wikimedia Commons;
Autor: Camw; CC BY-SA 3.0

Holger Osieck

Deutscher
am 31.08.1948 in Homberg (GER) geboren
Mittelfeld-Spieler; Trainer

Vereine (Spieler):
1958-1965 FC Schalke 04
1965-1970 Eintracht Gelsenkirchen
1970-1972 SSV Hagen
1972-1976 1. FC Mühlheim
1976-1977 1. FC Bocholt
1977 Vancouver Whitecaps
1978 Rot-Weiß Oberhausen

Vereine (Trainer)
1991-1992 VfL Bochum
1993-1994 Fenerbahce Istanbul
1995-1996 Urawa Red Diamonds
1997-1998 Kocaelispor
1998-2003 Kanada (Nationalmannschaft)
2007-2008 Urawa Red Diamonds
2010-2013 Australien (Nationalmannschaft)

Keine Einsätze in der Bundesliga oder in einer deutschen Auswahl.

Erfolge:
CONCACAF Gold-Cup-Gewinner: 2000
AFC Champions-League-Sieger: 2007
Türkischer Pokalsieger: 1997

Trainer beim Weltpokal:
01	10.12.2007	Sepahan Isfahan – *Urawa Red Diamonds*
02	13.12.2007	*Urawa Red Diamonds* – AC Mailand
03	16.12.2007	*Urawa Red Diamonds* – Sahel Sousse

Ponte

Raimondo Ponte

Schweizer
am 04.04.1955 in Windisch (SUI) geboren
Mittelfeld-Spieler; Trainer

Vereine (Spieler):
bis 1970 FC Windisch
1970-1974 FC Aarau
1974-1980 Grasshopper Zürich
1980-1981 Nottingham Forest
1981-1982 SC Bastia
1982-1988 Grasshopper Zürich
1988-1991 FC Baden

Vereine (Trainer):
1988-1994 FC Baden
1995-2000 FC Zürich
2001-2002 FC Luzern
2002-2003 US Carrarese
2003-2004 FC Wohlen
2005-2007 SC Young Fellows Juventus Zürich
2009-2012 FC Chiasso
2012 AC Bellinzona
2012-2013 FC Lugano
2014 FC Sion
2015 FC Aarau

Am 04.04.1978 erster Einsatz in der A-Nationalmannschaft der Schweiz in Basel (gegen Österreich); insgesamt 34 Spiele (zwei Tore).

Erfolge (Spieler):
Schweizer Meister: 1978, 1983, 1984
Schweizer Pokalsieger: 1983, 1988

Spieler beim Weltpokal:
01	11.02.1981	Nacional Montevideo – *Nottingham Forest*

Reuter

Stefan Reuter 2007
Wikimedia Commons;
Autor: Fuguito; CC BY-SA 3.0

Stefan „Turbo" Reuter

Deutscher
am 16.10.1966 in Dinkelsbühl (GER) geboren
Verteidiger, Mittelfeld-Spieler; Funktionär

Vereine:
1971-1982 TSV 1860 Dinkelsbühl
1982-1988 1. FC Nürnberg
1988-1991 FC Bayern München
1991-1992 Juventus Turin
1992-2004 Borussia Dortmund

Erster Bundesligaeinsatz am 10.08.1985 (Nürnberg – Bochum); spielte einmal in der U17-Auswahl (kein Tor), siebenmal in der U18 (kein Tor) und elfmal in der U21 (zwei Tore); am 18.04.1987 A-Nationalmannschaftsdebüt in Köln (gegen Italien); insgesamt 69 Einsätze (zwei Tore); arbeitete als Geschäftsführer von 2006 bis 2009 beim TSV 1860 München; seit 2012 Geschäftsführer Sport beim FC Augsburg.

Erfolge:
Weltmeister: 1990
Europameister: 1996
U16-Europameister: 1984
Weltpokal-Gewinner: 1997
UEFA Champions-League-Sieger: 1997
Deutscher Meister: 1989, 1990, 1995, 1996, 2002
Deutscher Supercupgewinner: 1990, 1995, 1996

Spieler beim Weltpokal:
01   02.12.1997   *Borussia Dortmund – Cruzeiro Belo Horizonte*

Ringels

Norbert „Nonno" Ringels

Deutscher
am 16.09.1956 in Mönchengladbach (GER) geboren
Verteidiger

Vereine:
1962-1970 SpVgg 05/07 Odenkirchen
1970-1985 Borussia Mönchengladbach
1985-1987 VVV Venlo
1987-1988 Rheydter SV

Am 12.06.1976 erster Bundesligaeinsatz (Mönchengladbach – Köln); kurzzeitig Spielertrainer beim Rheydter SV.

Erfolge:
UEFA-Pokal-Gewinner: 1979
Deutscher Meister: 1976, 1977

Spieler beim Weltpokal:
01   01.08.1978   *Borussia Mönchengladbach – Boca Juniors*

Röthlisberger

Kurt Röthlisberger

Schweizer
am 21.05.1951 in Suhr (SUI) geboren
Schiedsrichter

Von 1985-1996 FIFA-Schiedsrichter; von 1990 bis 1994 fünfmal in Folge als Schiedsrichter des Jahres in der Schweiz ausgezeichnet.

Bedeutende Einsätze:
20.05.1991 Pokalfinale Schweiz (Sion – Young Boys Bern)
26.05.1993 Champions League Finale (Olympique Marseille – AC Mailand)
02.02.1994 UEFA-Supercup Finale (AC Mailand – FC Parma)
1990 Weltmeisterschaft (10.06. USA – Tschechien; 21.06. England – Ägypten; 30.06. Jugoslawien – Argentinien)
1994 Weltmeisterschaft (24.06. Mexiko – Irland; 02.07. Deutschland – Belgien)

1992 Europameisterschaft (18.06. Schottland – Sowjetunion)
1988 Olympische Spiele (21.09. Schweden – Deutschland; 25.09. Brasilien – Argentinien)
Einsätze bei Spielen unter Beteiligung von Mannschaften aus deutschsprachigen Ländern:
01.10.1986 Berliner FC Dynamo – Örgryte IS Göteborg [EC Landesmeister]
02.04.1988 Deutschland – Argentinien [Freundschaftsspiel]
06.12.1989 FC Porto – Hamburger SV [UEFA-Cup]
07.12.1993 Deportivo La Coruna – Eintracht Frankfurt [UEFA-Cup]
13.04.1994 RSC Anderlecht – Werder Bremen [Champions League]
17.05.1994 Polen – Österreich [Freundschaftsspiel]
19.10.1994 Casino Salzburg – Ajax Amsterdam [Champions League]
13.09.1995 Borussia Dormund – Juventus Turin [Champions League]
09.04.1983 Eintracht Frankfurt – Hertha BSC [Bundesliga]
30.03.1985 Bayern München – Fortuna Düsseldorf [Bundesliga]
04.05.1985 VfB Stuttgart – FC Schalke 04 [Bundesliga]
08.03.1986 Bayern München – Fortuna Düsseldorf [Bundesliga]
14.04.1989 VfB Stuttgart – VfL Bochum [Bundesliga]

Schiedsrichter beim Weltpokal:
01   08.12.1991   Finale   Roter Stern Belgrad – Colo-Colo Santiago

Rolff

Wolfgang Rolff

Deutscher
am 26.12.1959 in Lamstedt (GER) geboren
Mittelfeld-Spieler; Trainer

Vereine (Spieler):
bis 1978 TSV Lamstedt
1978-1980 OSC Bremerhaven
1980-1982 SC Fortuna Köln
1982-1986 Hamburger SV
1986-1989 Bayer Leverkusen
1989-1990 Racing Straßburg
1990-1991 KFC Uerdingen
1991-1994 Karlsruher SC
1994-1995 1. FC Köln
1995-1996 SC Fortuna Köln

Vereine (Trainer):
1996-1997 Hamburger SV (Co-Trainer)
1998 SV Meppen
1998 VfB Stuttgart (Co-Trainer)
2000-2001 Bayer Leverkusen (Co-Trainer)
2001-2002 Kuwait Nationalmannschaft
2004-2013 Werder Bremen (Co-Trainer; 2013 Interimstrainer)
2014 Aserbaidschan Nationalmannschaft (Co-Trainer)
2014-2015 Eintracht Frankfurt (Co-Trainer)
2015-2016 Al Salmiya Club
2016 Hannover 96 (Co-Trainer)
2016-2017 Shandong Luneng (Co-Trainer)
ab 2020 Laval United FC

Am 21.08.1982 erster Bundesligaeinsatz für den HSV (in Nürnberg); spielte 20-mal in der U21-Auswahl (kein Tor); Länderspieldebüt in der A-Nationalmannschaft am 23.02.1983 in Lissabon (gegen Portugal); insgesamt 37 Einsätze (kein Tor); später im Trainerbereich tätig.

Erfolge (Spieler):
UEFA Europapokalsieger der Landesmeister: 1983
UEFA-Pokalsieger: 1988
Deutscher Meister: 1983
Erfolge (Trainer):
Kuwaitischer Pokalsieger: 2016

Spieler beim Weltpokal:
01   11.12.1983   Gremio Porto Alegre – *Hamburger SV*

Wolfgang Rolff 2009
Wikimedia Commons;
Autor: Steindy; CC BY-SA 3.0

Roth

Volker Roth

Deutscher
am 01.02.1942 in Chemnitz (GER) geboren
Schiedsrichter

Seit 1958 Schiedsrichter (von 1972-1986 in der Bundesliga); FIFA-Schiedsrichter von 1978-1986; 1980 und 1986 als Deutschlands Schiedsrichter des Jahres ausgezeichnet.

Bedeutende Einsätze:
31.051984 Pokalfinale Deutschland (Bayern München – Borussia Mönchengladbach)
23.05.1984 UEFA-Pokal Finale (Tottenham Hotspur – RSC Anderlecht)
1986 Weltmeisterschaft (03.06. Portugal - England; 16.06. Brasilien – Polen)
1984 Europameisterschaft (12.06. Frankreich – Dänemark)
1984 Olympische Spiele (31.07. Norwegen – Frankreich)
Einsätze bei Spielen unter Beteiligung von Mannschaften aus deutschsprachigen Ländern:
08.12.1985 Benfica Lissabon – FC Zürich [UEFA-Cup]
09.11.1983 Schweiz – Belgien [EM-Qualifikation]

Schiedsrichter beim Weltpokal:
01   08.12.1985   Finale   Juventus Turin – Argentinos Juniors

Rummenigge

Karl-Heinz „Kalle" Rummenigge

Deutscher
am 25.09.1955 in Lippstadt (GER) geboren
Stürmer; Funktionär

Vereine:
1963-1974 Borussia Lippstadt
1974-1984 FC Bayern München
1984-1987 Inter Mailand
1987-1989 Servette Genf

Kalle Rummenigge 2008
Wikimedia Commons; Autor: Michael Lucan; CC BY-SA 3.0

Am 24.08.1974 erster Einsatz im Bayern-Bundesligateam (in Offenbach); spielte einmal in der B-Auswahl (kein Tor); Debüt in der A-Nationalmannschaft am 06.10.1976 in Cardiff (gegen Wales); insgesamt 95 Einsätze (45 Tore); von 1991 bis 2002 Vizepräsident des FC Bayern; seit 2002 ist er Vorstandsvorsitzender der FC Bayern München AG.

Erfolge:
Europameister: 1980
Weltpokalsieger: 1976
UEFA Europapokalsieger der Landesmeister: 1975, 1976
Deutscher Meister: 1980, 1981
Deutscher Pokal-Sieger: 1982, 1984
Deutscher Supercupgewinner (inoffiziell): 1983

Auszeichnungen (Auswahl):
Fußballer des Jahres Europa: 1980, 1981
Fußballer des Jahres Deutschland: 1980
Ausländischer Fußballer des Jahres Schweiz: 1989

Spieler beim Weltpokal:
01   23.11.1976   *Bayern München* – Cruzeiro Belo Horizonte
02   21.12.1976   Cruzeiro Belo Horizonte – *Bayern München*

Sané

Leroy „Aziz" Sané

Deutscher (mit senegalesischen Wurzeln)
am 11.01.1996 in Essen (GER) geboren
Mittelfeld, Stürmer

Vereine:
2001-2005 SG Wattenscheid 09
2005-2008 Schalke 04
2008-2011 Bayer 04 Leverkusen
2011-2016 Schalke 04

2016-2020 Manchester City
ab 2020 FC Bayern München

Am 20.04.2014 spielte er erstmals in der Bundesliga (Stuttgart gegen Schalke). Anderthalb Jahre später, am 13.11.2015, debütierte er für die deutsche A-Nationalmannschaft (in Frankreich), nachdem er für die U19 (elf Spiele, vier Tore) und die U21 (zehn Spiele/fünf Tore) aufgeboten wurde. Bisher trug er 25mal das Trikot der deutschen Nationalmannschaft (sechs Tore).

Erfolge:
FIFA-Klub-Weltmeister: 2020
UEFA-Superpokalgewinner: 2020
Deutscher Superpokalgewinner: 2020
Englischer Meister: 2018, 2019
Englischer Pokalsieger: 2019
Englischer Ligapokal-Sieger: 2018, 2019
Englischer Superpokalsieger: 2018, 2019

01	08.02.2021	*Bayern München – Al-Ahly Kairo*
02	11.02.2021	*Bayern München – Tigres UANL*

Leroy Sané 2018
Wikimedia Commons;
Autor: Granada; CC BY-SA 4.0

Schäfer

Winnie Schäfer 2011
Wikimedia Commons;
Autor: Chayanin; CC BY 3.0

Winfried Anton „Winnie" **Schäfer**

Deutscher
am 10.01.1950 in Mayen (GER) geboren
Mittelfeld-Spieler; Trainer

Vereine (Spieler):
1960-1968 TuS Mayen
1968-1970 Borussia Mönchengladbach
1970-1975 Kickers Offenbach
1975-1977 Karlsruher SC
1977-1985 Borussia Mönchengladbach
Vereine (Trainer):
1986-1998 Karlsruher SC
1998 VfB Stuttgart
1999-2000 Tennis Borussia Berlin
2001-2004 Kamerun (Nationalmannschaft)
2005-2007 Al-Ahli Dubai
2007-2009 Al Ain FC
2010-2011 FK Baku
2011-2013 Thailand (Nationalmannschaft)
2013 Muangthong United (Interimstrainer)
2013-2016 Jamaika (Nationalmannschaft)
2017-2019 Esteghlal Teheran
2019-2020 Baniyas SC Abu Dhabi
ab 2021 Al-Khor SC

Am 11.01.1969 erstes Bundesligaspiel für Gladbach (gegen Dortmund); spielte in der Jugendauswahl (sechs Spiele/kein Tor), in der U23-Auswahl (6 Sp./1 T.) und viermal in der B-Elf (kein Tor).

Erfolge (Spieler):
UEFA-Pokal-Gewinner: 1979
Deutscher Meister: 1970
Deutscher Pokalsieger: 1970
Erfolge (Trainer):
Afrikameister: 2002
Karibikmeister: 2014
Vereinigte Arabische Emirate Meister: 2006
Vereinigte Arabische Emirate Pokalsieger: 2009
Vereinigte Arabische Emirate Ligapokal: 2009
Vereinigte Arabische Emirate Supercup: 2009
Iran Pokalsieger: 2018

Spieler beim Weltpokal:
01	21.03.1978	*Boca Juniors – Borussia Mönchengladbach*
02	01.08.1978	*Borussia Mönchengladbach – Boca Juniors*

Schnellinger

Karl-Heinz Schnellinger 1974
© powerplay / Schirner Sportfoto

Karl-Heinz Schnellinger

Deutscher
am 31.03.1939 in Düren (GER) geboren
Verteidiger

Vereine:
1949-1958 SG Düren 99
1958-1963 1. FC Köln
1963-1964 AC Mantua
1964-1965 AS Rom
1965-1974 AC Mailand
1974-1975 Tennis Borussia Berlin

Am 24.08.1974 erstes Bundesligaspiel (Braunschweig – Tennis Borussia); spielte viermal in der Jugendauswahl (kein Tor) und einmal in der Amateurauswahl (kein Tor); A-Länderspieldebüt am 02.04.1958 in Prag (gegen die Tschechoslowakei); insgesamt 47 Einsätze (ein Tor).

Erfolge:
Weltpokalsieger: 1969
UEFA Europapokalsieger der Landesmeister: 1969
UEFA Europacupgewinner der Pokalsieger: 1968, 1973
Deutscher Meister: 1962
Italienischer Meister: 1968
Italienischer Pokalsieger: 1964, 1967, 1972, 1973

Auszeichnungen (Auswahl):
Fußballer des Jahres Deutschland: 1962

Spieler beim Weltpokal:
01	08.10.1969	*AC Mailand* – Estudiantes La Plata
02	22.10.1969	Estudiantes La Plata – *AC Mailand*

Schröder

Michael Schröder

Deutscher
am 10.11.1959 in Hamburg (GER) geboren
Mittelfeld-Spieler; Funktionär

Vereine:
bis 1979 TuS Berne und FC St. Pauli
1979-1986 Hamburger SV
1986-1989 VfB Stuttgart
1989-1991 Hamburger SV
1993-1994 Tennis Borussia Berlin
1994-1996 VfL 93 Hamburg

Erster Bundesligaeinsatz am 30.06.1981 (Hamburg – Bochum). Nach seiner aktiven Laufbahn arbeitet er seit 2013 als Nachwuchskoordinator des Hamburger SV.

Erfolge:
UEFA Europapokalsieger der Landesmeister: 1983
Deutscher Meister: 1982, 1983

Spieler beim Weltpokal:
01	11.12.1983	Gremio Porto Alegre – *Hamburger SV*

Schwarzenbeck

Hans-Georg „Katsche" Schwarzenbeck

Deutscher
am 03.04.1948 in München (GER) geboren
Verteidiger

Vereine:
bis 1961 Sportfreunde München
1961-1981 FC Bayern München

Bundesligadebüt am 08.10.1966 (Bremen – Bayern); spielte zweimal in der U23-Auswahl (kein Tor) erster A-Länderspieleinsatz am 12.06.1971 in Karlsruhe (gegen Albanien); insgesamt 44 A-Länderspiele (kein Tor).

Erfolge:
Weltmeister: 1974
Europameister: 1972
Weltpokalsieger: 1976
UEFA Europapokalsieger der Landesmeister: 1974, 1975, 1976
UEFA Europacupgewinner der Pokalsieger: 1967
Deutscher Meister: 1969, 1972, 1973, 1974, 1980, 1981
Deutscher Pokalsieger: 1967, 1969, 1971

Spieler beim Weltpokal:
01	23.11.1976	Bayern München – Cruzeiro Belo Horizonte
02	21.12.1976	Cruzeiro Belo Horizonte – Bayern München

Katsche Schwarzenbeck 1974
Wikimedia Commons; Autor: Bert Verhoeff/Anefo, Nationaal Archief 2.24.01.05, item number 927-3102; CC BY-SA 3.0 nl

Sforza

Ciriaco „Ciri" Sforza

Schweizer (mit italienischen Wurzeln)
am 02.03.1970 in Wohlen (SUI) geboren
Mittelfeld-Spieler, Verteidiger; Trainer

Vereine (Spieler):
1976-1978 FC Villmergen
1978-1986 FC Wohlen
1986-1988 Grasshopper Zürich
1988-1990 FC Aarau
1990-1993 Grasshopper Zürich
1993-1995 1. FC Kaiserslautern
1995-1996 FC Bayern München
1996-1997 Inter Mailand
1997-2000 1. FC Kaiserslautern
2000-2002 FC Bayern München
2002-2006 1. FC Kaiserslautern

Vereine (Trainer):
2006-2008 FC Luzern
2009-2012 Grasshopper Zürich
2014-2015 FC Wohlen
2015 FC Thun
2019-2020 FC Wil
ab 2020 FC Basel

Bestritt am 07.08.1993 sein erstes Spiel in der deutschen Bundesliga (Köln – Kaiserslautern); Debüt in der Schweizer Nationalmannschaft am 21.08.1991 in Prag (gegen die Tschechoslowakei); insgesamt 79 Einsätze (sieben Tore).

Erfolge (Spieler):
Weltpokalsieger: 2001
UEFA Champions-League-Sieger: 2001
UEFA-Pokalsieger: 1996
Deutscher Meister: 1998, 2001
Schweizer Meister: 1991
Schweizer Pokalsieger: 1988

Auszeichnungen (Auswahl):
Fußballer des Jahres Schweiz: 1993

Spieler beim Weltpokal:
01	27.11.2001	Bayern München – Boca Juniors

Ciri Sforza 2013
Wikimedia Commons; Autor: Christophe95; CC BY-SA 3.0

Shaqiri

Xherdan Shaqiri

Schweizer (mit kosovarischen Wurzeln)
am 10.10.1991 in Gnjilane (YUG) geboren
Mittelfeld-Spieler

Xherdan Shaqiri 2012
Wikimedia Commons; Autor: Ludovic Péron; CC BY-SA 3.0

Vereine:
1995-2000 SV Augst
2000-2012 FC Basel
2012-2015 FC Bayern München
2015 Inter Mailand
2015-2018 Stoke City
ab 2018 FC Liverpool

Am 25.08.2012 erster Einsatz in der deutschen Bundesliga (Greuther Fürth – Bayern); spielte zehnmal in der Schweizer U17-Auswahl (kein Tor), je fünfmal in der U18 (kein Tor) und der U19 (drei Tore) sowie siebenmal in der U21 (ein Tor); sein A-Länderspieldebüt gab er am 03.10.2010 in St. Gallen (gegen Uruguay); bisher 83 Einsätze (22 Tore).

Erfolge:
FIFA-Klub-Weltmeister: 2013, 2019
UEFA Champions-League-Sieger: 2013, 2019
UEFA Supercupsieger: 2013, 2019
Deutscher Meister: 2013, 2014, 2015
Deutscher Pokalsieger: 2013, 2014
Deutscher Supercupsieger: 2012
Schweizer Meister: 2010, 2011, 2012
Schweizer Pokalsieger: 2010, 2012
Englischer Meister: 2020

Auszeichnungen:
Fußballer des Jahres Schweiz: 2011, 2012

Spieler beim Weltpokal:
01	17.12.2013	Guangzhou Evergrande – *Bayern München*
02	21.12.2013	*Bayern München* – Raja Casablanca
03	18.12.2019	*FC Liverpool* – CF Monterrey
04	21.12.2019	*FC Liverpool* – Flamengo Rio de Janeiro

Stein

Uli Stein 2009
Wikimedia Commons; Autor: Pulv; CC BY-SA 3.0

Ulrich „Uli" Stein

Deutscher
am 23.10.1954 in Hamburg (GER) geboren
Torwart

Vereine (Spieler):
bis 1968 FC Nienburg
1968-1976 1. FC Wunstorf
1976-1980 Arminia Bielefeld
1980-1987 Hamburger SV
1987-1994 Eintracht Frankfurt
1994-1995 Hamburger SV
1995-1997 Arminia Bielefeld
1999-2000 VfL Pinneberg
2001-2002 Kickers Emden
2003-2004 VfB Fichte Bielefeld

Vereine (Trainer):
1994 1. FC Langen
2000-2001 TuS Celle FC
2007-2008 Nigeria Nationalmannschaft (Torwarttrainer)
2008-2014 Aserbaidschan Nationalmannschaft (Torwarttrainer)

Am 11.08.1978 erster Bundesligaeinsatz (Duisburg – Bielefeld); spielte fünfmal in der Amateurauswahl (kein Tor) und zweimal für die B-Elf (kein Tor); erster A-Nationalmannschaftseinsatz am 07.06.1983 in Luxemburg (Deutschland – Jugoslawien); spielte sechsmal im A-Team (kein Tor); später im Trainerbereich (hauptsächlich als Torwart-Trainer) tätig.

Erfolge:
UEFA Europapokalsieger der Landesmeister: 1983
Deutscher Meister: 1982, 1983
Deutscher Pokalsieger: 1987, 1988

Spieler beim Weltpokal:
01	11.12.1983	Gremio Porto Alegre – *Hamburger SV*

Süle

Niklas Süle 2018
Wikimedia Commons;
Autor: Granada; CC BY-SA 4.0

Niklas Süle

Deutscher
am 03.09.1995 in Frankfurt am Main (GER) geboren
Verteidiger

Vereine:
bis 2006 Rot-Weiß Walldorf
2006-2009 Eintracht Frankfurt
2009 SV Darmstadt 98
2010-2017 TSG Hoffenheim
ab 2017 FC Bayern München

Am 11.03.2013 erster Bundesligaeinsatz (Hoffenheim – HSV); A-Länderspieldebüt am 131.08.2016 in Mönchengladbach (gegen Finnland). Bestritt zuvor 45 Partien für die Nachwuchsauswahlmannschaften des DFB (U16 zehn Spiele/zwwi Tore, U17 16/3, U18 4/0, U19 3/0, U20 1/0 und U21 11/1). Weiterhin wurde er sechsmal in der Olympiaauswahl eingesetzt (kein Tor). Bisher bestritt er 29 A-Länderspiele (ein Tor).

Erfolg:
FIFA-Konföderationspokalsieger: 2017
FIFA-Klub-Weltmeister: 2020
UEFA-Champions-League-Sieger: 2020
UEFA-Superpokalgewinner: 2020
Deutscher Meister: 2018, 2019, 2020
Deutscher Pokalsieger: 2019, 2020
Deutscher Superpokalgewinner: 2017, 2018, 2020

| 01 | 08.02.2021 | *Bayern München – Al-Ahly Kairo* |
| 02 | 11.02.2021 | *Bayern München – Tigres UANL* |

Vogts

Berti Vogts 2014
Wikimedia Commons;
Autor: Eminn; CC BY-SA 3.0

Hans-Hubert „Berti" Vogts

Deutscher
am 30.12.1946 in Büttgen (GER) geboren
Verteidiger; Trainer

Vereine (Spieler):
1954-1965 VfR Büttgen
1965-1979 Borussia Mönchengladbach
Vereine (Trainer):
1979-1990 Deutschland (U21-Auswahl)
1990-1998 Deutschland (Nationalmannschaft)
2000-2001 Bayer Leverkusen
2001-2002 Kuwait (Nationalmannschaft)
2002-2004 Schottland (Nationalmannschaft)
2007-2008 Nigeria (Nationalmannschaft)
2008-2014 Aserbaidschan (Nationalmannschaft)

Am 14.08.1965 erster Bundesligaeinsatz (Neunkirchen – Mönchengladbach); A-Länderspieldebüt am 03.05.1967 in Belgrad (gegen Jugoslawien); insgesamt 96 Spiele (ein Tor).

Erfolge (Spieler):
Weltmeister: 1974
Europameister: 1972
UEFA-Pokalsieger: 1975, 1979
Deutscher Meister: 1970, 1971, 1975, 1976, 1977
Deutscher Pokalsieger: 1972
Erfolge (Trainer):
Weltmeister: 1990 (Co)
Europameister: 1996

Auszeichnungen (Auswahl):
Trainer des Jahres Welt: 1996
Fußballer des Jahres Deutschland: 1971, 1979

Spieler beim Weltpokal:
| 01 | 21.03.1978 | *Boca Juniors – Borussia Mönchengladbach* |
| 02 | 01.08.1978 | *Borussia Mönchengladbach – Boca Juniors* |

Wehmeyer

Bernd Wehmeyer 2014
Wikimedia Commons; Autor: DFrank Schwichtenberg; CC BY-SA 3.0

Bernd „Fummel" Wehmeyer

Deutscher
am 06.06.1952 in Herford (GER) geboren
Verteidiger; Funktionär

Vereine:
1958-1971 SV 08 Sundern
1971-1972 Arminia Bielefeld
1973-1975 Hannover 96
1975-1976 Arminia Bielefeld
1976-1978 Hannover 96
1978-1986 Hamburger SV

Am 06.05.1972 Bundesligadebüt (Bielefeld – Dortmund); spielte dreizehnmal in der Olympiaauswahl (kein Tor); später Funktionär beim Hamburger SV.

Erfolge:
UEFA Europapokalsieger der Landesmeister: 1983
Deutscher Meister: 1979, 1982, 1983

Spieler beim Weltpokal:
01   11.12.1983   Gremio Porto Alegre – *Hamburger SV*

Weiß

Josef „Sepp" Weiß

Deutscher
am 13.03.1952 in Freising (GER) geboren
Verteidiger

Vereine:
1960-1968 TSV 1868 Nandlstadt
1968-1978 FC Bayern München
1978-1980 FV Würzburg 04
1980-1981 SpVgg Bayreuth
1981-1982 FC Vilshofen

Bundesligadebüt am 15.02.1975 (Bayern – Stuttgart).

Erfolge:
Weltpokalsieger: 1976
UEFA Europapokalsieger der Landesmeister: 1975, 1976

Spieler beim Weltpokal:
01   21.12.1976   Cruzeiro Belo Horizonte – *Bayern München*

Wimmer

Hacki Wimmer 1972
Wikimedia Commons; Autor: Grigori Radis; CC BY-SA 3.0

Herbert „Hacki" Wimmer

Deutscher
am 09.11.1944 in Eupen (GER) geboren
Mittelfeld-Spieler

Vereine:
1954-1966 Borussia Brand
1966-1978 Borussia Mönchengladbach
1978-1979 Borussia Brand

20.08.1966 erster Bundesligaeinsatz (Schalke – Mönchengladbach); spielte viermal in der U23-Auswahl (kein Tor); erster Einsatz in der deutschen A-Nationalmannschaft am 23.11.1968 in Nikosia (gegen Zypern); insgesamt 36 Einsätze (vier Tore).

Erfolge:
Weltmeister: 1974
Europameister: 1972
UEFA-Pokalsieger: 1975
Deutscher Meister: 1970, 1971, 1975, 1976, 1977
Deutscher Pokalsieger: 1973

Spieler beim Weltpokal:
01   21.03.1978   Boca Juniors – Borussia Mönchengladbach

Wöhrer

Franz Wöhrer

Franz Wöhrer 2009
Wikimedia Commons;
Autor: Steindy; CC BY-SA 3.0

Österreicher
05.06.1939 in Wien (AUT) geboren
Schiedsrichter; Funktionär

Seit 1957 Schiedsrichter (1964-1987 in der höchsten österreichischen Spielklasse); von 1969 bis 1987 FIFA-Schiedsrichter; später Funktionär im ÖFB.

Bedeutende Einsätze:
25.06.1975 Pokalfinale Österreich (Rückspiel – Sturm Graz – Wacker Innsbruck)
17.12.1980 Finale UEFA-Supercup (FC Valencia – Nottingham Forest)
02.05.1986 Finale Europacup der Pokalsieger (Dinamo Kiew – Atletico Madrid)
31.05.1978 Finale U21-Europameisterschaft (Rückspiel Jugoslawien – DDR)
1980 Olympische Spiele (20.07. Sowjetunion – Venezuela; 29.07. Tschechoslowakei – Jugoslawien)
1982 Weltmeisterschaft (15.06. Peru – Kamerun)
Einsätze bei Spielen unter Beteiligung von Mannschaften aus deutschsprachigen Ländern:
09.07.1969 DDR – Ägypten [Freundschaftsspiel]
16.09.1970 Partizan Belgrad – Dynamo Dresden [Messepokal]
29.09.1971 Grasshopper Zürich – Reipas Lahti [EC Landesmeister]
08.04.1973 Luxemburg – Schweiz [WM-Qualifikation]
19.09.1973 FC Turin – 1. FC Lok Leipzig [UEFA-Cup]
02.10.1974 Servette Genf – Derby County [UEFA-Cup]
15.09.1976 Dynamo Dresden – Benfica Lissabon [EC Landesmeister]
02.11.1977 RSC Anderlecht – Hamburger SV [EC Pokalsieger]
22.02.1978 Deutschland – England [Freundschaftsspiel]
15.03.1978 PSV Eindhoven – 1. FC Magdeburg [UEFA-Cup]
06.09.1978 DDR – Tschechoslowakei [Freundschaftsspiel]
15.11.1978 Polen – Schweiz [EM-Qualifikation]
24.04.1979 Borussia Mönchengladbach – MSV Duisburg [UEFA-Cup]
24.10.1979 Dynamo Dresden – VfB Stuttgart [UEFA-Cup]
16.09.1981 Grasshopper Zürich – West Bromwich Albion [UEFA-Cup]
21.10.1981 Berliner FC Dynamo – Aston Villa [EC Landesmeister]
16.11.1983 DDR – Schottland [EM Qualifikation]
15.02.1984 Bulgarien – Deutschland [Freundschaftsspiel]
03.10.1984 Honved Budapest – Grasshopper Zürich [EC Landesmeister]
06.04.1985 Bulgarien – DDR [WM-Qualifikation]
02.10.1985 Sporting Gijon – 1. FC Köln [UEFA-Cup]
23.10.1985 AC Mailand – 1. FC Lok Leipzig [UEFA-Cup]
12.03.1986 DDR – Niederlande [Freundschaftsspiel]
14.05.1986 Deutschland – Niederlande [Freundschaftsspiel]
20.10.1987 Hamburger SV – Ajax Amsterdam [EC Pokalsieger]

Schiedsrichter beim Weltpokal:
01   13.12.1987   Finale   FC Porto – Penarol Montevideo

Wohlers

Horst Wohlers

Deutscher
am 06.08.1949 in Brunsbüttel (GER) geboren
Verteidiger, Mittelfeld-Spieler; Trainer

Vereine (Spieler):
1965-1970 SC Brunsbüttelkoog
1970-1975 FC St. Pauli
1975-1979 Borussia Mönchengladbach
1980-1982 TSV 1860 München
1982-1985 Arminia Bielefeld
Vereine (Trainer):
1989-1991 Bayer Uerdingen
1991-1992 FC St. Pauli
1994-1995 VfB Oldenburg
1995-1996 Eintracht Trier
2004-2010 Borussia Mönchengladbach (Jugend- und Amateurtrainer)

Am 09.08.1975 Bundesligadebüt (Hannover – Mönchengladbach).

Erfolge (Spieler):
UEFA-Pokalsieger: 1979
Deutscher Meister: 1976, 1977

Spieler beim Weltpokal:
01	21.03.1978	Boca Juniors – *Borussia Mönchengladbach*
02	01.08.1978	*Borussia Mönchengladbach* – Boca Juniors

Wuttke

Wolfram „Wutti" Wuttke

Deutscher
am 17.11.1961 in Castrop-Rauxel (GER) geboren – am 01.03.2015 in Lünen gestorben
Mittelfeld-Spieler, Stürmer
Vereine:
1967-1976 SG Castrop-Rauxel
1976-1980 FC Schalke 04
1980-1982 Borussia Mönchengladbach
1982-1983 FC Schalke 04
1983-1985 Hamburger SV
1985-1989 1. FC Kaiserslautern
1990-1992 Espanyol Barcelona
1992-1993 1. FC Saarbrücken

Wolfram Wuttke 1986
© *powerplay / Schirner Sportfoto*

Am 29.09.1979 erstes Profi-Pflichtspiel im DFB-Pokal (KSV Baunatal – Schalke); Bundesligadebüt am 06.10.1979 (Schalke – Bremen); hatte sieben Einsätze in der U15-Auswahl (ein Tor), drei in der U16 (sechs Tore), drei in der U17 (kein Tor) und zwei in der U18 (kein Tor); spielte siebenmal in der U21-Auswahl (ein Tor) und elfmal in der Olympiaauswahl (sechs Tore); A-Länderspieldebüt am 15.10.1986 in Hannover (gegen Spanien); insgesamt vier Spiele (ein Tor); später kurzzeitig als Amateurtrainer tätig.

Erfolge:
Deutscher Pokalsieger: 1990

Spieler beim Weltpokal:
01	11.12.1983	Gremio Porto Alegre – *Hamburger SV*

Zorc

Michael „Susi" Zorc

Deutscher
am 25.08.1962 in Dortmund (GER) geboren
Mittelfeld-Spieler; Funktionär

Vereine:
1969-1978 TuS Eving-Lindenhorst
1978-1998 Borussia Dortmund

Erster Bundesligaeinsatz am 24.10.1981 (Bremen – Dortmund); spielte zweimal in der U21-Auswahl (kein Tor), fünfmal in der Olympiaauswahl (kein Tor) und einmal in der B-Elf (kein Tor); Länderspieldebüt für die deutsche A-Nationalmannschaft am 16.12.1992 in Porto Alegre (gegen Brasilien); insgesamt sieben Einsätze (kein Tor); nach seiner aktiven Laufbahn wurde er 1998 Sportdirektor bei Borussia Dortmund.

Michael Zorc 2014
Wikimedia Commons; Autor: Tim.Reckmann; CC BY-SA 3.0

Erfolge:
U20-Weltmeister: 1981
U18-Europameister: 1981
Weltpokalsieger: 1997
UEFA Champions-League-Sieger: 1997
Deutscher Meister: 1995, 1996
Deutscher Pokalsieger: 1989
Deutscher Supercupgewinner: 1989, 1995, 1996

Spieler beim Weltpokal:
01	02.12.1997	*Borussia Dortmund* – Cruzeiro Belo Horizonte

Bildnachweis

S. 7 Renton: PD Blog - Gottfried Fuchs Du Bist Ein Fussballgott [gottfriedfuchs.blogspot.com/].
S. 8 Sunderland: PD Blog - [theresaeaston.wordpress.com/].
S. 8 Campbell: PD [Photo by Church & Bran Dingham, Sunderland (Hudson & Kearns)].
S. 8 Heart-Mosaik: Kim Traynor [CC BY-SA 3.0].
S. 10 Freiburg: PD [Grüne, Vom Kronprinzen bis zur Bundesliga].
S. 11 West Auckland: PD [westaucklandtownfc.co.uk].
S. 11 Winterthur: PD [iffhs.de].
S. 11 Filmcover: Pressefoto [Tyne Tees Television – Waterman/Arlon Films].
S. 12 Vienna Cricket: PD [huszadikszazad.hu/].
S. 12 Wiener Sportvereinigung: PD [Halftime v. 8.12.1905].
S. 12 Pokal: PD [http://www.magliarossonera.it/].
S. 13 Rapid Wien: PD [fanpictures.build2.ru].
S. 14 Latin Cup: HLA [CC BY-SA 4.0 Int.].
S. 15 Copa Rio: PD [Justus2009].
S. 16 Palmeiras: PD [Arquivo Nacional Collection].
S. 16 Copa Rio: Alexandre Magno Barreto Berwanger [CC BY-SA 4.0 Int.].
S. 17 Pokal: Kouringas [CC BY-SA 4.0 Int.].
S. 19 Pokal: Uostofchuodnego [CC BY-SA 4.0 Generic].
S. 20 Pokal: [http://momentoshistoricosdelfutbolargent.blogspot.com/].
S. 24 Pokal: National Archief - Joost Evers / Anefo [PD-CC0 1.0 Universal Public Domain Dedication].
S. 24 Programmcover: [UEFA / FIGC].
S. 25 Pokal: David Flores [CC BY 4.0 Int.].
S. 25 Madrid: Anton Saizew - soccer.ru [CC BY-SA 3.0 Unported].
S. 25 Briefmarke 2018: PD [ukrposhta].
S. 26 Pokal: PD [OAlexander].
S. 26 Penarol: PD [El Grafico].
S. 26 Estudiantes: PD [El Grafico].
S. 27 Pokal [Clube de Regatas do Flamengo, Rio de Janeiro].
S. 28 Pokal: Bahbouhe [CC BY 4.0 Int.].
S. 30 Pokal: Mahdi Zare - Fars News Agency [CC BY 4.0 Int.].
S. 30 Ulsan: Mahdi Zare - Fars News Agency [CC BY 4.0 Int.].
S. 31 Transvaal: Brokopondo [CC BY-SA 3.0 Unported].
S. 31 Pokal: JLRL [CC BY-SA 30 Unported].
S. 32 Pokal alt: Los ruidos del deporte [CC BY-SA 2.0 Generic].
S. 32 Monterrey: mediotempo [CC BY-SA 4.0 Int.].

Alle weiteren Quellen- und Autorenangaben wurden jeweils im direkten Umfeld der Fotos kenntlich gemacht.

Im Gegensatz zu den Originalen wurden die Fotos größentechnisch (beschnitten) und farblich (Umwandlung in Graustufen) bearbeitet. Die daraus entstandenen Werke stehen unter der gleichen Lizenz wie die Ausgangswerke.
Um die Inhalte der Lizenzen einzusehen konsultieren Sie bitte die angegebenen Webadressen oder wenden sich brieflich an Creative Commons, Postfach 1866, Mountain View, Calafornia, 94042, USA.

http://creativecommons.org/licenses/by-sa/4.0/deed.de	für die angegebene Lizenz BY-SA 4.0
http://creativecommons.org/licenses/by-sa/3.0/deed.de	für die angegebene Lizenz BY-SA 3.0
http://creativecommons.org/licenses/by-sa/2.0/deed.de	für die angegebene Lizenz BY-SA 2.0
http://creativecommons.org/licenses/by/4.0/deed.de	für die angegebene Lizenz BY 4.0
http://creativecommons.org/licenses/by/3.0/deed.de	für die angegebene Lizenz BY 3.0
http://creativecommons.org/licenses/by/2.0/deed.de	für die angegebene Lizenz BY 2.0
http://creativecommons.org/publicdomain/zero/deed.de	für die Lizenz PD-CC0

Vertiefende Informationen können Sie über diese Webseiten erhalten:

PD Public Domain/Gemeinfreiheit – de.wikipedia.org/wiki/Gemeinfreiheit
GNU [Lizenz für freie Dokumentation] – de.wikipedia.org/wiki/GNU-Lizenz_für_freie_Dokumentation

Besonders bedanke ich mich bei der powerplay medienholding AG, die mir Bilder aus dem Schirner Sportfoto-Archiv zur Verfügung stellte.

QR-Code und Videolinks

Die Video-Codes sind mit einem QR-Code-Lesegerät, in aller Regel eine entsprechende App für Smartphones/iPhones, Tablets, Notebooks und MacBooks Oder der Systemkamera nutzbar. Der einzelne QR-Code verweist auf YouTube-Videos, die mithilfe eines Internetbrowsers oder der YouTube-App geöffnet werden können. Die beste Handhabung haben Sie, wenn Sie ein Gerät mit Autofokus-Kamera verwenden. Die Nutzung der Videos ist von den jeweiligen Anbietern, YouTube und den Rechteinhabern abhängig, sodass hier Änderungen der Verfügbarkeit möglich sind. Bitte beachten Sie, dass die Videos teilweise fremdsprachig oder ohne Kommentar sind.

Noch ein Hinweis zur Qualität der Videoclips. Bei den jüngeren Jahren handelt es sich teilweise um Clips, deren Ausgangsmaterial HD-Qualität besitzt. Andere Aufnahmen sind in niedrigerer Qualität und erfüllen den Zweck der filmischen Dokumentation. Als Zeitzeugnisse habe ich mich entschlossen Videos mit weniger guter Qualität aufzunehmen.

„QR Code" ist eine Marke der DENSO WAVE INCORPORATED. Die hier generierten QR-Codes wurden durch goqr.me möglich gemacht.

Hinweise

Alle in der Publikation verwendeten oder gezeigten Marken und Logos sind Eigentum der jeweiligen Rechteinhaber.

Gern nehme ich Hinweise, Korrekturen und Ergänzungen entgegen. Bitte senden Sie eine entsprechende E-Mail an office@wib.one. Vielen Dank.

Quellennachweis

Ziel des vorliegenden Werkes ist die Zusammenführung von Informationen, um entsprechend des Titelthemas komplexe Ergänzungen, insbesondere in Form einer statistischen Aufarbeitung zu geben.

Literatur:

kicker-sportmagazin, Olympia Verlag, Nürnberg
(1920 – 1944, 1951–1968 Kicker und 1946 – 1968 Sportmagazin [bis 1948 Sport],
ab 7.10.1968 kicker-sportmagazin)
Sport Bild, Axel Springer Verlag, Hamburg
World Soccer, Time Inc. UK, London

IFFHS Fußball-Weltzeitschrift, Wiesbaden
IFFHS Libero – international, Wiesbaden
Zeitschrift für internationale Fußball-Geschichte und-Statistik, Wiesbaden
Publikationen der FIFA (Weltfußball-Verband); der UEFA (Vereinigung Europäischer Fußballverbände); der CONMEBOL (Südamerikanische Fußball-Konföderation); der AFC (Asiatische Fußball-Konföderation); der CAF (Afrikanischen Fußball-Konföderation); der CONCACAF (Nord- und Zentralamerkianische und karibische Fußball-Konföderation) und der OFC (Ozeanische Fußball-Konföderation)

Internet:

www.fifa.com
www.uefa.com
www.oceaniafootball.com
www.the-afc.com
www.cafonline.com
www.conmebol.com
www.concacaf.com
www.rsssf.com
www.wikipedia.com (inkl. der Sprachvarianten)

Weiterhin wurden neben offiziellen Internetseiten der beteiligten Verbände, Vereine und Veranstalter auch Fußball-Fanseiten und Archive nationaler und internationaler Medien genutzt.

Printed in Great Britain
by Amazon